普通高等教育“十一五”国家级规划教材

面向21世纪课程教材

高等学校劳动与社会保障专业主干课程教材

社会保障理论

The Theory of Social Security

（第五版）

李珍　赵青 主编

中国劳动社会保障出版社

图书在版编目(CIP)数据

社会保障理论/李珍，赵青主编. -- 5版. -- 北京：中国劳动社会保障出版社，2024. --（高等学校劳动与社会保障专业主干课程教材）（面向21世纪课程教材）（普通高等教育“十一五”国家级规划教材）. -- ISBN 978-7-5167-6097-0

Ⅰ. C913.7

中国国家版本馆CIP数据核字第2024K5T398号

中国劳动社会保障出版社出版发行

（北京市惠新东街1号　邮政编码：100029）

*

北京瑞禾彩色印刷有限公司印刷装订　　新华书店经销

787毫米×1092毫米　16开本　25.5印张　436千字

2024年11月第5版　　2024年11月第1次印刷

定价：76.00元

营销中心电话：400-606-6496

出版社网址：https://www.class.com.cn

总前言

第四版的《社会保险》《社会保障理论》《社会保障国际比较》《社会保险基金管理》《劳动经济学》和《人力资源开发与管理》是在“面向21世纪课程教材”“高等学校劳动与社会保障专业主干课程教材”、教育部普通高等教育“十一五”国家级规划教材的基础上（《人力资源开发与管理》除外），再次修订出版的一套供劳动与社会保障专业选用的主干课程教材。

“面向21世纪课程教材”“高等学校劳动与社会保障专业主干课程教材”是教育部立项项目“劳动与社会保障专业课程结构、主干课程及其主要教学内容研究”的开创性成果，它的出版不仅填补了当时我国高等学校劳动与社会保障专业主干课程体系建设的空白，而且对这一专业的健康发展、学科建设以及专业人才培养起到了重要作用。2012年，《社会保险（第三版）》还被列为教育部普通高等教育“十二五”国家级规划教材。经过对原教材结构体系的调整和内容的修订与充实，再版后供各高校选用至今。

“面向21世纪课程教材”“高等学校劳动与社会保障专业主干课程教材”第三版自2013年陆续出版至今，中国的劳动与社会保障事业取得了重大的发展和一系列成就，是就业和社会保障制度改革力度大、发展迅速的时期。以习近平同志为核心的党中央着眼于实现中华民族伟大复兴的中国梦，协调推进“四个全面”战略布局，坚持以人民为中心的发展思想，高度重视民生建设，做出一系列重大决策部署，采取一系列政策措施，推动我国就业和社会保障工作取得重大进展，发生了一系列历史性变化。坚持实施就业优先战略和更加积极的就业政策，就业规模持续扩大；就业结构更加优化，就业形式更加多元；创业带动就业效应进一步发挥；高校毕业生等重点群体就业保持平稳，公共就业服务不断加强。以增强公平性、适应流动性、保证可持续性为重点，社会保障制度建设取得突破，世界上规模最大的多层次社会保障体系逐步健全，越来越多的群众享有基本保障；社会保障水平稳步提高，促进经济社会发展成果共享；基金规模不断扩大，安全水平进一步提高；经办管理服务体系基本形成，服务更加方便、快捷、高效。我国就业和社会保障事业的社会化发展，不仅有效地保障和改善民生，使人民群众从国家的发展进步中享受到更多的物质文明成果，同时也对改革发展稳定大局发挥了积极作用。

与此同时，国内外劳动与社会保障理论与实践涌现出许多新成果、新问题，为了吸纳这些最新理论和实践成果，有必要根据新的发展形势及时对本套主干课程系列教材进行调整、补充和完善。根据劳动与社会保障学科建设和专业教学需要，经公共管理类专业教学指导委员会劳动与社会保障专业教学指导委员会分会研究决定，在原6本教材的基础上增加两本，分别是《社会保险精算》和《社会保障法》。

这一版教材的修订编写，继续贯彻“面向21世纪课程教材”“高等学校劳动与社会保障专业主干课程教材”第一版、第二版、第三版的指导精神，把质量放在第一的位置，坚持先进性、科学性和适用性的基本原则。首先，要求教材广泛吸纳最新的优秀学术成果，注重学术规范，正确处理好继承与发展的关系，突出教材内容的创新价值。其次，要求教材中涉及的重要观点和分析得出的结论要有科学依据，教材内容和章节安排应符合教学规律和有利于教书育人。最后，要求教材既蕴涵丰富的基础理论与基本知识，又嵌入必要的基本技能与人文因素内容，将理论、知识、能力和素质融为一体。

与“面向21世纪课程教材”“高等学校劳动与社会保障专业主干课程教材”第三版相比，这一版教材在保留原有的结构和框架的基础上，吸收了一线教师的意见，对原有的内容进行了精简和压缩，力求言简意赅，简单即是美；同时又吸收了该领域最新的理论动态、实践动态和研究成果，并将党的十九大、二十大报告中的精神引入教材中，使教材内容与时俱进，更加新颖、合理和完善；此外，按照编写体例要求，使教材形式更加生动活泼，增强可读性、启发性和引导性，为学习者做了必要的启迪。

总之，“面向21世纪课程教材”“高等学校劳动与社会保障专业主干课程教材”的出版，得到教育部高教司有关领导、劳动与社会保障领域专家学者、广大一线教师以及中国劳动社会保障出版社的大力支持和厚爱，在此，我们表示衷心感谢！同时，因修订时间仓促，加之我们编写水平有限，本套教材中的疏漏和不足之处在所难免，欢迎广大读者批评指正！

教育部21世纪劳动与社会保障专业主干课程教材编写组

2022年12月

第五版前言

《社会保障理论（第五版)》即将出版之际，我最大的感慨是中国过去几十年改革开放中取得的巨大经济成就以及建立于这些成就之上的各项社会制度快速发展，社会保障制度也不例外。2001 年本书第一版出版时，中国人均 GDP 刚刚跨过 1 000 美元，2018 年人均 GDP 则达到 10 000 美元，不到 20 年，我国人均 GDP 增长了 10 倍，在此基础上中国建成了世界上最大的社会保障制度体系。令人激动的是，2022 年党的二十大报告更是明确提出从现在起，党的中心任务是分两步走，将于第二个一百年实现中国式现代化。中国式现代化的内涵之一是全体人民共同富裕的现代化，这是令人无限向往的目标。

关于社会保障制度与全体人民共同富裕的关系，已经有许多学者做了丰富的解读，总体来说是鼓舞人心的。第五版修订稿交稿时间在 2022 年 6 月，所以没有很好将 2022 年 10 月召开的党的二十大的精神体现在此次修订中，所以借第五版前言补充一些读二十大报告的心得，与读者分享。

在前几版《社会保障理论》中均讨论过初次分配和再分配的关系。在全体人民共同富裕的实现路径上，初次分配是起基础性作用的，再分配起纠正和补充市场的作用，起防止贫困和贫富差别过大的作用，我一直坚持这种观点，现在仍然坚持这一观点。党的二十大报告指出中国式现代化“既有各国现代化的共同特征，更有基于自己国情的中国特色”，报告中规定中国式现代化“是人口规模巨大的现代化”，还强调了中国将长期处在社会主义初级阶段，这些特征与人口只有几百万、几千万且早就进入高收入发展阶段的福利国家不同，中国社会保障制度分散风险和防止两极分化的定位发展为共同富裕的推动器，需要长期的艰苦的努力。

党的十九大报告和党的二十大报告关于收入分配的精神都强调了初次分配的重要性。其中，党的二十大报告指出要坚持按劳分配为主体、多种分配方式并存；坚持多劳多得，鼓励勤劳致富，促进机会公平，增加低收入者收入，扩大中等收入群体；规范收入分配秩序，规范财富积累机制，等等。勤劳是中国人的美德，勤劳致富是中国人的基本价值观，政府在初次分配领域要做的是提供劳资分配的公平、高质量的就业机会以及就业者的机会公平，在这些经济公平基础上的勤劳致富既能保持劳动者的活力，又能传承中国人优秀的价值观。

一个社会总会存在弱势群体或者因种种原因暂时或者永久陷入困顿的人群，这时就会需要政府和社会的力量进行帮助，社会救助就是防止人们陷入贫困的制度。社会救助是人类正义观的体现，但其保障水平随政府的经济能力提升而提升，但它必须是适度的。如果一个有劳动能力的“懒人”与那些勤劳的人“共同富裕”，那么这种制度既不公平也不会有效率，许多人会由此“躺平”，产生贫困陷阱问题。西方许多国家有过教训，过去中国一直强调社会保障与经济发展水平一致，我们做得比较好。社会保险是社会保障的主体制度，社会保险是风险分散机制也是收入再分配的重要机制。因为市场的失灵或者其他的原因，人们可能陷入收入损失或者医疗费用支出的风险之中，社会保险则可以发挥风险分散的作用。它又与商业保险不同，它强调的是通过参与公平、负担公平以及福利归属公平来进行收入再分配，尽管如此，受益人的最高受益也只能是损失的补偿或者减轻负担，而不能使其“富裕”，否则一个社会的税负会高得同时伤害公平与效率。这些逻辑从本书第二版开始便理清楚了，不再赘述。

虽然社会救助和社会保险的经济功能本质上不是共同富裕的工具，但本书一直强调社会保障制度再分配只是手段，保证劳动力再生产、社会安定和经济有序进行才是目的。劳动力的再生产包括新生人口的再生产和劳动力的修复，高质量的劳动力的再生产是共同富裕的基础条件，在这层意义上，社会保障制度对全体人民共同富裕是可以起助力作用的。

鉴于党的十九大报告和党的二十大报告描绘的21世纪中叶实现现代化强国的愿景，也鉴于我们对社会制度与共同富裕的认识，在本书第四版和第五版的专栏2-5及相关章节对中国社会保障制度进行了展望。我们希望在中国消灭了绝对贫困之后，建立相对贫困救助制度，相对贫困线随经济水平提升由低到高渐进提高。我们也希望二元结构的医疗保险制度像党的二十大报告强调的“公平统一”，这不仅是分散风险、防止贫困的问题，也是保护人力资源再生产的问题，健康的人群收入更高、医疗费用支出更少，相反，不健康的人群收入更低、医疗费用支出更高。当然我们知道全民统一覆盖的医保制度不是短期内可以实现的，但我们必须提出问题并找到可行的解决方案，一步一步接近“公平统一”的目标。我们希望在社会福利制度的建设中，随着经济的发展，该制度与友好型生育政策协同发展，生育津贴、儿童津贴能够覆盖全民，也希望有更多支持家庭功能而不是简单替代家庭功能的福利政策出台，回应党的十九大提出关于家庭制度建设的精神。生育津贴、儿童津贴是可以看作社会投资的，相对来说因为不太容易“搭便车”，因而效率损失不会是最大的问题。

第五版在基础理论部分没有太多的边际贡献，所做的新工作一方面主要是更新了相关政策、相关数据和文献，另一方面就是在党的十九大和党的二十大提出的中国式现代化背景下，在相关章节讨论了中国社会保障制度未来的改革与发展，正像上一段所描述的。

从第五版开始，我邀请武汉大学的赵青副教授担当本书的共同主编。赵青博士曾经是我在中国人民大学任教时的博士生，她的博士论文获得2020年度费孝通勤学奖，这是一项很大的荣誉，全国公共管理类每年只有一篇博士论文可以获得此殊荣。过去的许多年，我看着她由一位年轻的学生成长为一位优秀的研究者。在第五版的修订工作中赵青做了许多工作，未来的修订工作她将承担更重要的工作。

本书的作者之一柯卉兵曾是华中科技大学的教授，也是我在武汉大学工作时的博士生，他不幸英年早逝，我心痛不已。在此，我想说我深深思念这位非常努力上进的好学生，也为他不再能与我并肩同行深深遗憾。

本书写作的分工如下：第一章、第二章、第三章、第七章的作者为李珍博士，第四章的作者为李珍博士、孙永勇博士，第五章、第六章的作者为刘志英博士，第八章的作者为李珍博士、赵青博士，第九章、第十一章的作者为柯卉兵博士、赵青博士，第十章的作者为耿晋娟博士，第十二章的作者为王敏博士。同时，感谢蒋浩琛博士在本次修订中提供的部分新资料。

感谢中国劳动社会保障出版社的支持，感谢编辑细致地完成本书的编辑工作。

李珍

2023年8月18日

北京百望山公寓

第四版前言

在写第四版前言的时候，我重温了前三版的前言。掩卷细想，从第一版的写作至今18年过去了。过去的18年，社会保障理论、社会保障教育、社会保障制度在中国得到极大的发展，社会保障事业一片繁荣，为中国的社会经济可持续发展做出了巨大的贡献。作为一个长期致力社会保障理论与政策研究的学人和教育工作者，深感欣慰和骄傲。

第一版前言里我说本书（第一版）写作的出发点，一是为社会保障学科建设做一些基础工作，二是为社会保障事业的发展做一些理论准备。在广大读者的支持下，我一小步一小步地向“小目标”迈进，因为满心的骄傲使我不忘初心，当个工匠，一点一点深化和宽化社会保障理论，坚持了许多年。

对于本科生和研究生而言，自觉《社会保障理论（第三版）》在篇章结构及体例、内容上已经比较成熟，所以第四版没有实质的变动，在理论方面只是深化与宽化，在各国社会保障制度和政策以及相关数据方面进行了适时更新。为了避免重复，我不再赘述相关的内容，请读者先看前三版的前言，了解作者的心路历程对读本书应该是有帮助的。

《社会保障理论（第四版）》在理论方面的拓展工作主要是关于社会公平的理论。

公平与效率的取舍是再分配制度必须回答的问题。在20世纪90年代至21世纪初，中国社会保障政策将初次分配领域效率优先移植到社会保障领域，从而陷入公平与效率两难取舍的困境，为了走出这种困境，2007年《社会保障理论（第二版）》立论公平与效率是对立统一的关系，并非总是面临二取一的抉择。第二版将公平分为经济公平与社会公平，并从经济公平三要素（起点公平、过程公平、结果公平）的角度分析了公平与效率的对立统一关系，公平与效率并非总是对立的，政府保证起点公平和过程公平本身就是效率，政府对收入分配的合理干预也是有助于效率的，只有政府干预不当时才会产生效率损失，甚至是效率与公平的双重损失。在2013年《社会保障理论（第三版）》中，辨析了经济公平中的第三个环节即收入分配的结果公平与收入平等的关系，指出结果公平不等于结果平等，结果平等不一定是公平的。收入平等是指不同社会成员的收入在数量上的一致性，是量的规定性，而收入公平则是指受价值观影响的一定规则下的收入结果，是分配的质的规定性，它包含着对起点公平、规则公平的主观判断。在第二版和第三版中并没能直接回答什么是社会公平以及它与经济公平的关系，这是一个留白。

这个留白在本书中得以补充。

2015年，我承担国家社会科学基金重点项目“建立更加公平可持续的老年收入保障制度”，近两年一直在思索再分配领域“公平”的内涵及“公平”的砝码在“公平与效率”之间的位置。部分心得吸收到了第四版中。

第一，给出了社会公平的定义及内涵。“社会公平的含义是人与人之间社会关系的平等。中国是社会主义国家，社会公平是我们的基本目标和核心价值。具体到初次分配领域和再分配领域，社会公平的含义是政府通过各种制度提供机会公平、规则公平，并基于一定的价值观，通过再分配制度调节成员间过大的资源或者收入差距以达成某种程度资源或者收入平等的一种目标或者一种状态”。

第二，认为经济公平三要素分析法同样适用于再分配领域，即机会公平、规则公平。不同的是，经济公平在结果上追求的是收入（待遇或福利）与贡献的一致，而社会公平追求的是收入差距的缩小或者均等。进一步，在社会保险领域，社会公平应该理解为参与权的公平，保障权益与缴纳税费义务的对应，最后才是收入差距的调节，追求不同社会成员收入差距的缩小，追求收入平等甚至是均等。在社会保险领域，人们很容易只重视收入再分配而忽视参与权的公平，更容易忽视权利与义务的对应关系。过去这些年，在社会保险领域讲“分享”的多，讲“共创、共建”和“分担”的不多；讲权利的声音高，讲义务的声音低。因此，社会公平三要素的解析有助于全面理解社会保险领域公平的含义。

第三，经济公平（效率）与社会公平（平等）并不是割裂的，政府提供机会公平、规则公平是经济公平的重要内容，是经济公平的重要保证。经济公平即效率为政府保障社会公平打下了物质基础。从三要素来讲，社会公平不仅是在结果上缩小经济公平的不平等，更包括提供起点公平并维护过程公平。

第四，社会保障制度是一个庞大的体系，不同的子系统应该用不同的概念描述它的价值观。在主流的话语系统里，“公平”“正义”是等量的，通常一并使用来描述再分配政策的价值观。本书作者认为，正义更适合描述社会救助制度的价值观，而公平更适用于描述社会保险的价值观，因为前者并不要求受益人履行义务，而后者则要求权利与义务有对应关系。人类的本性天然具有对弱势群体的同情心。社会正义价值观是人类对弱者的利他行为的普遍认同。正是这种价值观，贯穿古今的各种民间互济和官方的救助制度不断发展，直到现代政府提供的各种正式的社会救助制度和民间“色彩纷呈”的慈善事业，都有着社会正义的核心蕴涵。正是基于正义的价值观，政府供给的各种对弱势群体的社会救助制度并不要求受益人尽相应的义务，社会救助制度的供给是较少有争议的，争议的焦点往往是救助的水平和方式。从道德的角度看，社会正义观高于社会公平观，将社会正义观与社会公平观区分开来，社会保险政策的制定就不会轻易受道德的绑架，可以比较从容地在参保人的权利与义务之间进行平衡。

第五，在社会保险体系中，虽然强调权利与义务的对应关系，但在不同的险种中，社会公平的砝码所处的位置可以是不同的。例如，基本医疗保险相较基本养老保险、失业保险等，在参保人承担相应的义务后，应该更倾向于追求待遇的平等，原因是医疗保险与生命相关，是更基础和基本的需求。

希望关于社会公平理论的探索能够得到同仁的认同，也希望社会公平理论的发展有助于中国社会保障制度更加公平、可持续目标的实现。

本书写作的分工是：第一章、第二章、第三章、第七章的作者为李珍博士，第四章的作者为李珍博士、孙永勇博士，第五章、第六章的作者为刘志英博士，第九章、第十一章的作者为柯卉兵博士，第十章的作者为耿晋娟博士，第十二章的作者为王敏博士。

本书得以按时顺利出版，我要特别感谢中国劳动社会保障出版社的大力支持，感谢责任编辑为本书面世而付出的辛苦工作。黄万丁博士和张成杨同学从头到尾积极主动帮我做了许多工作，包括收集资料，整理文稿和校对，在此我要特别致谢。该书已被列为“中国人民大学‘十三五’规划教材——核心教材”，这也是我们努力的动力源泉，感谢中国人民大学。

李珍博士

2017年国庆节于北京林萃路

第三版前言

《社会保障理论》的第二版是2007年出版发行的，距今已近7年。在过去的7年中，世界上发生了许多事情。2007年始于美国的次级债券危机，酿成了2008年的金融危机，这场金融危机最终波及全世界。金融危机波及实体经济，从而引发经济危机。经济的下行，财政收不抵支，政府债务累累，于是2009年年底爆发了欧洲主权债务危机。世界经济一片凄风苦雨，直到今天（2013年1月）也没有看见彩虹。我在《武汉大学学报》2013年第1期《金融危机、债务危机背景下分配政策的思考》中认为，美国在新自由主义影响下，初次分配领域贫富差别扩大，并且再分配力度不够，这是导致其金融危机的深层次原因；金融监管的不力，只是其金融危机的直接原因或者说是表面原因。而以希腊为代表的欧洲债务危机的产生，是初次分配中贫富差距扩大且依靠超过经济负担能力的再分配调节的结果。

对风雨飘摇的世界经济的深度思考，越发坚定了我坚持编写《社会保障理论》这本教材的决心。在市场经济条件下，政府在经济领域的作用会越来越小，而在社会领域的作用会越来越大。政府如何利用社会保障制度在最小投入的情况下为国民提供最大的风险保障，在获得最大的社会公平时承受最小的效率损失，应该是一门学问。发达国家给我们提供了正反两方面的例子，我们应该加以总结。

《社会保障理论（第三版）》在形式上保留了第二版的编排结构，在内容上仍然以公平与效率、干预与自由、市场与政府为主线，以强调再分配为灵魂。如果读者足够细心，比较第二版和第三版的话，也许会发现我的心情由“怀着喜悦”（第二版前言中表述）变成“些许忧虑”。2007年出版第二版时，因为在再分配领域里的“效率优先、兼顾公平”的思想得到纠正，社会保障领域强调公平的思想成为共识，所以我内心充满喜气。这之后的7年里，中国在社会保障领域里做了许多的事情，财政投入增加，覆盖全民的社会保障制度体系基本建立。令人担忧的不是我们已经做了什么，而是在强调“公平”成为主流认识的情况下，在“公平”的旗帜下，社会舆论中多多少少夹杂了一些民粹主义的东西。例如，一些舆论常常将经济不平等与经济不公平混为一谈，在反对经济不公平时可能将合理的经济差距也否定了，这就可能导致我们又回到平均主义的老路上去；当下的一些舆论在公平的旗帜下过多强调政府的责任，而忘记了政府履行责任是要以收税为前提的，税收和转移支付又是最容易损害效率的。在第三版的字里行间包含着我的微妙的心情变化，这与第二版是不同的。

第三版花了相当的篇幅介绍分析自20世纪70年代石油危机以后世界范围内社会保障制度的改革及其一般规律。与第二版不同，第三版开辟一章专门介绍中国社会保障制度发展的历史及现状，以求给读者呈现一个中国社会保障制度完整的结构图像。这在2007年是不可能的，因为当时社会保障制度在农村还是缺失的。近些年社会保障制度的发展非常迅速，到目前，中国的社会保障制度至少在结构上是完整的，也是时候将它呈现给读者了。近些年中国的住房保障制度发展迅速，越来越多的人从中受益，同时政府在供给和分配各类保障房时出现了种种的问题，第三版也用一章来讨论住房保障制度的理论及各国的相关政策，还详细研究了中国住房保障制度的发展演变和现状。

除此之外，继续遵循“简洁即美”的原则，在理论的深入浅出方面做了巨大的工作，用最简洁的语言和文字替代了第二版中可能影响读者的部分，力求通俗易懂。

第三版的另一个特点是大量引用最新的数据，希望读者，尤其是相关领域的研究者能从中受益。

本书各章的作者为：第一章、第二章、第三章、第七章作者为李珍博士；第四章作者为李珍博士、孙永勇博士；第五章、第六章作者为刘志英博士；第八章作者为李珍博士、赵青博士候选人；第九章、第十一章为柯卉兵博士；第十章作者为李珍博士、耿晋娟博士候选人；第十二章作者为王敏博士候选人。

特别要感谢赵青为本书所做的大量烦琐的校对和整理工作。感谢中国劳动社会保障出版社以及责任编辑为本书面世而付出的努力。

李珍博士

2013年三九寒冬于北京林萃路

第二版前言

我恳请出版社在该版本出版时保留第一版的前言，我也恳请亲爱的读者在阅读此书前能花些时间阅读第一版的前言，因为那是一段历史。在第一版的前言中，说明了编写《社会保障理论》的出发点和历史背景，也记录了我数十年研究的心路历程。《社会保障理论》第一版是2001年出版的，那时，对公平与效率两者关系的认识，反映在社会保障政策中是“效率优先”占明显的优势的。在第一版的前言中，我很有一些堂吉诃德的精神，与再分配领域效率优先论做了一番战斗。

现在好啦，我怀着喜悦的心情经历了另一种认识的确认。2002年11月，党的十六大报告中明确指出，初次分配注重效率，发挥市场的作用，鼓励一部分人通过诚实劳动、合法经营先富起来。再分配注重公平，加强政府对收入分配的调节职能，调节差距过大的收入。

自党的十六大以后，社会保障制度的建设提高到了空前的高度。进入21世纪后，中国的相对贫困问题困扰着中国社会也困扰着中国经济，以共同富裕、和谐社会为目标的社会政策的导向，使得政府在再分配领域中的应有作用达成了广泛的共识，这与《社会保障理论》第一版出版时的情况已是大不相同了。如果说，2001年以前的社会政策目标常在经济目标与社会目标之间摆动，理论界还在讨论凯恩斯主义是否过时了，那么今天的政策目标的天平可以说是倾向社会目标、倾向福利、倾向和谐社会的；理论界不再讨论凯恩斯主义是否过时，而是讨论怎么样的再分配政策才能既达成公平又不损害效率。这种认识的转变很重要，它可以使我们专心致志做好包括社会保障制度在内的再分配制度建设。

本书是在这种时代大背景下写作的。本书较之于第一版已是“面目全非”，除了社会保障制度的历史部分，几乎是重新写过，在形式和内容上几乎是全新的，保留的是一个书名、一条主线和一个灵魂。这条主线仍然是公平与效率、干预与自由的关系，这个灵魂则仍然是社会保障制度应强调它的再分配性质。社会保障制度从其目标和它调整的关系看，它是一种社会制度，而从其运行的过程看，则为一种“切蛋糕”的经济制度，这样，社会保障制度从头到尾贯穿着公平与效率的取舍、干预与自由的平衡。基于这种认识，公平与效率、干预与自由的主线贯穿于全书的各章节。那么，蛋糕如何切呢？偏向效率多些还是偏向公平多些？这是一个灵魂的问题，本书倾向于公平，在第二章对此做了细致的讨论。

编写《社会保障理论》的第一版对我们来说是一项全新的工作，热情有余而准备不足。但从付梓的那一刻起，我就决定要重写这本基础性教材，所以一直在收集来自教学工作中的意见，一直在阅读、思考和整理相关的理论，才有了新版本对旧版本的修改、提高。

本书分上下两篇，上篇为基础理论，下篇为应用理论。这种划分方便了作者也方便了读者，更是将社会保障理论做了较好的梳理，基础理论适用于分析各社会保障项目，而应用理论则大体上只适用于分析某一个项目。这种分篇的思想来自郑秉文教授。还早在第一版的审稿阶段，他就提出了这个建议，只因时间仓促，未能吸收这一建议。第二版吸收了郑教授富有创见的思想，我万分感谢郑秉文教授。

在第一版基本理论方面，教材梳理了社会保障理论的各流派的理论和思想，研究了社会保障制度对要素配置的影响，考察了财政制度对社会保障制度的经济基础作用，但遗憾的是没有对公平与效率本身进行研究，在第二版填补了这一基础性的工作，对公平与效率的关系进行了较细致的研究。

关于应用理论，第一版只涉及养老保险和医疗保险，在第二版补充了其他几个主要社会保障项目：失业保险、社会救助和社会福利。在第二版研究各社会保障项目的理论时，大体的思路是：除了研究公平与效率的基本理论在该领域的适应性，还要回答该项目或险种应由什么理论来解释的问题，或总结该项目、该险种的一般性规律。比如，社会医疗保险需要用信息经济学来解释其必要性；社会养老保险制度的财务可持续性具有特别重要的意义，因而收支平衡的分析就格外重要；失业保险的一般发展规律是由被动的救济转向主动的就业能力的培训等，不一而足。

第二版还有一个特点是，尽可能吸收最新的研究成果和最新的资料，以传递给读者最多的信息；信奉简单即是美的原则，理论由浅入深，并用更通俗的文字来表达，以求易读的效果。

社会保障的理论和实践在发展，我们的作者也在不断学习、思考和进步，这些都体现在第二版中。但愿《社会保障理论（第二版）》比第一版能为社会保障理论的发展做出更多的贡献，能为读者奉献更多的知识和阅读的愉悦。

感谢本书所有作者创造性的劳动。①

李珍博士

2007年元月于北京马甸

① 为了避免与第三版混淆，此处删除了作者分工介绍。

第一版前言

本书写作的出发点有两个，一是为社会保障学科建设做一些基础工作，二是为社会保障事业的发展做些理论的准备。

就社会保障的基本理论做一遍梳理并透过教育制度传递给学生的想法，对于我是由来已久。1988年年初，我从美国游学回来，加盟武汉大学金融保险学系。那是一个人们把保险公司当作卖保险箱的商场的年代，住在我楼上的一位著名教授知道保险公司是卖保险的，所以于某一日访问我并一脸认真地问我："小李，是不是我买了人寿保险就可以活得长些呢?"说这个笑话只是为了确认那是另一个时代。现在回到我们的社会保障理论话题上来。同一时间，我的邻居兼同事邓大松教授问我："美国的社会保障制度那么发达，为什么人寿保险（商业）也会那么发达?"这回我可是被问住了。真是说者无心，听者有意。邓教授也许早忘了这件事，可我却久久不能释怀。我们知道，社会保障和商业保险都是保障供给的主体，当市场规模一定时，社会保障和商业保险应该是互为消长的，欧洲福利国家的社会保障制度是发达的，但那些国家的人寿保险却相当不发达，这很容易理解。为什么美国在社会保障制度发达的同时，还拥有世界上最大的人寿保险市场？这确实是个问题。这个问题是对我的最早的刺激。

在教学或研究的过程中，我们常有机会遇到类似的事情，促使我下决心对社会保障理论进行整理和研究。在社会保障制度教科书中，在讲到历史时，一般都认为20世纪30年代的经济大危机暴露了自由资本主义的缺陷，随之而流行的凯恩斯主义是社会保障制度全球化的理论基础，在时间上，第二次世界大战是社会保障制度全球化的分界线；在对社会保障制度进行分类时，一般都会分为以欧洲为代表的福利型和以美国为代表的保障型。既然是相同的历史契机、相同的理论基础，又有接近的经济发展水平，为什么会有欧美如此不同的社会保障制度的实践？除了文化和社会结构的差异，欧美两种模式有没有理论的差异？如果有，差异在哪儿？中国面临社会保障制度的选择，是欧洲模式、美国模式，抑或两者都不是？中国的理论基础又应该是什么？

对于有兴趣做社会保障制度方面教学和研究工作的人来说，我们有幸处在一个热热闹闹的改革时代，我们正在目睹和参与社会保障制度改革实践，以及相关理论的讨论或是争论。忽然有声音说，凯恩斯主义过时了，这是一瓢凉水，你不能不冷静想一想了。我们经历了1998年以来有效需求不足的痛苦，而这痛苦的根源很大程度是多年来收入差别积累的结果，凯恩斯主义真过时了吗？1997年，我的一位服务于世界银行的朋友很不解地问我："美国都在提倡社会保障私有化了，中国为什么还要建立社会保障制度?"世界银行的经济学家尚且把美国的公共年金制度（即老年、遗属、残障保险，美国学者称之为"Social Security"）与中国的社会保障相提并论，所以，不了解美国文化，把美国的老年保险制度私有化改革的倡议翻译为社会保障制度私有化，再由社会保障制度私有化推及凯恩斯主义过时了是非常顺理成章的事情。其实，这里只是一词之差，美国学者称我们的社会养老保险制度为社会保障。诸如此类的文化差异所导致的因为概念内涵不同而引起对一些基本理论和基本制度理解的歧义，实在是有必要从基础教育入手予以纠正。

总之，上述种种大事小情，使我觉得将散见于各种思想中关于社会保障的理论梳理、整理并对其带规律性的内容进行总结是非常有必要的。对我的这种想法影响最直接和最深刻的当然是中国近十多年的社会保障改革的理论和实践的变迁。

20世纪80年代早些时候，当体制改革由农村引入城市时，中国就开始了建立适应社会主义市场经济条件下的社会保障制度的理论和实践的探索。我记得1996年的一个冬夜，吴敬琏先生在哈佛大学的一次研讨会上断言，社会保障制度在中国体制改革中是最不成功的一个，佐证是：没有哪一个制度经历那么长时间的探索和试验却仍然没有一个完善的制度框架。我想我一直在寻找这一问题的理论答案。我以为，中国社会保障制度改革历程的漫长和艰难，原因固然很多，但理论准备的不足不能不是主要的原因之一，这一点我在拙著《社会保障制度与经济发展》中反复强调过。

中国的社会保障制度改革，在实践方面，是在计划经济体制向市场经济体制转型的宏大历史背景下进行的；在理论方面，是在批判政府在经济生活中的"父爱主义"和分配领域的"大锅饭"和平均主义的背景下进行的，所以不难理解社会保障制度改革之初响亮而明朗的口号之一是"坚持效率优先，兼顾公平的原则"，这一理念贯穿于社会保障的实践并体现于社会保险体制的框架之中。1995年开始实施社会养老保险，这一制度充分体现了个人责任、效率优先的理念。第一，政府彻底改变了"父爱"形象，政府没有许诺承担企业保险向部分积累的社会保险过渡的转制成本；第二，新制度是社会统筹和个人账户相结合的制度，通过设立个人账户来体现效率优先原则，并且个人账户权重还很大。社会统筹即具有再分配性质的公共账户的保费只占工资的4%，个人账户的保费占工资的16%。实践证明，这一制度是不具可操作性的，政府很快意识到这一点，并给予了纠正。从1999年开始政府就在通过转移支付承担转制成本，到2000年更是明确减持国有股来充实社会保障基金；关于"社会统筹"与"个人账户"的关系，我们可以理解为公平与效率的关系，中央政府也是在不断调整，个人账户的占比规模从1995年占工资的16%下调为1997年的11%，到2000年进一步下调为8%；而社会统筹的占比规模则不断上调，到2000年调整为20%。只用5年的实践，这一升一降，就使效率优先兼顾公平的养老社会保险制度大大变了样，个人账户与公共账户的比例由16：4变为

8：20，在完善社会保障制度的过程中，公平性得到了更多的强调而不是相反。

当重新审视社会保障改革之初的理念时，我们可以发现，改革的理论准备是不充分的，它把政府在经济领域的"父爱主义"和在社会服务领域的角色混为一谈；把资源配置中的公平效率原则简单移植到再分配领域。事实证明，建立在这种混淆政府角色和公平与效率关系思想上的制度是无法运行的。由此一段改革的历程，使我进一步确信：第一，社会保障制度的根本的理论基石是关于政府与市场、公平与效率的理论；第二，计划经济体制向市场经济体制的转变，意味着政府从经济生活中的退出并进入社会服务领域，做市场经济体制下政府应该做的事，"大市场小政府"中的"小"字主要不是考核政府"作为"或是"不作为"，更重要的是考核政府在哪个领域"作为"及如何"作为"；社会主义市场经济体制中的政府应当在再分配领域有所作为；第三，理论先行是至关重要的。当我有机会主编《社会保障理论》一书时，我有意识地将这些认识贯穿于本书的始终。

作为一门主干课程的教材，《社会保障理论》的写作，除了基于对理论先行的重要性的认识，我本人根据多年教学工作的体会，认为开设一门社会保障理论课程而不是社会保障制度或社会保障概论，从教育学的角度看是非常有必要的。第一，可以增强学生的理论素养，拓宽学生的知识面。第二，可以避免不必要的重复。通常地，社会保障概论以社会保障制度本身为介绍和研究的对象，主要的内容为社会保险及各险种；而社会保险又必是劳动与社会保障专业的另一门主干课程，社会保险也是以各险种为主要研究内容的；接下来还有各险种又另辟为必修或选修课程，这势必出现不必要的重复。

在党中央和中央政府的高度重视下，社会保障制度的改革和完善工作如火如荼，这一背景提出了社会保障事业相关人才培养的问题。1998 年，教育部增设了劳动与社会保障专业以适应社会经济发展的形势。1999 年年初，教育部委托武汉大学邓大松教授研究 21 世纪社会保障专业课程及主干课程设计，我作为课题组成员，提出"社会保障理论"应作为主干课程之一，因为社会保障事业的发展需要理论先行。这一想法得到课题组组长邓大松教授的认同。1999 年秋，武汉大学邀请当时经教育部批准设置了社会保障专业的八所兄弟院校和其他相关兄弟院校在珞珈山召开的社会保障专业课程设置研讨会上，将"社会保障理论"作为社会保障专业主干课程的想法得到进一步的肯定和论证。穆怀中教授从学科建设的角度出发，认为一个专业没有理论的基础就注定得不到发展。从这个意义上，本教材肩负着社会保障专业学科理论建设的重任。

这本教材是集体劳动的结晶，是经过无数次磨砺的结果。编写大纲通过竞争得标后，按照教育部的要求写出社会保障理论知识点，2000 年 10 月在山西财经大学召开的关于该系列教材知识点的研讨会上，其他各位主编都对本教材的写作提出了许多宝贵意见。这些专家是邓大松、穆怀中、赵曼、林义、马培生等教授。在写作的过程中，写作成员开过多次小型正式或非正式的研讨会，切磋体例的谋篇布局、推敲概念的内涵外延。本教材脱稿后，按教育部的要求，2000 年 7 月在辽宁大学召开专家评审会议，各位专家又提出了许多诚恳而有建树的意见，这些专家是杨燕绥、郑秉文、赵曼、郭崇德、陈朝先等教授。本教材是在吸收了各位专家的意见的基础上形成的。①

正因为这项工作是全新的工作，又负有重大的学科建设和理论建设的责任，所以在编写写作大纲和知识点的过程中，包括在后来的写作过程中，本人一直诚惶诚恐，担心因自身修养不够而挂一漏万。在全体工作者的努力下，在中国劳动社会保障出版社的大力支持下，这本教材才得以与读者见面。若本书尚有可圈可点之处，功劳当属各章作者及上述各位教授；若有疏漏谬误之处，则由本人负全部责任。恳请读者将阅读的体会和意见与本人交流。

由衷地感谢在编写该教材过程中出谋划策的专家，由衷地感谢所有的作者付出的努力；由衷地感谢中国劳动社会保障出版社编辑对本书的建设性意见和所做的编辑、协调工作；由衷地感谢林毓铭教授和孙永勇、许利民、刘志英同学所做的大量编辑工作。

李珍博士

“结构、主干课程及其主要教学内容研究”课题组

2001 年酷暑于汉口沿江大道

① 为避免与第二版混淆，此处删除了作者分工介绍。

主编简介

李珍，武汉大学经济学博士，现任武汉大学人文社会科学研究院驻院研究员。1986年获武汉大学经济学硕士学位并留校任教，1997年获经济学博士学位，1998年晋升为武汉大学教授，1999年任博士生导师至今；李珍教授在2000—2005年曾任武汉大学公共管理学院副院长、教育部人文社会科学重点研究基地武汉大学社会保障研究中心副主任。2007年3月至2022年11月供职于中国人民大学，曾任中国人民大学公共管理学院社会保障研究所所长、博士生导师。现兼任中国医疗保健国际交流促进会健康保障分会会长、中国社会保险学会常务理事、首都医科大学国家医疗保障研究院学术委员等职务。

李珍教授长期致力于社会保障理论和政策、社会保障国际比较、养老保险、医疗保险等领域的研究与教学。李珍教授主持过国家自然科学基金、国家社会科学基金、教育部人文社会科学基金等科研项目30余项，出版著作6部，在《管理世界》《中国软科学》《经济学动态》等期刊发表了数十篇论文；获得十余项国家级、省部级优秀成果奖和董辅礽经济科学奖。主要获奖代表作品有：《社会保障制度与经济发展》（1998年）获湖北省第二届哲学社会科学优秀成果二等奖，《农村社会保障理论研究》（2003年）获中国社会保险学学会首届优秀成果一等奖，《中国社会养老保险基金管理体制选择》（2005年）获第十届北京市哲学社会科学优秀成果奖二等奖，《关于社会养老保险私有化的反思》（2010年）获第四届中欧社会保障论坛优秀成果二等奖，《基本养老保险制度分析与评价——基于养老全水平的视角》（2013年）获北京市第十六届哲学社会科学优秀成果奖二等奖。

赵青，中国人民大学管理学博士，现任武汉大学政治与公共管理学院副教授，硕士生导师。主持国家社会科学基金项目、教育部人文社会科学基金项目、中国博士后科学基金面上和特别资助项目等，发表学术论文20余篇，出版专著《公共养老金制度与居民消费关系研究》。2024年获第九届高等学校科学研究优秀成果奖（人文社会科学）青年成果奖。

内 容 提 要

本书以社会保障领域中的公平与效率、干预与自由为主线，以再分配主张为灵魂，介绍、分析、评价和发展了社会保障领域中的基础理论和社会保障各项目的应用理论，并在此基础上对社会保障制度在中国及其他代表性国家的实践进行了介绍、分析和讨论。

本书分上下两篇。上篇是基础理论篇，主要内容有社会保障制度的概念、本质、结构及运行机理；社会保障制度的主要模式；社会保障制度发展的历史；中国的社会保障制度概况；总结了20世纪70年代以后社会保障制度发展的两种趋势，一是发达国家福利收缩的改革，二是新兴国家社会保障制度扩张的发展状况；分析了现代政府通过社会保障制度干预社会经济生活的必要性，同时也特别分析了政府干预不当可能产生的效率与公平的“双重损失”；发展了经济公平、社会公平的理论；对公平与效率的对立统一关系进行了深入分析；介绍了社会保障制度对储蓄、资本市场、劳动力等资源配置的影响的相关理论，分析了保障制度与经济增长的互动关系，介绍了从亚当·斯密以来，主张自由或干预的各学派在社会保障领域的主要理论和思想，特别关注了第三条道路的思想及其对相关政策的影响。

下篇是应用理论篇，分别就老年收入保障、医疗保障、失业保险、社会救助、社会福利、住房保障等领域特殊的理论进行了介绍与讨论；介绍了主要国家在社会保障各领域的政策及实践，试图总结对中国有借鉴意义的经验与教训，同时也介绍了中国保障制度各项目的实践，并做了简单评价与分析。

目　　录

上篇　基础理论篇

下篇 应用理论篇

第七章 老年收入保障理论与实践

上篇

JI CHU LI LUN PIAN

基础理论篇

第一章
社会保障制度概论

现代社会保障制度是工业化的产物，自从它在德国产生后，经历了一百多年的发展，目前大多数国家建立了综合或包含少数几项的社会保障制度，许多国家法律和许多国际法律文书均承认“社会保障是一项最基本的人权”①。社会保障制度已经成为现代社会不可或缺的一种社会经济制度，是现代政府管理社会经济生活的重要工具。

第一节　社会保障制度的定义、本质特征及内容

对社会保障制度进行定义是困难的，但我们仍然可以从中抽出一些具有本质特征的东西，给它一个定义并描述社会保障制度所包括的内容。

一、社会保障制度的定义、本质特征

（一）社会保障制度的定义

一方面，社会保障制度是一个动态的、历史范畴的概念。作为社会经济制度的一个重要组成部分，因各国的社会经济发展水平、政治结构、价值观念、文化传统等外部条件的不同，各国的社会保障制度及其定义也不同；即使在同一个国家，对社会保障的定义也是随社会保障制度的变迁而变化的。另一方面，社会保障制度还是一个复杂的组合概念，它涉及经济、政治、社会、伦理、法律等多个领域，从不同的角度研究社会保障制度，就会有不同的定义。

我们先要区分两个概念，即社会保护（social protection）制度和社会保障（social security）制度，这两个概念常常被互换来使用，但社会保护制度的内涵比社会保障制度

---

① 国际劳工局. 世界社会保障报告（2010—2011）——危机期间和后危机时代的社会保障覆盖［M］. 人力资源和社会保障部社会保障研究所，译. 北京：中国劳动社会保障出版社，2011：9.

更为宽泛。

社会保护制度是指社会通过正式的和非正式的制度为它的国民提供安全保障的体系，在正式的制度中涉及国家的作用，而在非正式的制度中，则较少或不涉及国家的作用，如社区成员间的互助、家庭成员的相互扶持、家庭内部的转移支付等。对这一广义概念的了解是重要的，因为在发展中国家，非正式制度是重要的保护制度，尤其是家庭养老功能的发挥，能有效减少正式制度的供给，从而减轻社会的负担。[①] 1993 年，党的十四届三中全会通过的《中共中央关于建立社会主义市场经济体制若干问题的决定》提出，社会保障体系包括社会保险、社会救济、社会福利、优抚安置和社会互助、个人储蓄积累保障。这里社会保障在内容上其实与社会保护是一致的，社会互助、个人储蓄积累保障明显是私人部门的事情，但它可以起到保护个人的作用。

社会保障制度是一项正式的保障制度，这一制度涉及国家的权利与义务问题，它是工业化的产物，所以我们又称它为现代社会保障制度。在学术界，社会保障制度约定俗成地指与政府责任有关联的正式制度。在总结各国社会保障制度的共同特点，并结合中国国情的基础上，我们可以将社会保障制度定义为：社会保障制度是国家通过立法并依法采取强制手段对国民收入进行再分配，对暂时或永久失去劳动能力及因各种原因造成生活困难的社会成员提供基本生活保障和基本医疗服务的各种正式制度的总称。社会保障制度通过分散个人生老病死的风险或者减灭个人陷入贫困的风险，以保证劳动力再生产、社会安定和经济有序进行。

专栏 1-1[②]　几个容易混淆的概念：社会保障制度、社会养老保险、社会福利制度

在欧洲人的话语体系里，社会福利体系不仅包括中国人称之为社会保障的制度内容，还包括就业政策、工资政策、普惠的家庭津贴、义务教育、住房津贴等，但是社会保险或国民卫生服务仍旧是社会福利制度的最重要组成部分。

在美国《社会保障法》中，社会保障制度的内涵与中国现行的制度大体相同。但近几十年来的研究中，学者们约定俗成地将“社会福利”限于针对弱势群体、问题群体的制度或政策，而将社会养老保险几乎等同于社会保障。

21 世纪初，大量文献中使用的“social security privatization”翻译成中文应为“社

① 李珍．论城市家庭在老年经济支持制度中的作用［J］．经济评论，1998（6）：74-78.

② 本书没有标明资料来源的各类专栏，一般为作者根据相关知识总结得到，非直接引用。

会养老保险私有化”，西欧国家称“社会养老保险”为“公共养老金计划”（public pension plans），当西欧学者参与社会养老保险制度改革研讨时，也有用“social security”替代“public pension”的情况，读者务必以文献中的内容来理解社会保障的具体内涵。

以上几个概念的误用，特别是“社会养老保险私有化”与“社会保障私有化”的混淆，已经造成理论上的混乱。国内一些学者以讹传讹，认为全世界都在搞社会保障制度私有化。

（二）社会保障制度的本质特征

根据上述的定义，我们可以分析出社会保障制度的下列本质特征。

第一，从个人需求的角度看，社会保障的本质是分散或者减灭社会成员的风险。我们每个人都可能因各种风险而陷入收入低下、无收入或无力支付医疗费用的境地，这些风险包括生老病死、失业、伤残等。社会保障制度通过征收税（费）筹集资金，并为因年老、疾病或其他原因陷入困境的社会成员提供基本的收入保障或提供医疗费用补偿，通过社会保险制度来分散个人风险，或者通过财政转移支付的社会救助制度来减灭个人陷入贫困的风险。以后各章会分析到，商业保险也是分散风险的机制，但市场会失灵，所以需要社会保障制度为社会成员提供保护，分散风险或者减灭风险是社会保障制度的第一要义。

第二，社会保障制度提供的是基本生活需求的保障。中国社会保障制度在建设的过程中强调社会保障的功能是“保基本”，一是因为社会保障制度受限于经济的发展水平，二是因为我们看到了高福利体制的弊病，社会保障项目的资金来源是公共资金或者是共有资金，“搭便车”（少工作、少交税、多拿福利）的现象在所难免，过高的福利势必引起许多的问题，如“养懒汉”。从动态角度看，基本生活需求是一个相对概念，基本生活需求的内容随经济增长和发展水平的变动而变动。在现阶段看来是奢侈的需求，在未来某一时期可能是基本的生存需要。相反的情况也可能出现。

第三，社会保障制度的目标是保证劳动力再生产、社会安定和经济稳定增长，它是政府管理社会经济生活的重要工具。就提供的产品而言，商业保险与社会保障制度有相同之处，即两者提供的都是“保障”，但两者的目标却是不同的。保证社会安定和经济增长是现代政府与生俱来的动机和目标，而商业保险的动机和目标却是追求利润最大化，促进社会安定和经济增长只是商业保险有效运作的正外部性体现。另外，值得强调的一点是，过去我们只是将社会保障制度看作是社会的“稳定器”，是一种社会制度，从德国社会保障制度产生的历史看也许是对的。但随着社会保障制度的发展，社会保障制度的目标和功能也在发展，从美国社会保障制度建立的历史看，它完全是作为一种管理宏观经济的制度来建设的。同时我们也必须指出，治理不当时，社会保障制度改革也可能成为社会不安的导火索，例如，2018 年年底法国“黄马甲”运动从抗议上调燃油税发展到抗议提高退休年龄的改革，整个抗议活动一直持续到 2023 年。

第四，社会保障制度的责任主体是国家和政府。在不同项目中，国家和政府的责任边界是不同的。现代社会保障制度的国家主体性表现为两个方面：一是国家通过立法提供一套社会保障制度的法律制度框架；二是国家行政机构在此法律框架下，依法规划、组织和实施各类社会保障项目，政府在不同的社会保障项目中，负有或多或少的财务责任。

第五，社会保障制度通过再分配保证社会公平。不过，需要强调的是，在不同的项目中，再分配的程度是不同的。在这里，社会公平是目的，再分配是手段。社会保障制度的再分配作用意味着，一部分社会成员对社会保障制度贡献较大，而从该制度中获利相对较少；另一部分社会成员对社会保障制度贡献较小甚至终生没有贡献，而从制度中获利相对较多。任何社会总有少数没有劳动能力的弱势群体存在，从道义和宪法规定的基本生存权的角度出发，这部分人口需要社会的照顾和帮助。同时，市场对分配是盲目的，市场并不保证竞争起点的公平，当然就不能保证分配结果的公平，这就需要社会保障制度对初次分配的结果进行修正。政府有必要从社会公正的立场进行再分配，政府也是唯一有能力组织和实施国民收入再分配的主体。商业保险强调的是效率，强调的是投保人权利义务的对等，它不可能为穷人提供救助、为社会提供福利，况且商业保险也没有能力对因经济周期变动而引起的失业提供失业保险。

专栏 1-2　　去繁就简改三观：芬兰全民基本收入改革的思考

2016 年 8 月 25 日，芬兰政府宣布将于 2017 年随机挑选 2 000 人进行为期两年的“全民基本收入计划”实验，该计划的目的是重塑芬兰的福利制度，鼓励人们努力就业。该计划的内容是每位国民无须资格和条件即可获得政府提供的一笔基本收入，同时取消现有的复杂的失业保险金、住房补贴等福利。2017 年的试验将向每位国民发放每月 560 欧元的基本收入。

2020年5月，芬兰的研究人员公布了基本收入实验评估研究结果。从结果来看，与对照组中的人相比，实验对就业的影响较小，但基本收入受助人对生活的满意度较高，精神压力较小。

尽管芬兰的基本收入制度试验失败了，但从价值观的层面，这一改革可以说是颠覆了社会保障的价值观。社会保障的本质特点是对弱势群体的再分配，而全民基本收入强调的是福利均等。从改革的原因和动机看，复杂的和过度的福利制度是自己的掘墓人。

二、社会保障制度的内容

社会保障制度是一个庞大的社会政策和立法体系，不同的国家有不同的项目，即使同一项目在不同的国家也可以有不同的名称，而同一名称的项目也可能有不同的内涵和外延。为了清楚了解这一体系，我们可将社会保障制度的内容作一些基本的分类。

（一）税费制度和非税费制度

按受益人是否履行缴税（费）义务，可以将社会保障分为两大类：税费制度（contribution scheme）和非税费制度（non-contribution scheme）。前者需以缴税（费）为受益的前提，如各项社会保险项目；后者则无须以缴税（费）为受益前提，如社会救助和福利项目。

社会保险最早的保障对象是就业者，所以又称之为就业关联制度。一般而言，社会保险税（费）都是以工资为对象的。社会保险受益人所能获得的保障与他们工作的年限、缴费的高低等因素发生直接或间接联系。例如，失业保险金的获得通常要求若干年的就业及缴税（费）经历；养老金的获得不仅要求达到法定退休年龄，还要求达到一定的工作及缴税（费）年限，而养老金的水平不仅取决于工作年限，还受个人在职时的工资水平影响。这种情况下，就业对养老金水平直接起作用。

社会保险制度的保障对象是就业者，但后来发展到覆盖家庭成员，在社会医疗保险中这种情况较普遍。在许多高收入国家，社会养老保险还为退休人口的无就业经历或就业经验不足的配偶，以及被抚养的家庭成员提供养老金（pension，称“年金”更准确），但必须以户主有领取养老金的资格为前提。在这些情况下，受益就间接与就业发生了联系。少数社会保险项目也强制非就业人口参加，如法国的社会医疗保险。

非税费制度下，受益人的受益与义务无关，资金来源于财政支出。按保障的对象，这一制度下又有两个子制度：一是普惠制度；二是收入状况调查制度。普惠制度是对某一类人群提供的，与受益人的收入和财富无关，如一些国家提供普惠的国民年金和家庭津贴；收入状况调查制度则是有选择性的，通常是对某一收入水平之下的人群提供帮助。

社会保障制度的早期，收入状况调查制度使用得比较广泛，在二十世纪五六十年代，由于经济的繁荣，一些国家的普惠制度替代了收入状况调查制度；到 20 世纪 70 年代以后，由于财力的不足，一些国家又从普惠制度返回到收入状况调查制度，只对收入低于某一水平的人群提供保障。

（二）养老金、健康保险、福利及其他

按项目保障的风险，国际劳工组织将社会保障分为九类：老年、遗属、残障、工伤、疾病及健康、家庭、失业、住房、公共救助及其他。国际劳工组织的成员国会按此分类来记录和统计社会保障支出。在统计社会保障支出时，为了简便，也可能分为三大类：养老金（pension）、健康照顾（health care）、福利及其他（welfare and others）。

（三）社会救助、社会保险和社会福利

按保障水平的高低，我国学界习惯将社会保障制度分为三大类子制度，即社会救助、社会保险、社会福利，三者的保障水平由低到高、层层递进，因而我们习惯称之为多层次社会保障制度。

1. 社会救助

社会救助（social assistance）是通过立法保障的公民基本权利之一，是当公民难以维持最低生活需求时，由政府按照法定的程序和标准向其提供满足最低生活需求的物质援助的保障制度。可见，社会救助是针对贫困人口的保障制度，它不要求受益人履行义务，救助项目的资金来源于一般税收，在社会保障制度中，社会救助是最具再分配意义的项目。

社会救助制度质的规定性可以从三个方面来理解。

第一，社会救助是公民的一项基本权利。公民的生存权是现代国家的法律赋予公民的。例如，《中华人民共和国宪法》明确规定，中华人民共和国公民在年老、疾病或者丧失劳动能力的情况下，有从国家和社会获得物质帮助的权利。因而，社会救助与其他社会保障项目不同，它不要求权利与义务的对等。

第二，社会救助是一种须经收入状况调查的项目（means-tested programs）。它不是

普惠的制度，只有在公民因某种社会的、经济的或生理的、心理的原因而无力维持最低生活水平时才能获得社会救助制度的给付；它有一套严格的制度和程序来确定申请救助者的收入和财富状况。

第三，社会救助提供的只是最低生活保障。由于社会救助是纯公共产品，它不强调权利与义务的对等，为了防止和减少“搭便车”和社会救助制度依赖的问题，其保障水平低于社会保险，只是提供最低生活保障。当然，这里的最低生活标准也是一个相对全体居民平均生活标准的概念，科学制定最低生活标准是社会救助制度得以有效运行的基本前提。

2. 社会保险

社会保险（social insurance）是国家立法强制征集社会保险税（费），并形成社会保险基金，当被保人发生相关风险时，制度给予损失补偿或提供收入的风险分散制度。社会保险主要针对因年老、疾病、工伤、残疾、生育、死亡、失业等风险引起的经济损失、收入中断或减少等。社会保险是社会保障制度中的核心部分，这是因为它对社会经济生活影响的广度和深度超过其他制度。

与社会保障的其他制度相比，社会保险制度有三个特点。

第一，社会保险制度在一定程度上强调权利与义务的对应关系。社会保险制度保障的水平直接或间接与缴费时间的长短、负担缴税（费）的水平等因素相联系，也就是说，被保人对社会保险的权利大小在很大的程度上取决于他所缴纳的社会保险税（费）的多少。

社会保险中两项重要的制度是社会养老保险和社会医疗保险，一些高收入国家中，社会养老保险保护的对象不只是退休后的参保人，通常也为参保人的配偶及其他需要抚养的遗属提供年金收入；在社会医疗保险中，雇员是被保人的情况下，其抚养人或扶养的家庭成员也自动成为被保人。

第二，社会保险既强调社会性又强调风险分散机制。社会保险由“社会”加“保险”两个概念构成，不同于商业保险，它强调社会性，即通过收入再分配达到个人分散风险、缓解贫困和缩小收入差距的目的，它涉及高收入者与低收入者之间的再分配；商业保险仅为一种风险分配制度，它在发生了风险事故和没有发生风险事故的被保人之间再分配，但与贫富无关。社会保险在贫富再分配方面，其强度弱于社会救助，强于商业保险。社会保险与其他社会保障项目不同，它借用了商业保险的运行机制，强调制度的收支精算平衡，也强调大数法则。

第三，社会保险具有强制性。社会保险与商业保险不同，它具有强制性。法律会就具体的保障项目，保障的对象、内容、形式，应尽的义务，享受标准及运作程序等进行明确规定，并要求符合条件者必须参加。只有强制的社会保险制度才能做到应保尽保，当社会成员发生某种风险才能受到保护，以示社会公平。同时，强制保险也有利于社会保险税（费）的有效征集，对制度的可持续发展意义重大。

社会保险的强制性可以避免商业保险领域的风险选择和逆向选择，从而纠正市场失灵。

3. 社会福利

社会福利（social welfare）的内涵和外延很难确定，许多文献将社会保障与社会福利互换来使用，欧洲的文献尤其如此，在阅读时我们需要从文章所研究的内容来确定。

本书中，我们认为社会福利是政府和社会为提高人们生活质量而提供各类津贴或服务的制度的总称。社会福利由“社会”和“福利”两个概念组成，福利的英文“welfare”，也有好生活的意思，而社会则可以理解为制度的社会性，所以我们将社会福利制度理解为是政府和社会为了达成让其成员过上好生活的社会目标而提供的制度。社会福利可以用现金的形式发放，也可以用服务的形式提供。

社会福利是政府为全体国民或者某些有特殊需求的人群提供的，它具有普惠性特征，即与受益人的收入或者财富无关，如高龄津贴只与高龄有关，而不问个人的收入和财富的多少；从保障水平来看，社会福利在社会保障体系中处于最高层次，其目的是提高受益人的生活质量。正因为这两个特点，社会福利政策在制定和实施时，往往容易偏离既定的目标，形成“福利陷阱”，即因为福利水平太高而降低了人们工作的努力程度。

另外，还有特殊保障，它是国家专门为某一类人群设立的标准或给付条件不同的社会保障制度。这些特殊制度的资金通常来源于财政。在我国，特殊保障是社会优抚制度，指国家和社会依法对为保卫国家安全而作出贡献和牺牲的军属、烈属、现役军人及退役军人等所给予的优待和抚恤。在实践中，社会优抚由独立的专门机构来管理，以便使其所需物力、财力和退役官兵安置等工作落到实处。

三、不同的社会保障制度模式

上述关于社会保障的定义及内容是对各国社会保障制度的一般总结。按政府、企业和个人在社会保障制度中的责任、社会保障提供的水平等标准，我们可将不同国家的社会保障分为不同的模式。

（一）福利型

福利型社会保障制度是政府为公民提供项目全面的、对象普惠的、高水平保护的社会保障（保护）体系。福利型社会保障模式比较强调福利供给的主体责任是政府，享受社会福利是公民的基本权利。“社会民主主义”价值观占主导地位的发达国家比较倾向于采用这种制度。从1948年英国宣布建成“福利国家”后，一些北欧国家也纷纷建立了福利制度。虽然20世纪70年代以来经过不断改革，这些国家当下的福利制度已不是当年的模样，但仍然可见一些特点，这些特点包括社会性支出占GDP的比重较高（见表1-1），其中用于社会福利（各类津贴）的比重较高而社会救助的支出相对较小；社会保障项目较全、保障的水平较高。需要特别关注的是，以福利国家著称的英国是个例外。英国的文化内核其实是信仰自由主义的，所以从20世纪70年代以来，一直坚持福利紧缩的改革，除了国民健康服务体系是普惠的，其他许多普惠的、政府供给的保障项目都被家计调查项目取代了。

表1-1　典型国家政府社会性支出占GDP的比重　（%）

国家	1980年	1985年	1990年	1995年	2000年	2005年	2010年	2015年	2019年
瑞典	25	27	27	31	27	27	26	27	26
丹麦	20	19	22	26	24	25	29	30	28
英国	16	18	15	18	18	19	23	22	21
法国	20	25	24	28	27	29	31	32	31
德国	22	22	21	25	25	26	26	25	26
日本	10	11	11	14	16	18	22	22	—
韩国	—	—	3	3	5	6	8	10	12
美国	13	13	13	15	14	16	19	19	19
希腊	10	15	16	17	18	20	24	25	24
OECD	15	16	17	19	18	19	21	20	20

资料来源：OECD数据库。

（二）补缺型

补缺型社会保障制度是一种更多强调企业、个人责任的制度。这一模式强调政府的责任是在微观主体力所不及时才提供帮助。以部分欧洲国家、美国、日本为代表的多数国家，实行的是补缺型的社会保障制度。这一模式相较于福利型而言，更多地强调权利与义务的对等，强调微观主体的责任，保障水平也相对较低一些，企业和个人缴费的社会保险在这一模式中起重要的作用。

表1-1的数据表明，仅以政府社会支出的多寡来划分社会保障模式已经不够了。经过数十年的改革，一些典型的福利型社会保障国家有效地控制了政府的社会开支，如英国；而一些补缺型社会保障国家的社会开支却超过福利型社会保障国家，如法国、希腊等。

（三）自保公助型

自保公助型社会保护制度是指个人对自己的风险负责，最后的责任人才是政府的社会保护制度。从筹资的来源和制度的机制来看，自保公助型的制度不应纳入社会保障体制来讨论，但从社会保护的结果看，它仍然能在很大程度上起到保护国民的作用，因而包括国际劳工组织在内的机构也渐渐将其纳入社会保障体系来讨论。

新加坡的社会保护制度属于自保公助型。尽管新加坡政府认定自己的制度是社会保障制度，但本书作者认为使用社会保护制度来描述新加坡的制度更妥当。新加坡的社会保护制度由中央公积金制度（强制性个人储蓄账户，由雇主、雇员共同缴费），家庭支持以及社区支持和政府支持四个层次构成。在这个体系中，起核心作用的是中央公积金制度的强制性个人储蓄账户，当个人储蓄账户不足以分散个人风险时，家庭和社区给予帮助，政府在最后“出场”，所以我们称其为自保公助型社会保护制度。

新加坡中央公积金制度实质上是强制性个人储蓄账户，个人的中央公积金账户是一个一揽子风险保护计划。新加坡政府强制雇主和雇员共同缴费，并以雇员个人名义存入中央公积金，由中央公积金局集中管理和经营，账户持有人在符合某些条件的情况下可以动用个人账户的基金用于特定的用途。个人账户又分三个子账户，分别是养老储蓄账户、医疗储蓄账户和普通账户。从1953年建立中央公积金制度以来，该制度不断提高缴费率、增加保障的项目、不断完善制度，逐步成为一个一揽子风险的保护制度。

与福利型社会保障制度和补缺型社会保障制度相比，自保公助型社会保护制度更加强调微观主体的责任，政府的公共支出非常少。同时，个人账户制度不具有再分配性质，不强调人与人之间的互助共济；个人账户由于不能很好地分散风险，其脆弱性也是明显的。相较于前两种模式，新加坡政府在社会保护方面的负担是轻的。也正因为如此，在20世纪90年代关于亚洲“四小龙”经济奇迹的讨论中，许多经济学家认为政府在社会保障领域的“无为”是重要原因之一。

第二节　社会保障制度的运行机制、地位及作用

在社会保障立法和司法的框架下，相关部门依法实施社会保障政策，依法筹集和管

理资金、对受益人给付待遇，使社会保障制度得以有效运行，并对社会经济起到重要作用。

一、社会保障制度的运行机制

（一）社会保障法律体系

社会保障法律体系主要包括立法和司法两个方面的内容。社会保障立法是社会保障制度建立和发展的法律依据，是社会保障制度有效运行的必要条件，司法则是法律得以有效实施的保证。立法保证社会保障制度有法可依，司法保证社会保障制度有法必依。

社会保障立法可能是关于社会保障基本制度的法律，也可能是单个项目的法律。如美国 1935 年的《社会保障法》就是关于社会保障基本制度的法律，而德国 1883 年的《疾病保险法》就是单项社会保险法。一般而言，社会保障立法会规定社会保障制度的管理主体、经办主体、保障目的、保障对象、资金来源、保障水平、保障内容、受益资格、资金管理等内容以保证社会保障制度运行的合法性和有效性。

社会保障制度是国家强制推行的制度，所以立法的必要性是明显的。因为法律的约束力强大，没有法律的约束会出现许多管理方面的问题，例如，在参保的阶段不免会出现“逆向选择”问题，即风险较小的人口选择逃避，年轻人不想参加养老保险，健康的人不愿参加健康保险；企业为了逃避责任会选择少报雇员和工资基数等。社会保障法律体系的建设有利于减少这些问题。

（二）社会保障制度的管理与经办

社会保障制度的管理主体是依法制定相关政策并监督政策执行的政府部门，而经办主体则是指具体执行社会保障政策的相关机构。有些国家社会保障管理和经办是一体的，有些国家则是管办分离的。例如，中国的社会保障制度基本上可以看作是管办一体的，而德国的社会保障制度则是政府负责政策与监督，而经办则由自治体自主办理。

由于社会保障制度是一个非常庞大的体系，几乎涉及全体人口的福利，所以不太可能建立一个统一的机构来管理和经办整个制度。在中国，人力资源社会保障部管理除医疗保险（包括生育保险）之外的社会保险项目，下属的社会保险经办机构负责经办相关事宜；医疗保险则由 2018 年建立的国家医疗保障局管理；民政部负责社会救助制度的管理与经办事宜。

在制度运行的过程中，管理的主体是分层次的，不同的层次又各有不同责任。一般来说，中央政府（联邦政府）的责任是政策层面的管理，而次一级政府则是真正的执行主体。

（三）社会保障制度的资金来源及管理

社会保障管理部门依法筹措社会保障资金，确保受益人的利益，制度才能有效运行。把制度作为一个整体看，社会保障制度的资金来源于政府的财政支出，投资经营收入，企业、个人缴税（费）及其他（如捐款）。表 1-2 是欧洲 15 国 2017 年社会保障资金来源的结构，它表明各国的情况是不同的，最重要的差别是政府和个人的责任。资金来源的结构在一定程度上反映了社会保障制度的结构。社会保险是收入关联制度，通常主要由企业和个人缴费，当企业和个人缴费比例高时，说明这个国家的社会保险制度的作用重要，如补缺型模式下的德国、法国；而当政府支出比例高时，往往这个国家的福利水平较高，普惠项目较多，如福利型模式下的瑞典、英国。

表 1-2　2017 年欧洲 15 国社会保障制度资金来源结构　(%)

欧洲 15 国	公共支出	雇主供款	家庭供款	其他	合计
比利时	38.8	38.9	20.0	2.4	100
丹麦	77.8	11.0	7.9	3.3	100
德国	33.2	34.3	30.8	1.6	100
爱尔兰	57.1	27.8	11.4	3.8	100
希腊	38.7	31.9	24.2	5.2	100
西班牙	39.3	45.1	13.5	2.2	100
法国	36.7	41.2	19.1	3.1	100
意大利	47.9	35.2	15.0	1.9	100
卢森堡	44.4	26.3	24.0	5.4	100
荷兰	22.9	29.3	31.8	16.0	100
奥地利	35.3	36.4	27.0	1.3	100
葡萄牙	45.3	30.5	16.1	8.1	100
芬兰	49.1	31.9	13.8	5.2	100
瑞典	50.8	38.0	9.1	2.1	100
英国	50.6	27.2	10.1	12.1	100

资料来源：数据来自欧盟统计局。

注：因四舍五入，存在加总不绝对相等的情况。

不同的社会保障项目资金的来源及管理方法是不同的。

1. 社会保险制度的资金来源及管理

社会保险经办机构依法筹集资金并形成社会保险基金。观察高收入国家，社会保险制度的收入无论以税的形式征收，还是以费的形式征收，都会纳入政府的预算管理。

社会保险制度的收入来源于雇主雇员的缴税（费）、政府补贴和投资收入，但主要的收入来源还是雇主雇员的缴税（费）。正如前面提到的，社会保险制度是收入关联制度，一定程度上强调权益的获取以缴纳社会保险税（费）为前提，因此社会保险的收入主要来源于雇主和雇员的缴税（费）。有些项目收支不平衡时，政府也会适当补助。社会保险制度资金来源除雇主雇员的缴税（费）、政府的补贴外，基金的投资收入在养老保险中也是很重要的收入来源。在中国，到目前为止，除基本养老保险外，其他险种也是自求收支平衡的。

社会保险的财务制度又分三种：现收现付制、完全基金积累制和部分基金积累制。

现收现付制是当年收支即期平衡的财务制度，而完全基金积累制则是一种长期平衡的财务制度，在制度的初期就规定一个依据支出需求的供款率，参与者的缴费较多地积累起来以备长期平衡之用，典型的例子是新加坡的中央公积金制度。部分基金积累制则介于现收现付制和完全基金积累制之间，通过收大于支来积累基金，如美国在20世纪80年代运用这种办法为它的养老保险制度积累了大量基金，以应对人口老龄化程度加深。

20世纪80年代以后，出现了典型的现收现付制和完全基金积累制相结合的部分基金积累制。通常地，具有再分配性质的公共养老金部分仍然是现收现付制，而强制的个人账户部分则采用完全基金积累制，如中国的城镇职工基本养老保险制度就是典型的“社会统筹与个人账户相结合”的部分基金积累制。采用这种制度的还有拉丁美洲的一些国家，如阿根廷①、墨西哥等。

除养老保险外，其他险种一般都采用现收现付制。无论哪种财务制度，资金的管理都是重要的。资金管理的主体通常是相对独立于政府的资金管理机构，例如，美国由社会保障信托基金管理联邦老年、遗属和残障基金（OASDI，即养老基金）；新加坡由新加坡中央公积金局管理公积金；我国省级及以下各级政府的社会保险基金由同级的事业单位社会保险事业管理中心管理。

① 阿根廷在2008年金融危机后取消了个人账户制度。

在基金积累制度下，通常有大量的资金需要专门的资金管理机构进行投资管理。

2. 非税（费）社会保障制度的资金来源及其管理

一般社会救助和社会福利制度是非税（费）保障制度，这些制度的资金主要来源于各级财政的一般税收，以预算管理的方法为主。当年的支出限于当年的预算，专款专用。

（四）社会保障待遇给付

社会保障运行的最后环节是社会保障待遇给付，通过对保障对象的给付达到社会保障的目标。保障水平的高低是通过给付反映出来的，给付水平的高低直接反映保障制度的目标和理念，也直接决定税（费）收入水平的高低和保障制度能否可持续发展。所以，给付水平的设计关系重大，给付阶段的管理也是非常重要的。

社会保险和社会救助等制度都设有种种的给付条件，只有符合这些条件，受益人才能获得给付。例如，养老保险的给付条件都有退休年龄、最低缴费年限等条件的要求。

社会保障给付分现金给付与实物（服务）给付两种。收入保障制度一般都会用现金给付，如养老金、失业保险金等。在服务领域则可以由政府提供服务达到保障的作用，如英国的国民健康服务体系，政府提供的是医疗服务而不是现金给付。为了防止道德风险以及由此引起的效率损失，美国的许多项目都采用实物给付的方式，如对贫困人口发放食物券而不是现金，这种方法可以较好地防止非贫困的人口冒领救助。同时，实物给付也有助于保障制度更有效地达到政策设定的目标，例如，瑞典政府为了鼓励高龄老年人多与社会交流，向其发放交通券，老年人可凭券免费搭出租车。

二、社会保障制度的地位和作用

关于社会保障制度的地位和作用，既是一个理论话题也是一个经验话题。完整的逻辑应该是为什么要有社会保障制度？这个制度是如何运行的？它发挥了怎样的作用？它是如何影响现代社会经济生活的？它是如何影响公平和效率的？对于这些问题的回答，有些是可以用经验数据来说明的，而有些只能用价值判断来说明。限于篇幅，我们将理论的讨论放在后面，但为了保证概论部分的完整性，此章我们对相关问题做简单的介绍和分析。

（一）社会保障制度的地位

社会保障制度是成熟的市场经济形态下最重要的社会制度和经济制度之一，社会保障支出占国内生产总值（GDP）的比重称之为社会保障制度的深度，高收入国家社会保障的平均深度达18%以上，可见社会保障的地位非常重要。

（二）社会保障制度的作用

社会保障制度的基本作用是分散个体的风险、减少贫困，并且在一定程度上可以缩小贫富差距。同时，我们从社会保障制度发展的历史看到，它可以作为政府管理社会和经济的工具来利用，这是社会保障制度派生的作用。在处理其基本作用和派生作用的关系时，我们不应过高地强调后者而忽视了它的基本作用。

从微观层面看，社会保障制度有分散个体风险、减少贫困、保护劳动力资源等作用。一方面，我们每个人都面临生老病死的风险，面临因不测而引起贫困的风险；另一方面，我们每个人都有生存的需要、发展的需要和安全的需要。社会保障制度正是现代政府为解决这些风险与满足这些需要的工具。通过再分配来分散个人风险、减少贫困、保护劳动力资源，保证国民的基本生活有序进行才是社会保障制度最本质、最基本的作用。

从宏观层面看，社会保障制度有稳定政治和调控经济的作用。现代社会保障制度起源于德国的历史告诉我们，从国家和政府的角度，社会保障制度有稳定政治的作用。它是通过调节贫富差距、缓和阶级矛盾、减轻贫困来达到政治的稳定和谐与长治久安。市场经济制度下，如果政府不采用干预措施，贫富分化是一定的。社会保障制度是重要的再分配制度，它通过税收和社会保障支出的双向调节，缩小贫富差距。

从美国社会保障制度的建立可以看到，社会保障制度是政府调控经济的手段之一，因为社会保障可以通过有效需求的管理来熨平经济周期、减轻经济的波动。这是因为一些社会保障制度有一种自动稳定经济的天然功能，在这一点上失业保险表现最为突出。当经济萧条失业增加时，宏观经济会出现有效需求不足，通过失业保险金及其他给付的发放，会增加有效需求。

（三）社会保障收支对社会经济的影响

作为一项重要的制度，社会保障的收支活动深刻而全面地影响着社会政治经济生活。

第一，从社会保障制度的资金来源或者收入看，无论是来源于政府一般税收还是来源于雇主雇员的缴费，最终的税负承担是资本和劳动力。政府的一般税收来源于公司税、资本所得税和个人所得税等项，社会保险制度的资金来源于雇主雇员的缴税（费），这些税负都是资本和劳动力成本的一部分。因而，社会保障制度支出水平的高低直接影响税收水平的高低，而税收水平的高低会影响资本和劳动力供给的水平（影响效率的高低），从而进一步与经济增长发生联系。

第二，从社会保障支出方面看，支出的水平影响着有效需求的水平，影响公平和效率。从总量看，社会保障支出的总量对消费的总需求发生影响。社会保障支出对受益人而言，是消费资金，在保持其他情况不变时，社会保障支出越大则消费总需求越大。设计合理的社会保障支出意味着公平的改善，但社会保障支出水平过高，则意味着高税收水平可能对效率产生负面影响。此外，社会保障支出水平的高低还会在短期内对储蓄产生影响。从社会保障支出的结构看，不同的结构对公平和效率的影响是不一样的，例如，在社会保障项目中，社会救助的公平性最强，社会救助支出所占的比重越大则社会保障制度的公平性越强。

第三节　世界社会保障制度简史

以 1883 年德国的疾病社会保险产生作为标志，社会保障制度作为一种正式的社会和经济制度，已经有 140 年的发展历史，随着外部条件的发展和变化，各国的社会保障制度一直不断在发展、改革与调适，因而它的内涵和外延一直在不断变化。了解社会保障制度的产生和发展对了解社会保障制度的内涵和外延，以及把握社会保障发展的一般规律是有帮助的。我们按一些标志性事件将世界社会保障制度的历史划分为若干阶段，以便掌握社会保障制度在世界范围内发展的基本线索。

一、世界现代社会保障制度的形成时期

1883—1934 年为世界现代社会保障制度的形成时期。作为社会保障制度重要组成部分的社会保险制度，其产生的标志事件是 1883 年德国的《疾病保险法》的颁布，因而我们也将 1883 年作为现代社会保障制度形成的起点。

现代社会保障制度形成时期，社会保障制度的特点是：第一，保障的对象与就业关联，不具普遍性；第二，保障项目也不具全面性，只有社会保险而无社会救助和福利制度；第三，全国性的管理制度尚未形成。

19 世纪 80 年代，德国率先建立了社会保险制度。1883 年德国俾斯麦政府颁布了《疾病保险法》，1884 年颁布了《工人灾害赔偿法》，1889 年颁布了《劳工老年残障保险

法》。这几项法令规定由国家建立健康保险计划、工伤事故保险计划、养老保险计划，这些计划由雇主和雇员共同缴费，形成保险基金，当雇员发生相关的风险时，由社会保险基金给予偿付或补偿。德国这些计划的实施使其成为当时世界上项目最多的工人社会保险制度。但是，德国的社会保险制度还远不是一个完善的制度。从它的覆盖范围来看，它仅为有稳定收入的人提供保障，大批的无稳定收入的工人、农民、临时工、季节工，以及工资很低的工人都被排斥在这一制度之外；从它提供的保障水平看，它并不足以保障被保人的基本生活；从它的限制条件看，它带有明显的政治色彩，对那些积极参加工人运动、反对政府的工人，均以莫须有的理由被排斥在这一制度之外。但是，德国的社会保险制度为现代社会保障提供了一个基本的框架。

继德国之后，其他欧洲国家也纷纷进行单项社会保险立法，表明社会保障制度在欧洲大陆的确立。

为什么社会保障制度会产生于德国？可以说，德国社会保障制度的建立是德国历史学派主张国家干预社会经济生活、调和劳资矛盾的政策主张的产物。一般来说，人们认为现代社会保障制度是工业化的产物，就此推导，社会保障制度应该首先产生于英国，但事实并非如此。19 世纪的德国无论是工业化的规模还是社会对现代化保障的需求都不能和英国相比，但是就德国当时的社会政治结构来看，德国具备率先实行国家社会保障的社会政治条件。19 世纪下半叶，德国无产阶级力量相当强大，工人运动不断，而新兴资产阶级则相对软弱无力，在这种历史条件下出现并流行于德国的新历史学派既反对亚当·斯密（Adam Smith）的自由放任主义，也反对马克思主义的革命理论；主张国家积极干预经济和社会生活；主张法律至高无上；主张实施包括社会法、工厂法在内的社会政策；主张走调和劳资关系的道路，以消除德国面临的最大的社会问题。这一理论影响了德国政府的社会政策，德国的各项社会保险只是政府管理社会的工具。

从德国社会保障制度产生的历史中，我们可以看到：从工人阶级的立场看，社会保障是工人阶级争取自己权利的结果；从政府的角度看，社会保障是政府管理社会的一个政治工具；从结果看，在现代化过程中，个人的风险可以通过社会保险的制度予以分散。

二、世界现代社会保障制度的发展时期

1935—1947 年为世界现代社会保障制度的发展时期。这一时期是以美国 1935 年颁布的《社会保障法》为标志的。在这个法案中第一次出现“社会保障”一词。美国的社

会保障制度是一个一揽子保障体系，包含了现代社会保障的多数项目。

美国价值体系的重要组成部分是相信市场是有效的而政府则是无效的。1929 年发端于美国的经济危机很快波及世界，形成了第一次世界经济大危机。第一次世界经济大危机给美国经济造成了严重的创伤，也动摇了美国人对市场的信仰。在美国，大批工厂倒闭、大批工人失业，到 1933 年，失业工人达 1 500 万人，占全国工人总数的 1/3；1/6 的家庭靠救济金度日。美国的经济和社会在大萧条中经受着巨大的痛苦。第一次世界经济大危机的原因，用马克思主义的理论解释就是生产相对过剩；用西方经济学的观点解释就是有效需求不足。商品过剩导致工厂倒闭、失业增加、收入减少，需求进一步下降，危机加深，经济陷入恶性循环。

1933 年，罗斯福出任总统。为了摆脱危机，重振美国经济，缓和国内的阶级矛盾，罗斯福制定并实施了罗斯福新政。罗斯福新政体现了凯恩斯主义，强调国家干预经济生活，其主要手段就是刺激总需求。建立社会保障制度为退休人口和贫困人口提供收入是增加总需求的重要方法，因而社会保障制度成为新政的一个重要组成部分，并用法律的形式固定下来。1935 年，美国颁布《社会保障法》，标志着美国现代社会保障制度的诞生。美国最初的社会保障项目有五个，包括两个保险项目和三个救助项目，即老年社会保险、失业保险和盲人救助金、老年人救助金、未成年人救助金。此后，美国的《社会保障法》经过无数次的修改，其目的是增加社会保障的项目、扩大保障的覆盖范围、提高保障的水平。

如果说德国是一项一项地建立社会保险制度，那么美国则是整体建成了包括社会保险和社会救助的一揽子社会保障制度。德国的社会保险主要是作为政治管理的工具来使用的，而美国的社会保障制度则主要是作为经济管理的工具来使用的，尽管《社会保障法》充分考虑了被保人的利益，但其主要作用依然是经济管理的工具。在养老保险领域，美国建立的是全国统一的养老保险制度，而德国则是以地区或者行业为单位的纵横交错的养老保险制度，其他制度也是如此。

1929 年的经济危机是世界性的，主要工业国面临的是同样的问题，即有效需求不足的问题，所以其他国家也像美国一样，纷纷采用凯恩斯主义的主张，扩大财政转移支付，增加社会保障支出和社会保障项目，提高社会保障的水平和扩大覆盖范围。社会保障制度在这一时期得到较快发展。

三、世界现代社会保障制度的繁荣时期

1948—1979 年为世界现代社会保障制度的繁荣时期。这一时期是以 1948 年英国第

一个宣布建成福利国家为标志的。我们说这一时期是社会保障制度的繁荣期，一是因为这一时期工业国纷纷加入福利竞赛；二是因为发展中国家也纷纷建立了综合性社会保障制度或至少实施了某些社会保障项目，使得社会保障成为一项全球性的社会经济制度。

在社会保障制度的发展过程中，第二次世界大战是个分水岭。总的来说，第二次世界大战以前，各国的社会保障制度在保障项目、覆盖率和水平等方面可能不同，但是相同的一点是，社会保障只是保证国民拥有维持生存所必需的生活资料。第二次世界大战以后，社会保障制度进入繁荣发展期，这里的发展有四重含义：一是建立社会保障制度的国家急剧增加；二是社会保障制度的覆盖范围和受益范围进一步扩大；三是社会保障项目构成趋于网络化；四是社会保障水平提高，社会保障开支占国民生产总值的比重显著增长①，福利国家纷纷出现，英国和北欧五国是最典型的例子。

英国工党的民主社会主义五项原则是政治自由、混合经济、福利国家、凯恩斯主义和平等信念。按英国工党在1945年竞选宣言中所述，所谓福利国家是使国民普遍地享受福利，使国家承担起保障国民福利的责任。1945年工党当选为执政党，它将福利国家的理论变为执政的纲领和现实的政策，以1942年《贝弗里奇报告》为基础，颁布了一系列重要的社会立法。一是国民保险法，该法强制16周岁以上、养老金领取年龄以下的所有国民参加国民保险并缴费，该保险为因失业、疾病、伤残及各种意外事故等风险的发生而失去生活来源的人提供津贴或救济。二是国民卫生保健服务法，该法的核心内容是将全国医院实行国有化，并由国家对全民提供免费医疗。三是住房法和房租管制法，该法规定国家为低收入者提供低价住房。四是国民救助法，该法是对国民保险法的补充，它为低于最低生活标准的低收入者提供救助。通过上述社会立法，加上原有的各种社会保障项目，英国就建立了一个为它的国民提供“从摇篮到坟墓”的全面保障制度。

专栏1-3　　《贝弗里奇报告》

1941年，受英国战后重建委员会的委托，经济学家贝弗里奇爵士负责对现行的国家社会保险方案及相关服务（包括工伤赔偿）进行调查，并就战后重建社会保障计划进行构思设计，提出具体方案和建议。1942年，贝弗里奇爵士根据部际协调委员会的工作成果提交了题为《社会保险和相关服务》的报告，这就是著名的《贝弗里奇报告》。

---

① 赵曼．社会保障制度结构与运行分析［M］．北京：中国计划出版社，1997：13.

报告继承了新历史学派理论有关福利国家的思想，从英国现实出发，指出贫困、疾病、愚昧、肮脏和懒惰是影响英国社会进步、经济发展和人民生活的五大障碍，并据此提出政府要统一管理社会保障工作，通过社会保障实现国民收入再分配的建议。

基于以下四个基本原则，报告设计了一整套“从摇篮到坟墓”的社会保障制度：一是普遍性原则，即社会保障应该满足全体国民不同的社会保障需求；二是保障基本生活原则，即社会保障只能确保每一个国民最基本的生活需求；三是统一原则，即社会保险的缴费标准、待遇支付和行政管理必须统一；四是权利和义务对等原则，即享受社会保障必须以劳动和缴纳保险费为条件。

报告建议国家为每个国民提供9种社会保险待遇，提供全方位的医疗和康复服务，并根据本人经济状况提供国民救助。

英国政府于1944年发布了“社会保险白皮书”，基本接受了《贝弗里奇报告》的建议，并逐步制定和实施了《国民保险法》《国民卫生保健服务法》《住房法和房租管制法》《国民救助法》等一系列法律。1948年，英国工党领袖、首相艾德礼宣布英国第一个建成了福利国家，贝弗里奇也因此获得了“福利国家之父”的称号。

在英国之后，其他一些发达国家也先后宣布实施普遍福利政策，并宣布建成福利国家。尤其是二十世纪五六十年代，世界范围内的经济持续繁荣，使得社会保障制度得到了扩张，多数高收入国家开始向它的劳动者承诺，逐步提供只有在经济形势很好的时候才有能力提供的生活水平。1960年到1975年，一些工业国的福利费用几乎增加了10倍。

1919年成立的国际劳工组织一直致力于争取劳工的权益。1952年，国际劳工组织制定并通过《社会保障（最低标准）公约》（第102号），对劳工的医疗服务、收入扶持（发放现金的医疗给付）、伤残保护、老年保护（收入扶持和长期护理）、遗属的收入扶持、生育保护（医疗及收入扶持）、儿童抚养责任保护（家庭福利）、失业保护、工伤保护等九个方面的最低保障标准进行了规定。虽然公约对任何国家都不具有实质的约束力，但它表明社会保障制度已经是一个全球化的事业。不但是发达国家，发展中国家也纷纷建立自己的社会保障体系。在国际劳工组织的政策指导下，目前世界上多数国家都有数项或包括所有项目的综合性社会保障制度。

这一时期社会保障制度的历史给我们的启示是，经济的发展和社会保障制度是可以良性互动的。经济的高速增长可以负担得起较高水平的社会保障和福利，反过来社会保障和福利的发展对提高国民的生活质量、提高国民的素质、维护社会的稳定和经济的繁荣也是有帮助的。

四、福利收缩与福利扩张并存的改革时期

进入20世纪70年代后，社会保障制度向两个不同的方向发展，一个方向是高收入国家开始了“做减法”的改革，即开源节流的改革，通过扩大税基、提高税率增加社会保障制度的收入，同时通过减项目、降水平等手段来控制社会保障制度的开支，甚至是通过私有化改革减少政府的责任；而另一个发展方向是，一些新兴的国家或地区，则由于经济的增长，投入更多财力建设社会保障制度，扩大覆盖范围、提高保障水平，如韩国、中国、中国台湾地区等。

从世界范围来看，虽然有些国家的社会保障制度在“做减法”，有些国家在“做加法”，但是由于这一阶段新自由主义不仅影响了高收入国家“做减法”的改革，也影响了新兴国家社会保障制度的设计，后者在社会保障制度的设计中体现了对社会保障制度繁荣时期的反思，所以我们还是认定此阶段为社会保障改革时期。

有两个主要的因素促使高收入国家社会保障制度进行增收节支的改革，一是经济增长速度的放慢，二是人口老龄化。对福利制度的批评是围绕两条路线展开的：一是批评社会保障制度或者福利制度对经济的发展起了不良作用，二是批评福利制度造成了“福利病”。

20世纪70年代，石油价格两次大幅度上升、国际金融体系瓦解，发达国家经济增长的速度慢了下来，而通货膨胀居高不下，出现了所谓“滞胀”。曾经使福利国家为之骄傲的社会保障制度，相对于它的经济增长来说，已是太昂贵的东西了，它已成为这些国家沉重的负担。在讨论“滞胀”的原因时，新经济自由主义认为，凯恩斯主义的财政政策鼓励扩大开支、鼓励社会保障制度的扩张，其结果是税收的增加，而税收的增加又导致劳动力和资本供给的减少，所以经济停滞不前；同时供给不足则一定产生通货膨胀。新自由主义批评凯恩斯主义、批评社会保障制度，主张减少国家干预、减少公共开支、减少社会保障开支，从而降低税收，以鼓励劳动力与资本等要素的供给，促进经济增长。

批评福利国家的另外一个角度是“福利病”。20世纪70年代的英国经济状况尤其不佳。批评者认为，经济之所以停滞不前是因为福利国家在“养懒汉”。福利国家“父爱主义”泛滥，国民“从摇篮到坟墓”都有国家照顾，从而削弱了国民的奋斗精神，部分

人更愿意不付出，选择“搭便车”，从而养了“懒汉”。批评者认为福利国家导致了效率损失，同时对勤奋工作多纳税的人也是不公平的。所以，批评者主张改革福利制度，根治“福利病”。

除了经济因素，20 世纪 70 年代高收入国家人口老龄化问题开始显现，老龄化则意味着养老保险和医疗保险的开支刚性增加，对财政构成压力。尤其是人们意识到，第二次世界大战后的“婴儿潮”一代在 21 世纪初将进入退休年龄，届时将面临养老金支付和医疗费用支付的巨大压力，因而对社会保障制度进行改革的呼声很高。

在上述背景下，第一个建成福利国家的英国率先对福利制度进行了改革。20 世纪 70 年代末，以撒切尔夫人为首的保守党执政时，就开始了私有化改革。撒切尔夫人笃信自由主义，主张小政府，在社会福利方面，其指导思想是，首先，社会保障不应由政府包办，而应公私协作；其次，不能养成单纯依赖国家的懒惰思想，要鼓励个人用劳动争取福利。在这种指导思想下，1979 年，英国通过税收优惠鼓励雇员从收入关联的社会养老保险中退出，加入企业年金计划或直接建立个人养老账户，由此开始了社会养老保险的私有化改革。但是，对福利制度的改革不意味着保守党要“拆毁福利国家”。由于国家干预的观念已深入人心，而且它确实在社会经济生活中起着重要的作用，所以即使新自由主义改革思潮占上风，改革或多或少地在不同项目中进行，但是将社会保障制度作为一个整体看，其在政策上和实践上，依旧保持着制度体系的完整性，我们可以把这些改革看作是对政府失灵的一种修正。从前面表 1-2 我们可以看出，尽管英国从 1979 年开始政府责任紧缩的改革，到 2017 年政府在社会保障中的支出仍然超过 50%。

英国社会养老保险制度的私有化改革拉开了世界范围内社会保障制度开源节流改革的序幕。这一时期的经验告诉我们：第一，社会保障的支出不能超越经济支撑的能力。社会保障支出是刚性的，尤其是在西方的民主制度下，为了获得选票，不同的政党和政府往往会许诺更多的福利开支，当经济增长不能支撑这种高福利时，改革就来临了；第二，社会保障支出并不是越多越好，当高福利“养懒汉”时，不仅损失了人力资源（效率损失），对努力工作诚实纳税的人也是不公平的。我们应该从中汲取教训。

五、后经济危机时代的思考

2007 年美国的次贷危机快速演变为 2008 年的金融危机并波及全球，导致了经济危机。经济危机在 2009 年年底开始不断升级和蔓延，又引发希腊等南欧诸国债务危机，多米诺骨牌效应一波接一波。十几年后，一些国家仍在债务困境中不能自拔。例如，希腊

2008 年人均 GDP 为 31 997 美元，2020 年该指标为 17 632 美元，大幅缩水。这些相互独立又相互关联的事件，不仅危及实体经济，甚至在一定程度上发展为社会危机。图 1-1 所反映的就是现实中的代表事件。

图 1-1　希腊七旬老人银行无钱可取在银行外痛哭

资料来源：希腊老人领不到养老金街头痛哭　澳富翁旧友来解围［EB/OL］．（2015-07-04）［2015-07-05］．https://world. huanqiu. com/article/9CaKrnJN5nd.

注：2015 年 7 月 3 日，已退休的 77 岁老人乔治·查兹法提亚迪斯在希腊第二大城市塞萨洛尼基多家银行前排队，希望为妻子提领每周 120 欧元的养老金。当他跑了三家银行，到了第四家银行还是被告知无法提现时，忍不住坐地痛哭。

经济危机给我们留下一些思考。①

第一，政府对初次分配领域和再分配领域的干预是必要的。导致美国金融危机的深层次原因是新自由主义影响下的初次分配领域贫富差距扩大，而且再分配力度不够。由于收入的消费倾向递减律的作用，政府只能靠低利息和次贷来扩大消费，当第一块骨牌倒下，就出现了多米诺效应。

第二，社会保障支出超过经济支付能力时，一是会因为高福利影响人们努力的程度，从而影响经济结构；二是直接导致政府债台高筑，直到经济崩溃。希腊的债务问题不仅来源于公共支出领域的凯恩斯主义倾向，初次分配领域中的新自由主义倾向也是原因的一部分。初次分配中的贫富差距扩大，试图依靠超过经济负担能力的再分配来调节这种差距是希腊债务问题爆发的导火索。

① 李珍，王雯．金融危机、债务危机背景下分配政策的思考［J］．武汉大学学报（哲学社会科学版），2013（1）：36-43.

第四节　世界范围内社会保障制度改革的理论及实践

上一节简单分析了20世纪70年代以后高收入国家社会保障制度改革的原因及内容，因为改革的理论及政策影响深远，所以我们在本节将做深入讨论和介绍。

一、关于社会保障制度改革的理论

是否利用社会保障制度干预社会经济生活是干预主义和自由主义长期争论的焦点。长期以来反对政府干预的自由主义价值观在西方世界根深蒂固。1929年第一次世界经济危机是生产过剩的危机，它说明市场不是万能的，市场会失灵。此时，主张政府干预来扩大有效需求的凯恩斯主义渐成主流，其扩张的财政政策的主张也被用到极致。

如上一节指出，到20世纪70年代，西方的经济由五六十年代的高速发展进入“滞胀”，以弗里德里希·冯·哈耶克（Friedrich Von Hayek）为首的朝圣山学社逐渐兴起，提出以恢复古典自由主义为主要内容的新古典自由主义（简称新自由主义）。新自由主义是一个庞大的体系，在第六章我们将进一步介绍主要的代表人物和派别，在此我们只简要介绍它的核心观点。

新自由主义的哲学基础是自由、公正和不干涉主义，在经济理念上主张经济自由和有限政府，极力推崇自由市场经济，强调自由市场竞争机制，反对社会主义、计划经济和国家干预，主张限制政府权力和合理界定政府责任边界。

新自由主义认为福利国家存在四个弊端。①对个人自由构成威胁，新自由主义认为国家福利政策是由少数政府官员和专业人士制定的，这些决策人士虽由民主选举产生，但他们也会追求个人效用最大化，如为追求获选而讨好一些利益团体，其制定的福利政策并不能较好地反映全体选民的福利意愿，国民个人的自由和责任遭到削弱。②导致经济运行效率低下，新自由主义指责福利国家为追求政治目标使得福利供给过剩，人们工作激励不高，形成动力真空。③对经济具有破坏力，新自由主义认为高福利使国家加重税收，使企业不愿积极投资和创造价值，资本积累和竞争动力不足。④对社会发展也具有破坏力，高福利使人们习惯于依赖国家和政府，这是对自立、自主和自我负责精神的破坏。

鉴于上述基本观点，新自由主义主张：在社会保障领域，福利服务应实行市场化和自我负责，应当降低国家的作用，让市场发挥基础性、主导性作用；福利制度要体现个人自助精神，人人都要建立自我保障意识，家族也必须为其成员的福利承担责任。具体的政策主张主要有以下三点。①社会保障的目标只是提供基本生活保障，社会保障只是在社会底层建立的一种保护网，保护社会底层人民不会因为在最初分配或因市场力量处于不利地位时而陷入困难境地。②在社会保障资金负担上，应当遵循个人自由、自主、自助的原则，每个人首先应该依靠自己的力量解决个人的社会保障问题，国家和社会机构只有在个人收入和财富不足时才介入，因此，在社会保障资金来源中，应适当增加雇主和雇员负担的份额，减少国家资助的金额。③在社会保障的管理上，主张民营化、私有化和市场化，即将国家原来在社会保障中的拨付资金、管理资金和提供社会服务的职能改由私营机构承担，按市场规律运作。

新自由主义经济学影响深远，在二十世纪七八十年代成为一些国家的官方经济学，并运用于政策制定之中。在新自由主义的自由放任政策下，许多国家失业增加、贫富分化等问题突出。进入20世纪90年代，各国社会民主党上台执政，吸纳新自由主义和国家干预主义之长，采取“第三条道路”的策略。所谓“第三条道路”指既不采取完全市场形式，也不采取国家包揽形式，而是将效率与公平、自由市场与国家干预结合起来，以求得经济增长与社会发展之间的平衡。在社会保障方面，它主张国家负责与个人负责应当并重，福利供给应当由国家、非政府机构和个人共同参与，国家提供非普遍的社会服务，帮助最需要帮助的社会成员。同时，提倡发展私营的和志愿的福利事业作为补充，以引进竞争机制和保障消费者选择福利服务的自由。一方面，他们认为自由市场会引发很多社会问题和阶级矛盾，需要国家进行干预；另一方面，他们又认为国家提供过多福利会产生许多负面影响，因而政府行为应受到限制。

二、关于社会保障制度改革的实践

20世纪70年代以来，由于社会保障制度出现了诸多危机，发达国家不同程度地对其社会保障制度进行了调整和改革。总体来讲，大多数国家所实行的主要是对原有模式进行局部调整和改革，重心是增收节支，也有一些国家对社会保障基金管理和社会保障制度结构进行了改革。总的来看，各个发达国家社会保障政策调整和改革主要包括以下六个方面。

（一）扩大社会保障资金来源

1. 提高社会保险缴费率

虽然各国深受社会保障税负过重之苦，但当制度收支不平衡时，又不得不继续提高社会保障税（费）率。在现收现付的财务机制下，提高缴费水平是增加社会保障资金供给的最直接的手段。比利时、法国、荷兰、英国都不同程度地提高了雇主和雇员的缴费水平，例如，在 20 世纪 80 年代英国的老年、遗属和残障保险雇员个人应缴的社会保险费率为 7.75%，1999 年提高到 10%。①

2. 提高或取消缴费工资的上限，扩大缴费基数

许多国家社会保险的缴费基数并不是全部工资，而是设置了缴费工资的下限和上限。例如，美国将缴费工资的上限由 1950 年的 3 000 美元逐步调整到 1999 年的 72 600 美元②；比利时 1981 年取消了失业保险的缴费上限，1982 年取消了医疗保险、生育津贴、伤残保险的缴费上限。

3. 开征社会保障收入所得税

以英国为例，该国历来实行的社会保障给付都是免征个人所得税的，但从 1982 年中期开始，英国废除了这种传统做法，对超过某一额度的失业保险金和养老金开征所得税，用以向退休人员支付医疗保险金；对超过某一额度的残障补助金和提前退休金开征所得税，用以补充老年、遗属和残障保险的收入。又如，美国自 1984 年 1 月 1 日起，对收入超过一定标准的年金领取者征收所得税，以增加社会养老保险制度的收入。

4. 增加收费项目

无论是福利国家或是欧洲大陆的其他国家，在改革前，许多国家的被保人几乎免费用药，进入社会保障改革时期后，各国开始要求被保人负担一部分的药费。如德国要求被保人对药品支付一定的费用，这项改革不仅可以开源，对制止浪费医疗资源的行为也是一项很好的措施。

（二）控制和削减社会保障总支出

1. 价值观转向，强调个体的责任而非国家的责任

例如，在社会福利扩张时期的老年人长期照护领域，许多国家将长期照护视作国家的责任，并提出机构化养老。在福利紧缩改革的时期，许多高收入国家认为长期照护的责任主体应该是家庭而非国家，因而实践上出现了去机构化现象，转而提倡在地养老。

2. 减少普惠项目，回归选择性制度

这种方法是通过减少制度保障的人数来节省社会保障制度的开支。在社会保障制度

---

① Social Security Administration. Social security programs throughout the world [M]. Washington, DC: SSA Publication NO. 13-11805, 1999: 368.

② 邓大松. 美国社会保障制度研究 [M]. 武汉：武汉大学出版社，1999：246.

繁荣时期，由于经济增速强劲，许多国家不断增加普惠性的福利项目，或者将传统的针对低收入者的救助项目升级为人人享有的普惠制度。进入到改革时期，一些国家在某些领域改“普遍性原则”为“有选择性原则”，重点帮助低收入者。例如，英国政府缩减“产妇津贴”和“死亡津贴”的范围，不再是无论贫富均发放，改为只有低收入家庭才能获得。又如，澳大利亚的国民年金的发展线路，由针对低收入者的家计调查制度到人人有份的普惠制度，再回到家计调查制度；在瑞典，人人普惠的国民年金制度在20世纪90年代初的养老保险制度改革中被个人账户制度替代了。

3. 降低保障水平

改变养老金的给付基础是当前削减支付规模的一种普遍趋势。法国自1994年开始，决定将养老金的支付基础由劳动者在职期间收入最高的10年改为收入最高的25年，同时，以物价而不是以工资为基准对养老金进行重估和调整，在高收入国家，通常物价指数的涨幅慢于工资指数的涨幅。德国1992年进行养老保险改革，将受教育年限视作缴费年限的规定由最长13年调整为7年，并把养老金同毛工资挂钩改为同净工资挂钩，挂钩系数每年1月1日调整。①

4. 严格享有给付的资格条件，缩短失业津贴的有效期

瑞典1993年对失业人员享有失业津贴所要求的最低就业时间已增加2倍；西班牙将获得失业津贴的缴费期从6个月延长至12个月；丹麦1996年把失业津贴有效期从9年降到5年；在比利时，自1996年起，如果有关人员失业时间已超过本地区平均失业时间的1.5倍（原来为2倍），那么当局有权暂停支付失业津贴；法国私人部门领取全额养老金的工作年限为40年，而公共部门只需要37.5年，近年经过艰苦的博弈，政府终于将公共部门的工作年限要求提高到了40年。

5. 提高退休年龄或鼓励延迟退休

随着人口老龄化的发展，各国纷纷通过提高退休年龄及提高领取养老金的其他资格条件来减少养老金的支出，瑞典提出的口号是“活得更长，工作更长”。

（三）社会养老保险领域的私有化改革

20世纪70年代末，英国政府拉开了社会养老保险私有化改革的序幕。英国的改革是鼓励雇员从政府举办的社会养老保险中退出，参加企业年金或直接开设个人养老储蓄账户，将政府的责任转移到私人部门，实现了社会养老保险的结构性改革。1980年智利

---

① 邹根宝，郝群. 若干发达国家社会保障制度改革的比较［J］. 世界经济文汇，2000（2）：50-56.

对现收现付的社会养老保险制度进行了彻底改革，建立了基金积累的个人账户制度，被世界银行称之为“智利模式”。到21世纪初，总共约有20国部分或全部放弃现收现付的社会养老保险制度，建立了部分或完全的个人账户制度。一些国家的个人账户是基金积累制度，而另一些则是名义账户制度（如瑞典、波兰等6国），个人账户并无基金积累，只是一个记录个人缴费及名义利息的制度。2008年金融危机发生后，一些国家放弃了个人账户制度；一些完全放弃社会保险的国家又开始部分回归。

专栏1-4　　智利模式的缺陷及补救措施

智利在20世纪80年代开始养老金私有化改革，被视为社会保障领域“结构化变革”的先行者，引起全世界的关注。传统的待遇确定型的现收现付养老金制度被基金积累的个人账户制度所取代，同时政府的基金管理运营责任也转移给了私营基金管理公司，个人养老金待遇水平的高低直接由市场投资收益所决定。如此一来，政府对退休人员的老年收入保障责任被缩至最小，而个人的责任却被无限扩大。这也是人们称智利模式为“社会保障私有化”典范的重要原因。

然而，私有化改革以来，智利的经济增长与不平等、贫困并存，个人账户养老金制度缺陷日益暴露：覆盖范围有限、保障水平不充足、缺乏社会共济功能等。为缓解社会矛盾，2008年，智利巴切莱特政府对养老金领域进行“再改革”（re-reform），再次引起全世界关注。“再改革”的主要内容包括：①在扩大覆盖范围、提升保障水平方面，建立“新的团结支柱”，强制要求自我雇佣者加入个人账户制，为加入个人账户的年轻人进行补贴激励，并为中低收入者建立集合自愿储蓄计划；②在促进性别平等方面，为母亲提供专门的津贴补助，实行遗属残障保险的差别费率制以及设立专门的遗孀养老金；③在提升基金的运营能力方面，采取促进基金管理公司竞争、降低管理费用、放宽投资限制、灵活投资结构、普及金融知识教育、建立新的监管机构等措施。

虽然“再改革”在提高贫困者的养老金水平、改善女性养老待遇、缩小性别差异上取得了短期的成效，但它并不改变智利基金积累型个人账户养老金制度的本质，只是在原有制度框架下“打补丁”的非实质性变革。因此，“再改革”并没有从实质上解决私营养老金制度面临的根本问题。一方面，“再改革”并未对基金积累型养老金的待遇充足性问题开出良方。目前，智利退休男性的平均养老金替代率仅有38%，女性为33%。2007—2014年，80%的智利养老金领取者的养老金仅相当于最低工资的

44%，甚至低于贫困线标准，主要原因就是很多人由于非正规就业、失业、工作转换、女性生育等而不能一直坚持缴费，另外基金管理公司的高额管理费用也侵蚀了相当数量的养老金。因此，即使是坚持长期缴费者，其养老金也谈不上丰厚。以工作并缴费长达30年的71岁退休女性为例，她每月仅能够领折合450美元的养老金，只能维持基本生活。另一方面，财政可持续性问题越发值得关注。原现收现付制向个人账户制过渡的转制成本尚未消除，“再改革”所引发的新的政府开支，将成为长期的制度成本并在人口老龄化趋势下持续增长。智利本国的调查机构（Cadem）抽样调查发现，84%的智利人认为必须彻底改革社会保障制度。智利圣地亚哥大学的另一个调查发现，61%的智利人希望重建公共养老金制度。在2016年8月的游行示威之后，2006年和2013年两次当选的智利民选女总统米歇尔·巴切莱特的支持率直线下降至15%的新低，智利政府不得不准备向雇主另行征收5%的公共养老金税，来缓解当前的养老金危机。

（四）实行私营化，扩大福利提供领域的市场经济成分

政府采取优惠措施，鼓励私营机构参与社会保障的管理和运营。如美国限制公共项目社会保险的扩张，把部分政府的福利项目转为由私营企业和社会团体承担。英国政府迫使地方政府、全国健康服务等部门将一系列服务项目通过招标改由私营单位承包，同时鼓励私营养老保险、医疗保险与职业福利的发展。瑞典也出现了少数的公共服务私营机构，特别是在养老保险和医疗保险方面，私营化趋势比较明显。在养老保险方面，随着人口老龄化的加剧，各国纷纷采取措施，鼓励私人养老保险计划的发展，以便使国民获得更大的选择自由，使养老保险基金的服务有竞争性和效率性。

（五）下放事权

下放事权，将统一管理改为分散管理。以医疗保险为例，中央政府集中控制医疗保险费用，固然可以享受统收统支、管理方便的好处，但容易忽视各地的具体情况，地方的积极性得不到充分发挥。一些国家已注意到这一点，并逐渐使医疗保险的管理披上地方色彩。如意大利在1992—1993年的改革中，将医疗保险的部分组织和监管权由中央转移到地方。

（六）其他改革措施

更加注重社会保障服务质量的提高。突出服务质量的提高成为新时期社会保障发展

的重要内容，这是缩减社会保障支出后，维持和提高社会保障水准的重要手段。英国政府提出发展社会保障的新思路，其重点不再是增加社会津贴，而是增加社会服务，向社会提供更好的公共服务，如更好的保健和教育等公共产品。

各国政府采取措施进行职业培训以提高劳动者素质，完善劳动岗位转换机制，以提高对失业人员的培训服务质量。

制定更加严密的税费征管办法，防止偷税漏税行为的发生。

创新社会保障管理工具。法国推出了新型的医疗社会保险管理工具——“高效卡”，这种卡使医生和药剂师能够直接从电子终端显示器上了解持卡人所具有的支付能力，并用电子计算机登记服务和办理交易，大大提高医疗保健机构的效率，减少了管理成本。英国政府于1996年引入“求职者津贴”，这一新的举措旨在鼓励失业人员重新回到工作岗位上。

从世界角度看，20世纪70年代以来世界各国社会保障制度普遍遇到的问题之一就是缺乏效率，而改革的取向大多是市场化，以提高社会保障制度的效率，让社会保障制度有利于整体社会效率的提升。实践证明，不注重效率，社会保障制度必将陷入危机之中，最终影响社会保障制度功能的发挥。

从发达国家改革的实践看，社会保障制度改革取得了一定成效，各国的通货膨胀得到了有效控制，财政赤字有所减少，经济获得了一定程度的增长，但也引发了一些社会问题，如罢工潮、贫富差距扩大等。由于福利刚性的原因，任何一项社会保障制度的改革都要经过痛苦的选择和艰难的跋涉，发达国家的社会保障制度改革之路仍然是任重道远。

深度阅读

1. 李珍. 关于社会养老保险私有化的反思［J］. 中国人民大学学报，2010（2）：87-94.

文章分析了20世纪70年代以来关于社会养老保险私有化思潮的主要内容。文章认为，该思潮是新自由主义的重要内容，它夸大了私有化的激励作用以及个人账户对老年收入的保护作用，而忽视了个人账户资产市场收益率的不稳定性和现收现付制的种种优点。文章指出，私有化改革典型国家的数据说明了个人账户制度并没有起到相应的激励作用，且个人账户制度受经济波动的损害严重。文章认为，私有化在社会保险领域的激励作用是有限的，主张改革制度的参量以提高现收现付制度的可持续性。

2. 李珍，王雯. 金融危机、债务危机背景下分配政策的思考［J］. 武汉大学学报（哲学社会科学版），2013（1）：36-43.

美国在新自由主义影响下初次分配领域贫富差距扩大，再分配力度不够是金融危机的深层次原因。而希腊债务危机的产生，是初次分配中贫富差距扩大且依靠超过经济负担能力的再分配来调节的共同结果。中国正处于发展关键阶段，应对美国和希腊在收入分配领域的教训引以为戒，政府应在初次分配中提供机会公平，干预过程公平，同时进行适当水平的再分配，防止效率损失。

本章小结

本章分析了社会保障制度的内涵和外延，并从行政管理和基金管理的角度介绍和分析了社会保障制度的运行机制。本章梳理了现代社会保障制度的历史发展和变化的一般规律，对个人而言，社会保障制度的本质虽然是一个风险分散的机制，但可以通过再分配达成社会公平和平等的目标，同时它在一定程度上还可以是政府管理宏观经济的工具。社会保障制度的产生和发展可能取决于许多因素，但主要的和最终起决定性作用的还是经济因素。本章还介绍了各国近几十年社会保障制度的改革。

重要概念

社会保障制度　福利制度　社会保险　社会救助　社会福利

思考题

1. 社会保障制度的本质功能应该是什么？
2. 为什么要强调社会保障制度的再分配功能？
3. 社会保障制度包括哪些主要内容？各自有什么主要特征？
4. 如何评价二十世纪五六十年代工业国社会保障制度的发展？
5. 从 20 世纪 70 年代以后出现的社会保障制度改革的思潮和实践中，你能感悟出什么道理？

第二章 中国社会保障制度概论

21 世纪以来，在高收入国家进行缩减福利改革的同时，随着中国经济的发展、居民收入的提高，为回应居民日益增长的社会保障需要，遵循“全覆盖、保基本、多层次、可持续”的方针，中国不断地扩大社会保障覆盖面、增加社会保障项目、提高保障水平，已经建成与社会主义市场经济相适应的社会保障制度构架。

第一节 中国计划经济体制下社会保障的历史

中华人民共和国成立后，中国政府高度重视劳动者的社会福利。《中华人民共和国宪法》（1954 年）中就规定了在年老、疾病或者丧失劳动能力的时候，劳动者有获得物质帮助的权利。在基本法律的引导下，在当时生产力水平极其低下的条件下，中国建立了城乡有别的社会保障体制。

一、计划经济体制下城镇社会保障制度及其特点

（一）计划经济体制下城镇的社会保障制度简史

20 世纪 50 年代初，中国在城镇建立了以劳动保险为主、社会救助为辅的社会保障制度。劳动保险为劳动者及其家属提供多种保险和企业福利（或者单位福利）。

20 世纪 50 年代到 20 世纪 80 年代，劳动保险大体经历了两个阶段的变迁。

第一阶段：企业保险和社会保险混合的体制。中华人民共和国成立初期，国营经济、公私合营和私营企业及合作社等多种所有制成分并存，政务院于 1951 年正式颁布全国统一的、适应多种所有制经济的《中华人民共和国劳动保险条例》，规定职工在疾病、负伤、残废、生育及老年后能够获得必要的物质帮助，职工的直系亲属也可以享受一定的保障。该条例规定，社会保险基金由工会统筹使用，其中 70% 由企业工会使用，30%

上交全国总工会，由总工会在全国范围内调剂使用。1956年，全国国营企业、公私合营和私人企业中94%的职工享受社会保险的保障。行政事业单位也相应建立了与企业职工劳动保护体系大同小异的养老金制度、公费医疗制度和单位福利制度，后者的保障水平稍高于前者。

从20世纪50年代初到1966年，社会保障制度有基金、有管理、有监督，基金的收集、管理和监督是分立的，在人口年龄结构年轻且经济发展较快的情况下，这一制度运行良好。

这一保险制度有以下特点：其保障的对象为城镇企业职工（医疗保险还为家属提供保护）；它是一种不分险种的一揽子保险计划；为了与中国高就业政策或者说“零失业”政策一致，没有失业保险的内容；在风险分散的机制上，是以企业保险为主、社会保险为辅的混合制度。

第二阶段：转向企业保险。“文化大革命”期间，上述企业劳动保险制度有了很大的变化。首先，保险对象有了变化。随着所有制改造的完成，城镇公私合营和私人企业几乎消失，占绝对地位的是国营企业，集体企业也只是国有经济的补充，因此，劳动保险的对象只有国营企业和集体企业的职工。其次，在管理上有了变化。1969年财政部在《关于国营企业财务工作中几项制度的改革意见（草案）》中规定，国营企业停止提取劳动保险金，企业的退休职工、长期病号工资和其他劳保开支在营业外开支。与前期的保险制度比，这一规定意味着劳动保险由企业保险为主、社会保险为辅的混合制度走向彻底的企业保险制度；同时保险基金停止了积累。

以企业为风险分散单位的劳动保险制度在计划经济向市场经济转变的过程中日益暴露其缺陷。在计划经济条件下，国营企业不是责任的主体，需要企业支付给职工的保险金最终都是由国家承担的。在这个意义上，中国的劳动保险实质上是苏联模式下的“国家保险”，只不过表现为由企业完成给付。

根据《中华人民共和国劳动保险条例》的规定，国营大中型企业都举办了以本单位职工为对象的福利事业，即企业福利。企业福利包括福利设施、职工住房、福利补贴、文化体育设施等。中国的社会福利被分为两部分，一部分是企业福利，另一部分是真正意义上的社会福利。由于国营企业在计划经济体制下并不是独立的利益主体，因而存在企业竞相提高本企业福利水平的现象。所以，这一时期中国的企业福利是过度的，而社会福利是不足的。

（二）计划经济体制下城镇社会保障制度的特点

20 世纪 50 年代到 20 世纪 80 年代，中国城镇的社会保障是与计划经济体制相适应的，它具有以下四个特点。

第一，劳动保险制度是与就业关联的一揽子风险保护制度。由于计划经济体制下，中国实施的是高就业、低工资的福利政策，就业率高，所以劳动保险的覆盖率很高。因为劳保医疗（即劳动保险医疗保护）为职工的家属提供保障，所以医疗保障的覆盖率也很高。

第二，中国城镇的社会保险制度，以与就业关联的劳动保险为主体，辅之以对贫困家庭的救助制度，为城镇居民提供安全网。

第三，从责任主体看，劳动保险是“国家—企业”保障模式。劳动保险的最终责任人是国家，在这个意义上，城镇的劳动保险是苏联的“国家保险”模式，这是制度的本质；但形式上却是企业在运行，企业发放养老金、报销医疗费用、提供各种福利等，所以我们可以称这种制度为“国家—企业”保障制度。

第四，社会福利不足与企业福利过度并存。与就业关联的劳动保护包含了企业福利，小到肥皂大到住房，各种福利均由企业提供。尤其是到计划经济的后期，各企业间的福利水平差别很大，一方面造成企业间的不公平，另一方面也造成社会福利发育不足和社会福利的不公平。

二、计划经济体制下的农村社会保障制度

严格来说，在 2003 年新型农村合作医疗制度建立之前，中国农村没有社会保障制度，仅有的五保制度以及传统合作医疗制度基本上是集体经济支持的，少有社会保障的成分。2003 年开始推广的新型农村合作医疗制度才是真正意义上的社会保险制度，由此，中国广大农村逐步建立了以基本医疗保险和养老保险为主要内容、各种社会救助为辅的社会保障体系。

1949—1978 年，中国农村的社会保障制度的经济基础主要是集体经济，我们可以将其称之为互助保险。这期间的农村社会保障主要是以农户家庭自我保障为主，集体经济适当扶助。在社会救助方面，当时由内务部主管，主要进行农村灾害统计、防灾备荒、难民救助等工作。1956 年第一届全国人民代表大会第三次会议通过的《高级农业生产合作社示范章程》规定，农业生产合作社对于缺乏劳动力或者完全丧失劳动力、生活没有依靠的老、弱、孤、寡、残疾的社员，在生产上和生活上给予适当的安排和照顾，保证

他们的吃、穿和柴火的供应，保证年幼的受到教育和年老的死后安葬，使他们的生、养、死、葬等都有依靠。此即所谓的五保制度。

从初级合作社开始到人民公社，普遍建立了公益金制度，保证集体福利建立所需费用。到20世纪60年代，在全国范围普遍建立了合作医疗制度。

合作医疗体系是为农民提供预防性的保健服务、基础医疗服务以及医疗费用发生后进行补偿而筹措资金和支付的系统。这种制度是在集体经济的扶持下，农民遵循自愿、互惠和适度的原则，通过合作形式、民办公助、互助共济建立的满足农民基本医疗保健需求的农村医疗保健制度，集体公益金和社员的缴费构成制度的资金来源。20世纪80年代以前，中国农村人口占全体人口的80%，以1976年为例，93%的农村人口享受了合作医疗制度在医疗服务和费用分担方面的益处。可见，合作医疗制度是当时中国卫生制度的重要内容。因为2003年重建的合作医疗制度被称为“新型农村合作医疗”，学界将计划经济体制下的合作医疗制度称为“传统的合作医疗制度”以示区别。

专栏2-1　　中国卫生体制曾受推崇

中国的卫生体制摒弃传统的西方模式，而发展出一套有创意、适应中华人民共和国成立后30年内的实际情况的体制。的确，世界卫生组织有感于这样伟大的成就，在1978年召开的著名的阿马阿塔（Alma Ata）会议上，将中国的医疗卫生体制推崇为世界范围内基层卫生推动计划的模范。此外，中国独特的医疗卫生体系的创建，深刻地影响了其他国家的医疗改革，启发那些改革者们多多发展适合自己的医疗卫生制度，而不是盲目照搬其他国家的制度。

资料来源：摘自中国台湾地区学者陈美霞所著《大逆转：中华人民共和国的医疗卫生体制改革》一书。

1978—2002年可以看作农村社会保障制度的真空期。1978年，农村实行家庭联产承包责任制度，人民公社制度解体，原本建立在生产队集体经济基础上的、非常脆弱的农村五保制度，传统合作医疗制度也就没有了生存的基础，因而传统合作医疗制度基本解体，农村五保工作十分艰难。“土地和家庭”成为这一时期农村人口的基本保障。

第二节　覆盖城乡居民的中国社会保障体制的建立与发展

1978年中国开始了由计划经济向社会主义市场经济的转型，与此相适应，城镇的企业保险在经过多年的探索后，于20世纪90年代逐步建立了以社会保险为主、最低生活保障制度为辅的多层次社会保障制度。在农村，进入21世纪后，新型农村合作医疗、新型农村社会养老保险、农村最低生活保障制度都得以快速发展。至此，中国社会保障制度的架构基本建成。在21世纪的头十年，尤其是“十一五”期间，社会保障制度获得快速发展，社会保障覆盖范围从城镇扩大到农村，从国有企业扩大到各类用人单位，从正式就业职工扩大到灵活就业人员，越来越多的人享有了基本的社会保障。

一、中国社会保障制度的里程碑

20世纪80年代中期，在国家“七五”规划中就提出要建立社会保障制度，并将社会保障的内容规定为社会保险、社会救助、社会福利和优抚保障。1993年十四届三中全会通过的《中共中央关于建立社会主义市场经济体制若干问题的决定》（以下简称《决定》），第一次在党的文件中规定要建立社会保障制度，我们可以将此视为中国社会保障的里程碑。

《决定》第一次提出建立“多层次”的社会保障体系，并指出社会保障制度的建立，对于深化企业和事业单位改革、保持社会稳定、顺利建立社会主义市场经济体制具有重大意义。《决定》规定了社会保障的资金来源、管理体制、社会统筹与个人账户相结合的制度结构等内容；规定了社会保障体系的内容为社会保险、社会救济、社会福利、优抚安置和社会互助、个人储蓄积累保障。

这样，中国的社会保障体系不仅包括了正式的保障制度，也包括了非正式的保障制度。正如前面提到过的，这是最广泛意义上的社会保障制度①，国际劳工组织称之为社会保护体系。本书讨论的内容主要是政府负有一定责任的正式制度。

专栏2-2　　中国社会保障制度的里程碑

建立多层次的社会保障体系，对于深化企业和事业单位改革，保持社会稳定，顺利建立社会主义市场经济体制具有重大意义。社会保障体系包括社会保险、社会救济、社会福利、优抚安置和社会互助、个人储蓄积累保障。社会保障政策要统一，管理要法制化。社会保障水平要与我国社会生产力发展水平以及各方面的承受能力相适应。城乡居民的社会保障办法应有区别。提倡社会互助。发展商业性保险业，作为社会保险的补充。

① 唐钧. 市场经济与社会保障［M］. 哈尔滨：黑龙江人民出版社，1995：20.

按照社会保障的不同类型确定其资金来源和保障方式。重点完善企业养老和失业保险制度，强化社会服务功能以减轻企业负担，促进企业组织结构调整，提高企业经济效益和竞争能力。城镇职工养老和医疗保险金由单位和个人共同负担，实行社会统筹和个人账户相结合。进一步健全失业保险制度，保险费由企业按职工工资总额一定比例统一筹交。普遍建立企业工伤保险制度。农民养老以家庭保障为主，与社区扶持相结合。有条件的地方，根据农民自愿，也可以实行个人储蓄积累养老保险。发展和完善农村合作医疗制度。

建立统一的社会保障管理机构。提高社会保障事业的管理水平，形成社会保险基金筹集、运营的良性循环机制。社会保障行政管理和社会保险基金经营要分开。社会保障管理机构主要是行使行政管理职能。建立由政府有关部门和社会公众代表参加的社会保险基金监督组织，监督社会保险基金的收支和管理。社会保险基金经办机构，在保证基金正常支付和安全性流动性的前提下，可依法把社会保险基金主要用于购买国家债券，确保社会保险基金的保值增值。

资料来源：摘自 1993 年《中共中央关于建立社会主义市场经济体制若干问题的决定》。

二、中国社会保障制度的基本原则及其重要意义

在多年探索的基础上，吸取他国的经验与教训，2012 年，党的十八大报告中提出了社会保障制度的方针是“全覆盖、保基本、多层次、可持续”。

“全覆盖”强调保障对象要覆盖城乡全体居民，这与中国社会主义市场经济的理念一致；“保基本”强调的则是社会保障水平与经济发展水平相一致，不能超越经济的发展，这是总结福利国家的教训而形成的理念；“多层次”则是政府提供基本层次的保障，而社会和市场提供满足国民多样性需求的保障，政府、社会、家庭、个人和市场都能成为风险保护的供给主体，而不是一味地依赖政府，这也是福利国家留给我们的教训；“可持续”则要求在长期内政府、社会、个人能够负担得起社会保障制度的支出。

中国社会保障制度的方针具有重要的意义，它强调了全体人民享有社会保障的公平性，同时又强调了社会保障制度的经济可负担性，从而使制度具有可持续性；它努力避免福利国家居民高度依赖政府而引起的许多问题，如“福利病”、财政赤字等。

三、城镇社会保障制度的建立与发展

（一）城镇企业保险向社会保障制度改革的历史背景

在计划经济体制下建立的“劳动保险”制度是城镇就业人口及其家属的一揽子保险制度。在这个制度下，国有企业福利的最终责任人是政府，它保障的对象主要是国有企业职工及其家属。随着 20 世纪 80 年代中国经济体制由计划经济向社会主义市场经济转型，多种所有制经济出现，越来越多的就业人口没有社会保障制度的保护；随着国有企业的关闭、破产，大量的国有企业职工在失去工作的同时也失去了保障；国有企业的高福利也阻碍了劳动力在不同所有制企业之间的流动；部分国有企业人员老化，企业之间提供保险的负担畸轻畸重，同时企业负担大量的保险事务工作，无法在开放的市场与国外企业竞争；从保险学原理上讲，企业保险也无法用大数法则来分散劳动者的风险，企业需要保险社会化。上述所有因素都成为改革的内在动力。

除了经济体制转型，当时对国家“父爱主义”的反省也影响了社会保险制度的建立。在计划经济体制下，国家的“父爱主义”是通过高就业、低工资、高福利来体现的，职工的工资虽然很低，但就业、福利无忧，企业提供大到住房小到手纸的福利。在经济体制转型的过程中，这种福利制度被认为是国有企业效率低下的原因之一。因而，舆论主张将国家责任转移到微观主体上，建立社会保险制度，由用人单位和个人共同缴费形成基金来解决职工的风险问题，而不是一味依赖政府。

到 20 世纪 90 年代，人口老龄化问题也开始被关注，在设计社会保险制度时，人口年龄结构也被考虑进来，在养老保险中设计个人账户就是考虑人口老龄化的结果。

与此同时，各高收入国家对社会保障制度和福利制度改革的理论和实践对中国社会保障制度的建立也产生了影响，城镇职工基本养老保险中设计个人账户考虑了中国的人口老龄化的因素，更是受国外改革的影响。

（二）以社会保险为主体的社会保障体系的建立

在改革开放过程中，经过不断试点和探索，在中国城镇地区，与就业相关的企业保险制度逐步改革为社会保险制度，自 1994 年至 1999 年，先后建立了生育保险制度、工伤保险制度、城镇职工基本养老保险制度、城镇职工基本医疗保险制度和失业保险制度。这五项与城镇就业关联的保险制度我们简称为“五险”。

之后，中国于 1999 年建立了城市居民最低生活保障制度，2007 年起开展了城镇居民基本医疗保险试点，2011 年开始城镇居民社会养老保险的试点。

与此同时，2007 年和 2009 年，中国还分别建立了以低收入者和中等偏低收入者为对象的廉租住房和公共租赁住房制度。

至此，中国城镇以社会保险为主、以最低生活保障为辅的社会保障制度体系大体建立。

2010 年 10 月 28 日，第十一届全国人大常委会第十七次会议通过了《中华人民共和国社会保险法》，并于 2011 年 7 月 1 日起实施。《中华人民共和国社会保险法》的颁布实施，使社会保险制度更加稳定、运行更加规范，使相关各方，特别是广大劳动者有了维护自身合法权益的有力武器，并带动一系列单项法规、规章和规范性文件的制定与实施，从而使社会保险体系建设全面进入法治化的轨道。

（三）与就业关联的“五险”的主要内容

五项社会保险制度的特点：保障的对象均为城镇就业人员；保险费来自企业或职工；保障水平为“保基本”。下面简要介绍各项制度的内容。

1994 年建立的生育保险是对生育子女的职工给予必要的经济补偿和医疗保健的社会保险制度。在建立生育保险之前，城镇女性职工生育时期的相关工资福利以及相关医疗费用，是由职工的单位提供的。1994 年公布的《企业职工生育保险试行办法》，将原来的企业福利改变成为社会保险分项制度之一。该制度规定，用人单位应向当地社会保险经办机构缴纳生育保险费；生育保险费的缴费比例由当地人民政府根据计划内生育人数的生育津贴、生育医疗费支出情况等确定，最高不得超过工资总额的 1%，职工个人不缴费。参保单位女职工生育或流产后，其生育津贴和生育医疗费由生育保险基金支付。生育津贴按照本企业上年度职工月平均工资计发；生育医疗费包括女职工生育或流产的检查费、接生费、手术费、住院费和药费（超出规定的医疗服务费和药费由职工个人负担），以及女职工生育出院后因生育引起疾病的医疗费。

1996 年建立的工伤保险是指劳动者在工作中或在规定的特殊情况下，遭受意外伤害或患职业病导致暂时或永久丧失劳动能力以及死亡时，劳动者或其遗属从国家和社会获得物质帮助的一种社会保险制度。1951 年政务院颁布了《中华人民共和国劳动保险条例》，为受工伤的劳动者提供保护。1996 年劳动部发布了《企业职工工伤保险试行办法》，确定建立工伤保险制度。该制度保障的对象为各类企业的职工、个体工商户的雇员。保险费由用人单位缴纳，个人不用缴费。制度按不同行业和不同的风险概率实行差别费率，按用人单位工资总额的一定比例缴费。2004 年，《企业职工工伤保险试行办法》

被《工伤保险条例》替代，2011年，修订后的《工伤保险条例》开始实施，依据该条例，境内的企业、事业单位、社会团体等组织和有雇工的个体工商户都应当参加工伤保险。

1997年建立的企业职工基本养老保险制度是为满足相关条件的退休人员提供养老金的社会保险制度。该制度由20世纪50年代的劳动保险中的养老金制度演变而来。

1997年国务院颁布《关于建立统一的企业职工基本养老保险制度的决定》，标志着企业职工基本养老保险制度的建立。该制度的保障对象是有雇主的企业职工，2005年这一制度的覆盖范围扩大到自雇者和灵活就业人员。企业职工基本养老保险由社会统筹和个人账户组成，企业按职工工资总额的20%缴费，个人缴纳本人工资的8%并记入个人账户，在满足相关的条件后，职工退休后分别从社会统筹和个人账户获得基础养老金和个人账户养老金。2019年，降低社会保险费率综合方案颁布，城镇职工基本养老保险单位缴费比例降低至16%。

2014年10月，对20世纪50年代建立的为机关事业单位工作人员提供养老金的制度与企业职工基本养老保险制度进行了“并轨”改革，建立了城镇职工基本养老保险制度。至2024年10月，我国养老保险双轨制改革将结束10年过渡期，走向最终并轨。

1998年建立的城镇职工基本医疗保险制度是为参保职工提供医疗费用补偿的社会保险制度。1998年国务院颁布《关于建立城镇职工基本医疗保险制度的决定》，标志着与就业关联的医疗保险制度正式建立。该制度是由劳保（即劳动保险）制度下的医疗保护制度演变而来的，在劳保制度中，就业人员抚养和赡养的人口也受到一定保护，通常医疗费用的50%由用人单位报销，而新的城镇职工基本医疗保险（以下简称职工医保）只保障就业人员，“一老一小”被排斥在保障制度之外。职工医保制度由企业和职工共同缴费，企业缴费为职工工资总额的6%，职工缴费为本人工资的2%，企业缴费的2/3进入社会统筹，另外1/3及职工缴费进入个人账户。职工因病发生费用时，制度予以补偿，但有起付线、共同保险及最高限额的规定。起付线以下的费用由个人账户或职工用现金支付，起付线以上的部分由社会统筹与职工共同承担，职工负担的部分大约为30%，最高限额为当地上年度社会平均工资的6倍。2020年，中共中央、国务院全面部署医疗保障制度改革工作，改革职工基本医疗保险个人账户，建立健全门诊共济保障制度。

1999年建立的失业保险制度是保障失业人员失业期间的基本生活，促进其再就业的社会保险制度。在计划经济体制下，中国实行充分就业政策，没有失业，所以也没有失业保险。1999年国务院颁布《失业保险条例》，由此建立了失业保险制度，为失业人员提供保护。失业保险的对象是国有企业、城镇集体企业、外商投资企业、城镇私营企业以及其他城镇企业的职工，费率为工资的 3%，企业承担 2%，个人承担 1%。2015 年，失业保险费率统一降为 2%。根据国务院办公厅《关于印发降低社会保险费率综合方案的通知》和人力资源社会保障部、财政部、国家税务总局《关于阶段性降低失业保险、工伤保险费率有关问题的通知》，继续实施阶段性降低失业保险费率至 1%的政策，实施期限延长至 2024 年年底。

专栏 2-3　　经济新常态下“五险”变“四险”的改革

从 1978 年中国实行改革开放以后，中国的经济 30 余年年均增长速度达到 10%左右。从 2012 年开始，中国经济增长速度下降至 7%左右。2014 年，政府首次提出中国经济进入结构性调整和中速增长的新常态。新常态下的结构调整的主要任务是供给侧结构调整，配合供给侧改革，政府要求对企业实施“减税降费”政策，减轻企业负担，稳定经济增速。

在这一背景下，2015 年开始，政府对“五险”进行了调整和改革。主要的内容包括：一是对部分项目下调费率；二是在部分地区试点，将生育保险和基本医疗保险合并实施。前者的主要目的是减轻企业负担，后者的主要目的是提升管理效率。2019 年 3 月，《国务院办公厅关于全面推进生育保险和职工基本医疗保险合并实施的意见》印发，两项保险于 2019 年年底前实现合并实施。

（四）城镇居民基本医疗保险和城镇居民社会养老保险

随着计划经济向社会主义市场经济转型，社会保险制度顺应经济体制转型而改革，一部分城镇居民从原来的劳保制度中脱离出来，一部分城镇居民因无就业或从事灵活就业等原因而无法参加城镇职工基本医疗保险和企业职工基本养老保险，因而出现了保险制度创新的需要。

自 2007 年开始试点的城镇居民基本医疗保险是为城镇非从业居民提供基本医疗补偿的、自愿性的保险制度。不属于城镇职工基本医疗保险制度覆盖范围的中小学阶段的学生（包括职业高中、中专、技校学生），以及少年儿童和其他非从业城镇居民都可自愿参加城镇居民基本医疗保险。城镇居民基本医疗保险需家庭缴费一部分，政府给予适当补助。参保居民按规定缴纳基本医疗保险费，享受相应的医疗保险待遇，有条件的用人单位可以对职工家属参保缴费给予补助。国家对个人缴费和单位补助资金制定税收鼓励政策。

城镇居民社会养老保险制度是为城镇非从业居民提供养老收入的自愿性养老保险制度。中国政府从2011年开始试点城镇居民社会养老保险制度，制度的保障对象为城镇户籍、年满16周岁（不含在校学生）、不符合企业职工基本养老保险参保条件的城镇非从业居民。城镇居民社会养老保险个人缴费每年的标准设定为12个档次，分别是100元、200元、300元、400元、500元、600元、700元、800元、900元、1 000元、1 500元和2 000元，参保人员可自主选择缴费档次，个人缴费记入个人账户。参保人达到一定年龄时，政府给付基础养老金，并从个人账户获得个人账户养老金。

（五）城市居民最低生活保障制度

1999年建立的城市居民最低生活保障制度是地方政府为收入低于最低生活保障线的居民提供救助的保障制度。20世纪90年代，随着经济体制的转型、国有企业改革的深化，不少国有企业职工失业，城市出现大量的贫困人口，即所谓的城市“新贫困人口”，原来主要由用人单位提供的低收入救助制度已不能适应社会的需要。1993年，中国政府开始对城市社会救助制度进行改革，尝试建立最低生活保障制度。到1999年，全国所有城市和有建制镇的县城均建立了最低生活保障制度。同年，国务院颁布了《城市居民最低生活保障条例》，为城市贫困居民提供最基本的生活保障，这标志着中国城市最低生活保障制度正式建立。地方政府根据当地维持居民基本生活所必需的费用来确定最低生活保障标准，城市居民最低生活保障资金由地方人民政府列入财政预算。家庭人均收入低于最低生活保障标准的城市居民均可申请领取最低生活保障金。城市居民领取最低生活保障金前，要接受家庭收入调查，领取的保障金为家庭人均收入与最低生活保障标准的差额部分。

（六）住房保障制度

住房保障制度是政府为中低收入人群提供住房或租金资助以保证其“有房住”的制度。住房保障制度的内容很广，相关的土地政策、经济适用住房、廉租住房、公共租赁住房等都是住房保障的范围。本书的住房保障是狭义的概念，指政府保障受益人居住权而非所有权的制度。由于由用人单位提供住房的制度无以为继，20世纪90年代中国开始了住房市场化的改革，住房主要由市场供给。在第十二章我们将讨论由于种种原因，有一部分人群无力解决住房需求的问题。2007年建设部等部门颁布《廉租住房保障办法》，要求地方政府建立廉租住房制度。廉租住房保障方式是实行货币补贴和实物配租相结合，货币补贴是指县级以上地方人民政府向申请廉租住房保障的城市低收入住房困难的家庭发放租赁住房补贴，由其自行承租住房。实物配租是指县级以上地方人民政府向申请廉租住房保障的城市低收入住房困难的家庭提供住房，并按照规定标准收取租金。

由于此后房价快速上升，出现了中等偏下收入者也无力买房或租房的问题，即出现了所谓的“夹心层”问题。2010 年，经国务院同意，住房城乡建设部等部门印发《关于加快发展公共租赁住房的指导意见》，要求各级政府建立公共租赁住房解决中等偏下收入者的住房困难问题。公共租赁住房供应对象主要是城市中等偏下收入住房困难家庭。有条件的地区，可以将新就业职工和有稳定职业并在城市居住一定年限的外来务工人员纳入保障范围。要求政府为受益人提供租金较低的房源。

在许多国家，住房是一项花费巨大的福利制度。20 世纪 90 年代之前，住房是中国一项重大的福利制度，虽然最终的责任人是国家，但其表现是企业供给。20 世纪 90 年代住房市场化后，政府的责任很快从住房领域退出来。不过数年的时间，政府又重新介入该领域，相信若干年后，住房又会成为一项花费不菲的福利制度，不同的是它表现为社会福利，而不是企业福利。

四、农村社会保障制度的建立与发展

21 世纪初中国农村社会保障制度的建设进入了快车道。2003 年建立了新型农村合作医疗制度，2007 年建立了农村最低生活保障制度，2009 年开始新型农村社会养老保险制度试点。至此，中国以医疗保险、养老保险为主体，以最低生活保障制度为辅的农村社会保障制度构架大体形成。

（一）农村社会保障制度建立的历史背景

农村社会保障制度建立的背景条件与城镇完全不同。

第一，农民对社会保障的需求巨大，是农村社会保障制度产生的内生动力。长期以来，中国农村缺乏社会保障，并由此产生了许多的问题。首要的问题是公共产品供给的不公平。《中华人民共和国宪法》规定公民在年老、疾病或者丧失劳动能力的情况下，有从国家和社会获得物质帮助的权利，但事实上长期以来农民没有获得正式的社会保障制度的保护，而同期城镇居民则享受着一定水平的社会保障福利。正因为如此，农民在各类风险面前显得格外脆弱，尤其是面临疾病风险时更是这样。到 20 世纪末 21 世纪初，农民因病致贫、因病返贫的问题引起了广泛的关注。

第二，城乡统筹发展理念的形成。计划经济条件下，中国的工业化在一定程度上离不开农业和农村的牺牲，经过数十年的发展，中国城乡二元结构的特征明显。1979 年开始了农村生产责任制的改革，农村的生产力得到极大的提升，中国的农村经济状况得以改善。但随着 20 世纪 80 年代城镇的改革开放、计划经济体制向市场经济体制转型，中国城乡差别再次扩大。城乡差别的扩大与党的执政理念和社会主义市场经济的本质不相符，与中国文化价值观也不相符，在实践上，城乡差别的扩大也不利于社会的稳定和经济的长期发展。在这种情况下，社会逐步达成一个共识：城乡应该协调发展，城市应该反哺农村，政府应该提供城乡大体相同的公共产品。

第三，中国经济持续高速发展为农村社会保障制度的建立提供了经济条件。中国城镇的社会保障制度以社会保险为主体，社会保险费的主要来源是用人单位和职工个人缴费，而中国农村的情况不同于中国的城镇，也不同其他高收入国家。中国的农民是小农经济条件下的劳动者，不是农业雇工，他们收入较低且不稳定，所以在中国农村建立社会保障制度，资金的来源更依赖政府。自 1979 年以来，中国经济持续保持较高的增长速度。到 21 世纪初中国人均国内生产总值（GDP）达到 1 000 美元，从低收入国家进入中等偏下收入国家之列。又经数年的持续增长，至新型农村社会养老保险（新农保）建立的 2011 年，中国的人均 GDP 已经达到 5 000 美元。与此相应，中国政府的财力也持续上升，这就为政府建立农村社会保障制度提供了经济保障。

（二）农村社会保障制度的建立与发展

在上述背景下，中国农村建立了以新型农村合作医疗（新农合）、新型农村社会养老保险（新农保）、农村最低生活保障制度为主要内容，以教育救助、灾害救助等为辅助的社会保障体系。我们这里对其中几种主要制度进行简要介绍。

1. 新型农村合作医疗制度

新型农村合作医疗制度是国家为农村人口提供基本医疗保障的制度。新型农村合作医疗的建立以 2003 年卫生部等部门颁布《关于建立新型农村合作医疗制度的意见》为标志。新型农村合作医疗最初以补偿农村居民的“大病”（住院）医疗费用为目标，解决农民因病致贫的问题。经过多年的发展，随着筹资水平的不断提高，保障范围逐步扩大，成为既保障住院疾病和门诊大病也保障普通门诊的综合性医疗保险制度。

该制度的保险费来源以政府补贴为主，农村居民缴费为辅。中央政府对中西部地区农村居民的转移支付力度较大，而东部经济发达地区则以地方政府的补贴为主。

像职工基本医疗保险一样，新型农村合作医疗也设有起付线、共同保险和最高限额。虽然各地经济水平不同，保险费水平不同，相关的规定也不尽相同，但总体来说，新型农村合作医疗鼓励医疗资源向下流动，农村居民在基层看门诊和住院可以享受较低的起付线和较高的共同保险的比例，而在较高层次住院则报销比例相应会降低。

新型农村合作医疗也像职工基本医疗保险一样，保障范围限于相关的药品目录、诊疗目录等，住院最高补偿限额为当地农村人均收入的 8 倍以上，且不低于 6 万元。

2. 新型农村社会养老保险制度

新型农村社会养老保险制度是为覆盖农民养老的自愿性社会保险制度，由社会统筹与个人账户构成。2009 年农村地区开始试点新型社会养老保险制度，为年满 60 岁的参保人提供养老金。年满 16 周岁（不含在校学生）、未参加城镇职工基本养老保险的农村居民，可以在户籍地自愿参加新农保。新农保基金由个人缴费、集体补助、政府补贴构成。根据人均纯收入增长等情况适时调整缴费档次。参加新农保的农村居民应当按规定缴纳养老保险费。根据国务院颁布的《关于开展新型农村社会养老保险试点的指导意见》，缴费标准设为每年 100 元、200 元、300 元、400 元、500 元共 5 个档次，地方可以根据实际情况增设缴费档次；参保人自主选择档次缴费，缴费进入个人账户；最低缴费年限为 15 年；有条件的农村集体应当对参保人缴费给予补助，补助标准由村民委员会召开村民会议民主确定；鼓励其他经济组织、社会公益组织、个人为参保人缴费提供资助；政府对符合领取条件的参保人全额支付新农保基础养老金，其中中央财政对中西部地区按中央确定的基础养老金标准给予全额补助，对东部地区给予 50%的补助；参保人个人账户的资金按 1 年期存款利率计息，年满 60 岁时获得基础养老金和个人账户养老金。

3. 农村最低生活保障制度

2007 年中国农村建立了最低生活保障制度，该制度由地方政府为家庭人均纯收入低于当地最低生活保障标准的农村贫困群众，按最低生活保障标准提供维持其基本生活的物质帮助。农村最低生活救助对象确定为四类：一是家庭成员均无劳动能力或基本丧失劳动能力的；二是家庭主要成员在劳动能力年龄段，但因严重残疾而丧失劳动能力，家庭保障确有困难者；三是家庭成员虽在劳动能力年龄段，但因常年有病基本或大部分丧失劳动能力，家庭保障确有困难者；四是家庭主要成员因病、因灾死亡，其子女均不到劳动能力年龄段，生活特别困难者。凡符合保障条件的农户，由本人申请，村民会议讨论，村民委员会上报，乡镇政府审查并张榜公布，报请民政部门审批后实施。实施农村最低生活保障所需的资金，基本由各级财政分级负担。农村最低生活保障制度的建立，使过去由政府和集体实施的临时救助，转变成一项更加规范的社会救助制度。

专栏 2-4　　　　公共社会保障、健康保障支出的统计

公共社会保障、健康保障支出占 GDP 的百分比见栏表 2-1。

栏表 2-1　公共社会保障、健康保障支出占 GDP 的百分比　　　　（%）

国家或地区	公共社会保障支出（不含健康保障支出）占 GDP 的百分比	健康保障支出占 GDP 的百分比	总计
世界	12.9	5.8	18.7
东欧	13.8	3.9	17.7
北欧、南欧和西欧	18.7	7.5	26.2
北美	18.1	8.5	26.6
北非	7.7	2.4	10.1
中亚和西亚	11.0	3.2	14.2
拉丁美洲和加勒比地区	10.1	3.9	14.0
亚洲和太平洋地区	7.5	4.0	11.5
次撒哈拉非洲地区	2.8	1.8	4.6
中国	7.2	2.9	10.1

资料来源：数据来自 ILO 发布的《世界社会保障报告（2020—2022）》。

五、以城乡居民社会保险整合为特色的发展时期

由于城镇居民社会养老保险和新型农村养老保险在筹资来源以及制度结构上相同，按照党的十八大精神和十八届三中全会关于统筹推进城乡社会保障体系建设的要求，对城乡居民基本养老保险和医疗保险进行了整合。

2014 年 2 月国务院发布的《关于建立统一的城乡居民基本养老保险制度的意见》，将新农保和城居保两项制度合并实施，在全国范围内建立统一的城乡居民基本养老保险制度。意见指出，城乡居民基本养老保险制度，要坚持和完善社会统筹与个人账户相结合的制度模式，巩固和拓宽个人缴费、集体补助、政府补贴相结合的资金筹集渠道，完善基础养老金和个人账户养老金相结合的待遇支付政策，强化长缴多得、多缴多得等制度的激励机制，建立基础养老金正常调整机制，健全服务网络，提高管理水平，为参保居民提供方便快捷的服务。“十二五”末期，在全国基本实现新农保和城居保制度合并实施，并与职工基本养老保险制度相衔接。2020 年前，全面建成公平、统一、规范的城乡居民养老保险制度，与社会救助、社会福利等其他社会保障政策相配套，充分发挥家

庭养老等传统保障方式的积极作用，更好保障参保城乡居民的老年基本生活。

2016年年初国务院发布的《关于整合城乡居民基本医疗保险制度的意见》，决定整合城镇居民基本医疗保险（以下简称城镇居民医保）和新型农村合作医疗两项制度，建立统一的城乡居民基本医疗保险制度。意见要求，要依据统筹规划、协调发展，立足基本、保障公平，因地制宜、有序推进，创新机制、提升效能的基本原则，实现城乡居民基本医疗保险制度覆盖范围、筹资政策、保障待遇、医保目录、定点管理、基金管理六个方面的统一。

市场经济体制下，我国城乡社会保障制度建设的时间顺序见表2-1。

表2-1　我国城乡社会保障制度建设时序表

区域	城镇	农村
1994年	生育保险	—
1996年	工伤保险	—
1997年	企业职工基本养老保险制度	—
1998年	城镇职工基本医疗保险制度	—
1999年	失业保险制度，最低生活保障制度	—
2003年	—	新型农村合作医疗制度
2007年	城镇居民基本医疗保险制度，廉租住房制度	最低生活保障制度
2009年	公共租赁住房制度	新型农村社会养老保险制度
2011年	城镇居民社会养老保险制度	—
2014年	城乡居民基本养老保险制度	
2016年	城乡居民基本医疗保险制度	
2017年	生育保险制度和职工基本医疗保险制度合并实施	—

六、中国社会保障制度的评价

（一）中国社会保障制度的特色和作用

经过多年的发展，多层次社会保障制度架构得以确立，并在社会经济建设中发挥了重要作用，应给予高度评价。

第一，社会保障制度的建立和发展体现了《中华人民共和国宪法》的要求，体现了执政党和社会主义市场经济体制所追求的社会公平的理念，体现了中国文化中“大同思想”的价值观。1949年成立的中华人民共和国是共产党执政的社会主义国家，社会主义的目标是社会公平和人民幸福，加上中国文化的核心价值是“大同”，由此，国家的基本制度、政党的基本理念与传统文化不谋而合。政府为国民提供社会保障被提到了宪法的高度。2004 年《中华人民共和国宪法》修订时又特别加进新条款，把“建立健全同经济发展水平相适应的社会保障制度”提到国家目标的高度，意义深远。

第二，社会保障制度的建立与发展成为重要的再分配工具，可以纠正市场初次分配失灵；社会保障制度为广大人民提供了风险分散机制，数以亿计的城乡居民从制度中受益，个人风险下降，减贫缓贫的效果明显。

第三，社会保障的建立与发展适应并推动了社会主义市场经济的发展。在计划经济体制下，以企业保险为特征的社会保障制度将城乡劳动力市场分割开来，在城市内部按所有制将劳动力市场进一步分割，劳动力在城乡之间、不同所有制之间流动不易，阻碍了劳动力资源的有效配置，造成了效率损失。社会保障制度尤其是各项与就业关联的社会保险制度的建立，不仅适应了社会主义市场经济的要求，也对劳动力在城乡之间、不同所有制之间的流动产生了积极作用。

第四，社会保障制度的建立与发展对中国经济体制改革起到了“保驾护航”的作用。20 世纪 90 年代中后期，中国计划经济体制向市场经济体制改革进入深水区，国有企业所有制的改革不可避免，数以千万计的职工因国有企业的改革而失业、下岗，因为当时的各项保障制度是与就业关联，且以企业为单位运行，企业的破产、重组就意味着这部分职工在失去工作的同时也失去了保险和各项福利，改革的阻力非常大，中国的经济体制转型需要独立于企事业单位之外的社会保险，在这种情况下产生的社会保障制度，对中国的经济体制改革起到了稳定器的作用。

第五，社会保障制度在建设的过程中，充分吸取了国外的经验教训。中国的社会保障制度强调只提供基本生活保障的原则，一方面是基于中国经济发展水平的约束，另一方面也是总结了各国福利制度引起的各种经济和社会问题的教训。为避免社会保障供给导致公平与效率的双重损失，所以在制度设计过程中，有防止高水平保障的倾向。

社会保障制度对经济发展和社会稳定所发挥的巨大作用，已是有目共睹。它在提供收入保障、消除绝对贫困、分散风险方面的作用已被广泛认识，正因为如此，进一步完善社会保障制度，让更多人分享经济发展的成果，成为社会和政府的共识。

（二）中国社会保障制度面临的主要问题

中国的社会保障制度面临新的问题，需要进一步完善。我们选择其中一些主要的问题给予描述和讨论。

第一，社会保障制度在设计的过程中，受新自由主义影响的痕迹明显，在公平与效率之间摇摆，一定程度上导致了制度结构上的某些缺陷，并引起了效率损失。例如，基本养老保险中的个人账户制度产生的原因之一，是因为受新自由主义的影响，理论上认为在社会保险领域应该效率优先，为了激励个人而设计，实际上由于它的收益率低于工资增长率而显得“无效”；又如，职工基本医疗保险中的个人账户更是不能发挥风险分散的作用，因而受到一定的诟病。

第二，部分项目保障水平有待进一步提高。有些社会保障项目只是构建了一个框架，保障水平非常有限，城乡居民基本养老保险、社会救助提供的保障水平都比较低。虽然中国应该避免“福利病”，但是基本的保障还是必要的。

第三，制度发展过程中有重形式轻实质的倾向。在城乡统筹发展的理念下，不顾实际情况，过分强调了形式上的“同一性”，也引致效率损失的问题。例如，城乡居民基本养老保险在制度结构上与城镇职工基本养老保险相同，由政府资助的基础养老金和个人账户养老金组成，但由于个人账户缴费低，个人账户的管理增值压力较大，个人账户不能起保障的作用，而且资金的管理成本将会造成不应有的效率损失。

第四，地方政府财力的可持续性是最重要的问题。在城乡居民的各项保险制度中，政府发挥了越来越大的作用，在目前的财政体制下，地方政府要做的公共事务越来越多，所负责任越来越大，但财力往往捉襟见肘。

专栏 2-5　　中国社会保障的未来

2022 年 10 月 16 日，习近平总书记在中国共产党第二十次全国代表大会上作了《高举中国特色社会主义伟大旗帜　为全面建设社会主义现代化国家而团结奋斗》的报告。报告对新时代党和国家事业发展作出科学完整的战略部署，提出实现中华民族伟大复兴的中国梦，以中国式现代化推进中华民族伟大复兴。中国式现代化是人口规模巨大的现代化。我国十四亿多人口整体迈进现代化社会，规模超过现有发达国家人口的总和，艰巨性和复杂性前所未有，发展途径和推进方式也必然具有自己的特点。中国式现代化是全体人民共同富裕的现代化。共同富裕是中国特色社会主义的本质要求，也是一个长期的历史过程。我们坚持把实现人民对美好生活的向往作为现代化建设的出发点和落脚点，着力维护和促进社会公平正义，着力促进全体人民共同富裕，坚决防止两极分化。

党的二十大报告明确指出，“社会保障体系是人民生活的安全网和社会运行的稳定器”，同时明确表述了与现代化相适应的社会保障的应然状态，“覆盖全民、统筹城乡、公平统一、安全规范、可持续的多层次社会保障体系”。这一方略包含了到 21

世纪中叶，我国以社会保险、社会救助、社会福利为主体的多层次社会保障制度的目标及实现路径。

对社会保险制度而言，“保基本”的社会保险制度的筹资责任主体应该是社会成员，由“保基本”向“保障适度”迈进也是最困难的，最重要的原因是人口老龄化。我们需要投入更多的精力研究该课题。

对社会救助制度而言，提供“兜底线”的社会救助制度是政府的责任。随着经济发展由不平衡走向平衡，以及社会主义现代化的实现，旨在减贫缓贫的社会救助制度的保障水平应该由“最低保障”向“保障适度”的方向发展，贫困线由“绝对贫困”向“相对贫困”转变。我们需要研究的是“适度”的“度”在哪里。这个“度”既可让受益人分享经济和社会发展的成果，又能最低限度减少贫困陷阱和损失配置效率。从政府的角度看，财政的可持续性与社会救助的关系又应该是怎样的呢？高收入国家一般用收入中位数的40%作为贫困的标准，如果我们也用相对贫困标准，那么到21世纪中叶，中国的贫困标准应该是多少？还有，我们如何从绝对贫困线过渡到相对贫困线？这些问题都有待研究。

对社会福利制度而言，提供“活得美”的社会福利制度是政府和社会的共同责任。在中国多层次社会保障体系中，社会福利处在较高层次，是政府和社会为提高人民生活质量或达成某一社会目标而提供的各类津贴或服务的制度的总称，从筹资的角度来看，政府负有主体责任。在现阶段，最不完善的是福利体系。以福利冠名的各种制度，如儿童福利院、老年人福利院等，从保障的对象和水平看应该归于社会救助体系，真正满足人民“美好生活需求”的制度供给还非常有限，以至于没有完整的统计数据。我们需要研究的是随着经济和社会的发展，中国特色的社会福利体系的内涵与外延，政府与社会在该领域的责任，保障适度在该领域的体现等问题。纵观高收入国家的福利发展，家庭津贴制度是重要的收入调节机制，尤其是子女津贴制度对妇女和儿童均是很好的保护制度，对妇女的生育意愿也有积极正面的影响。中国可能需要逐步引入家庭津贴制度，尤其是子女津贴制度和老年津贴制度，研究这些制度时应当与党的二十大报告中提出的“生育支持政策体系”“人口发展战略”一并考虑。

深度阅读

1. 金维刚，李珍．中国社会保障70年［M］．北京：经济科学出版社，2019.

该书从新中国成立70年来发展历程的宏观视角，全面展现了具有中国特色的社会保障制度体系的历史沿革与发展状况，系统总结了新中国社会保障事业发展取得的伟大成就和历史经验，客观分析了社会保障制度改革发展面临的各种挑战和主要问题，并提出相应的对策建议，展望未来的发展前景，对于深入了解中国社会保障事业发展的历史过程、制度体系、政策措施及未来发展趋势具有重要的参考价值。

2. 李珍，黄万丁．城镇职工基本养老保险个人账户向何处去［J］．国家行政学院学报，2016（5）：49-54，142.

城镇职工基本养老保险中的个人账户虽然是效率理念的产物，但已经被过去20年的实践证明效率欠佳。如果继续将个人账户放在基本养老保险制度的框架内，无论做实还是实行名义账户都很难解决问题。文章认为，关于个人账户问题的思考必须以明确个人账户不是保险，更不是以社会保险为理论前提，彻底的改革必须将个人账户从基本养老保险中分离出来建成自愿性的个人养老储蓄制度，如此“共有私有”产权明晰，“政府、社会和个人”责权分明，同时可在供给侧改革背景下带动以全民为保障对象的多支柱老年收入保障体系优化发展。

本章小结

本章总结和讨论了新中国成立后70余年的社会保障制度发展的历史；分析了计划经济条件下社会保障制度的特点及内容，分析了经济体制转型背景下的中国社会保障体制建设的条件、社会保障制度变迁的主要经历；分城镇和农村介绍了中国社会保障的主要内容，并且总结了社会保障制度的成就，分析了当下制度面临的主要问题。

重要概念

企业职工基本养老保险　城镇职工基本医疗保险　城乡居民基本医疗保险　城乡居民社会养老保险　最低生活保障制度

思考题

1. 你如何理解社会保障领域的城乡统筹？

2. 你认为所谓“保基本”的内容应该是什么？

3. 学习完第三章后，再回过头来从公平和效率的角度审视，你认为中国的社会保障制度设计是否得当？

第三章
公平、效率与社会保障制度

由于人类对公平正义价值观的追求，以及保险市场、初次分配领域市场失灵等问题的存在，为了达成社会的多重目标，现代政府会利用社会保障制度对弱势群体给予帮助、修正市场失灵、管理社会和经济。

设计合理并运行有序的社会保障制度对社会经济可持续发展能起到重要的促进作用，但是设计不当和管理不善的社会保障制度会带来公平与效率的损失。政府需要小心谨慎设计和管理社会保障制度，尽量避免社会保障制度的副作用。

第一节　政府通过社会保障干预分配的合理性

社会经济的发展是社会保障制度建立和发展的必要条件，但一国政府在多大程度上通过社会保障制度干预社会经济生活，则取决于多种因素，如一国的经济发展阶段、基本社会制度、政治理念、社会政策目标、核心价值、人们对社会保障制度的认识等。

一、人类正义价值观与社会救助制度

人类的本性天然具有对弱势群体的同情心。正义价值观是人类对弱者的利他行为的普遍认同。正如经济学家观察到的，人类在经济活动中（即交易时）具有自利性，而在处理社会关系时却具有利他性，自利性和利他性是人类本性的两个面，它们在不同的时候表现出来。人类在处理社会关系时具有共同的正义价值观。正是这种价值观，促进了贯穿古今的各种民间互济和官方的救助制度不断发展，现代政府提供的各种正式的社会救助制度和民间精彩纷呈的慈善事业，都有着社会正义的核心蕴涵。

正是基于正义价值观，政府供给的各种对弱势群体的社会救助制度并不要求受益人尽相应的义务，社会救助制度的供给是较少有争议的，争议的焦点往往是救助的水平和

方式。

二、风险、保险、保险市场失灵与社会保险

保险学通常将风险定义为一种负面的不确定性，即结果与预期之间的反向差距。每个人都会面临生老病死的风险、财产损毁的风险、失业的风险、收入减少的风险等。为了生活的安定，人们可以对风险进行管理。人们可以将风险自留，自己来处理所面临的风险，也可以通过财务的方法将风险转移出去。购买商业保险是一种有效的风险管理选择，而当商业保险力所不及或市场失灵时，社会保险就成为必要。

保险是风险分散的机制，保险之所以得以有效运行是它借助于大数法则，集合大量的同质风险，在被保人之间分摊损失。商业保险是市场的主体，是以营利为目的、通过提供保险服务来获取利润。当保险需求与保险供给发生冲突时，保险市场就失灵了。

保险市场失灵常常发生在如下几种情况下。

商业保险承保能力不足导致人们的需求得不到满足。在个人风险形成社会风险的情况下，商业保险市场是无能为力的。例如，失业是个人面临的收入减灭的风险，但失业又是一个与经济周期相联系的经济和社会问题，一旦经济走向衰退，就会有大量失业人口出现，商业保险市场是不能有效供给失业保险的。至今还没有哪一个国家的商业保险可以提供失业保险，正因为如此，越来越多的国家通过社会保险为失业人员提供失业收入保险。

信息不对称导致市场失灵。所谓信息不对称，就是交易双方存在信息差异，一方利用另外一方掌握不到的信息为自己谋求利益。信息不对称广泛存在于市场之中，保险市场尤其如此，信息不对称会导致市场失灵。2001 年获诺贝尔经济学奖的斯蒂格利茨（Stiglitz）教授的贡献主要是在 20 世纪 70 年代做出的，他在其开创性论文中讲到了保险市场的逆向选择的例子。例如，消费者知道自己的健康状况的信息比保险人多，比较健康的人相较于健康状况差的人更倾向于不投保，相反，健康状况较差的人倾向于向保险人转嫁风险而不是风险自留，这就是逆向选择。这样，保险人就不能在“好风险”（good risk）和“坏风险”（bad risk）之间进行风险的分散。保险公司集合并经营高风险的结果是费率的提高，费率提高的结果是越来越多的人买不起保险，而这些人通常是健康状况较差、收入低下、最需要保险保护的人。美国健康保险是以市场为主导的，其市场失灵就是很好的例子。

自斯蒂格利茨在 20 世纪 70 年代研究了保险市场的信息不对称问题之后，逆向选择

引起市场失灵的情况受到普遍的认可和关注。其实，保险市场上的信息不对称不只是表现在投保人的逆向选择，也广泛地表现在保险公司的保险合同上。由于投保人不具备足够的专业知识，加上代理人有意无意诱保，投保人即使持有保险单也不一定能得到保障，风险选择会导致潜在需求无法得到满足。风险选择是保险人对投保人的选择。个人的风险并不是都能转嫁给保险人的，保险人为了防止逆向选择，也为了企业能盈利，对被保险人和保险标的是要进行严格选择的。例如，养老保险一般不会卖给年长的人，健康保险不会卖给患有某些疾病的人等。保险公司的限制是可以理解的，但我们会发现，最需要保障的人正是从商业保险市场得不到保险的人。

由于种种原因，人们会发现保险市场时常失灵，政府提供一个化解个人风险的社会保险制度就成为必要。

三、社会、经济发展与社会保障制度

政府提供社会保障不仅是因为保险市场失灵，还因为个人面临风险的部分原因是社会造成的，所以政府对此应该负起责任来。在早期，个人的风险被认为是个人原因，例如，一个人贫困可能是因为他懒惰，一个人失业可能是因为他不够勤奋或者能力不够。随着社会经济的发展，人们逐渐改变了这种看法，个人面临的许多风险是由社会经济结构的变迁造成的，所以政府为国民提供相应的保障就成了一种价值观念。社会保障制度的必要性及起因的解释有多种，正如我们在第一章中介绍德国、美国社会保障制度的产生时所看到的，德国的社会保障制度是政治统治的工具，而美国社会保障制度的产生首先是作为有效需求的管理工具。但背后的共同因素是社会经济结构的变迁、工业革命的发展、市场经济的深化、人口流动的加速、家庭结构的核心化等，所有这些因素共同的结果是，在工业化、城市化和市场化过程中，个人的社会风险日益增加和多样化，如失业、绝对贫困或相对贫困等，而原有的以家庭为主要提供者的风险保障功能弱化，保障需求与供给能力的冲突加剧，政府被要求更多地介入社会事务。因此，工业化和市场经济的发展是建立社会保障制度的重要原因。

同时，社会经济的发展也为社会保障制度的产生和发展提供了物质基础。经济的发展、生产效率的提高、社会剩余产品的增加，为政府提供社会保障创造了可能性。一方面，社会经济的发展要求政府通过社会保障制度化解个人的风险；另一方面，快速变迁的世界又给社会保障制度提出了严峻的挑战。当代世界上诸多的新趋势、新变化已为设计出合理的社会保障制度带来了相当大的困难。尼古拉斯·巴尔（Nicholas Barr）总结了后工业化国家出现的新变化，如人口老龄化、全球化、家庭结构变化、工作结构变化，这些变化都对原有的社会保障制度提出了挑战。①

专栏 3-1　　社会经济的发展给社会保障带来挑战

人口老龄化及其对社会保障制度的压力是19世纪末德国建立各项社会保险制度时未曾预料到的，甚至20世纪50年代福利国家纷纷建立社会保障制度时也不曾预料到。人口寿命的延长及出生率的下降，导致了人口老龄化。人口老龄化一方面使得劳动人口相对减少，而另一方面社会养老保险制度及卫生保健制度的开支大幅增加，老年保障制度成为沉重的负担。人口老龄化的问题不只是后工业化国家的问题，也是中国的问题。中国面临未富先老的问题，一方面，未富先老对社会保障提出巨大的养老金和医疗保险需求的挑战；另一方面，社会保障又面临供给能力不足的困境。

由于越来越开放的国际贸易政策和技术的进步，全球化趋势是明显的。全球化意味着"国家的界线变得越来越模糊"。对后工业国而言，全球化削弱了某一国家独立制定其各种制度的能力，当然包括制定其本国社会保障制度的能力。高福利国家将面对低福利国家的不利竞争，同时还要应对国内老龄人口、失业人口、低收入家庭人口增长带来的更大的保障需要的问题。全球化之于中国的社会保障制度，道理是相通的。随着中国对外贸易的增长，作为WTO的成员国，中国的低劳动力成本竞争的方式已受到外界的巨大压力，中国劳动力特别是转移到非农产业的农村富余劳动力的社会保障制度的建立和建设，已不完全取决于传统的因素，全球化也是影响其进程的因素之一。

工业化和城市化引起家庭结构的核心化，家庭抗风险能力的减弱增加了人们对社会保障的要求，这一点早被人们熟悉。一个新的现象是，同过去相比，技术的进步、产业结构的转换，导致市场对劳动力专业技术要求提高，对那些不适应技术变迁的劳动力而言，他们只能从事低收入、不稳定、非全职的工作。与工作关联的社会保障制度对这些人的保护作用微弱或不起作用。这一问题不仅是后工业化国家的问题，也是中国面临的问题。

① 尼古拉斯·巴尔．福利国家经济学［M］．郑秉文，穆怀中，译．北京：中国劳动社会保障出版社，2003：12.

近些年互联网的快速发展使得传统的、建立在工业化基础上的雇佣关系发生了变化，越来越多的就业发生在互联网平台。越来越多的人没有雇主，雇主雇员共同缴费的各种社会保险将如何发展是需要认真面对的新问题。

四、初次分配与社会保障

在市场经济条件下，解决收入分配问题时，市场机制常常失灵，会出现收入分配不公和收入分配差距过大的问题，科学的社会保障制度设计有利于纠正分配领域的市场失灵问题，形成收入的合理分配格局。科学的社会保障制度设计通过向高收入者征收相对较多的税收和给予贫困者或收入较低者较多的转移支付来双向调节一国的贫富状况。

政府通过社会保障制度再分配来干预社会经济生活也是由它的社会政策目标决定的。社会政策目标是许多因素的综合反映。一个国家的基本社会经济制度、执政党的纲领、核心文化价值以及社会力量结构等，这些因素相互作用的结果，会通过它的社会政策目标反映出来。

第一章中我们提到补缺型的社会保障模式，较之于福利型，它更多地强调了市场的机制、强调了资源配置的效率、强调了个人的自由。尽管美国是高收入国家之一，但美国的收入扶持计划出现的时间要晚于其他工业国，并且收入扶持的水平以国际标准来看非常低。一方面，公众有保障的需求，政府不能不提供一定的保障；另一方面，美国的个人自由主义价值观、没有代表工人阶级利益的执政党、没有强大的工会和强大利益集团的社会结构，所有这些因素，决定了美国社会政策的取向更重视效率而不是收入分配的平等状态。

反观北欧福利国家，在效率、公平、平等、个人自由的组合中，其社会政策取向更重视公平与平等，政府的角色受到更多的强调。福利国家的共同特征是在市场机制的基本制度下，集体主义的政治哲学常常占主导地位，工会的力量强大，劳资力量大体均衡，代表工人阶级利益的政党力量强大，时常有执政的机会。这种背景下的政策目标在效率和平等的权衡上，较之于自由资本主义，更多地强调通过政府的力量为个人提供风险的保障机制、更平等的收入分配机制、更有利于机会平等的公共品，如义务教育、卫生、住房等。

专栏 3-2　　英国住房公共政策中的伦理观

尼古拉斯·巴尔认为，在 1914 年之前，英国几乎所有的房屋都是由市场提供。对于那些经济上负担得起的家庭而言，这一制度大体上运作良好，但是对于那些低工资的群体来讲，特别是在大城市中，这一制度所能带来的只不过是拥挤和肮脏的居住环境。从技术上来讲，住房市场出现了“市场出清”，但是从公共健康、政府法令的贯彻以及人道主义的角度来看，政策的制定者发现这种说法难以站得住脚。1919 年英国政府颁布了《住房与城镇规划法》，以法律的形式规定了政府对于改善穷人住宅环境的责任。政府合法地介入了住房市场，将解决住房问题视为一种社会服务。中央政府提供住房补贴，地方政府提供服务。这一政策一直影响到 20 世纪 90 年代。

正如第二章讨论过的，在计划经济时期，囿于生产力水平的低下，中国在分配领域实施的是城乡二元结构下高度平等的分配政策，城乡间的不公平与城乡内部的高度平等并存。在效率与公平的权衡上，天平是向平等（不一定公平）倾斜的。1978 年开始的计划经济向社会主义市场经济的转型中，中国开始用发展的哲学反省和检讨“大锅饭”政策引起的效率损失，反省的结果是加大了效率的权重，国民产出被置于最重要的位置，政府在分配领域的作用总体来说是减弱了。在初次分配领域，当公平与 GDP 发生冲突时，政府的政策更多的时候是倾向于站在 GDP 一边；在再分配领域，农村人口基本上仍然被排斥在正式的社会保障制度之外，有利于公平的公共品的提供在绝对或相对地减少，如教育、公共卫生等，城镇原有的保障体系被逐步革除，而新的体制建设又相对滞后。20 多年经济高速增长的同时，收入的差距问题却日益凸显。城乡差别不是缩小了而是扩大了，城乡内部的收入差距也扩大了。1978 年中国居民收入的基尼系数是 0.18，是一种低收入水平的高度平等状况，而中国到 2000 年，人均 GDP 达 1 000 美元，进入中等偏下收入水平行列时，居民收入的基尼系数达 0.46，是一种高度不平等的状态，引起了社会各界的广泛关注。

正是因为收入分配的现状与中国政府的基本目标不一致，所以，从党的十六大以来，合理的收入分配受到高度重视。2006 年 10 月召开的党的十六届六中全会制定了构建和谐社会的目标，在收入分配和再分配方面的主要内容是，到 2020 年，城乡、区域发展差距扩大的趋势逐步扭转，合理有序的收入分配格局基本形成，家庭财产普遍增加，人民过上更加富足的生活；社会就业比较充分，覆盖城乡居民的社会保障体系基本建立。

五、社会福利最大化与社会保障

政府通过社会保障制度干预再分配领域的理论基础之一是社会保障制度的再分配作用有利于社会福利最大化。

功利主义哲学认为社会政策的目标是社会福利最大化。以功利主义哲学为基础的福利经济学认为，由于收入边际效用递减律的存在，社会福利的大小不仅取决于国民收入的多少，也取决于国民收入在社会成员中的分配情况。在国民收入一定时，如果将富人的收入转移给穷人，穷人效用的增加大于富人效用的损失，社会的总福利会增加。因而主张通过政府在税收和转移支付方面的干预以实现社会福利的最大化。

这一理论对社会保障制度福利国家的产生和发展影响很大。这一理论其实回答了一个纯粹价值判断的问题。政府的目标是什么？政府追求的是 GDP 还是财富的分享，抑或是两者兼而有之？GDP 的增长是目标还是手段？福利经济学的回答是，政府的目标是社会福利最大化。这一理论还回答了社会福利增加的来源，一是国民收入的增长，二是国民收入的均等分配。同时也指出了实现社会福利最大化的路径：政府干预再分配。

六、有效需求管理与社会保障

政府通过社会保障制度干预社会经济生活的另一理论基础是凯恩斯主义，而最早实践凯恩斯主义的例子是美国。凯恩斯（Keynes）认为，资本主义市场经济的结果是收入差距的分化，由于存在收入边际效用递减的规律，所以，资本主义社会一定会出现有效需求不足。有效需求不足会导致生产不足、失业增加，进一步加深有效需求不足，从而进入经济的恶性循环。凯恩斯开出的“药方”是通过财政政策扩大有效需求。政府可以建设公共工程以扩大就业，以便扩大有效需求；还可以通过建立社会保障，对退休人员、失业人口和低收入家庭进行转移支付来扩大有效需求。凯恩斯主义的政策主张对社会保障制度的影响，不在福利经济学之下。与福利经济学不同，凯恩斯主义是把社会保障制度当作宏观经济管理的工具，而福利经济学是把社会保障制度当作追求社会福利最大化的工具。

高收入国家的政府已普遍接受了凯恩斯主义并能熟练利用公共财政这个工具来管理宏观经济，中国政府也正在学习和实践之中。在计划经济时代，中国多处于短缺经济状态，当计划经济体制向市场经济体制转型时，情况开始发生了变化。1998 年中国第一次出现有效需求不足的情况，中国政府开始尝试运用积极的财政政策来解决有效需求不足，包括兴建基础设施和增加社会保障支出。虽然中国建立和发展社会保障制度的主要原因不在于此，但利用社会保障转移支付来管理有效需求的动机却是显而易见的。

七、人力资源管理与社会保障

社会保障制度对人力资源管理的作用是常常被忽视的一个方面。社会收入支持制度在相当程度上可以看作是对人力资源的投资。社会保障制度能够减少由于经济动荡、自然灾害、疾病伤残和个人不幸带来的脆弱性，分散个人和家庭的经济风险，保护人口的生产和再生产，也就是保护社会人力资源。从政府管理的角度看，社会保障制度通过再分配、通过分散风险对促进人口再生产、提高人口质量和保护人力资源的作用是巨大的，尤其是失业保险、医疗保障、社会救助和最低生活保障等项目，对于防止贫困、保护人力资源的作用非常明显。① 胡鞍钢认为，社会救助不仅是一种社会公平，也是一项有长远收益的人力投资，它可能会暂时牺牲一些眼前的资源，却能增加未来的生产力。②

贫困一定会降低人口质量，发展经济学家早就注意到贫困人口缺医少药、少有接受教育的机会，这些对个人是贫困的根源，对社会则还意味着人力资源的浪费。第二次世界大战以后，工业国普遍建立了社会保障制度，通过对人力资源的保护，社会保障制度对二十世纪五六十年代西方经济的持续繁荣的支持作用得到充分显示。

第二节　经济公平/社会公平、平等与效率的取舍

公平是人类的共同偏好，因而被广泛用于各个领域。其实不同领域的公平含义是不同的。在法律领域，公平的内涵是不偏不倚；在政治领域，公平说的是人人权利平等，如一人一票，人人有选举权和被选举权。

公平在分配领域的意义是不同的，容易被混淆。分配领域分为初次分配和再分配，初次分配是由市场机制决定的劳动力、资本等要素的收入分配，而再分配则是政府通过各种再分配机制（如税收和福利支出等机制）决定的、对初次分配结果进行调整的分配。初次分配领域的公平实为经济公平，对劳动力而言，意为在起点公平、规则公平的前提下，多劳多得，是个人贡献与所得的对比关系；而再分配领域的公平则是政府为达

① 李珍，刘志英. 农村社会保障理论研究［C］//中国社会保险学会. 中国社会保险优秀论文集. 北京：中国劳动社会保障出版社，2006：13.

② 胡鞍钢，邹平. 社会与发展——中国社会发展地区差距研究［M］. 杭州：浙江人民出版社，2000：12.

到某种社会目标而进行干预和调整的社会公平，是不同个体的收入（福利）的对比关系。

人们通常将公平与效率对立起来，将其看作是鱼与熊掌的关系。通过下面的分析可以发现，经济公平即是配置效率，社会公平在提供起点公平与规则公平时与效率是统一的，只有政府通过税收调节再分配，即追求不同社会成员收入或者福利平等时才可能与配置效率产生冲突和对立，简单地说，平等与效率才是取舍关系，而公平与效率是对立统一的关系。设计精当的再分配制度是有可能损失最少的效率而获得最大的社会平等，从而实现社会福利最大化。当然要做到这一点是非常困难的，因为各方利益主体都在参与博弈。

社会保障制度是政府追求社会公平的工具之一，在该领域社会公平的内涵应该是参与权的公平、负担的公平、不同成员间收入或者福利待遇的公平且平等。要强调的是这个“平等”的均衡点会落在经济公平（多劳多得）和成员间绝对均等的某一个点上，在不同的项目里、不同的经济发展水平和不同的文化里，这个平等的均衡点在多劳多得和均等之间是处在不同地方的。社会保障制度设计合理且管理精当时，它在化解社会风险的同时能够发挥再分配的作用，在追求社会平等的同时可以提高配置效率；设计和管理不当的社会保障制度不仅损害效率，也会损害社会公平。

一、公平是人类共同的偏好

两千多年前，中国的思想家孔子就向往一种讲信修睦的大同社会。《礼记·礼运篇》中描绘了在这个社会里，以“天下为公”作为准则，人不独亲其亲，不独子其子，使老有所终，壮有所用，幼有所长，矜、寡、孤、独、废疾者皆有所养，男有分，女有归。货恶其弃于地也，不必藏于己。力恶其不出于身也，不必为己。寥寥数语，孔子表达了追求公平的愿望、追求公平的手段及公平带来的社会和谐的景象。孔子的大同思想对中国人的公平偏好影响深刻。

其实不仅中国文化偏好公平，公平也是人类的共同价值观。在西方有乌托邦主义希望实现人人平等的社会。尽管世界上不同的文化和宗教在许多重要的方面有所不同，但它们都关注公平和公正。这表明，人类有一些共同的基本价值观。

二、经济公平与社会公平

（一）经济公平的三要素及意义

与公平相对应的效率是资源配置效率，是指资源的最优配置状态。资源配置得当、利用充分，则资源配置效率高；反之则是低效率或效率损失。那么，我们如何才能衡量效率呢？意大利著名的经济学家帕累托（Pareto）发现，生产资源的配置和财富的分配如果已达到这样一种状态，即任何重新改变资源配置或财富分配的方法，已经不可能在不使任何人的处境变坏的情况下，使任何一人的处境更好，简单地说，当处在要想使某人的处境变好必须以另外的人处境变坏为代价的状态时，这种状态即是效率的最佳状态，也称“帕累托最优”。相反，当配置低效率时，通过改变资源的配置方法，至少可以提高一部分人的福利水平，而不会使任何人的境况恶化，经济学家称这种状况为“帕累托改进”。帕累托最优成为人们判断经济总体运行效率与社会福利大小的一个重要准则。

尼古拉斯·巴尔用非常明了的语言表述了效率的内涵、效率与政府的关系。他说，效率是指在人们的偏好和现有的技术一定的条件下，充分利用有限的资源。一个关键性的概念是资源的稀缺性——也就是如果资源（劳动力、资本、原料和土地）被用于某一目标，那么它们便不能被用于另外的目标。正是因为这些资源是有限的，它们不能满足每一个人的需求，所以政府应该寻求方法来尽可能地满足人们的需求，也就是说尽可能有效地使用有限的资源。①

经济公平包括三要素，即机会公平、规则公平和结果公平。

机会公平是指一个人的成就，应该是他努力以及发挥才能的结果，而不是由其所拥有的背景决定。一个人的天生条件（包括性别、人种、出生地和家庭背景）以及他所拥有的社会关系等因素，不应该决定此人在经济上、社会上以及政治上的成就。② 机会越公平的社会，依靠个人的力量而不是他所拥有的其他禀赋所取得成就的人就越多。

规则公平是指社会成员按同一规则参与经济活动的竞争。经济竞争中应该由规则来保证过程的公平，这一点可能是最少有争议的。竞争的规则对于社会成员来说应该是一视同仁的，所有的人都遵循同一规则参与经济活动。这些规则包括确认个人对生产要素

---

① 尼古拉斯·巴尔. 福利国家经济学［M］. 郑秉文，穆怀中，译. 北京：中国劳动社会保障出版社，2003：106.

② 世界银行. 2006年世界银行发展报告：公平与发展［M］. 北京：清华大学出版社，2006：80.

的所有权，承认他所拥有的体力、智力和财富。当然还应该包括他的努力程度和选择的能力。

结果公平是个人的收入与其贡献的一致性。因个人拥有的要素、努力程度不同等种种原因，个人的收入是不同的，是有差异的。

了解经济公平的三要素之后，我们可以给经济公平下定义：

经济公平指的是在机会公平和规则公平情况下，个人的贡献与其收入相一致，即收入的公平（结果的公平）。收入公平只是经济公平的一个环节，经济公平是一个内涵更丰富的概念，收入公平不可以直接取代经济公平来使用。

经济公平的意义在于它与效率是一致的。当个人的收入与其努力一致时，就能产生激励，鼓励多劳多得，人尽其力则产生人力资本的配置效率。经济公平与效率具有一致性，或者说经济公平即效率。

我们常常看到一些文献这样表述：初次分配强调效率，再分配强调公平。其实，初次分配也是要强调公平的，初次分配领域机会公平、规则公平是分配结果公平（效率）的前提，没有机会公平、规则公平，则没有效率。

（二）收入平等与收入公平的关系

收入平等和收入公平是两个概念，区别这两个概念意义重大，因为混淆这两个概念对分配政策的制定影响重大。

收入公平是个体贡献与收入的对比关系，收入平等说的是不同个体之间收入的对比关系，是不同的个体收入分配在数量上的一致性，一致性越高则越平等，最平等的状态是均等；不同的人收入不一致则是不平等的，收入差距越大则越不平等。

收入平等与收入公平的关系表现出几种情况：

· 机会公平、规则公平，收入公平且平等；

· 机会公平、规则公平，收入公平但不平等，甚至是极不平等；

· 机会不公平、规则不公平，收入不公平且不平等；

· 机会不公平、规则不公平，收入不公平但平等，甚至是均等。

总之，收入公平和收入平等不是同等概念，两个人收入一样多可能不公平；相反，两个人收入有差距也可能是公平的。在机会公平、规则公平的情况下，当两个人的要素和努力程度一样，收入平等是公平的；当两个人的要素和努力程度不同时，收入平等对于那个更努力的人是不公平的。

记住两个简单的公式：收入差距≠不公平；收入均等≠公平。

第一种情况是人们普遍追求的即分配状态既公平又平等，这一状态恰恰与社会公平追求的目标相吻合，但现实生活中却是最少见的，甚至是不可能的，所以才有了社会公平的需求。

专栏 3-3　　收入公平与收入平等混淆会引起实践中的误区

收入公平与收入平等的混淆不仅是逻辑错误，更重要的是会造成舆论的混乱，误导公共政策。

公平是人类普适的价值观，我们希望社会是公平的。在计划经济时代，我们误将收入平等当作了公平来追求和坚守。我们奉行的是“平均主义”，人们的收入与其贡献无关，“干多干少一个样，干好干坏一个样”，这种分配政策的结果不仅伤害了公平，也伤害了效率。改革开放后，我们开始放弃“大锅饭”，打破平均主义，追求收入的差距以激励人们努力工作，但我们忽视了机会和过程的公平。由于机会和过程的不公平，收入差别中包含了不公平的因素。收入差距的扩大加之其中包含了不公平的因素，增加了人们不公平的主观感觉，这种感觉会强烈地表达为激烈的社会舆论。21 世纪初，又出现了一种倾向，即收入的差别就是不公平。我们又开始聚集在公平的旗帜下，反对一切收入差距，而不问这种差距是不是公平合理的。这种倾向是有害的，它可能又以公平的名义将我们引到平均主义的方向。

（三）社会公平与经济公平的关系

社会公平的含义是人与人之间社会关系的平等。中国是社会主义国家，社会公平是我们的基本目标和核心价值。具体到初次分配领域和再分配领域，社会公平的含义是政府通过各种制度提供机会公平、规则公平，并基于一定的价值观，通过再分配制度调节成员间过大的资源或者收入差距，以达成某种程度的资源或者收入平等的目标或状态。社会成员收入高水平的平等状态是社会公平的目标，实现这一目标的手段是提供机会公平（起点公平）和规则公平（过程公平），如教育、健康、劳资谈判机制等。

政府不仅要在再分配领域关注社会公平，而且在初次分配领域也要关注公平。因为市场并不提供机会公平、规则公平，也不保证结果公平且平等，所以提供社会公平的责任只能由政府来担当。社会公平是通过一揽子制度来实现的，教育、卫生、就业制度更多提供机会（起点）公平，各种规则更多地通过保护弱势群体要素来提供规则（过程）公平，如工资谈判机制、最低工资制度等，税收和转移支付则是对初次分配的结果环节进行调整，达成某种程度的平等来追求结果上的社会公平。社会保障制度只是社会公平的工具之一。

经济公平与社会公平并不是割裂的，政府提供机会公平、规则公平是经济公平的重要内容和重要保证。经济公平即效率，为政府保障社会公平打下了物质基础。从三要素来看，社会公平不仅是在结果上缩小经济公平但不平等的状态，更包括提供起点公平并维护过程公平。

经济公平与社会公平的关系是对立统一的。从上面的分析可见，机会公平、规则公平是成员间收入公平且平等的手段，也恰恰是经济公平的重要保证，在这两个环节上，社会公平即经济公平，社会公平即效率，两者是一致的、统一的。经济公平即效率，它为政府保障社会公平且平等打下了物质基础。即使机会和规则是公平的，市场并不保证个人的收入的差异和公平，所以政府会通过税收和转移支付来修正初次分配的结果，追求社会成员间收入的平等（一致性），此时可能产生效率损失，平等与效率是对立的。所以，政府在收入平等与配置效率之间须谨慎选择，如税收可能会使部分人减少劳动，转移支付可能引致受益人就业意愿下降等。

再强调一次，公平与效率不是对立的关系，平等与效率才是对立的关系。政府常常在平等与效率之间权衡取舍，这取决于许多因素，如执政党的理念、经济发展的水平、初次分配的平等状态、主流价值观等都会影响政府的决策。

政府通过再分配干预初次分配的结果是必要的。第一，初次分配无论结果是否平等，如果包含了不公平，就需要政府的再分配对初次结果进行调整以达到社会公平。第二，初次分配的结果即使是公平的，如果收入分配差距过大、贫富不均，不只是贫困人口痛苦，这种分配状态也会冲击人类关于公平的价值观，在政治上不利于社会的和谐发展与长治久安，在经济上不利于有效需求的管理，政府基于有效管理的需要也会干预初次分配结果。第三，市场并不提供机会公平和规则公平，政府只能通过再分配机制才能提供起点公平和过程公平，如最低生活保障、教育、卫生服务等。

现实生活中，机会不公平和规则不公平是普遍存在的，所以收入可能是有差距的，这种差距包含着不公平的因素。政府的责任不仅表现在收入差距的调整上，更在于保证机会公平和规则公平。

对于绝大多数人而言，在现实生活中，机会公平只是一种理想状况。因为每个人的出生背景是不一样的，出生的起点对人的影响很大，如物质财富及家庭的背景（包括父母所有的人际、社会和文化资本数量）不同，所获取的社会服务的数量和质量也不同，如教育、医疗服务等，这些因素足以决定一个人一生中各种机会的不公平，每个人联系世界的感知能力不同，以及社会制度对待他们的方式也不同等。[①] 因此政府提供公平的机会就成为必要。

对于政府保证机会公平的争论比政府干预结果公平的争论要少得多。经济自由主义反对政府干预收入的分配，认为那样会伤害效率，但很少有人反对政府提供机会（起点）公平。不过，如果按经济自由主义的理解，则会出现一个悖论：政府如果不干预分配以保证结果的大体平等和公平，不缩小过大的收入和财富的差距，又如何能保证起点的公平呢？政府不通过税收如何办教育以提供机会的公平？政府不通过累进所得税和遗产税来收税并通过转移支付来缩小收入和财富的差距，如何保证下一代起点的公平？政府不通过社会保障税如何保证成员的健康水平相当以便公平竞争？美国政府为低收入家庭中小学生提供免费午餐是基于这样的认识：受饿的孩子没有能力与人竞争。由此也可看出，经济公平本身也包含着价值判断：政府应该不应该提供起点的公平？如果答案是否定的，则经济公平就被否定了；如果答案是肯定的，则政府干预分配领域则是题中之义。

规则公平或过程公平是合意的，但规则不公平是普遍存在的，所以政府的干预是必要的。因为即使是自由主义者也是赞成规则公平的。但问题是规则是谁制定的？这些规则是不是对某些要素或某些人、某些利益集团特别有利呢？这些规则是不是对所有成员或者至少是对多数成员是公平的呢？一般来说，规则是由强者制定的，绝对公平的规则是少见的。例如，在市场经济中，微观的主体有两个，即资本和劳动力，从资本诞生以来，它就是一个强势要素，劳动力的工资及其权利是由资本来决定的。这时就需要政府来主持公道，在强者和弱者中间进行协调，政府提供的工资谈判机制、最低工资制度等都是保证规则公平的措施。

结果公平是个人收入与其贡献的一致性。因个人拥有的要素、努力程度等的不同，个人的收入是不同的，这种不同可能包含了社会不公平，也可能是社会公平的体现。如果是前者，社会当然不能容忍，政府必出手干预；如果是后者，则应视情况而定。收入差距在合理范围内是激励人们努力工作的推动力，应该容忍和宽容。但是当收入差距过大时，即使这种差距是合理合法公平的，政府也会通过税收和社会保障等机制进行调整，以达成减贫、管理有效需求、稳定社会等目标。

---

① 世界银行. 2006 年世界银行发展报告：公平与发展［M］. 北京：清华大学出版社，2006：19.

(四) 社会保障领域中社会公平的含义

在社会保障领域中，社会公平应该理解为参与权的公平、负担公平，最后才是收入差距的调节，追求不同人群收入差距的缩小，追求一定程度的收入平等，即党的十九大报告中指出的人人参与、人人尽责、人人享有的社会发展观，三个环节一个也不能少。在社会保障领域中，人们很容易只重视人人平等享有，而忽视参与权的公平，更容易忽视权益与义务的对应关系。如果忽视了人人尽责而一味地强调人人平等享有，不仅损失效率也损失负担公平，这样的社会保障制度一定不可持续。

三、社会公平的重要性

维护社会公平不只是为了维护人类的价值观，还因为社会不公平会对社会经济发展产生负面影响。即使收入分配是经济公平的，但如果一个社会收入差距太大，也会产生负面的作用，所以许多国家都会采取种种措施纠正收入分配不平等的问题。

不公平和不平等会自我复制，形成一个陷阱。政策和制度并不必然由那些希望获得社会福利最大化的人来制定，它们是各个群体争夺和保护自身利益过程的结果。一些群体的权力比较大，因此他们的观点和偏好就容易成为社会的主导。这里的含义是说起点的不平等会导致规则的不平等，不平等的政治、经济和社会文化之间的相互作用所产生的力量决定了所有的社会制度和规则，而反过来，这些社会制度和规则既影响人们的机会公平，也影响人们投资和创造财富的能力。不平等的经济机会导致不平等的劳动产出，进而增加政治上不平等的权利；由不平等的权利所形成的社会制度和政策，往往会加强不平等的初始条件的持续性。因此，资产、机会和政治权力的不平等分配彼此相互加强，最终形成了一个不平等的恶性循环。[①] 就像贫困会产生贫困一样，不公平会产生不公平，不平等会产生不平等。

专栏 3-4　　了不起的盖茨比曲线

基于加拿大渥太华大学经济学家迈尔斯·克拉克（Miles Corak）的数据，2012年，普林斯顿大学教授、白宫经济顾问委员会主席艾伦·克鲁格（Alan Krueger）在一篇演讲中提出了“了不起的盖茨比曲线（The Great Gatsby Curve）”的概念。该曲线的名字由白宫经济顾问委员会的经济学家贾德·克拉默（Judd Cramer）提出。这个

① 世界银行. 2006年世界银行发展报告：公平与发展［M］. 北京：清华大学出版社，2006：19.

术语说明了这样一种社会经济现象：高度不平等的国家具有较低的代际流动性；社会越不平等，个人的经济地位就越由其父母的地位决定，子女处于父辈的经济阶层的可能性就越高。将该曲线命名为“了不起的盖茨比曲线”，是源自美国作家菲茨杰拉德（Fitzgerald）出版于1925年的著名中篇小说《了不起的盖茨比》，该小说讲述了美国底层人物奋斗而最终梦灭的故事，象征“美国梦”的破灭。

在栏图3-1中，横轴是以基尼系数表示的社会不平等程度，基尼系数越大，社会越不平等；纵轴为代际收入弹性，即父辈的收入水平对下一代收入水平的影响，该数值越大，表示收入的代际流动性越低，子女处于父辈的经济阶层的可能性就越高。从栏图3-1中可以看出，社会不平等程度与代际收入弹性基本呈正相关关系，即一个国家的社会不公平程度越高，其代际收入弹性越高，代际流动性越低。

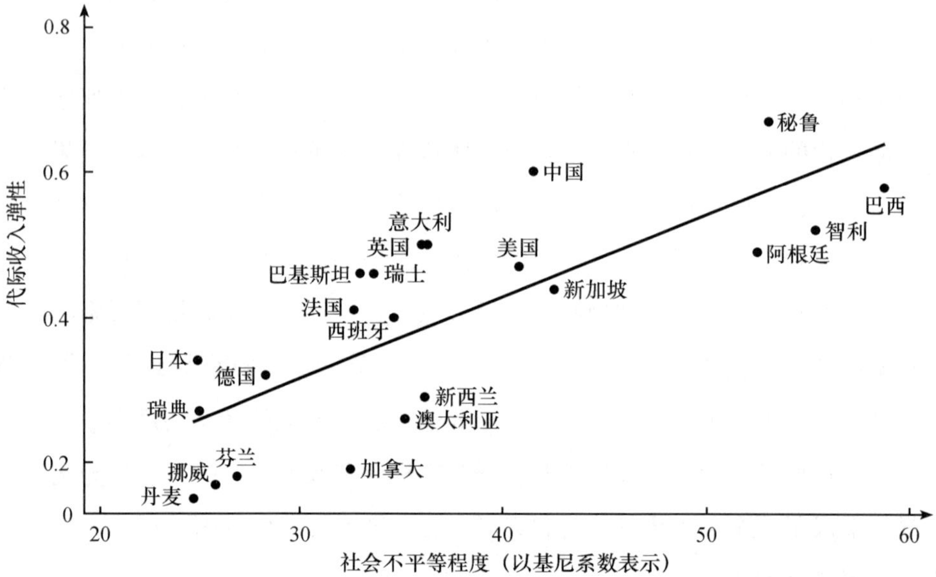

栏图3-1　了不起的盖茨比曲线

资料来源：①Wikipedia；②KRUEGER D，PERI F. On the welfare consequences of the increase in inequality in the United States［J］. Nber Macroeconomics Annual，2003（18）：83-121.

收入不公平且不平等使主观福利水平下降。人类偏好公平，公平对人类发展发挥着内在的、根本性的作用。费尔（Fehr）和菲施巴赫尔（Fischbacher）在《自然》杂志上所讨论的“人类的利他性”，或许能够解释为什么与其他动物种群相比，人类社会在合作模式上更为复杂。中国古代就有“不患寡，患不均”的思想。20 世纪 70 年代末中国开始改革开放，经济迅速发展，人民的收入水平和生活水平得到极大改善，农村的绝对贫困人口快速减少。与此同时，城乡间和城乡内部的相对收入差距却在扩大，20 世纪 90 年代就出现了“端起碗吃肉，放下筷子骂娘”的社会现象。“端起碗吃肉”是说居民生活改善了，“放下筷子骂娘”是说人们对社会的分配状况不满意，从而使主观福利下降，即我们通常所说的幸福指数下降。阿莱西纳（Alesina）、迪特拉（Di Tela）和麦卡洛克（MacCulloch）在 2004 年对欧美的调查研究中发现，当收入不平等程度提高时，个人更倾向于认为自己是不幸福的。之所以出现这种情况，一种解释是不平等违背了人们的公平感，另一种解释是人们感受到的不平等的收入分配反映了不公平的过程和不平等的机会分配。① 我们认为这两种解释都对，后一种解释更深刻。

收入不平等且不公平引起直接和间接损失效率。2004 年奥斯贝格（Osberg）和斯米丁（Smeeding）的研究发现，人们对收入分配的标准偏好不单基于实际收入，也基于获得收入的过程。某些结果的差异是由于努力程度不同所导致，人们可能认为这是公平的，但另一些因为机会不同而导致的差异可能被认为是不公平的。人们清楚地知道，收入的微小差异能够对工作和投资提供激励。② 但如果收入的差异过大尤其是包含着明显的机会和过程的不公平的话，那么效率会直接和间接地受影响。当人们感觉受到不公平待遇时会减少努力的程度，这是直接的效率损失；不公平的待遇会引发社会动荡，由此间接造成效率损失。

四、主观公平及其对管理者的意义

公平还可以分为客观公平与主观公平，前者是客观存在，后者是对前者的感受。收入分配是一种客观状态，而分配公平感是主观的，它取决于当事人的价值观、个性、需要、动机等因素。③ 人们对收入公平的判断不仅受其绝对收入的影响，同时也受相对收入的影响，这种相对收入既包括自己纵向的相对收入，也包括与他人横向比较的相对收入。

自己比去年更努力了，是不是得到了更多收入？自己与同事付出了同样的努力，是不是得到了同样的回报？这种判断包含着起点和过程是否公平的判断。

---

① 世界银行. 2006 年世界银行发展报告：公平与发展［M］. 北京：清华大学出版社，2006：80.
② 世界银行. 2006 年世界银行发展报告：公平与发展［M］. 北京：清华大学出版社，2006：83.
③ 杨灿明. 转型经济中的宏观收入分配［M］. 北京：中国劳动社会保障出版社，2003：133.

美国行为学家劳勒（Lawler）提出了一个工作公平感的综合模型，初步说明个人分配公平感的人际复杂性。他认为分配的公平感不是当事人与他人获得的报酬的一个简单比较，而是人们比照自己应该所得的认识（A）与实际所得的认识（B）产生公平或不公平的感觉。

· 当 A＝B 时，当事人感到公平；

· 当 A>B 时，当事人会因为觉得吃了亏而感到不公平；

· 当 A<B 时，当事人可能会因“无功受禄”而内疚，这也是一种不公平感的范围。

1965 年美国行为学家亚当斯（Adams）提出的公平论表达了影响公平感的各变量间的函数关系：

$$O_p/I_p=O_r/I_r$$

式中，O 和 I 分别代表有关人的所得和他们的贡献，而 p 和 r 分别代表当事人和参照者。所得与贡献的比值（O/I）可以称为公平指数。由此方程式可知：当等式两边的公平指数相等时，当事人会感觉公平，这样，当事人的所得即使与参照者的所得在绝对量上差异悬殊也不会觉得不公平；相反，当公平指数不相等时，即使两者间的绝对收入差距不大也可能产生不公平感。①

公平感是主观感觉，当事人感觉公平的事情，他的参照者可能正好感觉相反。因为人们通常有意无意放大了自己的贡献和能力，而缩小了他人的贡献和能力。

重视公平的感觉是重要的。第一，公平感不仅取决于个人的绝对收入而且取决于与他人比较的相对收入。政策的含义是，经济增长也许会提高人们的绝对收入，但市场不会解决人们相对收入差距扩大的问题，因为在没有政府干预的情况下，市场的规则是“富者越富，贫者越贫”。第二，当人们感到分配不公平时，努力程度会降低，从而损失微观效率。第三，当足够多的人感到不公平时，会酿成社会和政治问题，从而损失宏观的、间接的效率。第四，管理者是可以引导人们正确理解公平的。

五、初次分配、再分配对公平与效率的影响

收入初次分配是指国民总收入（即国民生产总值）直接与生产要素相联系的分配。任何生产活动都离不开劳动力、资本、土地、技术和管理等生产要素，在市场经济条件下，取得这些要素必须支付一定的报酬，这种报酬就形成各要素提供者的初次分配收

① 杨灿明在《转型经济中的宏观收入分配》一书中对相关理论进行了细致介绍和分析。

入。初次分配主要由市场机制形成，生产要素价格由市场供求状况决定，政府通过税收杠杆和法律法规进行调节和规范，一般不直接干预初次分配。

国民收入再分配是国民收入继初次分配之后在整个社会范围内进行的分配，是指各级政府以社会管理者的身份，主要通过税收和财政支出的形式参与国民收入分配的过程。社会保障制度是再分配的重要工具。

正如前面我们讨论过的，政府之所以利用再分配工具来调整初次分配格局，原因之一是市场中的机会不公平和规则不公平广泛存在，国民收入在初次分配过程中向强势要素倾斜，收入差距的扩大是必然的，所以再分配可以部分修正市场失灵和初次分配中的不公平现象；原因之二是即使初次分配是公平的，但是如果分配的结果是高度不平等的，这对社会和经济的可持续发展也是负面的，所以政府仍然需要利用再分配予以调节。

初次分配是基础性的分配领域，它要解决的主要是不同要素所有者的利益分配问题，不仅数额大而且涉及面广，如果在初次分配中出现重大的社会不公平或者高度不平等，在政府再分配中就很难加以扭转，更重要的是再分配更容易出现效率损失问题。所以，政府通过提供机会公平和监控规则公平来保证初次分配结果的公平和平等，这比通过再分配来进行事后调节更为有效。

专栏 3-5　　不同领域“公平”的概念

税收领域的横向公平与纵向公平。横向公平指的是对于同等负担能力的人给予同等征税待遇，而纵向公平指的是对于不同负担能力的人给予不同的征税待遇。我们也可以将这一理论应用于转移支付领域，横向公平指的是对具有相同经济能力的人给予同等的转移支付待遇，纵向公平是指对于具有不同经济能力的人给予不同的转移支付待遇。

保险领域的精算公平。精算公平是商业保险普遍运用的原则。精算公平即保险费率（保险的价格）准确反映预期的损失。精算公平表示的是投保人和保险人之间交易关系的公平。如果费率高于预期损失则对投保人是不公平的，如果费率低于预期损失则对保险人是不公平的。实际生活中，精算不公平是普遍存在的，因为预期损失以及由此决定的费率对投保人而言是不透明的，所以各国都有相应的监督机制监管保险费率以保证精算公平。

第三节　奥肯漏桶：再分配领域中的政府失灵

现代政府通常通过管制、财政、社会保障等工具来纠正市场失灵，例如，通过管制限制垄断，通过财政支出提供保健制度、教育制度等追求起点公平，通过社会保险税收入和转移支付缩小贫富差别等。前面我们介绍了政府的干预有利于公平和效率，然而，当政府的干预无能、干预过度或干预不当引致效率损失时，甚至是既无效率又无公平时，政府就失灵了。不幸的是，像市场常常失灵一样，政府也常常失灵。我们这里简要介绍社会保障领域一个主要的效率损失问题，即奥肯漏桶问题。

我们将税收和转移支付过程中引起的效率损失定义为奥肯漏桶。美国经济学家阿瑟·奥肯（Arthur Okun）认为，通过高所得税和转移支付来缩小贫富差别，可能作用没有想象的那么大，从富人那里收税100元，穷人能得到的会少于100元，就如从富人那里打一桶粥送给穷人，穷人得不到一桶粥。原因是这个“桶”上，有一个“漏洞”，一部分粥漏掉了。效率损失的原因，一是高税收可能影响劳动者的积极性，损害了效率；二是转移支付可能鼓励了“懒惰”，也损失了效率。这些问题是高福利制度受指责的主要原因。在现实生活中，奥肯漏桶还可能发生在管理过程中，尤其是发生在转移支付过程中，正常的管理费用使转移支付少于税收，更不用说转移支付过程中的挪用、贪污问题引起的损失。

一、奥肯漏桶：税收制度可能损失效率和公平

政府纠正分配的不平等是通过税收和转移支付双向调节的。在税收方面，重要的税种有个人所得税、社会保险税。个人所得税主要来源于劳动收入和财产收入。个人所得税的累进税有向下拉低高收入的作用，而通过社会保障转移支付向上拉高低收入水平，对市场分配结果进行调整。设计和实施得当的累进税和转移支付制度，既能促进公平也能保证效率；反之，可能公平和效率都受损。社会保险税的对象是工资，所以有人称之为工薪税，其税收的主要目标是分散某种风险，强调再分配的社会保险制度具有分散同类风险的功能，制度就有了基本保障和维护公平的双重功能。同样，设计和实施得当的制度既能满足公平又能促进效率；反之，也可能是公平和效率的双双受损。

以公平为目标的个人所得税制度的安排一般会采用累进税，累进税的主要特点就是税率随计税基数的增加而递增，该税种是对收入不平等的事后调节。其理论的基础，一

是市场不能提供过程公平，二是收入的边际效用递减律。个人所得税有两大政策目标，一是纯财政目标，二是社会福利目标。早期自由主义经济学家主张税收的纯财政目标，他们主张税收的普遍性和平等性原则，这就意味着每个人都应纳税，并且实行按同比例纳税，反对累进税。这一观点的提出有个重要的假设条件，即任何市场过程都是公平的，自由竞争体制中的私人企业和个人的收入和财富分配是合理的、公正的。在此前提下，他们主张应维护私人在市场上按要素禀赋和要素价格能够获得的一切收入，认为税收不应该改变或减少财富正确、公正的分配结果。但是现实的世界正如我们前面所分析的，市场处处存在不公平的现象，所以这些假设前提是不正确的。基于对市场的这种认识，瓦格纳（Wagner）提倡税收的社会福利目标，认为税收不仅是增加财政收入的手段，而且更重要的是对自由竞争所形成的收入和财富分配状况加以改变，主张实行累进税，对低收入者实行税收豁免。

那么效率损失是怎么发生的呢？基于市场过程的不公平实行个人所得税的累进税是对市场的一种纠正，具有再分配的功能。但是如果边际税率太高，以至于减少人们工作和投资的热情的话，那么这种税制就损害了效率。20 世纪 70 年代“滞胀”发生后，供给学派认为“滞胀”的重要原因是高税率减少了资本和劳动力的供给，而高税收的原因又是高福利制度。20 世纪 70 年代末至今，发达国家纷纷对包括社会保障制度在内的福利制度进行改革，其目的就是对政府失灵的纠正。虽然人们还不知道最高边际税率对效率损害的临界点在哪里，但是可以肯定的是，太高的边际税率至少会影响一部分高收入人群的工作热情。

专栏 3-6　　　　理论的拉弗曲线及美国的经验

拉弗曲线的一般形状如栏图 3-2 所示，可以理解为：在原点 *O* 处税率为零时，将没有税收收入；随着税率增加，税收收入达到最高额 *ON*；当税率为 100% 时，没有人愚蠢到还要去工作，所以也没有税收收入，因此曲线是两头向下的倒“U”形。拉弗曲线说明，当税率超过图中 *E* 点时，挫伤积极性的影响将大于收入影响。[①] 所以尽管税率提高了，但税收收入却开始下降。图中的阴影部分被称为税率禁区，当税率进入禁区后，税率与税收收入成反比，要恢复经济增长势头，扩大税基，就必须降低税率。只有通过降低税率才可能鱼与熊掌兼而得之——收入和国民产量都将增加。

①保罗·A．萨缪尔森，威廉·D．诺德豪斯．经济学：第 12 版［M］．北京：中国发展出版社．1992：1235．

但是拉弗曲线没有被历史证明。1982 年，富勒顿（Fullerton）曾考察了有关工作努力程度对税率的反应，计量经济研究之后做出了美国的实际拉弗曲线，如栏图 3-3 所示，最大税收点“似乎出现在远离过去几十年所实行的税率的右边”。这种考察所作出的预言是“减税将引起纳税收入几乎按比例地减少”①。

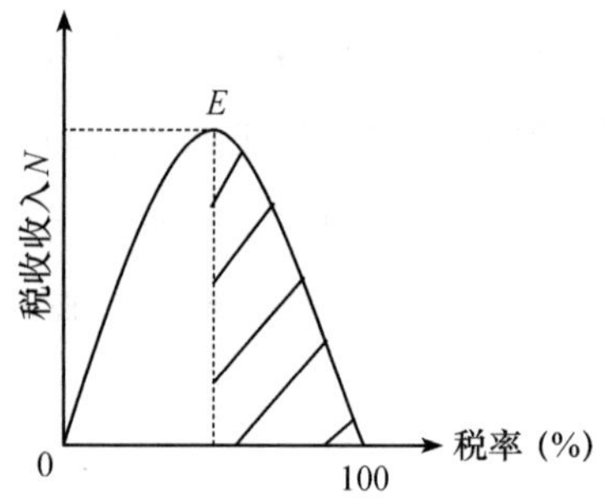

栏图 3-2　理论的拉弗曲线

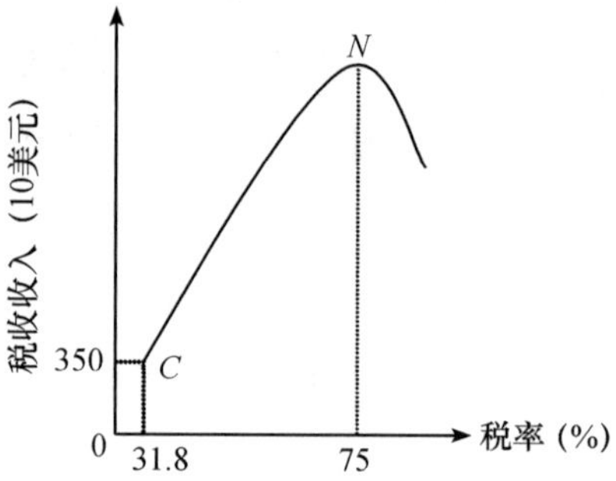

栏图 3-3　实际的拉弗曲线

同时，拉弗曲线也没有正确指导政策。无论是拉弗曲线的支持者还是反对者，其关注和争议的焦点，不在于该曲线的一般性理论内涵，而在于其政策性含义。针对 1973—1982 年出现的“滞胀”现象，供给学派在拉弗曲线的基础上，提出了减税政策。他们认为减税政策能够使美国经济走出“滞胀”的泥潭，在促进总产出的同时政府收入不受影响。减税政策在美国的实践是税收大减，政府财政赤字巨大。

资料来源：李珍，刘志英．拉弗曲线的深度分析——兼析中国个人所得税制的政策涵义［J］．中南财经政法大学学报，2004（1）：43-50.

当税率设计不当或征管不力时，可能出现对高收入人群有利而对低收入人群不利的现象，累进税便具有了累退的性质，这时既不公平也损害效率。所得税设计有若干要素，有免税额、起征点及不同等级的税率，这些要素的不同组合产生的公平、效率的效应是不同的，例如，无免税额且低边际税率对高收入者有利，高起征点且高边际税率对低收入者有利。税收的征管不力通常是对高收入者有利的，因为低收入者往往只有工资，而高收入者往往有多种收入来源，工资记录是比较完整的，纳税比较准确，而其他收入记录相对不完整使得漏税较容易。这种情况既无效率更是不公平的，中国经济转型时期这种情况较普遍，这也是收入不平等的一个重要影响因素。在发展中国家这是一个

①保罗·A．萨缪尔森，威廉·D．诺德豪斯．经济学：第 12 版［M］．北京：中国发展出版社．1992：1235.

普遍的状态。

社会保险税设计不当或征管不力也同样会引起公平和效率的损失。社会保险税直接征税的对象是工资，当税率过高时，可能导致资本排挤劳动力引起较高的失业率，从而损失效率；当人们为了逃避正规部门的社会保险税而转入非正规部门或地下经济时，也会发生效率损失。尤其在发展中国家，由于工资记录不完整或由于企业、个人与社会保险管理部门的博弈，漏报职工人数、瞒报工资总数、拖欠应纳税费等时有发生，这些问题的产生导致制度的效率和公平双双受损。

二、奥肯漏桶：社会保障支出可能是反再分配、反激励的

社会保障支出制度的设计和管理不当也会形成反激励作用，并引起公平和效率的损失。

逆向再分配问题。逆向再分配问题是社会保障制度受指责的原因之一。一些研究表明，高收入者相对低收入者多纳社会保险税，但由于高收入者平均寿命较长，可以从社会养老保险中获得比低收入者更多的养老金，逆向再分配的现象是明显的，这也是一些人反对社会保障制度的理由之一。社会保障制度是具有再分配功能的，但其功能的发挥有赖于科学的制度设计和实施过程中的有效管理。

过高的保障水平可能导致贫困陷阱和失业陷阱。过高的保障水平会“养懒汉”，因为受益人失去了重新就业和摆脱贫困的动机，从而陷入长期贫困或失业状态，这一问题在高福利国家是最受诟病的问题之一。“养懒汉”会减少劳动的供给，是效率的损失，而且对纳税人有失公平。如德国的失业保险金占工资的2/3左右，这种高保障水平肯定不足以刺激失业人员急于寻找新工作，甚至会诱导人们“主动失业”。

三、奥肯漏桶：社会保障制度管理不当引起效率损失

社会保障制度的管理成本和管理不当会引起种种经济损失和效率损失：从富人那里取来的一桶粥，到穷人那里会漏出一些。

首先发生的费用是管理成本。无论管理成本是由社会保障制度负担或是一般税收负担，再分配制度运行需要管理成本的性质不变。这是自由主义指责社会保障制度的又一个理由。不过秩序良好的国家，社会保障制度管理是低成本的；在管理水平低下的国家，管理成本会比较高。不过公平而论，如果没有社会保障制度，由商业保险来提供保障也是一定要发生管理成本的。区别在于商业保险多半是自愿的而社会保障则是强制

的，商业保险的管理成本会更高。这一点是自由主义者视而不见的。

给付环节的道德风险会使从富人那里取来的粥不是给了应得的穷人而是被其他人分享了，在这种情况下既无效率也无公平。在 21 世纪初，中国许多城市政府减免税收的经济适用住房中，有一部分被低收入以外的群体获得，社会影响极坏。

四、奥肯漏桶：社会保障支出“超载”引起的宏观效率损失

上面是从微观的视角讨论社会保障制度对公平与效率可能产生的负面影响，这里我们必须指出，当社会保障支出超过经济负担能力时，宏观经济运行机制会出问题，宏观效率损失无法估量。

一般意义上，社会保障支出的增加是有利于改善收入分配状况的，但是社会保障支出的增加并不一定意味着必然带来收入平等状况的改善。如果说社会保障支出占 GDP 的比重代表工具，那么收入不平等状况则反映了该工具的实际效果。从表 3-1 和表 3-2 中我们可以看到，希腊和西班牙两国在社会保障支出增加的同时，收入不平等的状况得到相应改善；随着社会支出逐年上升，对比 2000 年和 2020 年数据，意大利和美国税收和转移支付后其基尼系数却增加了，说明不平等状况没有随社会支出增加而缓解，在这种情况下，会出现公平与效率的双重损失。

表 3-1　　南欧四国与其他 OECD 国家社会支出占 GDP 比重的变化　　（%）

国家	1980 年	1990 年	2000 年	2005 年	2010 年	2015 年	2019 年	2020 年
希腊	9.9	15.7	17.8	19.5	25.0	25.7	25.1	27.9
意大利	17.3	20.6	22.6	24.1	26.9	28.3	27.7	32.6
葡萄牙	9.5	12.2	18.6	22.4	24.3	23.9	22.3	25.1
西班牙	14.9	19.1	19.5	20.5	24.9	24.7	24.6	31.2
德国	21.8	21.4	25.5	26.4	26.1	25.1	25.6	27.9
法国	20.1	24.4	27.7	28.8	31.0	31.8	30.7	34.9
美国	12.9	13.2	14.1	15.5	19.0	18.5	18.3	23.9
英国	15.6	14.9	16.8	19.1	23.1	21.3	19.5	22.5
日本	9.8	10.5	14.9	16.9	21.0	21.9	22.8	24.9
韩国	—	2.6	4.4	5.9	7.9	9.6	12.3	14.4
OECD	14.4	16.4	17.3	18.1	20.4	20.1	20.1	23.0

资料来源：OECD 数据库。

表 3-2 21 世纪以来南欧四国与其他 OECD 国家的基尼系数变化

国家	分项	2000 年	2005 年	2010 年	2015 年	2020 年
希腊	税收和转移支付前	—	0.477	0.522	0.547	0.514
	税收和转移支付后	—	0.345	0.336	0.34	0.32
意大利	税收和转移支付前	0.475	—	0.512	0.524	0.527
	税收和转移支付后	0.323	0.324	0.327	0.333	0.331
葡萄牙	税收和转移支付前	—	0.505	0.517	0.536	0.519
	税收和转移支付后	—	0.378	0.341	0.336	0.327
西班牙	税收和转移支付前	—	—	0.505	0.524	0.515
	税收和转移支付后	—	—	0.339	0.344	0.329
德国	税收和转移支付前	0.471	—	0.492	0.504	—
	税收和转移支付后	0.264	0.297	0.286	0.293	—
法国	税收和转移支付前	0.49	0.485	0.505	0.516	—
	税收和转移支付后	0.287	0.288	0.303	0.295	—
美国	税收和转移支付前	0.476	0.486	0.499	0.506	0.521
	税收和转移支付后	0.357	0.38	0.38	0.39	0.377
英国	税收和转移支付前	0.512	0.512	0.521	0.52	0.507
	税收和转移支付后	0.352	0.359	0.351	0.36	0.355

数据来源：OECD 数据库。

注：值得注意的是，2012 年以后 OECD 各国对“收入”的定义与 2011 年及以前略有不同。

深度阅读

1. 尼古拉斯·巴尔. 福利国家经济学［M］. 郑秉文，穆怀中，译. 北京：中国劳动社会保障出版社，2003.

该书试图使传统的经济学理论适用于福利国家的相关问题，先前的认识是把经济学和福利国家的社会政策看作是两个不相关的东西，作者对此进行了修正。作者还试图通过经济学的规范分析来解释和论证福利国家的存在是有效率的，福利国家的存在不仅是因为“社会正义”，也是因为它的“经济效率”。通过理论的演绎和对英国的经验分析，作者建立了福利国家经济学的理论大厦。

2. 世界银行. 2006 年世界银行发展报告：公平与发展［M］. 北京：清华大学出版社，2006.

该书以公平与发展为主题，对公平的内在价值，以及公平对社会的长期发展的重要性作了全面的论述。该书提供了各国丰富的相关数据，从国际和国内的两个视角描述了广泛存在的不平等问题，无论是国与国之间、国内地区之间、人与人之间，还是在生命本身的机会、健康、教育、经济等方面，情况都是如此。

3. 李珍，刘志英. 拉弗曲线的深度分析——兼析中国个人所得税制的政策涵义[J]. 中南财经政法大学学报，2004（1）：43-50.

文章对拉弗曲线进行了较深入的分析，证明拉弗曲线在解释个人所得税边际税率与税收收入之间的关系时，存在一定的理论缺陷和局限性。文章认为，适当的个人所得税边际税率、起征点、超额累进税率的有效结合，在增加税收时并不会对效率造成巨大伤害。文章指出，中国个人所得税制应该加重高收入者税负，尽量不伤害中间阶层，减轻低收入者税负。

本章小结

政府通过社会保障制度干预社会经济生活是为了纠正市场失灵引致的效率损失，这也是现代政府实现其多重社会经济目标的必然途径。收入分配的差距和收入分配不公是普遍的现象，也是有害的现象，政府的干预是必要的。政府的再分配制度必然面临公平与效率的思考与选择，我们通过讨论发现，公平与效率在多数情况下不是一对天生的矛盾，在许多情况下，追求公平是有助于宏观效率和微观效率的。但是，当制度安排和管理不当时，不但会损失效率，有时甚至也会同时损失公平。我们要做的是，吸取各国的经验和教训，在追求公平的过程中尽可能促进效率且避免效率的损失。

重要概念

公平　经济公平　社会公平　平等　效率　奥肯漏桶

思考题

1. 政府为什么要运用社会保障制度干预社会经济生活？
2. 如何理解经济公平与社会公平？
3. 公平与效率是二选一的命题吗？
4. 政府通过社会保障制度提供的再分配越多越好吗？
5. 不平等是如何产生的？
6. 你认为社会保障制度能否修正初次分配的不平等？
7. 能否观察到社会保障制度对效率伤害的实例？
8. 在你的生活中遇到过不公平待遇吗？不公平待遇对你产生过何种影响？

第四章
社会保障制度与资源配置理论

经济发展是社会保障的物质基础，所以人们会非常关注经济发展对社会保障制度的影响。事实上，社会保障制度一旦建立，就会对经济发展的各个方面产生重要的影响。本章我们将重点介绍社会保障制度与消费-储蓄、资本以及劳动力市场等方面的关系，进一步了解社会保障制度是如何影响资源配置的。了解社会保障制度对资源配置的影响，有助于我们在建设社会保障制度过程中追求社会公平时，减少对效率的损害。

第一节　社会保障制度对消费-储蓄的影响

虽然学术界至今仍然没能就社会保障制度会增加还是减少储蓄等问题达成一致，但希望本节的分析有助于读者找出社会保障制度影响消费-储蓄的路径或方式。本节将包含两个部分：第一部分，从整体上分析社会保障（主要是收支及其变化）对消费-储蓄的影响；第二部分，考虑到养老保险制度在社会保障制度中的地位及其对储蓄的影响的复杂性，单独就养老保险制度对储蓄的影响进行更深入的剖析。

一、社会保障制度对消费-储蓄的影响

我们介绍收入、消费和储蓄的相关理论，这些变量不仅决定一国的经济增长，而且与社会保障制度的收入与开支紧密相连，政府和经济学家们在制定社会保障政策时会考虑这些变量。

（一）消费-储蓄模式对经济增长的意义

国民的消费-储蓄模式之所以重要，是因为“总产出的水平是由开支与储蓄相互作用决定的”。在一个封闭的经济中，只有使消费与储蓄之间保持一种相对均衡的状态，才能保持总供给与总需求的相对均衡，从而保证经济稳定增长；即使是一个开放的经济

体，长期消费与储蓄不平衡也不能保证经济持续稳定增长。如果一个国家长期消费过度而储蓄不足，它的国内生产能力通常会相对不足，会较多进口商品和服务而较少出口商品和服务，从而成为贸易逆差国和债务国。长此以往，它会背上越来越沉重的债务包袱。美国就是消费过度而储蓄不足的例子。如果一个国家储蓄过度而消费不足，它的国内生产能力通常会相对过剩而内需不足，会较少进口商品和服务而较多出口商品和服务，从而成为贸易顺差国和债权国。中国就是储蓄过度而消费不足的例子。当国际环境发生不利于出口的变化时，经济的脆弱性便表现出来。例如，2008 年世界范围内金融危机和 2009 年欧债危机使得外部需求减少，而中国的内需又跟不上，使得国内产能过剩问题凸显，影响经济增长。

（二）收入、消费-储蓄

个人的收入包括要素的收入（如工资、财产性收入）和转移支付收入等。个人收入在缴纳相关的税款后实际进入个人手中的，叫可支配收入。

消费是家庭用于吃穿住用行及医疗等物品和服务上的开支。在国内生产总值中，消费通常是一个相当大的成分。在高消费的国家，如美国，消费占 GDP 的比重通常超过 70%，一些年份甚至超过 80%；在高储蓄的国家，如中国，在 21 世纪初消费仅占 GDP 的 40%左右，后来才上升到了 50%以上。

消费函数是指消费开支与可支配收入的关系。贫困的家庭将收入主要花在食品、住房等生活必需品上，当收入增长时，对这些必需品的开支也会增长，但增长的幅度不会同比上升，因而食品等的支出比重会下降。同样地，在收入达到很高水平以前，这种情况也会出现在教育、娱乐、汽车等劳务和物品的开支方面，最后，随着收入上升，储蓄增长得非常快。

消费的决定因素是可支配收入和持久性收入或生命周期收入。可支配收入决定消费这一理论，不但被统计证实，我们日常的观察也可以发现它是真实存在的。在 20 世纪 30 年代凯恩斯的经济学理论中，在预测消费时也只考虑当年的收入。经过 30 年的研究，经济学家们发现，消费决策不仅基于当前的收入，人们在很大的程度上是着眼于长期收入前景来选择他们的消费水平。长期前景被称为持久性收入或生命周期收入，它指的是个人在好的和坏的经济年景下平均得到的收入水平，持久性收入理论的开拓者是米尔顿·弗里德曼（Milton Friedman），生命周期收入理论的开拓者则是佛朗哥·莫迪利亚尼（Franco Modigliani）。

储蓄是收入中没有消费的部分（即储蓄等于收入减消费）。储蓄函数是指储蓄与收入的关系。一般来说，储蓄与收入的关系是，富人比穷人储蓄得多，不但绝对数量是这样，在相对数量上也是这样；穷人储蓄很少或者根本不储蓄，当收不抵支时还会“负储蓄”（借钱花）或动用以前的储蓄来补足。

边际消费倾向是每增加一元钱的收入所带来的消费增加量；边际储蓄倾向则是指每增加一元钱的收入所带来的储蓄增加量。结合消费函数和储蓄函数，我们就可以知道，对于穷人和富人来说，收入每增加一元钱，他们将其用于消费和储蓄的增加量是不同的：穷人更多地将其用于消费，而富人更多地将其用于储蓄，也就是说，穷人的边际消费倾向高于富人，而富人的边际储蓄倾向高于穷人。

（三）社会保障制度对收入、消费–储蓄的影响

社会保障制度对收入、消费–储蓄的影响是极其复杂的。不同的税费制度和不同的转移支付制度对于不同收入人群的消费–储蓄决策的影响是不同的。由于社会保障制度对于人们的持久性收入预期是有影响的，所以在社会保障制度支出增加或减少时，它会影响人们的消费–储蓄决策，但当人们对社会保障制度预期稳定以后，这种影响就会减弱。像我们从美国社会保障制度建立时看到的那样，社会保障制度的确有管理有效需求的功能，但由于社会保障与消费–储蓄模式的复杂关系，以及储蓄决策的复杂性，社会保障制度对于消费–储蓄的影响不应该被夸大。

1. 社会保障制度对可支配收入的双重影响

社会保障制度通过社会保险税（费）、个人所得税和其他的特别税种（如日本的消费税也是社会保障制度的税源之一）筹集资金，所有这些都会减少个人的可支配收入，但是，社会保障制度转移支付又会增加个人和家庭当期可支配收入。社会保障制度支出的总量与国民当期可支配收入增量是一致的，而社会保障制度的税（费）对国民可支配收入的影响则是复杂的，它取决于税制和转移支付制度的设计。

2. 社会保障制度对消费–储蓄的双重影响

一方面，社会保障税（费）在总量上缩减了可支配收入，从而相应地减少了消费和储蓄。但在结构上，社会保障税（费）对不同收入人群的消费–储蓄模式影响是不同的。社会保障税（费）减少中低收入者的可支配收入，并由此减少他们的当期消费支出；对中等收入者，可能由此减少他们的储蓄；对于高收入者，社会保障税（费）会减少他们的可支配收入，挤出他们的部分储蓄，但通常不会影响他们的消费。

另一方面，社会保障支出比较明显地增加转移支付后个人和家庭的可支配收入，从而增加消费，但对储蓄的影响较小。社会保障制度之所以能够使消费增加，是由于以下

两个原因：一是社会保障制度能够提供给人们一个稳定的收入预期，即持久性收入，人们知道当他因各种原因而收入减少或没有收入时可以从社会保障制度得到收入，因为即期的消费带来的效用比较大，因此在可支配收入一定时，他会倾向于增加消费减少储蓄；二是社会保障转移支付可以增加当期的收入，人们的消费因此而增加。由于社会保障制度支出主要用于没有工作收入的退休人口、失业人口和贫困人口，而这些人口的边际消费倾向较高，所以他们会将转移支付中的全部或绝大部分用于即期消费，因而同一元钱，在他们手上比在高收入者手上对增加消费的作用更为明显。正因为如此，仅从有效需求管理的角度，凯恩斯主义者主张增加社会保障制度的开支，以增加有效需求。在讨论穷国如何脱离贫穷时，有一些经济学家认为，因为富人的储蓄倾向高，所以收入的分配应该向富人倾斜，以便增加一国的储蓄，有了储蓄才能推动一国的经济增长，一个国家才能脱离贫困。是让穷人获得更多的转移支付收入以增加消费，还是让富人更多地储蓄，仅从宏观管理的角度看，当然取决于一国的具体情况。当一个国家有效需求不足从而影响经济增长时，政府可能更愿意遵循凯恩斯主义，扩大社会保障支出，20 世纪 30 年代美国建立社会保障制度的重要目标就是解决有效需求不足问题。1998 年，中国第一次遇到了比较明显的有效需求不足，许多学者主张完善社会保障制度，提高平均消费倾向，扩大有效需求。当一个国家储蓄不足而经济长期增长缺乏动力时，政府可能做反向的操作。

（四）关于社会保障制度与消费-储蓄关系的总结

第一，国家的消费-储蓄模式很重要，它与国家的经济长期增长的内生动力相关。它决定一国是由消费推动经济增长，还是投资推动经济增长，或者是投资与消费平衡发展，共同推动经济增长。

第二，社会保障制度与居民的可支配收入、消费-储蓄是有一定关联的，所以经济学家和公共政策制定者才会关注这一问题。了解这一关联性，在决定社会保障制度的收入和支出、社会保障具体项目的收入与支出，甚至是相关政策出台的时间窗口等问题时，都应该尽量观照制度对居民可支配收入的影响，以及由此引起的对消费-储蓄的影响。每一个国家对消费和储蓄的需求是不同的，所以，社会保障制度也应观照这一点。例如，美国是一个消费过度的国家，它需要的是一个能刺激储蓄的社会保障制度，而中国则正好相反，我们是一个储蓄相对过度而消费不足的国家，在这个时点上我们需要一个能扩大消费的社会保障制度。

第三，社会保障制度与国民可支配收入、消费-储蓄的关系是复杂的。国民的消费-储蓄模式的影响因素有很多，社会保障制度只是其中的影响因素之一，最重要的影响因素还是初次分配的收入水平和分配的平均状态，前者决定了消费水平，后者决定了平均消费水平。文化也是消费-储蓄的重要影响因素。

第四，社会保障制度与消费-储蓄的关系是复杂的，但总体来说，由于它能使收入预期更为稳定、分散个人收入损失的风险，以及对低收入人口特别是贫困人口形成转移支付，所有这些都对即期的消费形成正面的作用，尤其是在社会保障制度从无到有、从低到高的建设过程中，对消费扩大的作用比较大。

专栏 4-1　　社会保障制度“做减法”的改革对中国的储蓄起了“挤进”的作用

1998 年年初到 2000 年年末，中国持续出现了数十个月的储蓄居高不下、有效需求不足的局面，原因虽然是多方面的，但人们普遍认为，社会保障制度改革所造成的不确定性是其深层次诱因之一。

1997 年城镇养老保险制度的改革减少了人们对退休后的预期收入，1998 年之后的各项保障和福利制度改革，如医疗保险、福利住房、义务教育、失业保险等制度的改革增大了居民消费支出的预期，这些对居民的即期储蓄都产生了“挤进”的效应，促使人们增加储蓄以防止未来不确定性危机。中国人民银行的跟踪调查数据显示，1998—1999 年，在家庭收入增加的情况下，消费者处理收入的首选方式是储蓄，其中首要原因是子女教育，其次就是养老和住房，可见，社会保障制度“做减法”的改革对储蓄具有很强的“挤进”作用。

二、有关养老保险制度对储蓄影响的理论

人们除了将社会保障制度作为一个整体来关注它对国民的可支配收入、消费-储蓄的影响，对养老保险制度与消费-储蓄的关注热度也不低。把社会保障制度作为一个整体，考察它的收支对国民的可支配收入、消费-储蓄的影响，通常是在有效需求管理的层面来研究的，人们更多的是关注消费；而关注养老保险不同的财务制度对消费-储蓄的影响，通常更多的是关注储蓄，因为储蓄是资本形成的源头，所以对这个问题深层次的关注是资本或者说是投资。

读者需要记住的一点是，对经济的增长而言，总储蓄才是有意义的。以养老为目的的储蓄的增加或者减少并不一定导致总储蓄的相应变动。总储蓄是由政府储蓄、企业储

蓄和国民储蓄组成的，国民储蓄的目的又是多样化的，甚至可能只是一种习惯。例如，亚洲文化中，储蓄就是一种习惯，只要收入达到一定高度，人们便努力储蓄。我们可以合理地假设：收入越高的人群，社会保障水平越高，养老金水平也越高，因为中国的制度设计中强调了个人收入与退休收入的关联，但我们看到，这些有较高保障水平的人群消费率是较低的，储蓄率是较高的，而不是相反。

由于财务制度不同的养老保险制度对储蓄产生的影响是不同的，本节在分析各种影响时将着重考虑这种差异。养老保险制度从财务上可以被划分为三种类型：现收现付制、基金积累制和混合制。对这三种类型的财务制度，本书第七章将详细介绍。

（一）有关现收现付制对储蓄影响的理论

人们的消费-储蓄模式是非常复杂的，现收现付制对储蓄的影响也是复杂的，因为储蓄的动机并不只有养老，有养老保险的人们可能减少养老储蓄，但又可能增加其他目的的储蓄，如留下遗产。从下面介绍的各流派理论可以发现，逻辑的推演，一般都认为现收现付制减少了以养老为目的的储蓄，但实证的研究并不总是支持这一结论。

1. 传统生命周期理论与资产替代效应

资产替代效应是指，因为退休后可以从现收现付的养老保险制度获得养老金，所以人们会减少工作期间为养老而进行的储蓄，即养老金替代了储蓄资产。

传统生命周期理论是莫迪利亚尼等人于20世纪50年代提出来的。按照该理论，如果消费者不接受也不提供遗产或馈赠，他一生的消费就受他一生的收入约束。换句话说，他一生的消费总额刚好等于收入总额。而且，无论他的收入是多少，为了追求一生效用的最大化，他都会把这些收入均匀花费在他一生的各个阶段。这样的话，在收入低于平均水平的时候，他就需要借款，即产生负储蓄；在收入高于平均水平的时候，他就需要存款，即产生正储蓄。

在这种情况下，一个现收现付的养老保险制度的推行意味着：一方面，现在工作的人需要向该制度缴税（费），因而可支配收入会减少，用于积累资产的资金也可能减少；另一方面，由于可以预期未来退休后能够从该制度获得养老金，个人将有可能减少为退休时期消费而在工作时期积累的资产数量。也就是说，现收现付的养老保险支付的养老金会替代一部分本来由个人积累的资产，因而导致私人储蓄率下降，这就是所谓的养老金对私人储蓄的资产替代效应（asset-substitution effect）。

2. 扩展的生命周期理论与引致退休效应

生命周期理论一被提出就引起了学术界关注，大量学者开始对这个理论进行研究，其中一些学者对它进行了修正或完善，使得该理论得到进一步的扩展。其中的代表人物之一是哈佛大学教授马丁·费尔德斯坦（Martin Feldstein）。

费尔德斯坦是供给学派的代表人物之一。20世纪70年代在讨论“滞胀”的原因时，他指出资本的供给不足导致经济增长缺乏动力。他认为储蓄对美国很重要，因为足够的储蓄对美国的长期增长是必需的，而美国的问题恰恰是储蓄不足而消费过度。他对美国的研究发现，美国的社会养老保险（即老年、遗属和残障保险）制度存在资产替代效应的问题，即因为可以预期得到养老金，人们减少了工作时期的储蓄，因而对储蓄起到了“挤出效应”。

同时，费尔德斯坦的研究还发现，在美国，社会养老保险制度产生了引致退休效应（induced retirement effect），从而对储蓄有“挤进效应”，即增加储蓄的效应。美国的法定退休年龄逐渐提高到66~67岁，满足缴费10年可获取全额养老金，但制度规定，如果一个人因某些原因，如健康状况不好，则可提前至62岁退休（即最早领取养老金的年龄），但养老金相应减少。费尔德斯坦认为，如果参与者只有退休才能从中获得养老金，那么他们就更倾向于提前退休。当一个人决定提前退休又不想在达到法定退休年龄之前这段时间内消费水平大幅度下降，那么他就会在工作期间增加储蓄。他将这种社会养老保险制度促使个人增加储蓄的现象称为引致退休效应。

费尔德斯坦进一步提出，社会养老保险制度对私人储蓄的净效应取决于资产替代效应与引致退休效应之间的力量对比——如果资产替代效应大于引致退休效应，私人储蓄就会减少；如果引致退休效应大于资产替代效应，则私人储蓄就会增加。所以，他认为，理论分析能够阐释现收现付的社会养老保险制度影响私人储蓄行为的方式，但无法得出影响程度的估计值，甚至无法得出一个有关其方向的确切结论；只有通过对有关私人储蓄和财富的数据进行分析，才有可能确定实际影响。他认为，美国的实际情况是资产替代效应大于引致退休效应，即现收现付制减少了储蓄，这一发现构成了他主张社会养老保险私有化的基石。

3. 世代交叠模型下的现收现付制与储蓄

世代交叠模型是美国著名经济学家彼得·戴蒙德（Peter Diamond）于1965年提出的一个经济增长模型。它的基本假定是，每一个人的一生都可分为两个时期：在年轻时（即第一个时期），他提供劳动，获得劳动收益，并把收益消费掉一部分，其余的储存起来；在年老时（即第二时期），他退出生产领域，消费他在第一个时期储存起来的财富及利息，直至死亡，退出模型。在每一时期都同时生活着新老两代人，年轻人不断产生，老年人不断死亡。按照这个模型，如果在某个时期引入一个现收现付的社会养老保险制度，工作一代将向该制度缴费，用以向退休一代提供养老金，因而工作一代（设为第二代）的私人储蓄将减少；而如果退休一代（设为第一代）不留遗产的话，他们将把自己所有积蓄以及从制度获得的养老金花光从而获得福利改进，那么，这个时期的私人总储蓄将减少。

4. 持久性收入假说下的现收现付制与储蓄

持久性收入假说是美国著名经济学家弗里德曼提出的一个收入消费学说。弗里德曼认为，不能简单地使用收入和消费这两个概念，必须对收入和消费做进一步、更严格的定义：收入可以被区分为“测得收入”和“持久性收入”，前者是所记录的个人收入，后者是由一些较长时期的因素（即持久性要素）决定的收入；而消费同样可以被区分为“测得消费”和“持久性消费”。随后，他提出了两个重要假定：第一，消费中的暂时性要素与收入中的暂时性要素不相关，消费和收入中的暂时性要素与消费和收入中的永久性要素也不相关；第二，消费中的暂时性要素的均值为零，收入中的暂时性要素的均值也为零。在这样的假定下，弗里德曼得出了一系列的结论，其中至少有以下两点可以用于分析社会保障制度对储蓄的影响。第一，消费者在收入预期方面的不确定性越大，他为了防备意外事故就需要有越多的储蓄，因而持久性消费与持久性收入之比就越小。显然，现收现付的养老保险制度的引入会降低人们在收入预期方面的不确定性，因而会降低储蓄率。第二，收入分配的不平等对储蓄率的影响主要取决于不平等的来源：如果不平等来源于持久性收入状态方面的差异，不平等对储蓄率没有任何影响；如果不平等来源于暂时性要素方面的差异，不平等对储蓄率确实有一定的影响。因为，只有暂时性要素方面的差异才意味着收入预期的不确定性，从而增加了进行储蓄以防万一的需要。由此可以推断：如果现收现付的养老保险制度所包含的再分配因素完全是为了消除或减轻广泛存在的持久性收入分配的不平等，那么，这种再分配将不会导致储蓄率的下降；否则，就会导致储蓄率的下降。

5. 中性理论

巴罗（Barro）质疑由生命周期理论得出的社会保障影响储蓄的观点，提出了“中性理论”。他认为，只有当私人储蓄是消费者在一生中的不同阶段进行的收入转移，即储蓄仅仅源于“消费动机”（consumption-motive）时，社会保障制度才可能挤出私人储蓄。如果所有家庭本来就都存在老年人留给年轻人遗产（或者存在其他代际转移支付）的现象，那么，一项从年轻人到老年人的强制公共转移支付制度的实施，将会在很大的程度上抵消这种从老年人到年轻人的自愿性私人转移支付。也就是说，现收现付的养老保险制度仅仅是从当期年轻人到当期老年人的法定公共转移支付，其财务制度对私人储蓄的挤出效应应该比较小。

1997 年世界银行的有关研究表明，对发达工业国现收现付养老保险制度的实证研究由于数据、时期以及模型的不同而得出了完全不同的结论。对发展中国家现收现付养老保险制度的研究虽然个案较少，但结果却显示，这种财务制度对储蓄的负效应可能也很小，原因主要有：第一，社会保障的覆盖面窄；第二，缺少可靠的储蓄手段，这就意味着储蓄和资产额较小；第三，私人的家庭内财富转移会抵消公共转移；第四，新的年金制度缺乏可信度。所有这些都增强了年轻人为自己老年生活增加储蓄的愿望，因此社会保障制度对储蓄的挤出效应微弱。

（二）有关基金积累制对储蓄影响的理论

1. 储蓄“挤进论”

虽然对现收现付制与储蓄的关系没有高度的共识，但基金积累制对储蓄有正面影响的共识度较高，这也是 20 世纪下半叶主张将现收现付制改革为强制性储蓄账户的理由之一。

世界银行的观点比较有代表性。世界银行认为，实行完全基金积累制的养老金计划，一方面要求人们积累一定的储蓄额，另一方面会减弱现收现付制对储蓄的消极影响，从而增加完全基金积累制对储蓄的促进作用。世界银行通过对美国、澳大利亚的职业年金方案及智利、新加坡养老保障制度的研究，认为基金积累制有增加国民储蓄、促成资本形成的潜力。

2. 戴维斯的“复杂论”

戴维斯（Davis）利用生命周期理论就基金积累制对个人生命周期储蓄的影响进行了较为深入的研究。他认为，在理论上，两者的关系是复杂的；在实践上，各国并无规律可循。

他认为两者的关系是复杂的，原因是多方面的。第一，由于养老金承诺的非流动性和未来收益的不确定性，尤其是在通货膨胀的压力下，私人储蓄不会随着养老金收益的增加而相应减少。第二，流动性约束的存在限制了个人自由借债的能力，意味着个人在一生中需要较高借入的那些时间内，并不能够按照其整个生命周期的消费计划进行消费。这样，强制储蓄（如养老金计划的缴费）既不会因为借债也不会因为减少个人自愿储蓄而减少。第三，在一个增长的经济中，劳动者可能希望提前退休，这也会使他增加工作期的储蓄。第四，如果从当前消费转向未来消费的替代效应超过了可以减少储蓄的收入效应，那么税收方面的优惠政策也会为提高个人的储蓄而提供激励。

戴维斯还认为，短视行为是影响储蓄的重要因素之一。一方面，通过养老保险基金的强制储蓄可以提高个人的储蓄率；另一方面，并非所有的强制储蓄计划都能这样。如果养老金计划的信用太低或是比其他储蓄计划的风险更大，个人就会设法逃避缴费。税收的激励作用，仅限于那些储蓄愿望低于公共或私人养老金计划所能提供的储蓄水平的人中位于边际以上的一部分，对于储蓄愿望大于这一水平的人就起不了作用。

可见，基金积累的社会保障制度对私人储蓄行为的影响也很复杂。假定一个既定供款的基金积累制养老金计划，作为一个对个人部分收入进行延迟支付的机制，它强制工作期的个人进行储蓄，再假定个人的生命期收入和消费倾向一定，则这种强制储蓄也可能会减少个人的自愿储蓄。因为强制储蓄和自愿储蓄之间具有替代效应，所以，它对总的个人生命周期储蓄的影响，首先取决于强制储蓄和自愿储蓄之间边际替代率的大小。如果边际替代率等于1，则强制储蓄对个人生命周期总储蓄不会有影响；如果边际替代率大于1，强制储蓄会减少总储蓄；如果替代率小于1，强制储蓄会增加总储蓄。

戴维斯在分析了不同国家的养老保险基金后，没有发现其对私人储蓄的规律性影响，因而得出结论：基金积累制养老金计划对私人储蓄的影响要依据具体情况而定，即针对一个具体经济体而言，通过养老保险基金而实行的强制储蓄和私人储蓄之间的边际替代率可以进行有目的的调整。

第二节　社会保障制度与资本市场

在基金积累制下，社会保障体系中只有养老保险有大量的、长期的基金，所以我们这里着重讨论养老保险与资本市场的互动关系。一方面，养老保险基金需要资本市场，必须进入资本市场；另一方面，养老保险基金进入资本市场又会对资本市场产生深远的影响。这一点我们可以从基金运营中得到相同的结论，如日本的社会养老保险制度、美国加州公务员养老金制度、智利私营养老金制度、新加坡的中央公积金制度，以及丰富的职业养老金制度等。在养老保险基金与资本市场的关系方面，私人部门的职业养老金、人寿保险等比公共养老金发展得更充分，所以本节我们会借鉴私人部门的经验。

一、社会保障基金需要资本市场

随着西方各国的人口老龄化程度逐步加深，经济增长速度放缓，人们担心现收现付的社会保障制度正孕育着未来支付危机。在这种背景下，各个国家都开始探索社会保障改革的道路，从而促使了社会保障制度的多样化。其中，许多国家建立了部分或完全基金积累制度，还有一些国家建立了国家储备基金制度，从而迅速积累了金额庞大的社会保障基金。这些基金的建立本身就是为了承担应对人口老龄化危机的重任，自然有很大的保值增值压力，这就决定了这些国家再也不能采用原来那种由政府存入银行、购买国债或投入其他公共部门的社会保障基金投资模式。因此，寻求通过资本市场获得恰当的收益成为许多国家的政策选择。

二、社会保障基金对资本市场的影响

社会保障基金与资本市场的关系不仅表现在社会保障基金需要通过资本市场实现保值、增值，而且表现在社会保障基金对资本市场的广泛影响上，这种影响既有积极的方面，也有消极的方面。

（一）积极影响

1. 提供长期稳定的大额资金

尽管社会保障基金对总储蓄的影响还处于激烈的争论之中，但毫无疑问的是，社会保障基金进入资本市场，会为资本市场提供长期稳定的大额资金，这将会促进资本市场的健康发展。

首先，长期稳定的资金供给是促进资本市场繁荣发展的重要保证。资本市场的繁荣虽然从根本上讲主要取决于实体经济的稳定发展，但在特定时期，在很大的程度上依赖于资金供求。资金的快速流入或“疯狂外逃”往往导致资本市场的高歌猛进或“跌跌不休”，从而成为资本市场动荡的直接原因。社会保障基金不仅数额庞大，而且往往追求的是较长时期的收益，因而有可能成为资本市场的“定海神针”。

其次，社会保障基金投资政策将促进资本市场投资理性化。社会保障基金往往通过特定的机构投资者进入资本市场，由专业人员负责投资管理。他们通常比普通投资者更了解公司管理中潜在的利益冲突和代理问题，更有能力获得并分析有关信息，而且一般还会受到特定的政策性资产配置规则的约束，因而能够更理性地做出投资决策。这种理性投资决策将影响其他投资者的决策，有利于形成整个市场的投资理性。

最后，社会保障基金进入资本市场将对公司融资与公司治理产生广泛影响。社会保障基金不仅资金实力雄厚，而且亟须通过多样化投资以分散风险，这使得其更适合于为那些新建的和处于扩张中的中小公司提供资金。在恰当的政策引导下，社会保障基金能够与商业银行等其他资金供给者形成有效竞争，降低中小公司的融资成本，促进中小公司的健康成长。不过，社会保障基金由于数额庞大，往往难以通过卖出股票以避免市场价格大幅下跌带来的损失，因而被迫依靠自己的实力行使发言权，通过参与公司治理以保障自身的权益。对于那些庞大却没有活力的公司，社会保障基金可以采取一些具有积极影响的行动，例如，强化独立执行董事的作用，取代业绩一直很糟糕的公司经理；在不介入利益冲突的情况下发挥协调作用；积极参与公司治理有关的监控及节约其他成本等。在英国和美国，养老保险基金过去一直倾向于小额而分散地持有股票，并在经济发展中发挥相当积极的作用；但最近几年，大型公共养老保险基金开始在公司事务中拥有越来越多的发言权。在那些实行强制但分散管理的养老金计划的国家，养老保险基金在公司治理中的作用也会成为一个重要议题。现在，智利已经允许基金经理选择其持股公司的独立董事。社会保障基金参与公司治理将在很大的程度上遏制现代公司由于股权分散而产生的委托-代理问题，有利于保障公司股东的权益。

2. 促进其他金融机构的发展及其相互竞争

社会保障基金进入资本市场会为其他金融机构的发展带来机遇。一方面，基金公司等投资机构将有机会参与社会保障基金的投资管理，并从中获得丰厚收益；另一方面，如果越来越多的人从中认识到集体投资有价证券的好处，对基金产品的需求就会增长，从而使基金公司进一步获益。保险公司也有机会参与管理，而且还可能从社会保障基金对保险产品的需求的增长中获益。在智利，自 1981 年改革以来，保险公司总资产占 GDP 的比重大幅提高，目前比重已有 20%。各种财务、会计、审计、评估等方面的金融机构也会从中获益。

社会保障基金参与资本市场将促进各种金融机构之间的竞争，降低交易成本，提高市场效率。各商业银行将为获取社会保障基金保管人资格而竞争；各投资机构将为获取社会保障基金的投资管理权而竞争；各保险公司也不得不加强自身的管理，增强自身的竞争力，为客户提供更优质的服务，以吸引客户；其他各种金融机构也都需要提高自身的竞争实力，这样才能从社会保障基金管理中获益。

3. 促进金融创新与市场交易现代化

社会保障基金对投资安全性与收益性的特殊需要将随着基金规模的扩大而日益突出，这就需要不断开发新的金融工具以满足其特殊需要。在过去的几十年里，机构投资者，特别是养老保险基金，一直是刺激金融创新的主要动力。它们直接或间接地支持了资产与证券的发展，如结构性融资和金融衍生产品的运用、指数化基金的问世、保护投资者免于市场衰退风险的合成产品的出现。世界范围内大宗交易的出现和证券市场的改革，包括固定佣金的废除，基本上都可以归因于养老保险基金等其他机构投资者的发展。

社会保障基金进入资本市场还将对市场交易提出新的要求，从而有利于促进市场交易现代化。在过去的几十年里，特别是养老保险基金机构投资者，推动许多国家建立了高效的现代化交易、兑换和清算系统，采纳现代会计和审计标准，改进信息披露方法。社会保障基金鼓励运用大宗交易，废除最低佣金要求，重建股票市场以及交易设施的自动化。社会保障基金还在促进兑换设施更有效和建立中央托管机构（该机构有助于向自动记账系统转换和提供安全保障服务）中发挥了十分重要的作用；当现存的交易设施无法处理快速增长的交易量时，社会保障基金可以施加压力，要求开辟现代化、高效率、可靠的幕后操作方式。

4. 增强国际资本市场的全球一体化趋势

对安全性的特殊要求，促使一些国家为避免一国经济波动对其社会保障基金收益的影响，逐渐把投资范围扩大到世界资本市场，以期在全球范围内实现投资收益最大化和资源的最优配置。20 世纪 90 年代以来，一些国家放宽了对养老保险基金投资海外证券的比例限制，使得养老保险基金投向海外证券市场的比例不断上升。养老保险基金投资的国际化，加速了资本的国际流动，促进了国际资本市场一体化的进程。然而，由于海外投资的不可控风险很多，大部分国家对于社会保障基金海外投资目前还持比较谨慎的态度。如我国社会保障基金海外投资甚少，尤其是养老保险基金的海外投资更是慎之又慎。

5. 有利于金融法规和金融监管体制的完善

由于政府往往是社会保障制度的“最后买单者”，所以它会十分关注并尽量满足社会保障基金的合理要求。因此，当社会保障基金进入资本市场并根据自身的需要寻求获得金融契约方面的法律支持时，政府时常会被迫制定或修订相关的金融法规。显然，这些金融法规将更注重对投资者权益的保护，也就有利于其他金融法规的完善。当社会保障基金要求有一个强有力、高效率的监管体制时，政府就会花时间去为它建立一种可靠、持久的保证。在开始建立监管体制的时候往往实施严厉的管制措施，但是，随着时间的推移，管制会逐步放松，而且越来越强调透明度、谨慎性和管理人对投资者的信托责任。在那些金融监管体制不健全的发展中国家，创建崭新的强有力的社会保障基金监管体制，将对金融系统其他部门产生很强的正面示范效应，从而有利于金融监管体制的完善。

（二）消极影响

社会保障基金在对资本市场产生深远的积极影响的同时，也有可能会产生一些负面影响。

第一，如果对社会保障基金投资的监管不够有效，凭借强大的实力，社会保障基金就有可能成为资本市场中兴风作浪的“巨鳄”。

第二，设计不当的政策可能使社会保障基金投资组合近似，从而产生“羊群效应”，影响资本市场的有效运转。例如，在智利，由于监管政策对投资收益率的内在要求，所以养老保险基金投资公司会盯住行业的领头羊，结果各家公司资产组合高度近似，这有可能导致资源的错误配置。大量的养老保险基金集中于少数投资工具和对象，将使得这些投资对象的市场价格严重偏离其真实价值，一旦市场发生逆转，这些养老保险基金由于资金规模过大而难以迅速转移，就极有可能蒙受巨大损失。而且，即使它们能较快地逃离，也难以短期内在狭小的国内投资市场上找到有价值的投资机会，很难摆脱贬值的命运。这种情况一旦发生，整个制度的基石将动摇甚至崩塌。对于生产领域而言，养老保险基金集中于少数上市公司，有可能导致这些公司的生产规模大于最优生产规模，长此以往，有可能带来整个产品市场的供求失衡，将成为经济危机爆发的一个潜在动因。

总的来看，社会保障基金对资本市场的影响消极与否，跟一个国家的资本市场发育状况、基金管理者的管理水平以及规章制度的规范程度有关，在建立高效的监管体制的前提下，社会保障基金对资本市场的积极影响应该是大于消极影响的。

三、中国的养老保障基金及其管理体制

中国存在着三个层面的养老保障基金：像许多国家建立了国家储备基金一样，中国社会保障制度也建立了储备基金，这就是全国社会保障基金；中国的基本养老保险制度采用的是社会统筹与个人账户相结合的混合财务制度，也因而形成了一定规模的基金积累，包括城镇职工基本养老保险基金和城乡居民基本养老保险基金；中国自愿性的企业年金制度和机关事业单位工作人员职业年金制度是既定供款（Defined Contribution，DC）计划，即个人账户制度，目前这两个制度下的基金是按市场化的方式进行管理的。

（一）全国社会保障基金

全国社会保障基金是中国的社会保障储备基金，以应对社会保障制度的不时之需。

全国社会保障基金按照市场化的方式进行运作管理。

为应对人口老龄化及其他社会保障需要，2000 年经中共中央批准，国务院决定建立全国社会保障基金，同时设立全国社会保障基金理事会，受国务院委托，集中管理运营全国社会保障基金。基金来源主要由国有股减持划入的资金和股权资产、中央财政预算拨款、经国务院批准以其他方式筹集的资金及其投资收益构成，是中央政府专门用于社会保障支出的补充、调剂基金。

全国社会保障基金理事会根据经国务院批准、由财政部与劳动和社会保障部发布的《全国社会保障基金投资管理暂行办法》（2001 年 12 月）、《全国社会保障基金境外投资管理暂行规定》（2006 年 3 月），以及国务院、财政部与人力资源社会保障部的相关批准文件进行投资运作。一般由全国社会保障基金理事会直接运作或委托投资管理人运作，委托投资管理人运作的基金资产由全国社会保障基金理事会选择的托管人托管，通过战略和战术性资产配置对资产结构实行比例控制。基金境内投资范围包括：银行存款、债券、信托投资、资产证券化产品、股票、证券投资基金、股权投资和产业投资基金等。基金境外投资范围包括：银行存款、银行票据、大额可转让存单等货币市场产品，债券，股票，证券投资基金，以及用于风险管理的掉期、远期等衍生金融工具等。投资收益情况见表 4-1。

表 4-1　　全国社会保障基金历年收益一览表

年份	投资收益额（亿元）	投资收益率（%）	通货膨胀率（%）
2000	0.17	—	—
2001	7.42	1.73	0.70
2002	19.76	2.59	-0.80
2003	44.72	3.56	1.20
2004	36.72	2.61	3.90
2005	71.22	4.16	1.80
2006	619.79	29.01	1.50
2007	1 453.50	43.19	4.80
准则转换调整①	-261.45	—	—
2008	-393.72	-6.79	5.90
2009	850.49	16.12	-0.70
2010	321.22	4.23	3.30
2011	73.37	0.84	5.40
2012	646.59	7.01	2.60
2013	685.87	6.20	2.60

续表

年份	投资收益额（亿元）	投资收益率（%）	通货膨胀率（%）
2014	1 424.60	11.69	2.00
2015	2 294.61	15.69	1.40
2016	319.40	1.73	2.00
2017	1 846.14	9.68	1.60
2018	-476.85	-2.28	2.10
2019	2 917.18	14.06	2.90
2020	3 786.60	15.84	2.50
2021	1 131.80	4.27	0.90
2022	-1 380.90	-5.07	2.00
累计投资收益	16 575.54	7.66（年均）	2.02（年均）

资料来源：全国社会保障基金理事会官方网站。

注：①由于新会计准则计量方法的改变，部分资产的公允价值变动额不再计入投资收益。因此，2008年年初对以前年度已计入投资收益（以前年度称“经营业绩”）的该公允价值变动额进行一次性调整。

②年均投资收益率来自“全国社会保障基金理事会社保基金年度报告（2022年度）”。

③年均通货膨胀率为自成立以来各年度通货膨胀率的几何平均。

（二）基本养老保险基金

20世纪90年代，为适应计划经济向市场经济的转型，应对人口老龄化的挑战，中国城镇职工基本养老保险制度的设计借鉴了“智利模式”，于1997年正式建立社会统筹与个人账户相结合的新制度，财务机制也随之从现收现付制向部分基金积累制转变。该制度目前有两个问题：一是制度并没有按其初衷有效积累基金；二是部分积累起来的基金大多没有相应的基金投资运营体制，基金不能与资本市场互动，收益率低下。

我国建立“统账结合，混账管理”的养老保险模式的初衷是希望兼顾互助共济性和财务可持续性，体现公平与效率的结合。根据政府的构思，个人账户中的资金实行完全基金积累，并允许进行资本化运作和投资，由市场来决定投资收益率，由此将每个参保人收益与资本市场联系起来。但在制度构建过程中，政府并没有明确自身所应承担的隐性债务问题，新制度下的个人不仅要缴纳一部分养老金建立他们的个人账户，而且要为“中人”和“老人”，提供养老金支持（新制度下未退休的“中人”过去缴费年份中所应充实的个人账户部分的养老金，以及向没有个人账户积累的“老人”支付养老金）。另外，由于实行“混账管理”的办法，当社会统筹缴费不足以支付离退休职工的养老金时，社会保险基金管理部门为了维持运转，直接挪用个人账户基金用于当期养老金的发放，个人账户中养老金的挪用造成了个人账户成为有名无实的“空账”。将个人账户在资本市场进行投资的构想也就成为“浮云”。

虽然从 2000 年开始，全国相继有 13 个省试点开展“做实”个人账户，但“做实”试点成效不大。截至 2015 年年底，全国所有“做实”个人账户省份的个人账户累计结余只有 3 274 亿元，比 2014 年年底还减少了 1 727 亿元，降幅为 34. 53%。更重要的是，个人账户累计记账额早已超过了基金累计结余。截至 2015 年年底，城镇职工基本养老保险个人账户累计记账额已经高达 47 144 亿元，而基金累计结余只有 35 345 亿元。也就是说，即使把城镇职工基本养老保险基金累计的所有资金用于填补个人账户，个人账户仍然会有 1 万多亿的空账。

无论是否“做实”个人账户，城镇职工基本养老保险基金累计结余在 2020 年之前都处于增长之中。回顾 2009 年至 2023 年的城镇职工基本养老保险基金累计结余的增长速度，可以发现它分为四个阶段：第一个阶段从 2011 年到 2016 年，累计结余的增长速度不断下降，从 26. 89%降至 9. 15%；第三个阶段从 2017 年到 2018 年，累计结余仍然以较快的速度增长，而且增速递增；第三个阶段是 2019 年至 2020 年，累计结余增速急剧下滑，2020 年出现了负增长；第四个阶段是 2021 年以后，随着经济复苏，累计结余增速有所反弹（见图 4-1）。虽然 2020 年的基金累计结余仍然有 48 317 亿元，但比 2019 年减少了 6 306 亿元，降低了 11. 54%。需要注意的是，2020 年累计结余负增长的出现是调低费率、减免缴费与新冠肺炎疫情暴发等因素综合作用的结果。特别是，如果没有疫情，负增长应该是再过一段时间之后才会出现，因为 2019 年基金累计结余的增长率仍然有 7. 31%，而在此之前国家已经采取了调低费率和减免缴费的政策。然而，无论是否有疫情，如果按照目前的制度安排，基金的支付能力都在快速下滑，累计结余将来都被耗尽。

在这种情况下，城镇职工基本养老保险基金投资管理问题就显得尤其重要。如果能获得不错的投资收益，将有助于缓解未来的财务危机。2015 年 8 月，国务院就颁布了《基本养老保险基金投资管理办法》，正式提出由各地委托全国社会保障基金理事会管理城镇职工基本养老保险基金。到 2019 年年末，全国社会保障基金理事会已经与 22 个省（区、市）签署委托投资合同，合同总金额 10 930. 36 亿元，均为委托期 5 年的承诺保底模式，实际到账资金 9 081. 77 亿元。2020 年，所有省份均启动了实施基本养老保险基金委托投资工作，合同规模 1. 24 万亿元，到账金额 1. 05 万亿元；到了 2022 年，年末基本养老保险基金资产总额为 18 453. 73 亿元，权益总额 16 198. 15 亿元，其中，直接投资 6 304. 98 亿元，占比 38. 92%；委托投资 9 893. 17 亿元，占比 61. 08%。自 2016 年 12 月受托运营以来，基本养老保险基金投资取得了不错的业绩，权益投资收益额高达

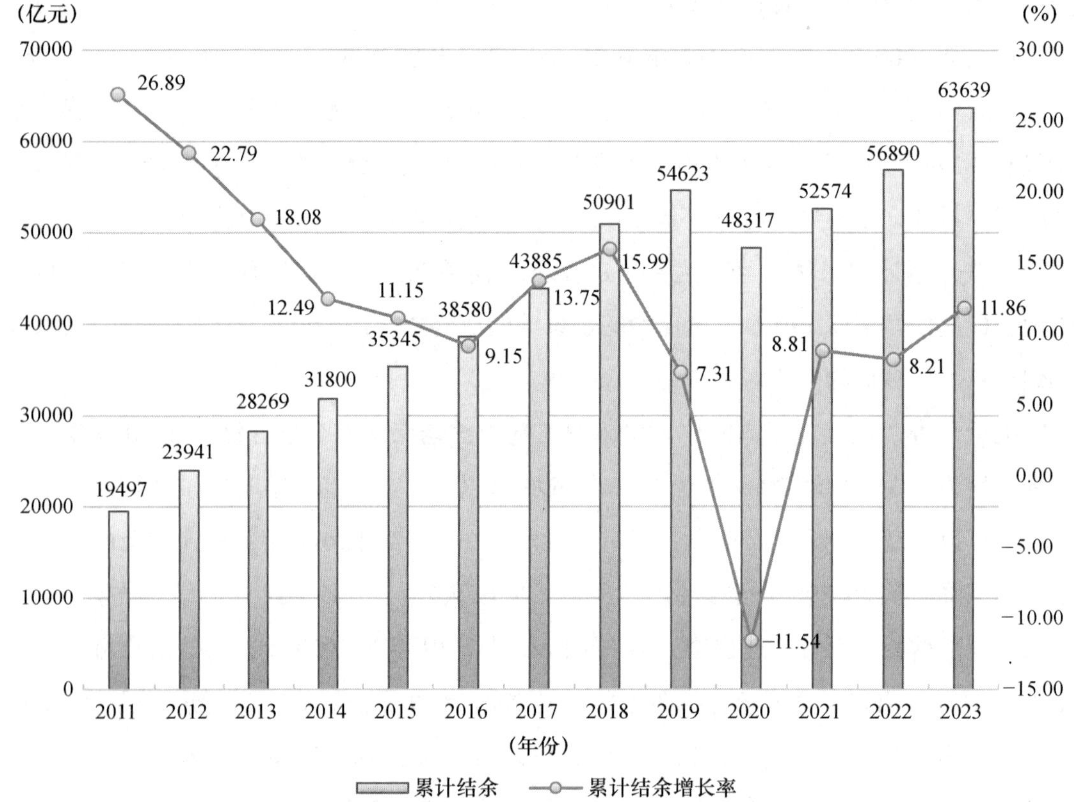

图 4-1　2011—2023 年城镇职工基本养老保险基金累计结余及其增长率

资料来源：数据来自人力资源社会保障部发布的相关年份人力资源和社会保障事业发展统计公报。

2 670. 82 亿元，投资收益率为 5. 44%。而基本养老保险基金自 2016 年 12 月受托运营以来累计投资收益额已经达到了 1 986. 46 亿元，年均投资收益率为 6. 89%。这说明，目前的这种市场化运营模式应该优于原来将资金长期存在银行里的模式。

城乡居民基本养老保险制度在建立之后，基金累计结余也不断增长，到 2023 年年底已经达到了 14 534 亿元。在推动城镇职工基本养老保险基金通过全国社会保障基金理事会实现市场化运营之后，城乡居民基本养老保险基金也走上了同样的市场化运营之路。2018 年 8 月，人力资源和社会保障部、财政部印发了《关于加快推进城乡居民基本养老保险基金委托投资工作的通知》，明确从 2018 年起，各省（区、市）按年分批启动，到 2020 年年底全面实施居民养老基金委托投资工作。截至 2018 年年底，上海市、湖北省、广西壮族自治区、重庆市、四川省、云南省、西藏自治区、陕西省、甘肃省等 9 省（区、市）已经启动实施，圆满完成当年目标任务。2019 年 2 月，人力资源和社会保障部办公厅、财政部办公厅又印发了《关于确定城乡居民基本养老保险基金委托投资省

（区、市）启动批次的通知》，确定了2019年启动城乡居民基本养老保险基金委托投资工作的9个省份名单，推动了城乡居民基本养老保险基金投资规模的扩大，为城乡居民基本养老保险基金通过市场化投资实现保值增值进一步打开了通道。

（三）企业年金基金

中国的企业年金是自愿性的，政府鼓励有条件的企业为职工提供年金。2004年1月，劳动和社会保障部发布《企业年金试行办法》，规定企业年金基金实行完全基金积累，采用个人账户方式、信托管理的模式运营，委托相关的金融机构进行市场化投资运营。此后，主管部门不断完善企业年金的治理结构和管理体制。2011年2月，人力资源社会保障部等部门发布了《企业年金基金管理办法》，对企业年金基金的受托管理、账户管理、托管、投资管理以及监督管理都做了具体规定。2017年12月，人力资源社会保障部、财政部联合发布《企业年金办法》，再次规定企业年金计划的受托人应当委托具有企业年金管理资格的账户管理人、投资管理人和托管人，负责企业年金基金的账户管理、投资运营和托管。

根据2009年OECD《养老金基金治理准则》（guidelines for pension fund governance），一个合理有效的企业年金治理结构应当明确一系列要素：治理主体及其职责、独立性、问责机制及成员资格；监督保障机制，如审计、精算、独立托管人的地位和作用；建立内部和外部相互制衡的治理机制，如内部控制、信息披露、报告义务和补救机制等。中国的企业年金制度在治理结构上大体符合这些标准（见图4-2）。

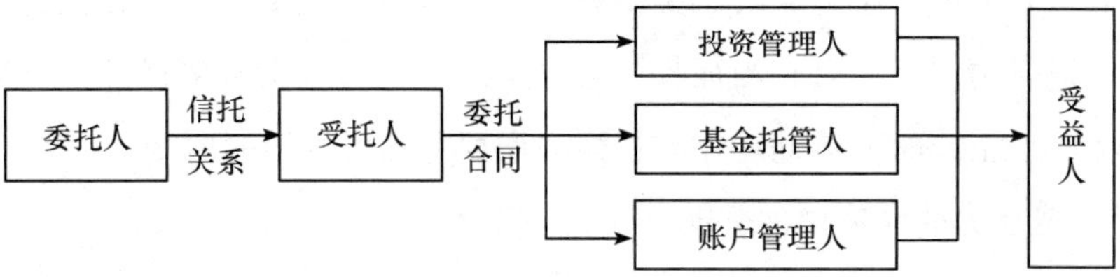

图4-2　中国企业年金信托管理模式

2014年以后发展起来的机关事业单位职业年金沿用了企业年金的财务制度与基金市场化运营模式。

第三节　社会保障制度对劳动力市场的影响

社会保障制度所覆盖的对象既包括现实中的劳动者，又包括潜在的劳动者，所以必然会对劳动力市场产生影响。这种影响既涉及劳动力的供给和需求，又涉及劳动力资源的配置效率。

一、社会保障制度与劳动力供给

由于社会保障制度既向劳动者征税（费），又向现实中的劳动者或潜在的劳动者提供各种给付，因而有可能会改变劳动者的劳动力供给。社会保障制度对劳动力供给的影响既有积极的一面，也有消极的一面。

（一）社会保障制度对劳动力供给的积极影响

社会保障制度对劳动力供给的积极影响主要表现在以下四个方面。

1. 激发劳动者的劳动积极性

社会保障制度作为现代社会国民的基本保障制度，为社会成员基本生活提供了有效的保障，使劳动者在失去劳动能力后，可以继续获得社会帮助，或者通过自己劳动所得的积累使生活得到一定改善。同时，也使劳动者能够在劳动期间免除后顾之忧，全身心投入劳动之中。从这个层面上讲，社会保障制度有利于激发劳动者的积极性，从而增加劳动力的供给。

2. 通过收入效应增加劳动力供给

由于征收社会保障税（费）会使劳动者当期收入减少，劳动者为了保持自己的生活水平不因征收社会保障税（费）而下降，只有更加努力地工作，从而增加劳动力供给。显然，这种收入效应的大小，取决于劳动者对生活水平的预期以及对无法达到该生活水平的承受力。通常情况下，只有当征收社会保障税（费）使劳动者的收入下降到足以令其生活水平大幅度下降时，劳动者才有较强的增加劳动力供给的愿望。

3. 通过对劳动力的修复增加劳动力供给

在第三章我们从人力资源管理的角度讲过这层意思。社会保障制度，特别是其中的医疗保险、工伤保险和医疗救助，能够帮助生病或受伤的劳动者或潜在劳动者及时恢复健康，尽快重新进入劳动者队伍，从而有利于增加劳动力的供给。因为，在有些情况下，如果没有社会保障制度，一些生病或受伤的劳动者或潜在的劳动者可能恢复得很慢，甚至有可能无法再恢复。

4. 通过提高劳动者的素质增加劳动力供给

社会保障制度下的很多计划，特别是一些培训计划，能够提高劳动者的素质，从而使同一个劳动者在单位时间内能够提供更多的社会劳动（也就是促使劳动者的劳动复杂化）。在这种情况下，尽管没有增加劳动者的总人数，但劳动力的供给实际上是增加了。在从失业保险、失业救助的消极预防向以加强就业培训为核心的积极政策发展时，社会保障制度对劳动力供给及产业结构的转换都有重要的积极意义。

（二）社会保障制度对劳动力供给的消极影响

在社会保障制度下，人们提供劳动或增加劳动就要缴纳甚至要多缴纳社会保障税（费），而不劳动或减少劳动也能获得相应的待遇，这就有可能改变人们在劳动与闲暇之间的抉择。在有些情况下，人们会用闲暇替代劳动，从而减少劳动力供给。由于教育支出、社会保障支出的增加，以及人们收入的提高等若干因素的共同作用，在人们寿命越来越长的情况下，工作年限却越来越短，在高收入国家这是一个普遍的现象。

社会保障制度对劳动力供给有以下四点消极影响。

1. 推迟劳动者进入劳动力队伍的时间

如果社会保障制度为尚未进入劳动力市场的人提供的待遇使一些人认为不参加劳动也能生活得不错，显然会有一部分人推迟进入劳动力市场的时间。在欧洲有些国家，一些大学生躲在学校里不愿意毕业就是一个例子。

2. 使失业人员推迟或不再重新就业

如果失业保险制度或失业救助制度提供的待遇足够好，对享受待遇的时间等方面的限制不够严格，一些失业人员就宁愿领取失业保险金或失业救助金而推迟或不再重新就业，这显然会减少劳动力的供给。

3. 使工作者减少劳动力供给

在第三章中已指出，社会保障支出来源于社会保障税、个人所得税和一般税收，如果税率过高，会挤出劳动力。社会保障税率过高常常会导致劳动力从正规部门流向非正规部门，从而降低生产力；个人所得税边际税率过高会导致一部分高收入人群增加劳动力供给的热情下降，从而减少劳动力供给。

4. 引致提前退休

一些国家的实际退休年龄近几十年来一直处于快速下降之中，这引起了普遍的忧虑。一些专家指出，社会保险税还有可能引致低工资收入，如果低收入者在其退休后能够通过社会保障制度获得足够的退休养老金，满足其基本生活需要，或其养老金与工作收入相当或高于工资报酬，他们就很可能提前退休，过早地离开劳动力市场，减少劳动力供给。以奥地利为例，近 40 年，其男女实际退休年龄均下降了 7 岁左右，加之人均受教育年限的延长，这导致实际工作年限从 1970 年的 43 年下降到了 2015 年的 33.4 年

（见图 4-3 和图 4-4）。

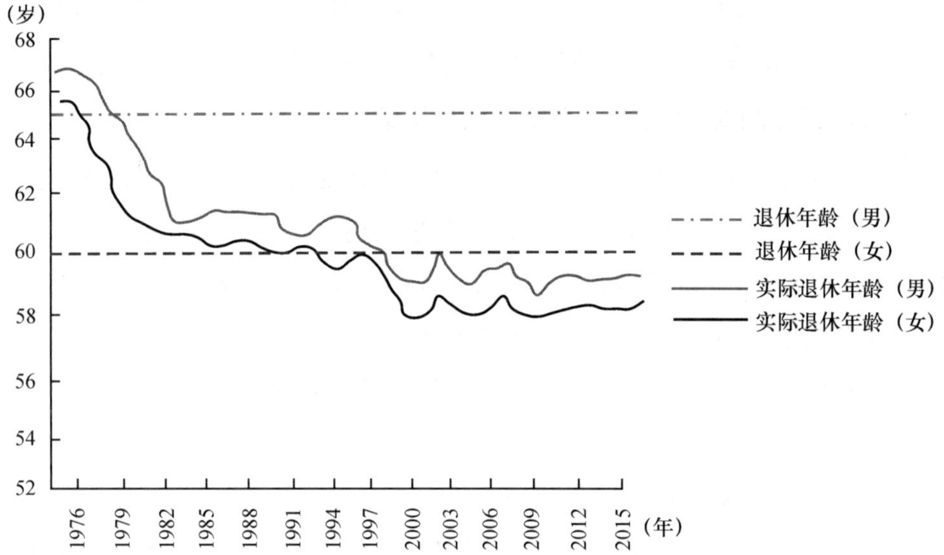

图 4-3 奥地利实际退休年龄的变化

资料来源：OECD 根据该国劳动力调查结果估算。

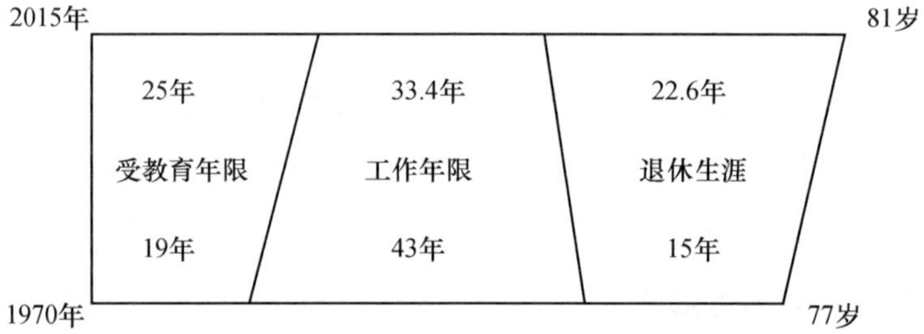

图 4-4 奥地利人口寿命、受教育年限、工作年限及退休生涯的变化

资料来源：奥地利社会保障局。

（三）社会保障制度对劳动力供给的净影响

一个国家的社会保障制度是增加还是减少劳动力供给，主要是取决于上述各种力量的对比。而这些力量的大小不仅取决于社会保障制度的具体设计，还取决于一个国家的劳动力丰裕程度、人们对待劳动与闲暇的态度等。反过来，为了使社会保障制度能够增加而不是减少劳动力供给，一国政府应该根据本国劳动力丰裕程度、人们对待劳动与闲暇的态度等来不断改进自己的社会保障制度设计。

二、社会保障制度与劳动力需求

表面上看，无论是收费还是征税，社会保障制度都会提高雇主雇用雇员的平均成本，因而会导致雇主对劳动力需求的减少。然而，问题并没有如此简单。实际上，雇主是否会因社会保障征税或收费减少对劳动力的需求取决于一系列的因素。

首先，雇主能否把这种新增的成本转嫁出去？如果雇主能够很轻易地把它全部转嫁给雇员，则对劳动力的需求不会减少。例如，雇主可以降低工资水平，也可以削减职业性福利。如果雇主由于工会干预等原因而难以实现这种转嫁，雇主还可能考虑把这种新增的成本通过提高产品价格转嫁给消费者。在一个带有垄断性质的市场上，这种转嫁是有可能的。但对于面对竞争性市场，特别是国际市场竞争的雇主而言，这几乎是不可能的，因为，他们这么做的结果只能是减少产量或者退出生产领域。总之，也许会有部分雇主可以把全部或部分新增成本转嫁给雇员或者消费者，但对整个国家来说，不可能所有的雇主都可以把所有的新增成本转嫁出去。

其次，雇主能否找到更好的替代品？如果雇主无法将新增的成本全部转嫁出去，他们显然有减少劳动力需求的愿望。不过，雇主能否真正减少对劳动力的需求，还取决于雇主能否用其他的东西代替劳动力以维持生产。如果雇主所处的行业难以用资本替代劳动力，或者雇主用资本替代劳动力的成本比继续使用劳动力的成本还要高，对劳动力的需求也不一定会减少。一般情况下，雇主能否以资本替代劳动力取决于资本的有机构成。在一个资本很紧缺的国家，劳动力的成本通常远远低于资本的成本。但即使是在这样的国家，仍然会有一部分雇主可以用资本替代劳动力。也就是说，只要整个社会的劳动力成本普遍上升，就必然导致部分雇主以资本替代劳动力。不过，那些被资本替代的劳动力不一定会全部退出劳动力市场，因为，只要劳动力的成本仍然远低于资本的成本，其他的雇主就有可能会吸收这些劳动力以替代资本。

最后，赢利或亏损水平还是雇主可以接受的吗？如果雇主既不能将新增的成本转嫁出去，也不能用其他的东西替代劳动力，那么，他通常会考虑赢利或亏损水平是否还可以接受。如果还可以接受，生产还会像原来一样继续下去，对劳动力的需求就不会减少；如果无法接受，他就会压缩生产规模甚至停止生产，对劳动力的需求就会减少。虽然不同的雇主可以接受的赢利或亏损水平是不同的，但只要社会平均劳动力成本增加，总有一些雇主会无法接受由此导致的赢利或亏损水平的变化，因而，从整体上看，对劳动力的需求一般会减少。

总之，社会保障制度的建立通常会导致对劳动力的需求减少，但减少的幅度在不同的国家或地区是不同的，这取决于雇主与雇员的力量对比、资本的有机构成、雇主可接受的赢利或亏损水平等因素。其中，社会资本的有机构成是最主要的因素——按照同样的税（费）率征收社会保障税（费），一个劳动力大量富余从而成本过低的国家，与一个劳动力供给不足而成本过高的国家相比，前者的劳动力需求减少的幅度通常会更小一些。而且，一旦社会保障制度稳定下来，它对劳动力需求的影响也就基本上被固定了。

三、社会保障制度与劳动力资源的配置效率

（一）劳动力资源有效配置的意义

劳动力资源的有效配置可以在不增加投入的情况下提高产出，从而提高配置效率。劳动力资源配置的效率主要取决于三个因素：一是劳动力流动的速度；二是劳动力资源配置的合适度；三是劳动力资源配置的成本。没有流动的劳动力市场是无效的，但不是劳动力流动越快越好，如中国进城务工的农民工中存在明显的“短工化”，他们大多几个月换一个工作，劳动力因为非熟练而损失产出。劳动力的适度、有序流动可以提高劳动力配置的合适度，降低劳动力配置的成本。

（二）社会保障制度与劳动力资源的有效配置

社会保障制度对上文所述的三个因素都会产生影响，但这种影响有可能是正面也有可能是负面的，取决于社会保障制度的设计是否合理。

社会保障制度能为劳动者提供一个安全网，在该安全网的保护下，劳动者更有可能从容地挑选适合自己的工作。这既意味着劳动力的流动也意味着劳动力配置的适度。在市场经济国家，社会保障制度是对市场机制缺陷的一种弥补，它为失业人员提供失业保险，为老年人提供收入保障，为病人提供医疗照顾，为贫困的妇女和儿童提供各种实物和资金的帮助，为残疾人提供伤残保障和健康服务，为生活在贫困线下的人提供基本生活资料，从而起到了社会安全网的作用。这种安全网能够有效地降低人们的生存风险，使人们能够更大胆地去挑选更适合自己的工作。

社会保障制度有利于劳动力的适度、有序流动。社会保险项目一般与就业关联，因此，设计合理的社会保障制度最能促进劳动力资源配置效率的提高。相反，设计不合理的社会保障制度也会对劳动力资源配置效率产生负面影响。社会保障制度是否统一、社会保障待遇的可携带性如何都会对劳动力的流动性产生影响，也会对劳动力配置的适度

性和成本产生影响。

我国实行计划经济体制时，国有经济部门、城镇集体经济部门和农村集体经济部门分别被不同的保障制度所覆盖，人们的社会保障待遇差别极大：城里的人不想出来，城外的人削尖脑袋往里钻，结果是国有企业人满为患，三个饭碗五个人捧着，资源配置效率低下不言而喻。1997 年基本养老保险制度建立以后，各项制度不断完善，城乡间、部门间的差距在缩小，但仍然存在许多问题，阻碍了劳动力的合理、有序流动。

影响劳动力流动的因素不止社会保障，许多公共政策都会发生作用，充分利用这些政策，促进劳动力资源的有效配置是必要的。如政府收集并公布劳动力需求信息、在劳动力的需求者与供给者之间牵线搭桥等，一般可以直接提高劳动力流动的速度，降低劳动力配置的成本。当然，政府只能在其中起服务的作用，而不是随意下发行政命令。如果政府随意下发行政命令，可能导致劳动力资源的误配。再如欧洲一些国家对雇主解雇雇员的严格限制，会直接妨碍劳动力的自由流动。

专栏 4-2　计划经济体制下中国的社会保障降低了劳动力资源的配置效率

中国的例子证明，社会保障制度对提升劳动力资源的配置效率是明显的。在 20 世纪 90 年代前，中国企业的保障制度因所有制不同而保障水平不同，这种制度阻碍了劳动力的有效率配置。

国有经济部门：铁饭碗+高工资+高保险水平+高福利水平

城镇集体经济部门：低工资+低保险水平+低福利水平

农村集体经济部门：低收入+无保障+无福利

20 世纪 90 年代进行的改革是企业保障制度向社会保障制度的改革，受制度覆盖的主体间的劳动力流动性增加，劳动力配置效率明显提升。相反的例子是农民工因为没有社会保障制度的保障，劳动力过度流动造成配置效率低下。

第四节　社会保障制度与经济增长

一、社会保障制度与经济增长的一般关系

从整体上看，社会保障制度与经济增长是相互影响的。一方面，经济增长是整个社

会发展的物质前提和基础，是现代社会保障制度得以产生和不断发展的物质保证，社会保障制度的体系结构、覆盖范围、保障水平等都依赖于经济增长。另一方面，社会保障制度也会影响经济增长，因为它为全体国民提供了一个安全网，减少个人的风险、减缓贫困，因而它能为经济增长提供一个比较稳定的社会环境，它还可以通过影响储蓄、资本市场、劳动力市场等因素进而影响经济增长。社会保障制度不仅是一种社会制度，同时也是一种经济制度，因为它可以作为再分配的工具，进行需求管理，还可以通过制度设计提高储蓄能力及促进资本形成等。

相反，如果社会保障制度的设计和运行引起了微观和宏观效率的损失，或者社会保障总支出超过了经济负担的能力，它与经济增长之间的关系就会是恶性互动。

二、养老保险财务制度与经济增长的关系

我们在本章第一节讨论了社会保障制度对储蓄的影响，其意义在于：储蓄是资本形成的前提，而资本形成又是一国经济增长的动力；社会保障制度会影响储蓄，因而会间接影响经济增长。在这个长长的逻辑链条上，社会保障制度中与经济增长联系最紧密的项目是养老保险。养老保险制度采用现收现付制还是基金积累制，会对储蓄产生不同的影响，因而对经济增长的作用也不同。

学界在关于社会保障制度对经济增长效应的分析中，对现收现付制和基金积累制的不同影响进行了区分。在研究思路上一般分为两种：一种是以储蓄为中间变量，认为储蓄对经济增长的作用不容忽视，因而通过考察现收现付制和基金积累制对储蓄的影响进而分析对经济增长的影响；另一种则是不考虑储蓄这一变量，而基于经济增长的“黄金律”理论，即如果经济是稳定增长的，那么经济增长与储蓄率无关。下面简单介绍这两种思路下的有关理论。

（一）保罗·萨缪尔森（Paul Samuelson）的“生物回报率”理论

保罗·萨缪尔森假设一种经济在没有资本存量、在均衡状态的前提下，现收现付养老保险制度的正实际回报率等于实际工资总额的增长率，即人口增长率和生产增长率的总和。如果工资的增长率加上劳动力增长率所形成的“生物回报率”大于利率，现收现付制在长期运作中仍然有成本优势和较高收益率。

但是，现实经济生活中，资本存量是存在的，而且从长期来看，资本的边际产出大于工资总额的增长率，此时，如果“生物回报率”低于利率，完全基金积累的养老保险制度更具备长期运作的成本优势和较高收益率，也就是说，完全基金积累制下，由于资

本生产率较高，能在缴费额较低的情况下向每一代人支付同样甚至更多的养老金，更有助于减少阻碍增长的隐含成本，如储蓄减少，财政负担加重等。

（二）经济增长“黄金律”理论

在以储蓄为中间变量研究社会保障制度与经济增长的关系时，还有一种研究路径，就是根据经济增长的“黄金律”来讨论养老金对经济增长的作用。

费尔普斯（Phelps）1961 年发现的经济增长“黄金律”表明，如果对人均资本存量的选择使得其边际产量（*MPK*）等于折旧率（δ）、人口增长率（n）和技术进步率（g）之和，那么，人均消费水平就会达到最大化，经济将处于最优增长路径上。用公式表示就是：$MPK=\delta+n+g$。支持该人均资本存量的储蓄率，就是实现人均消费最大化的最优储蓄率或合意的储蓄率。如果 $MPK-\delta=n+g$，表明经济处于黄金律状态，储蓄率是合意的；如果 $MPK-\delta>n+g$，表明经济偏离了黄金律状态，储蓄率低于最优储蓄率，这时增加储蓄有利于促使经济趋向黄金律状态；如果 $MPK-\delta<n+g$，表明经济同样偏离了黄金律状态，只不过储蓄率高于最优储蓄率，这时减少储蓄有利于促使经济趋向黄金律状态。按照这种思路，即使现收现付的社会保障制度对私人储蓄具有挤出效应，它也不一定会阻碍经济增长；相反，即使基金积累的社会保障制度有增加储蓄的作用，它也不一定能够促进经济增长。因此，在促进经济增长方面，基金积累制与现收现付制在理论上没有优劣之分。

建议课堂讨论，按照经济增长“黄金律”理论，中国的储蓄率是合意的吗？中国的储蓄率是偏低还是偏高？如果不考虑其他因素，仅考虑储蓄率与养老保险的关系，中国应该选择现收现付制还是基金积累制？

深度阅读

1. AARON H. Social security：international comparisons［M］//ECKSTEIN O. Studies in the economics of income maintenance. Washington，DC：Brookings Institute，1967.

文章中阿伦第一次根据代表性国家的数据，运用生命周期假说对不同国家的储蓄进行了横向研究，发现更高的社会保障收益会减少私人储蓄的证据。不过，当他使用不同年份的数据重新估计他的等式时，社会保障制度的初期影响将不再显著。然而，他的基本等式忽视了如收入增长率和人口增长率这样的变量，而这些是储蓄的国家差异的重要决定因素。

2. FELDSTEIN M. Social security，induced retirement and aggregate capital accumulation

[J]. Journal of political economy, 1974, 85 (5): 905-926.

文章中费尔德斯坦第一次指出，由于个人同时做出退休和储蓄决策，社会保障制度不仅具有减少储蓄的资产替代效应，而且具有增加储蓄的引致退休效应，至于净影响则取决于资产替代效应与引致退休效应的力量对比，而这在理论上是无法确定正或负的。他运用美国的时间序列数据估计了自己提出的扩展的生命周期模型，发现社会保障制度使美国的私人储蓄降低了30%~50%。正是这一结论在美国激起了轩然大波，并引起了学术界对这一问题的争议与探索。

本章小结

社会保障制度是社会经济制度的重要组成部分，对资源配置起着重要作用。本章讨论了社会保障制度对储蓄、资本市场、劳动力等资源配置的影响、作用方向及传递机制，并讨论了社会保障制度如何通过储蓄等中间变量影响经济增长的相关理论。通过理论的介绍和分析帮助读者进一步了解社会保障制度在社会经济生活中的重要地位；也有助于我们尽力避免在社会保障政策决策过程中出现资源误配置，提升社会保障制度资源配置效率。

重要概念

资产替代效应　引致退休效应　挤出效应　生物回报率　经济增长黄金律

思考题

1. 社会保障制度对储蓄有什么影响？
2. 为什么社会保障基金需要资本市场？
3. 社会保障基金对资本市场有什么影响？
4. 社会保障制度对劳动力供给有什么影响？
5. 社会保障制度如何影响劳动力需求？
6. 社会保障制度对劳动力资源的配置效率有什么影响？
7. 社会保障制度与经济增长有什么关系？

第五章
公共财政与社会保障制度

现代政府具有资源配置、收入再分配和社会稳定三大职能，任何一项政府职能都必须通过公共财政制度来实现。本章将从公共财政的角度，探讨社会保障问题。了解公共财政与社会保障制度的关系，对认识社会保障制度的运行机制、发展趋势以及政府在市场经济中的职能是有帮助的。

第一节　公共财政与社会保障的相互关系

社会保障是政府职能的重要部分，是政府干预社会经济生活的重要手段，它与政府财政活动密不可分。从资金分配看，社会保障资金是政府财政公共支出的重要组成部分；从分配制度看，政府财政主要是通过转移支付制度向社会保障制度分配资金；从管理体制看，政府财政主要是通过社会保障预算制度来管理社会保障制度。

一、公共财政是社会保障制度运行的经济基础

所谓公共财政，是政府将一部分社会资源集中起来，形成财政收入，然后通过财政支出活动，由政府提供公共物品或服务，引导社会资金流向，弥补市场缺陷，从而优化社会资源配置的经济活动。它着眼于满足社会公共需要，弥补“市场失效”缺陷，前面各章我们反复强调市场在分配方面会失灵，社会保障制度是对市场分配纠错的工具之一，社会保障具有再分配功能，它的再分配功能就是通过公共财政的收入和支出来实现的。

社会保障制度的收入和支出是政府财政公共收入和支出的重要组成部分，公共财政直接或间接为社会保障制度提供资金。许多国家的社会保障已纳入公共财政预算，公共财政直接安排社会保障资金，而且社会保障支出在公共财政支出中所占的比重呈现出不

断上升的趋势，这表明社会保障支出在公共财政支出中的地位越来越重要。

中国的现实情况是，城乡居民基本养老保险和城乡居民基本医疗保险由政府直接负担了大部分的资金支出；机关事业单位改革之前，其工作人员的有关社会保险项目也是由财政直接安排支出的。各项社会保险基金主要来自用人单位和个人的供款，自求收支平衡，但基本养老保险的转制成本仍然由各级政府的财政负担。企业所缴纳的社会保险供款都是税前列支的，这就会减少财政收入，企业供款在一定程度上可看作是财政对企业社会保险的间接资助。所以说，公共财政制度是社会保障制度的经济基础。

二、设计精良的社会保障制度有利于减轻公共财政负担

社会保障支出是公共财政的重要组成部分，也是公共财政的一个负担，这是不可否认的。社会保障制度的目的是为居民提供收入保障以减少他们生活中的风险，同时在设计和运行的过程中还要考虑再分配目标，甚至还要考虑经济目标，如管理有效需求等。如何在兼顾这些目标的同时减轻公共财政负担，以便增加社会保障制度的长期可持续性，这是一个十分重要的问题。

（一）社会保障制度的参量影响公共财政收支水平

各项社会保障的覆盖范围、保障水平、给付条件等制度因素都会影响社会保障制度的收支，并影响公共财政的收支水平，甚至影响到公共财政支出的绩效。社会保障制度不同参量可以任意组合，如广覆盖低水平、广覆盖高水平、窄覆盖低水平、窄覆盖高水平等，不一而足。不同的组合对公共财政支出的影响是不同的，所能实现的社会保障制度的目标是不同的，社会保障支出的绩效也是不同的。

设计精良的社会保障制度，在实现社会保障制度的主要目标的同时，应该尽可能减轻公共财政负担。

（二）社会保障制度的管理体制影响公共财政收支水平

在管理方面，社会保障收支要有章可循，以减少收支过程的“漏出”。一方面，社会保障资金有确定的资金来源，西方国家社会保障资金主要来自社会保障税（或社会保险税），该税由雇主和雇员各缴纳一部分，采取“源泉扣缴法”课征。也就是说，雇主在支付工资时把雇员应缴的社会保障税款扣下，连同雇主应缴纳的税款一并上交国库。社会保障税不足社会保障支出部分，由政府从其他收入中拨付。另一方面，社会保障支出依法由政府集中安排，在西方国家，尽管具体管理社会保障项目的机构很多，既有政

府机构（中央的和地方的），也有民间团体和私人企业，但多数国家的社会保障制度是由政府集中管理的。尤其值得注意的是，实施社会保障制度的一切环节，从资金来源、支出方向到保障标准、收支程序，大都有明确的法律规定。社会保障制度的合理安排，不仅可以解决社会保障问题，而且可以促进经济发展，进而增加公共财政收入。

第二节　社会保障支出

公共财政支出按使用目标可分为经济性支出、社会性支出和维持性支出三大类，其中社会性支出主要包括文化教育、医疗卫生保健和社会保障转移支付。从世界范围来看，各国公共财政支出结构的变化与经济发展密切相关，随着经济的发展，公共财政支出由经济性支出向社会性支出转变，社会性支出占公共财政支出的比重呈急剧上升趋势，特别是以社会保障为主要内容的转移支付制度是公共财政支出结构变化的最重要因素。

一、社会保障支出一般规律

纵观世界各国的一般情况，我们可以发现社会保障支出的一些规律。

第一，随着经济的发展，人均收入的提高，财政能力的增强，社会保障支出水平会提高，不仅是绝对数量的提高，在 GDP 中所占比重也会提高。有关数据参见第一章表 1-1。

第二，随着市场经济的成熟，政府从经济领域退出，越来越多地通过公共财政的收入和支出介入社会经济生活，提供教育、医疗服务和社会保障等公共产品或有益品。其中社会保障已经成为最大的收支项目。有关数据参见第一章表 1-1。

第三，社会保障支出具有刚性。社会保障制度一旦建立，社会保障支出倾向于不断扩大，而且具有刚性。尤其是在西方国家，国家领导候选人为了得到更多的选票，通常是通过承诺更多的保障和福利支出。因为每几年有一次大选，所以有人称之为“政治周期”，西方国家的高福利制度莫不与政治有关，即使自由主义者，也不得不关照国民对福利的需求。所以，二十世纪五六十年代，社会保障支出大幅增长。

第四，社会保障支出受经济发展水平的制约。随着经济的发展和政府的财力增长，社会保障支出也会扩张，并且具有刚性，但社会保障制度支出不能无限扩大，不能超越经济和财政的支持能力，否则不只是社会保障制度不可持续，政府的财力和经济增长都将不可持续。当社会保障支出超过经济支持能力时，社会保障制度“做减法”的改革就会来临。20 世纪 80 年代以来，那些社会性支出占比达到 GDP1/4 的国家，支出水平较为稳定，而那些支出水平较低的高收入国家，近几十年支出水平是明显上涨的。

二、社会保障支出水平

（一）社会保障支出水平的概念

社会保障支出水平是一个质与量相统一的概念。从量上讲，社会保障支出水平有“高”“低”之分，在微观层次上，社会保障支出水平是指社会保障支出占工资总额的比重，它是在劳动生产要素分配层次上的收入再分配项目及其程度的表达方式，是测量和表达企业、事业单位社会保障支出水平的指标；在中观层次上，社会保障支出水平是指社会保障支出占财政支出的比重，它是社会保障在政府公共财政支出中所处地位的表达方式，是测量和表达政府对社会保障投入状况的指标；在宏观层次上，社会保障支出水平是指社会保障支出占 GDP 的比重，它是测量和表达社会整体社会保障水平的指标，也是国际上通用的测量社会保障支出水平的主要指标。从质上讲，社会保障支出水平有“适度”“不适度”之分，社会保障支出不仅要与国家经济发展水平相适应，而且要与各级政府、企事业单位和个人的承受力相适应。从质与量统一上看，社会保障支出水平并非越高越好，凡是超越 GDP 增长、超越社会各界承受力的社会保障支出，无论支出水平多高都是不可取的，社会保障支出水平应该是“适度”的。

（二）社会保障支出水平的衡量①

我们采用国际通用的指标来衡量社会保障支出水平，社会保障支出水平的计算公式为：

$$S=QH \qquad \text{式 5-1}$$

其中，S 为社会保障支出占 GDP 的比重；Q 为社会保障支出占工资收入总额的比重；H 为工资收入总额占 GDP 的比重。

而社会保障支出占工资收入总额比重的计算公式为：

$$Q=O+Z+E+J+M \qquad \text{式 5-2}$$

其中，O 为养老保险支出占工资收入总额的比重；Z 为失业保险支出占工资收入总额的比重；E 为医疗保险支出占工资收入总额的比重；J 为工伤保险、生育保险支出占

① 穆怀中. 国民财富与社会保障收入再分配［M］. 北京：中国劳动社会保障出版社，2003：41-46.

工资收入总额的比重；M 为社会救助、社会福利支出占工资收入总额的比重。

养老保险支出占工资收入总额比重的计算公式为：

$$O=O_aC \quad \text{式 5-3}$$

其中，O_a 为老年人口占总人口的比重；C 为养老金的工资替代率。

失业保险支出占工资收入总额比重的计算公式为：

$$Z=\alpha DF \quad \text{式 5-4}$$

其中，α 为失业保险年获得系数；D 为自然失业率或现实失业率；F 为劳动人口占总人口的比重。

将式 5-3 和式 5-4 代入式 5-2，得出：

$$Q=O_aC+\alpha DF+E+J+M \quad \text{式 5-5}$$

将式 5-5 代入式 5-1，得出：

$$S=（O_aC+\alpha DF+E+J+M）H \quad \text{式 5-6}$$

（三）社会保障支出水平的适度性

1. 社会保障支出水平的“不足”

社会保障支出水平应该与实际需求相适应，其支出下限应该满足人民群众的基本生活需求，达到最低生活保障标准。社会保障支出不仅要着眼于当前的需求，而且还要着眼于未来的需求，由于社会保障支出具有刚性特征，当前支出水平不宜定得过高。

当社会保障支出水平低于下限时，称为社会保障支出水平“不足”。社会保障支出水平的下限应该介于受保障人口相对应阶层的平均收入水平和贫困线之间。如果受保障人口的保障水平高于相对应阶层的平均收入水平，就会“养懒汉”，易产生贫困陷阱和失业陷阱，影响在职者的工作积极性；如果受保障人口的保障水平低于贫困线标准，受保障人口的基本生存需要将得不到保证。社会保障支出水平“不足”的后果：一是老年人和贫困者的基本生活得不到保障，影响社会的安定和发展；二是医疗保障不足，人口身体素质降低，影响国民身体素质的提高；三是教育（包括再就业培训）受到影响，制约民族文化素质的提高和科技发展。①

2. 社会保障支出水平的“超度”

社会保障支出水平还会受筹资水平的限制，其支出上限应该与社会保障资金的筹集水平相适应。具体来说，社会保障支出水平受国内生产总值、财政收入、国民收入、社

① 穆怀中．国民财富与社会保障收入再分配［M］．北京：中国劳动社会保障出版社，2003：58.

会保障基金增值能力、国有固定资产数量、社会团体和民间捐献等因素的影响。GDP 越高、财政收入越多、国民收入越多、社会保障基金增值能力越强、固定资产越多、社会团体和民间捐款越多，社会保障资金供给量越大，社会保障支出水平越高；反之亦然。从本质上说，社会保障支出水平主要取决于国民经济的总体发展水平。

当社会保障支出水平超过上限时，称为社会保障支出水平“超度”。社会保障支出水平“超度”的客观原因是失业率增高、人口老龄化加重、医疗费用膨胀等。主观原因包括：一是政策性原因，主要是保障项目过多、保障程度过高；二是认识上的误区，以为社会福利项目越多代表着越进步。社会保障支出水平“超度”的后果：一是不断增加财政赤字，进而影响国民经济的良性运行；二是社会保障和津贴标准高，提高了企业生产成本，进而影响国家对外经济竞争能力，同时也影响企业再投资；三是劳动者中滋长了依赖、懒惰情绪，影响了经济效益；四是资金外溢，科技人才外流；五是形成了一些不利的政治后果。①

3. 社会保障支出的“适度”

由于受社会保障的实际需求和筹资水平的限制，社会保障支出水平是有一定限度的。只有介于社会保障支出的上限与下限之间的支出才是“适度”的，其“适度”模型为：

$$S_{min}<S<S_{max} \quad \text{式 5-7}$$

社会保障水平在适度范围内运行，有利于国民经济的发展。具体来说：①保障大多数人的最低经济要求和社会需求，使社会保持相对稳定，为国民经济发展创造有利环境；②适当调节社会需求，推迟或抑制消费，避免高经济增长与通货膨胀并存，从而推动经济发展；③提高人民生活质量，提高人的素质，促进社会文明发展；④促进第三产业的发展。②

三、社会保障支出结构

（一）社会保障支出结构的划分

社会保障支出水平不能完全反映社会保障支出的具体分布和效用水平，不能具体反映社会保障项目的分配是否合理，也不能反映代际之间和代内之间的收入再分配的具体

① 穆怀中. 国民财富与社会保障收入再分配［M］. 北京：中国劳动社会保障出版社，2003：61-68.

② 穆怀中. 国民财富与社会保障收入再分配［M］. 北京：中国劳动社会保障出版社，2003：60-61.

状况，因此，需要对社会保障支出进行结构分析。

世界各国社会保障支出结构分为三部分：一是面向劳动者的社会保障，如养老保险、医疗保险、失业保险、工伤保险等社会保险项目；二是面向低收入者的社会保障，如对贫困、低收入者的社会救助项目；三是面向全体社会成员的社会保障，如“从摇篮到坟墓”的社会福利项目。很多国家的社会救助项目与社会福利项目往往交织在一起，在统计数据中完全区分出来较为困难。

（二）不同国家的社会保障支出结构

社会保障制度有补缺型、福利型和自保公助型（主要以储蓄型为代表）三种模式，每种模式选取一至两个典型国家（补缺型选取美国和德国、福利型选取英国和瑞典、储蓄型选取智利），把五个国家的社会保障分项支出数据进行整理，得出各国社会保障分项支出占 GDP 的比重（见表 5-1）。储蓄型国家社会保障支出占 GDP 的比重较低，如智利仅占 11.71%；福利型国家社会保障支出占 GDP 的比重较高，如瑞典占 25.07%；但是，2019 年之后，德国社会保障占 GDP 的比重为 25.59%，超过了瑞典。

表 5-1　　2019 年五国社会保障分项支出占 GDP 的比重　　（%）

国家	社会保险					社会救助与社会福利				社会保障总支出
	合计	老年、遗属和残障保险	医疗卫生计划	积极劳动市场计划	失业保险	合计	家庭津贴	住房保障	其他	
美国	16.79	8.09	8.44	0.10	0.15	1.48	0.62	0.23	0.62	18.26
德国	22.48	12.78	8.32	0.59	0.79	3.11	2.42	0.50	0.19	25.59
英国	15.17	7.01	7.93	0.15	0.08	4.35	2.41	1.12	0.83	19.51
瑞典	20.59	12.69	6.56	1.02	0.33	4.48	3.42	0.38	0.69	25.07
智利	8.70	3.63	4.77	0.23	0.07	3.01	1.74	0.90	0.37	11.71

资料来源：OECD 数据库。

注：因四舍五入，存在加总不绝对相等的情况。

再对表 5-1 的数据进行计算，得出五国社会保障分项支出占总支出的比重，即社会保障分项支出结构（见表 5-2）。

表 5-2　　2019 年五国社会保障分项支出占总支出的比重　　（%）

国家	社会保险					社会救助与社会福利			
	合计	老年、遗属和残障保险	医疗卫生计划	积极劳动市场计划	失业保险	合计	家庭津贴	住房保险	其他
美国	91.92	44.32	46.23	0.56	0.81	8.08	3.39	1.28	3.41
德国	87.86	49.93	32.52	2.32	3.10	12.14	9.46	1.94	0.74
英国	77.72	35.90	40.63	0.77	0.40	22.28	12.34	5.71	4.23
瑞典	82.12	50.59	26.18	4.05	1.30	17.88	13.64	1.50	2.73
智利	74.31	31.02	40.72	1.96	0.61	25.69	14.90	7.65	3.14

资料来源：OECD 数据库。
注：因四舍五入，存在加总不绝对相等的情况。

五国社会保障分项支出结构表明两点。

一是不同社会保障项目在社会保障体系中的地位不同。在社会保障总支出中，五国社会保险支出占绝大多数，其中老年、遗属和残障保险支出排在第一位，医疗卫生计划支出排在第二位，如瑞典和德国；但是，近年来越来越多的国家的医疗卫生计划支出超过了老年、遗属和残障保险支出，如智利、英国和美国；积极劳动市场计划与失业保险支出排在第三位。在社会救助与社会福利支出中，一般家庭津贴是主要支出，住房保障支出相对较少。

二是不同保障类型国家的社会保障支出的侧重点不同。在社会保障总支出中，储蓄型国家的社会保险支出较少，而社会救助与社会福利支出比重较大，如智利超过了 1/4，说明政府把十分有限的财政资金用于解决贫困问题，后面的分析可以看出其作用不大。福利型国家的社会保险支出比重相对较低，而社会救助与社会福利支出比重相对较高，主要用于解决贫困问题和提高全民福利水平，特别是英国超过了 1/5。补缺型国家的社会保险支出比重相对较高，而社会救助与社会福利支出比重相对较低，尤其是美国不到 10%。

四、社会保障支出效益

（一）五国再分配政策对贫困和收入分配的影响

通过分析政府进行再分配之前和再分配之后的贫困变化情况，我们可以得出五国社会保障支出给付效果。2019 年五国再分配政策对贫困和收入分配的影响如表 5-3 所示。

表 5-3　　2019 年五国再分配政策对贫困和收入分配的影响

国家	贫困率（%）			基尼系数		
	税收和转移支付之前	税收和转移支付之后	贫困下降率	税收和转移支付之前	税收和转移支付之后	基尼系数下降率（%）
美国	27.30	18.00	34.07	0.505	0.395	21.78
德国	32.00	10.90	65.94	0.497	0.296	40.44
英国	28.00	12.40	55.71	0.508	0.366	27.95
瑞典	24.70	9.10	63.16	0.429	0.277	35.43
智利*	18.20	16.50	9.34	0.495	0.460	7.07

资料来源：OECD 数据库，其中智利为 2017 年数据。

从表 5-3 中，我们不难发现：再分配效果最佳的是德国，其再分配使贫困率下降了 65.94%，收入差距缩小了 40.44%；其次是瑞典和英国，贫困率分别降了 63.16%、55.71%，收入差距分别缩小了 35.43%、27.95%；再次是美国，贫困率下降了 34.07%，收入差距缩小了 21.78%；最糟糕的是智利，贫困率仅下降了 9.34%，收入差距仅缩小了 7.07%。

（二）社会保障支出效益的国别差异

再分配主要采取税收和转移支付两种手段进行，而各国转移支付主要以社会保障支出体现。从表 5-3 我们可以至少看出三点。

一是福利型社会保障模式对缓解社会贫困和缩小收入差距起到了较好的作用。福利型社会保障制度通过各种社会保险和社会救助政策使低收入群体得到一定的补偿，短期内解决了贫困人口的生活问题，长期内改变了社会结构，使贫困家庭的子女也有条件受到较好的教育，从根本上改变贫困问题。同时，这个模式的运行需要政府的大量财力支持，而政府财力主要来自税收，高累进税率制度具有很强的再分配性，致使社会贫富差距缩小。福利型社会保障制度不仅具有收入与财富的再分配性，而且具有权力与地位的再分配性，使社会更趋于公平。瑞典和英国的再分配制度使贫困率大约下降了 60%，基尼系数大约下降 30%，特别是瑞典最终贫困率仅为 9.10%，基尼系数为 0.277，不愧为福利国家的典范。

二是补缺型社会保障模式也能较好解决贫困和收入分配问题。补缺型社会保障制度只要运行得好，同样能够有效缓解社会贫困。表 5-3 中，德国是五个国家初次分配贫困现象最糟糕的国家，再分配之前的贫困率为 32.00%，基尼系数为 0.497；但德国政府很好地解决了社会贫困问题，经过再分配以后，贫困率下降了约 2/3，基尼系数缩小了约

2/5；最终贫困率和基尼系数甚至低于英国，贫困率为 10.90%，基尼系数为 0.296。然而，美国社会保障制度对缓解社会贫困和缩小收入差距的作用十分有限，再分配使贫困率仅下降了约 1/3，基尼系数下降约 1/5。德国社会保障制度在理念和制度安排上都强调社会一致性和社会公平性，而美国更多强调的是自我保障和基金积累。德国社会保障制度的成功经验在于长期坚持社会公平、社会安全和社会自治三大原则。

三是储蓄型社会保障模式对解决贫困问题和缩小收入差距的作用不大。智利的初次分配状况不错，贫困率最低，仅为 18.2%，基尼系数为 0.495；经过再分配之后，贫困率下降不到 10%，基尼系数仅下降了 7.07%。糟糕的再分配效果与该模式特征有很大的关系，储蓄型模式强调个人自我保障，个人生活水平的高低和福利状况的好坏完全取决于自身，政府更多起到的是法律规范作用，对消除贫困和缩小收入差距作用甚微。

专栏 5-1　　20 世纪 70 年代英国的福利危机

英国福利国家模式在第二次世界大战以后经历了 20 多年的发展，曾对其经济发展起过一定的积极作用，但它也有消极影响，尤其是 1973—1975 年的经济危机以后，这种消极影响更加突出，使英国福利国家模式陷入危机。具体表现为以下四个方面。

1. 财政陷入困境

第二次世界大战以后，随着福利制度的逐步完善，英国用于福利方面的开支不断增加。但从 20 世纪 70 年代以来，英国经济增长速度大幅度下降，个人、企业和政府的收入都明显减少，由于失业和贫困人数增加，福利开支也随之增加，其结果是带有刚性特征的高社会福利和社会保障开支的增加速度快于同期整个经济的增长速度，从而使政府财政赤字不断增加，经济和财政不堪重负。从福利支出迅速增长的内容来看，养老保险、医疗卫生开支和失业救助支出的快速增长是福利支出不断扩张的根本原因。随着经济的不断发展，以及生活的稳定和医疗水平的提高，人类平均寿命普遍提高，英国出现了人口老龄化的趋势，加上人口增长及提前退休等因素的影响，政府用于养老保险的开支不断增加，已成为英国福利支出增加的一项重要内容，各项开支占到了公共支出总额的 50%。

2. 失业现象严重

20 世纪 70 年代以来，英国失业人数大量增加，失业率居高不下。1973—1975 年，英国平均失业率为 6.3%。这一时期，科学技术的快速发展带来大规模的工业结构调整，使教育水平不高的青年、知识和技术陈旧的工人等成为英国产业结构调整的直接受害者，长期失业和青年失业的人数不断增多。大量失业人员的存在，不仅使英国失业福利支出难以减少，反而大大增加，而且造成人力资源的浪费，严重影响了经济的发展。

3. 行政低效率、结构不合理

英国福利国家模式为了对社会福利支出做出计划和进行管理，需要组织一支包括各种等级的专家，如医生、心理学家、社会工作者、就业问题顾问以及行政管理人员等组成的庞大队伍，维持这支庞大队伍的开支有时甚至超过向国民提供的福利津贴费用。而且，随着福利制度的膨胀性发展，福利支出不断增加，福利工作队伍也大大增加，使得中央和地方的福利管理机构日益臃肿。1960—1975 年，英国中央政府部门（包括国营公司）的雇员占全部就业人口的比例从 1960 年的 21.9%提高到 1975 年的 28.2%。

4. 社会危机

英国福利国家模式的财政困境、长期严重的失业问题等引发了许多社会问题。在福利制度不断发展的过程中，英国所实施的高福利政策及社会福利实施过程中的平均化倾向，使人们产生了对社会和政府的依赖，造成了一种不干或少干工作照样可以生活得很好的社会观念。人们认为，政府有责任和义务防止贫困、保证社会公平。由于政府对所有的人都提供一定的生活保障，福利政策实际上具有一种“奖懒罚勤”的效果，因而会鼓励懒惰，不利于社会勤勉精神和工作道德的建立，削弱社会的生机和活力。同时，福利支出的大幅度增加，在意识形态上贬低了商业意识，滋养了社会行政官僚机构，使他们变成凌驾于人类精神、社会之上的正规统治架构的一部分。

第三节　社会保障预算

大多数西方国家的社会保障收支都是有章可循的，实施社会保障制度的一切细节，从资金来源、支出方向，到保障标准、收支程序，都有明确的法律规定。社会保障预算是政府实现社会保障目标、管理社会保障制度的重要手段。

一、社会保障预算的制度内涵

（一）社会保障预算的概念及分类

社会保障预算是政府为了实现社会保障目标，根据有关法律法规编制的，反映社会保障收支规模、结构及变化的计划。社会保障预算制度是政府实现社会保障目标的一种较好的管理手段，是政府根据有关法律法规，通过一定立法审批程序制定的计划，所以是一种具有法律论据和法律强制性的计划，它能保证社会保障收入和支出的相对稳定性。在已建立社会保障预算制度的国家中，预算编制模式主要有四种类型：基金预算模式、政府公共预算模式、一揽子社会保障预算模式和政府公共预算下的二级预算模式。①

基金预算模式是独立于政府公共预算之外的，以基金形式反映社会保障收支状况的一种社会保障预算模式。美国的社会养老保险（老年、遗属和残障保险）是典型的例子，美国社会保障信托基金（老年、遗属和残障保险基金）反映社会保障收入支出情况，以及收支结余和投资情况。信托基金主要来源于社会保险税、捐款和政府预算安排的拨款，用于社会保障各项目和管理费的支出。这种模式的优点：一是独立于政府公共预算之外，收支高度明晰，便于接受社会公众的监督；二是政府的责任较小，而且相当明确，财政负担较轻。其缺点：一是由于独立性强，政府有可能失去对社会保障的控制；二是这一制度也并不意味着当制度收不抵支时政府能够摆脱最后责任人的角色，对政府的运行构成潜在威胁。

政府公共预算模式是将社会保障资金全部纳入政府公共预算内，同政府其他收支混合为一体编制预算，政府对社会保障完全负责的一种社会保障预算模式。由于社会保障资金纳入政府公共预算内，所以，这种预算不是严格意义上的社会保障预算。这种模式的优点：一是可以保障国民享有普惠且水平较高的福利；二是政府便于直接控制和管理社会保障事业。其缺点：在这种预算制度下，由于社会保障制度福利支出的刚性，政府财政的压力往往非常大。

一揽子社会保障预算模式是将社会保障基金的某一部分收支安排在政府公共预算内，另一部分收支安排在政府公共预算外，通过“公共预算内”和“公共预算外”基金安排全面反映社会保障收支状况的一种社会保障预算模式。就政府对社会保障制度的责任而言，这一制度介于基金预算制度与政府公共预算制之间。较之于前两种制度，这种

① 周顺明. 社会保障预算［M］. 武汉：湖北人民出版社，2000：281.

预算制度的优点：一是它能够较全面地反映社会保障的收支状况；二是政府能够对社会保障资金进行全面协调，且财政负担较轻。这种模式往往涉及多部门的利益协调，其缺点：一是实施起来难度较大；二是编制方法比较复杂。

政府公共预算下的二级预算模式是半独立性预算。这种预算模式是在编制政府公共预算时，把社会保障资金收支单独划出来，编制成一个子预算的一种社会保障预算模式。其优点：较政府公共预算模式有了一定的独立性，能够相对完整地反映社会保障资金收支情况。其缺点：由于没有完全独立，易造成社会保障预算管理权限不明，无法从根本上解决社会保障基金管理体制的弊端，使社会保障预算的编制仅仅流于形式。

（二）社会保障预算的编制原则

1. 全面性与统一性原则

社会保障预算必须全面反映所有与社会保障事务有关的收支，包括政府一般税收收入安排的社会保障支出和各项社会保障基金收支，也就是说，应不分资金来源，将各类社会保障收支全面纳入预算。各级社会保障部门应该将所有的社会保障收支全部归并到社会保障预算之中，而且要编制统一的预算，所有预算收入和预算支出都要按照统一科目、统一口径和统一程序进行全额编列。

2. 法治化与政策性原则

社会保障基金的筹集、支付、运营、预算编制都要有法可依，国家预算的制定过程就是立法过程。社会保障预算制定并经过权力机构审查批准后就具有法律效力，不能随意修改批准通过的预算。国家的社会政策和收入分配政策是政府引导和促进社会保障事业发展的重要手段，社会保障预算的编制应充分体现国家的社会政策和收入分配政策，从财力上予以支持，该倾斜的就倾斜，该控制的就控制，提高资金使用效率，从而使国家的社会政策和收入分配政策落到实处，推动社会保障事业发展。

3. 独立性与专用性原则

社会保障基金有专门用途，具有特定的基金性质，其来源与使用都有相对明确、比较固定的对应关系，它同财政资金有着本质的区别，其资金的使用不能混同于一般的财政资金。在全面、完整地反映社会保障收支情况的基础上，必须对社会保障资金实行专户储存，保证社会保障资金专款专用，即社会保障基金只能用于社会保障方面的开支，不得挤占挪用。这就要建立一套社会保障预算的收支科目和表格，通过建立科学严密的预算管理和财务核算制度，严格规范各项收支行为，以防止社会保障基金被挪用和浪费现象的发生。因此，在编制预算时，要严格按支出范围编制。

4. 收支平衡与适度结余原则

受筹资标准、经济水平和财政状况以及社会承受力的影响，社会保障预算收入增长十分有限。而社会保障预算支出具有很强的“刚性”，社会保障支出有相当一部分是在编制预算时难以测算的，为不给经常性预算造成太大的压力，年度社会保障预算收支相抵后，不得列赤字，并尽可能做到收支平衡、略有结余，这也有利于社会保障资金的投资增值和调剂。社会保障收支的特性，使传统的“增收节支”方法难以实现基金收支平衡，因此，需要依靠科学周密的预算安排，依法强制征收，合理筹资，严格执行政策，确保支出，努力实现收支平衡并有所结余。

二、社会保障预算的收支管理

（一）社会保障预算收入管理

社会保障预算收入是实现社会保障政策目标的前提，没有合理而稳定的资金筹集渠道，社会保障便成为“无米之炊”。从世界各国的实践经验看，社会救助和社会福利资金一般由国家各级财政负担，而社会保险筹资形式主要有三种：一是统筹缴费，即由雇主和雇员以缴费的形式来筹集社会保险基金；二是开征社会保险税（或社会保障税），这是世界多数国家普遍采用的一种筹资形式；三是强制储蓄，建立个人账户。我国的社会保险采用的是第一种筹资形式，即由雇主和雇员共同缴纳社会保险费。

社会保障的预算管理涉及多个部门。以中国为例，财政部门是综合管理部门，处于主导地位，既要提供社会救助、社会福利等资金，又要承担社会保险的最后“兜底”责任；税务部门是社会保险基金的征收机构，税务机关征收的各项社会保险费直接进入国库，再按月划转到财政社保专户；社会保险经办机构是专门负责办理社会保险事务的部门；各缴费单位及银行系统是社会保障预算管理体系的基础，各缴费单位有义务为其职工代为扣缴社会保险费，银行系统通过转账方式将税务部门征缴的社会保险税纳入国库。

（二）社会保障预算支出管理

社会保障预算支出包括社会保险支出、社会救助支出和社会福利支出三大类。社会保险支出是社会保障预算中最主要的支出项目。中国社会保险支出分为四个子项目：基本养老保险支出、基本医疗保险支出、工伤保险支出和失业保险支出，2019 年年底生育保险与职工基本医疗保险已合并实施。社会救助支出主要包括两项支出：一项是贫困救助支出，另一项是自然灾害救助支出。社会福利支出包括：老年人福利支出、残疾人福利支出、儿童福利支出、住房福利支出、教育福利支出等。

社会保障预算支出管理涉及财政部门、人力资源社会保障部门、医疗保障部门、民政部门、退役军人事务部门、街道社区等。财政部门既是社会保障资金的支付部门，又是社会保障资金的监督部门；人力资源社会保障部门负责养老保险、工伤保险和失业保险等支出；医疗保障部门负责医疗保险、生育保险和医疗救助等支出；民政部门负责社会救助、社会福利以及部分离退休费用等支出；退役军人事务部门负责社会优抚支出；街道社区是社会保障支出的基层单位，负责城乡居民最低生活保障和特困供养对象、标准的审查、核实，以及对符合条件的低保户和特困人员按月发放低保金和供养金等。

三、典型国家的社会保障预算

（一）美国社会保障预算

美国于 1939 年依据《社会保障法》建立了社会保障信托基金，即老年、遗属和残障保险基金，简称 OASDI 社会保障信托基金。从建立到 1968 年，美国社会保障信托基金一直独立在政府的预算体系之外。1969 年到 1982 年，美国将社会保障信托基金纳入政府预算，建立了所谓的“统一预算”。1983 年开始，美国社会保障信托基金逐步与政府经常性预算分开，采用相对独立的预算外方式管理，直至如今。美国联邦财政预算收入中的“社会保险和退休信托”项下分列预算内外；财政支出预算中，“社会福利”项下也分列预算内外。美国社会保障信托基金结余以预算外形式列入联邦预算，其结余由专门委员会（政府官员和专家代表 6 人组成）负责投资决策。由此可以看出，美国社会保障信托基金既在联邦财政预算中，又与其分别列示，体现出社会保障信托基金单独平衡的机制。美国预算内社会保障项目包括住院保险、铁路职员退休金、失业保险金、其他（联邦雇员和退休雇员部分等）；预算外社会保障项目主要是 OASDI 社会保障信托基金。2013 年美国社会保障税收入与支出中预算外管理的部分分别为 70.6% 和 92.5%。美国基金式社会保障预算有两个特点：①基金运作透明度高，公众监督作用强，安全性较好，便于保值增值；②总额列入政府财政预算内，其收支、投资管理等方面与政府经常性预算收支分开，政府对社会保障的控制力相对小，一旦社会保障信托基金管理出现问题，对作为社会保障最终负担者的财政就将构成很大威胁。[1]

---

① 林治芬，李静茹. 美、英、日三国社会保障预算 [J]. 中国社会保障，2013（3）：37-38.

（二）英国社会保障预算

英国的社会保障预算采取政府公共预算模式，即将社会保险收入和支出作为政府经常性收支的内容，直接列示在政府经常性预算中，与政府经常性收支一起管理。英国的社会保障缴款收入与各项税收并列，作为国内经常性收入的内容之一，列为联邦政府经常性财政收入。社会福利和公共养老金作为公共部门的管理支出，列入中央政府预算中，实行预算内管理。英国社会保障预算具有三个特点。①社会保障预算不独立。英国的政府预算分为经常预算和资本预算，而没有独立的社会保障预算，社会保障收支内含于政府经常预算中。②社会保障收支全部列入政府预算进行管理。社会保障收入就如同政府的各种税收，社会保障支出也如同政府的管理支出，全部在政府经常预算内管理。③社会保障收支在英国政府财政预算中占有重要地位。[①] 以2016—2017年英国政府预算为例，社会保险缴款占政府预算收入的18%，是除所得税和增值税之外的第三大项经常收入；社会保障支出占政府原始支出的31%，是政府预算支出中的最大项目。[②]

（三）加拿大社会保障预算

加拿大的社会保障预算主要涉及老年保障（OAS）、就业保险（EI）和加拿大养老金计划（CPP）三项制度，预算模式为政府公共预算模式加专项基金预算模式。其中，老年保障制度与就业保险制度纳入联邦政府预算，采用政府公共预算；加拿大养老金计划则为独立于联邦政府预算外的基金预算模式。老年保障制度的资金来源于政府统一税收，其支出作为联邦政府经常性支出直接列示在联邦政府预算中，属政府公共预算模式。就业保险制度包括失业保险、疾病保险、生育保险以及照顾新生儿和高死亡风险家庭成员的津贴制度等，资金来源于雇员和雇主以及自我雇佣者的缴费，采用特定的就业保险运营账户（EI Operating Account），但仍然包含在政府的公共财政账户中，且其预算纳入联邦政府预算，收支计划列入政府公共预算。加拿大养老金计划包括一般养老金、残疾养老金和遗属养老金，资金由雇员、雇主以及自我雇佣者缴纳，由税务总局（CRA）负责征收，在财政部开设独立账户，实行专款专用，不在联邦政府的预算管理范围内，属专项基金预算模式。[③]

（四）日本社会保障预算

日本政府预算由一般会计预算和特别会计预算两大体系组成，一般会计预算支出中

---

① 林治芬，李静茹．美、英、日三国社会保障预算［J］．中国社会保障，2013（3）：39-40.

② 王晓军，李静萍．社会保障预算、精算与核算［M］．北京：清华大学出版社，2019：17.

③ 田青．加拿大社会保障预算的经验分析及其对中国的启示［J］．社会保障研究，2014（3）：94-98.

有一项社会保障相关费用[①]，包括社会保险费、社会福利费、生活保障费、卫生保健费、住房保障费、失业保障费六项内容，其中，社会保险费是政府对社会保险项目的补助，其余五项是由政府直接承担的社会保障项目。2016 年日本社会保障相关费用占一般会计预算支出的 33. 53%，其中社会保险费占 25. 07%，社会福利费占 3. 20%，生活保障费占 3. 01%。[②] 特别会计预算与社会保障相关的有两类：年金特别会计（厚生保险与国民年金）和劳动保险特别会计（包括工伤保险核算、失业保险核算等）。2014 年日本社会保障相关费用占一般会计预算支出的 32. 37%，其中社会保险费占 24. 40%，生活保障费占 3. 05%，社会福利费占 2. 73%；社会保障相关费用支出占特别会计预算支出的 20. 65%。[③] 日本社会保障预算的特点：①社会保障预算以特别会计预算为主体，尤其是社会保险基金主要以特别会计账户形式实行预算管理，以实现社会保险自身平衡；②社会保障收入不在政府一般会计预算中反映，政府一般会计预算只在其支出预算中包括一项社会保障相关费用支出，这同我国一般公共预算内没有社会保障收入，只有社会保障和就业支出的情况相似；③社会保障预算属于相对独立的专项预算，通过政府特别会计预算体系核算，政府一般会计预算中的社会保险支出是政府对社会保险的补助支出，构成了社会保险特别会计预算中的政府补助收入，这是日本社会保障专项预算同政府一般预算之间关系的体现。[④]

四、中国社会保障预算制度

（一）社会保障预算制度的提出

自 1949 年以来，我国国家预算一直采用单式预算，社会保障方面的支出通过几个支出项目表现出来。随着我国政府职能的转变，单式预算已不能明确表达财政职能的各种目标，1992 年我国开始编制复式预算，国家预算被分为经常性预算和建设性预算两部分。但是这一改革未能分清财政为公共产品供给和国有资产经营的预算安排，也未能根据社会保障在公共服务中的特殊性建立单独的社会保障预算，社会保障方面的支出在经常性预算中反映。

各项社会保障收支混在其他经常性收支中，并且各项社会保障基金脱离了财政的预算监督和管理，既损害了复式预算的职能，又不利于社会保障事业的自身发展。因此，

①④ 林治芬，李静茹．美、英、日三国社会保障预算［J］．中国社会保障，2013（3）：39-40.

② 杨华．日本政府预算制度［M］．北京：经济科学出版社，2016：29-30.

③ 杨华．日本政府预算制度［M］．北京：经济科学出版社，2016：29-59.

需要通过建立社会保障预算把社会保障资金收支从一般性的经常收支中分离出来，以独立于政府公共预算和国有资产预算，并将预算外的各项社会保障基金纳入政府预算统一管理，这样既可以完整地反映社会保障事业发展状况，推动社会保障事业的进一步发展，又可以对国有资产经营预算、公共建设性预算、国家债务管理预算起到“领头”作用，对深化国家预算管理体制改革及财政体制改革起到促进作用。

1993 年党的十四届三中全会通过的《中共中央关于建立社会主义市场经济体制若干问题的决定》明确指出，建立政府公共预算和国有资产经营预算，并可根据需要建立社会保障预算和其他预算。1995 年 11 月 22 日国务院令第 186 号发布的《中华人民共和国预算法实施条例》第二十条规定，各级政府预算分为政府公共预算、国有资产经营预算、社会保障预算和其他预算。

（二）社会保险预算制度的建立

为加强社会保险基金管理，规范社会保险基金收支行为，明确政府责任，促进经济社会协调发展，2010 年 1 月国务院颁布的《关于试行社会保险基金预算的意见》，决定在全国范围内试编社会保险基金预算，并明确指出社会保险基金预算应遵循的基本原则包括：依法建立，规范统一；统筹编制，明确责任；专项基金，专款专用；相对独立，有机衔接；收支平衡，留有结余。社会保险基金预算按险种分别编制，包括企业职工基本养老保险基金、失业保险基金、城镇职工基本医疗保险基金、工伤保险基金、生育保险基金等内容。根据国家法律法规建立的其他社会保险基金，条件成熟时，也应尽快纳入社会保险基金预算管理。同时，对预算编制方法、编制和审批、执行和调整、基金决算、组织实施等做了明确规定。

2012 年 3 月，第十一届全国人民代表大会第五次会议通过的《第十一届全国人民代表大会财政经济委员会关于二〇一一年中央和地方预算执行情况与二〇一二年中央和地方预算草案的审查结果报告》明确提出，2013 年向全国人大正式提交全国社会保险基金预算。2013 年 3 月，根据全国人大要求，并报请国务院同意，2013 年全国社会保险基金预算正式报送全国人大。至此，中国建立了社会保险预算制度。

2015 年 1 月 1 日开始施行的《中华人民共和国预算法》为社会保险预算制度提供了法律依据。2018 年再次修订的《中华人民共和国预算法》第五条规定，预算包括一般公共预算、政府性基金预算、国有资本经营预算、社会保险基金预算；第十一条规定，社会保险基金预算是对社会保险缴款、一般公共预算安排和其他方式筹集的资金，专项用于社会保险的收支预算。社会保险基金预算应当按照统筹层次和社会保险项目分别编制，做到收支平衡。2022 年 5 月，财政部、人力资源社会保障部、税务总局、国家医疗保障局颁布了《社会保险基金预算绩效管理办法》，以建立科学、合理、规范的预算绩效管理体系，提高社会保险基金管理水平。

（三）社会保障预算制度的建立

20 世纪 90 年代，我国就提出了建立社会保障预算制度，但迄今为止，还没有建立起来。我国社会保障资金规模庞大，管理分散，资金被分割在社会保险预算和一般公共预算内。2013 年社会保险预算制度已经建立，社会保险基金可以通过社会保险预算制度得以全面反映；而各项社会救助和社会福利资金仍零星分散在一般公共预算内，使得收支得不到真实的反映。

社会保障资金没有纳入一个统一的预算体系，缺乏立法机构的监督，不仅难以保证资金的安全和完整，而且不能保证政府社会保障职能的实施。建立社会保障预算制度，不仅可以直接强化对社会保障资金的法治管理和监督，同时有利于建立社会保障资金使用的约束机制。通过建立社会保障预算，严格按照现行预算管理方式，加强社会救助基金、社会保险基金以及社会福利基金的管理监督，从管理机制上杜绝资金的乱收滥支、损失浪费现象，有利于现有社会保障资金更好地发挥其使用效益，提高政府的社会保障能力。通过对社会保障预算收支执行情况的分析，及时发现问题，修正管理办法，可以防范和化解社会保障基金风险，最大限度地保障广大人民的合法权益。

从典型国家经验和具体国情来看，我国可以采取一揽子社会保障预算的编制方案，即“社会保险基金预算+一般公共预算”安排社会保障支出。这一方案既能够克服现行各项社会保障基金管理不清晰的问题，又能够克服社会保障基金不能全面反映社会保障收支状况的弊端，同时吸收政府公共预算模式和基金预算模式的优点。各项社会保障基金纳入预算管理，依法运营，使社会保障基金的管理逐步向制度化、规范化过渡，有利于全面加强社会保障基金的管理，而且明确体现了政府对发展社会保障事业的责任、义务和支持。

深度阅读

1. 穆怀中. 国民财富与社会保障收入再分配［M］. 北京：中国劳动社会保障出版社，2003.

该书从国民财富的分配和社会保障收入再分配的“梯度思维”原理开始，依据经济学和人口学理论和方法，分析了经济时代的变迁、国民财富收入分配的理论框架、低梯度指标与高梯度指标下的财富收入分配的均等与非均等，以及社会保障收入再分配性质、方式、限度和再分配的博弈过程。

2. 刘志英. 社会保障与贫富差距研究 [M]. 北京：中国劳动社会保障出版社，2006.

从实践的角度，该书第二篇选取六个典型国家，分析了每个国家的社会保障支出水平与支出结构，并且指出了社会保障制度的模式差异和国别差异；第三篇分析了中国现行社会保障制度的正面和负面效应，并提出了完善制度的具体措施。

3. 张志林. 政府社会保障支出理论研究 [D]. 吉林大学博士学位论文，2009.

该论文通过对我国财政社会保障支出的比例、结构以及与经济发展水平的适应性等方面的历史和国际比较分析，评价了我国政府在履行社会保障支出职能方面的状况和不足，并进而在制度层面上探讨了我国社会保障支出职能履行的问题所在。最后，针对制度建设水平提出了在社会保障制度化和立法化、社会保障统筹模式以及社会保障基金监管等方面的制度建议。

4. 林治芬，高文敏. 社会保障预算管理 [M]. 北京：中国财政经济出版社，2006.

该书从社会保障预算的产生发展和国际经验，总结出我国建立社会保障预算的理论依据和现实意义；从对我国社会保障资金及管理现状的分析，提出构建“统账分征分管”的社会保障预算体系；从对我国社会保障预算的近期模式和最终模式的分析，提出社会保障预算的具体设计内容。

5. 林治芬，李静茹. 美、英、日三国社会保障预算 [J]. 中国社会保障，2013 (3)：39-40.

文章分别介绍了美国、英国、日本三个国家的社会保障预算制度及其特点，以及对中国建立社会保障预算制度的启示。

6. 田青. 加拿大社会保障预算的经验分析及其对中国的启示 [J]. 社会保障研究，2014 (3)：94-98.

文章详细介绍了由老年保障制度、就业保险制度和加拿大养老金计划三项制度构成的加拿大社会保障预算，并提出对中国建立社会保障预算制度的启示。

7. 杨华. 日本政府预算制度 [M]. 北京：经济科学出版社，2016.

该书在概括总结日本财政体制、政府预算制度的基础上，系统梳理了日本预算的编制、审批、执行、决算以及审计等相关环节和具体内容，对我国政府预算管理体制改革提出了思辨性借鉴和思考。

本章小结

公共财政制度是社会保障制度运行的经济基础，社会保障制度的良好运行有利于减轻政府的财政负担。社会保障支出水平是社会保障支出与国内生产总值之比，它是一个具有整体性、相对性、质与量相统一的概念，受供需条件制约，应保持“适度”水平。社会保障支出水平“超度”或“不足”，对经济社会都会产生不利影响。各国社会保障支出结构不同，支出效益也存在一定差异性。多数国家对社会保障制度的管理是通过社会保障预算制度进行的，社会保障预算制度存在四种预算编制模式，它们各有优缺点。目前，中国建立了社会保险预算制度，社会保障预算制度仍未建立，应该借鉴其他国家的经验，尽早建立社会保障预算制度。

重要概念

公共财政　社会保障预算　基金预算模式　政府公共预算模式　一揽子社会保障预算模式　政府公共预算下的二级预算模式

思考题

1. 如何理解社会保障制度与公共财政制度的互动关系？

2. 衡量社会保障支出水平的指标有哪些？哪些因素影响社会保障支出水平？是如何影响的？

3. 如何理解社会保障支出水平的适度性？

4. 美国、德国、英国、瑞典和智利五个典型国家社会保障支出结构具有哪些特性？

5. 如何理解社会保障支出效益？

6. 为什么要建立社会保障预算制度？

7. 社会保障预算有哪几种模式？各具有哪些优点和缺点？

8. 美国、英国、加拿大、日本等国家的社会保障预算具有哪些特点？

9. 我国社会保障预算的发展现状如何？哪种预算模式更适宜我国？

10. 如何加强社会保障预算管理？

第六章 西方社会保障思想史的演变

从经济和经济学的角度看，社会保障基本理论是关于政府与市场的作用及相关问题，与此关联的是公平和效率问题。社会保障是一种再分配制度，追求公平或至少是某种程度的公平，是政府干预市场分配结果的一个手段。自由放任主义与国家干预主义两大经济流派的划分是针对初次分配领域而言的，在讨论具有再分配性质的社会保障问题时，同样做这样的划分未免欠妥。因此，我们按照社会保障制度的发展历程（建立—发展—改革）来划分社会保障思想的演变更为合理一些。

第一节　建立初期的社会保障思想（20 世纪 30 年代以前）

17 世纪英国产生了社会保障制度的雏形，所以早期社会保障思想的介绍从此开始。受新历史学派的影响，19 世纪 80 年代现代社会保障制度最早产生于德国；而受旧福利经济学和瑞典学派的影响，20 世纪初期产生了普惠福利思想。早期社会保障制度主要包括亚当·斯密、新历史学派、旧福利经济学和瑞典学派的思想。

一、亚当·斯密的自由主义思想及其政策主张

（一）亚当·斯密的自由市场经济理论

亚当·斯密（1723—1790 年）一生著作甚丰，但问世甚少，生前出版的著作仅有《道德情操论》（1759 年）和《国民财富的性质和原因的研究》（1776 年，简称为《国富论》）两部。

亚当·斯密认为市场经济是“富国裕民”的康庄大道，强调市场机制的作用，认为一只“看不见的手”在合理配置资源，每个人“受着一只看不见的手的指导，去尽力达

到一个并非他本意想要达到的目的，也并不因为事非出于本意，就对社会有害。他追求自己的利益，往往使他能比在真正出于本意的情况下更有效地促进社会的利益”。亚当·斯密认为，“用不着法律干涉，个人的利益关系与情欲，自然会引导人们把社会的资本尽可能按照最合适于全社会利害关系的比例，分配到国内一切不同的用途”。每个人只要不违反“正义的法律”，都应给予“完全自由”，让他们选择“自己的方法”“追求自己的利益”，以其“劳动及资本”同任何人、任何阶级进行自由竞争，通过“看不见的手”来推动个体利益和社会福利的共同增长，进而实现社会福利水平的提高。这样，无须政府监督，就可以自发地实现增进国民财富的目的。

亚当·斯密认为劳动生产物会自然而然地分配给各阶层人们，“不同的劳动和资本用途的利害，总的说来，在同一地方内，必然完全相等，或不断趋于相等……在各事物都听任其自由发展的社会，即在一切都听其自由，各个人都能自由选择自己认为适当的职业，并能随时自由改业的社会，情况确是如此……各地的货币工资及货币利润，都随劳动和资本用途的不同而大不相同”。但这种不相同，一部分起因于职业本身性质的不均等，“有以下五种主要情况……第一，职业本身有愉快的有不愉快的；第二，职业学习有难有易，学费有多有少；第三，工作有安定的有不安定的；第四，职业所须承担的责任有重有轻；第五，成功的可能性有大有小”。另一部分起因于国家政策的不均等，主要有三种情况，“第一，限制某些职业中的竞争人数，使其少于原来愿意加入这些职业的人数；第二，增加另一些职业上的竞争，使其超越自然的限度；第三，不让劳动和资本自由活动，使它们不能由一个职业转移到其他职业，不能由一个地方转移到其他地方”。

在亚当·斯密看来，上述造成劳动收入不均等的原因有些是合理的，有些是不合理的，他反对国家以各种形式对工商业一般事务进行干预，主张保护私人产权。但是，亚当·斯密反对国家干预并不是绝对的。他认为对“危害社会的安宁”的自由，任何政府都要予以“法律的约束”，国家干涉是必不可少的，主张政府提供必要的“公共产品”，扮演“守夜人”角色的自由市场经济。亚当·斯密认为国家的职能首先在于“保护本国社会的安全，使之不受其他独立社会的暴行与侵略”；其次是“为保护人民不使社会中任何人受到其他人的欺辱与压迫，换言之，就是设立一个严正的司法行政机构”；最后是“建立并维持某些公共机关和公共工程”。

从亚当·斯密的理论中，我们不难看出他的自由市场经济思想和政策主张，以及对早期国家干预主义理论和政策的深恶痛绝，但他并不反对国家对公共产品的投入和管理，以及对有害于社会自由的必要干涉。

（二）亚当·斯密的社会保障思想：否定社会救助作用

古典经济学派主张自由放任主义，认为市场机制可以实现社会经济的协调发展，反对政府对经济社会的任何干预，反对进行收入再分配。在他们看来，市场分配结果是最合理的，正是由于政府的介入才使分配出现不合理现象。因此，他们反对进行社会救助。

亚当·斯密对英国1601年颁布的《济贫法》持否定态度，认为“《济贫法》妨碍劳动的自由移动……自有《济贫法》以来，贫民除了在所属的教区内，就不易取得居住权，甚至不易找到工作的机会……英格兰的乱政，恐以此为最……今日四十岁的英格兰贫民几乎没有一个在他一生中没受过这荒谬居住法残酷的压迫的……四百余年来的经验告诉我们，把性质上不允许仔细限定的东西硬加以精密厘定的做法，该废除了”。在亚当·斯密眼中，《济贫法》严重阻碍了国民的自由流动，阻碍了劳动者对就业的自由选择，对劳动者就业极为不利，他力主废除《济贫法》，还劳动者的自由选择权。

英国1601年的《济贫法》是世界首次出现国家在社会保障方面的立法，与中世纪宗教机构提供的福利具有完全不同的性质。虽然在教区范围内实施，宗教机构在其中仍然保持着其传统的影响，国家没有提供财政上的支持，也没有直接设立管理机构，但是，立法统一了各教区的济贫制度，并由国家督促各教区实行，具有一定的进步意义。

然而，由于受亚当·斯密“自由市场经济”思想的影响，反对国家干预经济和进行收入再分配，在17世纪和18世纪，该《济贫法》没有什么进展，国家只监督各教区对《济贫法》的执行情况。英国古典经济学派极力否定社会救助作用的思想，阻碍了英国社会保障制度的建立。英国虽最早形成了社会保障制度的雏形，但是受古典经济学自由思潮的影响，英国最终未能成为最早建立现代社会保障制度的国家。

二、德国新历史学派的政府干预理论及其政策主张

（一）新历史学派的基本观点

19世纪初期，德国的经济学家用“国家经济学”（即发展中国家的经济学）对抗古典学派的“世界主义经济学”，用旨在保护和发展德国民族经济的保护主义或国家干预主义对抗英法发达资本主义国家推行的经济自由主义理论和政策，德国历史学派得以应运而生。19世纪40年代形成的旧历史学派到19世纪70年代演变为新历史学派。

新历史学派又被称为“讲坛社会主义”，其主要代表人物有施莫勒（Schmoller）、阿

道夫（Adolf）、布伦塔诺（Brentano）等人。他们认为，国家是集体经济的最高形式，是公务机关。在进步的文明社会中，国家的公共职能应不断扩大和增加，凡是个人努力所不能达到或不能顺利达到的目标，都理应由国家实现。1872 年，新历史学派在爱森纳赫召开会议，并组织了“社会政治协会”，施莫勒在会上致开幕词。他说，我们虽然不满意现在社会的状况，深感改良的必要，但我们不主张打破现存的关系，而要改革经济主张和现有生产形态和各个社会阶级现存的教养和心理状态，并以此为我们的活动出发点。从这种改革社会主义观点出发，他们提出要增进社会福利，实行社会改革，并通过工会组织来调整劳资之间的矛盾，主张由国家来制定劳动保险法、孤寡救助法等。

新历史学派的社会改良政策有两个支撑点。①从伦理道德出发，认为劳资冲突不是经济利益上的对立，而是感情、教养和思想上存在差距而引起的对立。因此，在他们看来，劳资问题是一个伦理道德问题，不需要通过社会革命来解决，而只要对工人进行教育，改变其心理和伦理道德的观点，便可以解决。②从国家观出发，主张国家至上，国家直接干预经济生活，负起“文明和福利”的职责。他们认为，当时年轻的德意志帝国所面临的最严重的社会经济问题就是“劳工问题”。如何缓和劳资间的矛盾，填平两者在理想、精神和世界观方面的“深渊”（他们认为这比经济上的“深渊”更危险），关系着帝国的前途和命运。正是在这种背景下，1883 年德国推出了世界上第一部《疾病保险法》，并随之颁布实施了一系列重要的社会保险法律。

新历史学派的政策主张包括：①国家的职能不仅在于安定社会秩序和发展军事实力，还在于直接干预和控制经济生活，即经济管理的职能；②国家的法律法规至上，决定经济发展的进程；③经济问题与伦理道德是密切相关的，人类的经济生活并不是仅仅局限于满足本身的物质方面的欲望，而且还应满足高尚的、完善的伦理道德方面的欲望；④劳工问题是德意志帝国面临的最严峻的问题；⑤国家应通过立法，实行包括社会保险、孤寡救助、劳资合作以及工厂监督在内的一系列社会措施，自上而下地实行经济和社会改革。

（二）新历史学派的社会保障思想：倡导国家保险，缓和劳资矛盾

19 世纪后期，德国的工业发展虽赶不上英国，但工业革命已经成熟，这时在德国已具备了率先实行国家社会保障的社会政治条件。资本家压榨劳工、劳资对立问题已成为当时德国最大的社会问题。在这种历史条件下，出现并流行于德国的新历史学派反对自由放任主义，主张国家积极干预经济和社会生活，实施一系列的社会政策调和劳资关系，以消除德国所面临的最大社会问题。他们以劳动问题为课题，在经济学中掺入伦理

道德的要素，主张公平的分配，借以平衡劳资双方的对立关系，主张国家对经济活动采取干预行动。他们认为，国家不应仅仅充当“守夜人”的消极职能，凡是个人能力所不能办到的事情，皆应由国家干预办理。

德国的新历史学派是第一个系统阐述社会保障经济思想的，针对当时德国所面临的劳资问题，强调和证明了建立社会保障制度的客观必然性，开始倡导国家实施社会保险。新历史学派不再反对国家出面干预社会经济活动，主张由国家出面实施社会保险。他们主张实施社会保障政策的直接目的，不是出于针对收入分配不均、主张公平分配的考虑，而是为了缓和日益尖锐的劳资矛盾，但是，不可否认的是这些政策主张间接起到了保护劳动者、改善劳动者生存环境和增进劳动者福利的作用。

他们的主张被俾斯麦政府所接受，从而成为德国率先实施社会保险的理论依据。

三、旧福利经济学的分配理论及其政策主张

（一）福利经济学的思想渊源

福利经济学作为现代经济学的一个分支，在 20 世纪初形成于英国，后来在美国、瑞典、法国等国得到传播。1920 年英国经济学家庇古（Pigou）的巨著《福利经济学》的出版标志着福利经济学的正式诞生，庇古被称为“福利经济学之父”。从思想渊源上进行考察，庇古的福利经济学的思想基础可分为以下三个层次。

1. 经济思想渊源

在福利经济学看来，资源有效配置来自一个完全竞争的、一般均衡的市场体系，在这一体系中，商品的价格等于其边际成本，生产要素的价格等于其边际产品价值。在这个体系中，当每一个生产者出自自利动机追求利润最大化、每一个消费者出自自利动机追求效用最大化时，整个经济将是有效的。福利经济学的这一经济思想源于英国古典经济学的鼻祖亚当·斯密“看不见的手”的原理。在亚当·斯密看来，追求个人利益是一般的“人性”，经济活动的主体，就是这种体现人类利己主义本性的个人；人类的利己主义本性必然产生“交换”，这是“一种人类倾向”，“这种倾向就是互通有无，物物交换，互相交易”；人类要求相互交换的倾向必然又引起“分工”，因为“有了分工，同数量劳动者就能完成比过去多得多的工作量”。人性—交换—分工，亚当·斯密就是从这三个方面入手构建自己的整个经济理论体系的，而个人利己主义则是亚当·斯密整个经济研究的前提和出发点。

2. 社会福利思想渊源

庞古的社会福利思想在很大程度上受到了英国改良主义经济学家霍布森（Hobson）提出的“最大社会福利”思想的影响。霍布森明确主张经济学要以社会福利为研究中心。他是从伦理观点出发研究福利问题的，认为人生的目的在于追求福利，福利的基础是财富。财富是由劳动、土地、才能、资本等共同生产出来的。生产是人类成本的消耗，但也包括积极的快乐与享受；消费是效用的享受，但某种消费也包含有痛苦与成本。他提出生产力配置要能使劳动痛苦减少到最低水平，消费品的分配要使社会效用达到最高水平，即用最少的人类成本，求得很多的人类效用，从而获得最大量的福利。在生产中，工人、资本家、企业主和地主通力合作，创造了一种“非生产性剩余”。这种“非生产性剩余”是由于各种生产要素的所有者在议价时能力的不平等，以及各种经济势力相互影响所形成的，因而政府应以课税的方式或政府独占的方式将这种剩余用于社会福利。一切征税应以“非生产性剩余”为限，从这里面尽可能征取，让国家有益地用来维持和发展公共事业。为了保证“最大社会福利”，国家必须干预经济生活，实行“国家社会主义”。这种干预不仅包括分配领域，还应包括生产领域。国家不仅可通过赋税消除财富不均，实行免费医疗、老年抚恤金、比较充分的失业救助等“合理的健全的社会政策”，而且还应当对一些企业进行直接管制，以便把个人利益与社会利益调和起来，使“最多数人的最大幸福”得以实现。

3. 哲学思想渊源

庞古福利经济学的哲学基础直接以边沁（Bentham）的功利主义为基础。边沁认为，个人是自身利益的最好的判断者，人们的理性活动是寻求快乐，同时避免痛苦。如果每个人都能自由地追求个人利益，那么必然会实现公共利益即最多数人的最大幸福。由于个人追求私利是正当的，政府不应该进行干涉，而应实行自由放任政策。但是，边沁的功利主义哲学与政治经济学还是分离的。最早使两者结合起来的是詹姆斯·穆勒（James Mill）。他认为，经济学的研究应当关心人的幸福，而资本主义制度可以使个人利益与公共利益相结合。但是，资产阶级追求私利的结果，并没有给以雇佣劳动者为主体的多数人带来幸福。于是，在英国，以功利主义哲学为基础的传统经济学出现了折中、调和的趋势：一方面，继续依据功利主义原则，实行自由放任政策；另一方面，主张采取某些国家干预政策，以调和劳资矛盾。这种趋势在经济理论上表现为：从约翰·穆勒（John Mill）开始一直到马歇尔（Marshall）的英国古典经济学家都在理论上不断进行探求，希望能够找到一种方法，既能维护资本的统治，又能缓解无产阶级的斗争。这些经济学家的不懈探求最后在庇古那里得出了一个答案，这就是他的“福利经济学”。

（二）旧福利经济学的基本观点

庇古以马歇尔等人的一般经济理论为基础，以完全竞争为前提，系统地论述了福利概念及其政策应用，建立了福利经济学的理论体系。庇古的福利经济学，相对于他以后的福利经济学来说，被称为旧福利经济学。

庇古以边际效用价值论为基础，把福利分为两类：一类是广义的福利，即“社会福利”；另一类是狭义的福利，即“经济福利”。广义的福利包括对财物的占有而产生的满足，涉及“自由”“家庭幸福”“精神愉快”“友谊”“正义”等内容，但这些是难以计量的。而经济学所要研究的是可以用货币计量的那部分社会福利即经济福利。经济福利虽然只是总福利的一个部分，但却具有决定性的影响，它可以在一定程度上反映社会的状况。庇古认为，人们追求的是最大限度的满足，而使人们得到满足的是物的效用，因而一个人的经济福利就是由效用构成的。既然效用可以通过商品的价格进行计量，那么个人的经济福利也是可以计量的。每个人获得的效用总计起来就构成了全社会效用的总和，而效用总和也就是全社会的经济福利。由于经济福利是可以直接或间接地与货币尺度联系起来的那部分总福利，国民收入是可以用货币衡量的那部分社会客观收入，其中包括国外收入，因此，经济福利和国民收入这两个概念是对等的，对其中之一的内容的任何表述，就意味着对另一个内容的相应表述。

庇古把国民收入量的增加和均等化的收入分配看作是福利经济学研究的主题，并采用两个标准作为检验社会福利的标志：①国民收入的大小；②国民收入在社会成员中的分配情况。他认为，凡是能增加国民收入总量而不减少穷人的绝对份额，或者增加穷人的绝对份额而不影响国民收入的总量，都意味着社会福利的增进。庇古的国民收入极大化和收入均等化这两个福利经济学的重要命题在西方经济学说中被视为一项开创性的工作，即首次将社会福利问题与国家干预收入分配问题结合起来作为一个重要的专门领域加以研究。从这个意义上讲，庇古至少作出了如下三个重要贡献。

第一，确立了资源最优配置的标准。庇古运用边际分析方法对市场作用进行了分析，认为资源最优配置的标准是边际私人净产品与边际社会净产品相等，即国民经济各部门的边际社会净产品相等。市场的作用就是通过自由竞争和社会经济资源的自由转移来实现上述条件，从而使经济资源在各部门之间的配置达到最优。

第二，确立了社会福利最大化的标准。根据边际效用递减的法则，庇古认为，要增加社会福利，就必须实现收入均等化。也就是说，如果政府把富人的一部分货币转移给穷人，将会增加一国的经济福利，因为市场机制对收入均等化无能为力。因此，国家应通过征收累进税的办法把富人的一部分钱收来举办社会福利事业，让低收入者享用，缩小贫富差距，以增大社会福利。当所有人的收入均等从而使货币的边际效用相等时，社会经济福利就会达到最大化。

第三，确立了外部性理论。在继承了马歇尔的“外部经济”概念后，庇古首次对外部性问题作了系统研究。他认为，在纯粹竞争下所发生的社会边际净产品与个人边际净产品之间的一般差异来源于这一事实：此问题的本质是，个人 A 在对个人 B 提供某项支付代价的劳动的过程中，附带的，也对其他的人提供劳务或造成损害，而不能从受益的一方获得支付，也不能对受损害的一方施以补偿，没有一个“看不见的手”可以赖以由个别的部分处理以产生全体的良好安排。因此必须有一个具有广泛权力的机构，能干预并处理“有关美好空气与阳光”等集体问题，如同其处理煤气、自来水等集体问题一样。在自由竞争的市场条件下，边际社会净产品与边际私人净产品常常产生的背离现象实际上就是市场的外部性问题，只有国家对市场经济进行适当的干预才能消除外部性。

（三）旧福利经济学的社会保障思想：实施社会保障，实现收入均等

旧福利经济学产生于资本主义经济从自由竞争走向垄断经济时期，财富和收入分配、失业、贫困等问题已到非解决不可的地步，自由放任的市场机制无法解决这些社会矛盾，政府必须出面调和各种矛盾。旧福利经济学系统阐述了收入分配与社会福利的关系，提出通过政府全面干预经济，以实现收入均等化，从而实现社会福利最大化的政策主张。

庇古主张国家实行养老金制度和失业救助制度，并论述了实施社会保障政策的经济意义。由于收入分配中存在收入边际效用递减规律，同一英镑的收入对穷人和富人的效用是不相同的，一英镑收入对穷人的效用大于一英镑收入对富人的效用。然而，一个人所享受经济福利的大小来自他所消费的那部分收入，而不是他的全部收入。依据边际消费倾向递减规律，越富有的人，用作消费的收入占全部收入的比重越小，因而富人失去一部分收入对他的经济福利损失很少；而相对贫穷的人获得相同数量的收入，则能获得比较大的经济福利。因此，在收入再分配过程中，穷人得到的效用增量大于富人的效用损失量，社会总效用会增加。因而，庇古认为具有收入再分配性质的社会保障政策可以扩大一国的“经济福利”。他主张：①增加必要的货币补贴，改善劳动者的劳动条件，使劳动者在患病、残疾、失业和年老时能得到适当的物质帮助和社会服务；②向高收入者征收累进税，向低收入劳动者增加失业补助和社会救助，以实现收入的均等化，从而

增加普遍的福利效果；③实行普遍养老金制度，或按最低收入进行普遍补贴的制度，通过有效的收入转移支付实现社会公平。在庇古看来，实施社会保障政策，通过这些政策的再分配功能实现收入均等，进而可以达到社会福利最大化的社会目标。

旧福利经济学的“收入均等化”思想为福利型社会保障制度的建立奠定了理论基石，并在英国得到了充分实践。在《贝弗里奇报告》的基础上，英国于 1948 年 7 月宣布建立面向全体国民的“福利国家”，使英国成为世界上最早全面建成“福利国家”的国家。

四、瑞典学派的分配理论及其政策主张

（一）瑞典学派的基本观点

瑞典学派，又称北欧学派或斯德哥尔摩学派，起源于 19 世纪末 20 世纪初，形成于 20 世纪二三十年代。瑞典学派的“自由社会民主主义”理论是瑞典福利制度的理论基础。

早在 1917 年，瑞典的社会民主党就已参政，1932 年汉逊社会民主党政府成立后，社会民主党开始长期执政。因此，从 20 世纪 30 年代起，瑞典学派的理论和政策建议就已带有社会民主党的色彩，并且提出了包括政治、经济、分配在内的“社会民主主义”理论。

1. 政治上实行阶级调和

瑞典学派认为，工人和雇主（资本家）应处于平等地位，人民应享有充分的民主，国家是超阶级的。瑞典的工会组织历史悠久、力量强大，社会民主党与工会联系密切，并以工会作为自己强大后盾和社会基础，因而瑞典学派主张，有关工资和其他劳资纠纷问题，应由双方的组织（雇主协会与工会）自由谈判，协商解决；协议不成，则由超阶级的国家政府出面谈判。这样，全社会依靠政府、雇主协会和工会三大权力中心相互协调、相互制衡，就可以维护阶级合作与“社会民主主义”的正常秩序。与其他资本主义国家相比较，在劳资谈判中和政府推行的政策上，瑞典工人阶级的利益得到较多照顾，工人享受了较多的“民主”。

2. 经济上实行混合经济

瑞典学派推行“市场经济”和“国有化”相结合的“混合经济”。瑞典学派十分重视市场经济的作用，主张竞争，反对垄断，认为市场经济有助于增进效率；主张企业分权，强调企业经营管理的独立性，防止官僚主义。在他们看来，市场竞争是经济发展的

巨大动力，在一个缺乏竞争的社会里，必然经济效率低下，产品短缺，质量粗劣，社会弊病丛生。同时，他们主张在私有制占统治地位的基础上，实行部分国有化（并非一切基本生产资料都实行国有化）。部分国有化包含有两方面的内容：一是对某些生产公共产品和公共劳务的基础设施（如铁路、邮电等）实行国有化；二是收入和消费国有化，通过累进税制将一部分国民（特别是高收入者）的收入统一纳入国家预算，作为社会保险和集体消费的共同基金。

3. 分配上实行收入均等化的社会福利保障制度

瑞典学派主张收入均等化，通过实施收入再分配政策，实现“福利国家”；主张政府稳定经济，提供公共服务。瑞典学派认为国家应承担起环境保护、公共商品和劳务的供应、经济稳定、收入和财富的分配等方面的责任。他们认为，一个理想的社会应当把福利普遍给予社会成员，使人人得到幸福。他们继承和进一步发展了维克塞尔（Wicksell）的福利再分配理论，强调收入和财富分配均等化，主张用累进税来解决分配问题。

（二）瑞典学派的社会保障思想：主张收入均等，实现普惠福利

瑞典学派与凯恩斯几乎同时（甚至更早一些）提出了国家干预经济可以“医治”经济危机的政策主张。瑞典学派理论和政策的思想精髓在于：①依靠政府的干预，通过宏观经济调节的方式来平抑经济周期的波动；②用收入再分配的方法，主要是指利用累进税及转移性支付，举办社会福利，使社会各阶级、集团之间的收入和消费水平通过再分配趋于均等化，从而实现收入的平等。瑞典学派不仅在理论上为福利制度奠定了基础，而且在实践上也得到了充分的应用。由此，瑞典建立了一套“从摇篮到坟墓”的普惠型社会保障制度，成为世界福利国家的典范。

瑞典社会保障制度以高福利著称于世界，不仅保障水平高，而且覆盖面宽、保障项目齐全，给所有居民（包括瑞典公民和生活在瑞典的外国公民）提供了内容丰富的基本保障，包括收入保障和医疗、教育、住房等福利，涉及老年人、残疾人、儿童、妇女、贫困家庭等不同群体。人们从该制度中所得到的绝大多数保障同整个社会收入或福利的增长状况相关，而与个人贡献的大小没有太大的关系，居民“普惠”社会进步的成果。

瑞典社会保障制度的设计理念完全体现了瑞典学派“自由社会民主主义”的思想精髓。国家提供社会保障的目的不仅仅停留在济贫层次，最终目标在于实现“收入均等化”，使居民“普惠”福利。庇古主张通过“收入均等化”，增加社会总福利；而瑞典学派主张通过“收入均等化”，使居民“普惠”社会福利。

第二节 发展时期的社会保障思想（20 世纪 30 年代至 70 年代）

20 世纪 30 年代以后，受国家干预论的影响，一方面，自 1935 年美国颁布《社会保障法》之后，阿根廷、墨西哥等国家先后建立社会保障制度，社会保障制度实现了全球化。另一方面，德国社会保险制度逐步走向成熟。发展时期的社会保障制度主要包含新福利经济学、凯恩斯主义和社会市场经济理论的思想。

一、新福利经济学及其政策主张

（一）新福利经济学的基本观点

从 20 世纪 30 年代开始，英美经济学家对庇古的福利经济学进行了修改、补充和发展，于 1939 年前后形成新福利经济学。新福利经济学的主要代表人物有勒纳（Lerner）、卡尔多（Kaldor）、希克斯（Hicks）、伯格森（Bergson）、萨缪尔森等人。

1. 帕累托最优与补偿原理

19 世纪末，意大利经济学家帕累托指出，如果生产资源的重新配置，已经不可能使任何一个人的处境变好，除非至少使另一个人的处境变坏，那么这种情况称为“最优”。20 世纪 30 年代，美国勒纳和霍特林（Hotelling）将帕累托最优发展为生产和交换的最适度条件，指出只要同时满足了生产最适度和交换最适度（任何两种产品的边际效用之比等于它们的边际成本之比），社会经济福利就达到最大量。帕累托的“最优”意味着，只要使每个人状况都得到改善或一些人得到改善的同时没有人状况变坏，任何社会变革都是可行的，否则，都是不可行的。

但是，只在不侵犯任何人利益的条件下才进行的变革，不能称之为社会变革。在任何一项社会变革中，一些人蒙受损失是不可避免的。于是，英国的卡尔多在 1939 年提出了“假想的补偿原理”，希克斯将它进一步完善。他们认为，如果一些社会成员经济状况的改善不会同时造成其他成员经济状况的恶化，或者一些社会成员状况的改善补偿了其他社会成员状况的恶化，社会福利就会增加。因此，政府可运用适当的政策措施（对受益人征收特别税，对受损者支付补偿金），使社会变革中的受损者得到补偿，使他们保持原来的经济地位。只要特别税与补偿金之和为正，社会福利就会增长。也就是说，只要一些社会成员状况的改善补偿了其他社会成员状况的恶化，社会福利就会增加，这种政策措施就是可取的，而不管它是使“贫者越贫、富者越富”还是使“贫者变富、富者变贫”。可见，“补偿原理”论者忽视了分配问题。

2. 社会福利函数论

美国经济学家伯格森和萨缪尔森认为，在实现社会经济福利最大化方面，勒纳、霍特林的生产与交换的最适度条件和卡尔多、希克斯的补偿原理都很片面，只注重了经济效率而忽视了合理分配。在伯格森和萨缪尔森看来，经济效率是实现最大福利的必要条件，合理分配是实现最大福利的充分条件。他们认为社会福利的大小取决于影响福利的一切变量，将分配方面及其他所有支配福利的因素统统考虑进来，编制了一种社会福利函数，当这个函数值达到最大时才算实现了福利最大化。

他们认为福利的最大化取决于个人对影响福利变量的自由选择，个人可以选择自己认为最理想的一种组合。由于社会福利总是随着个人福利的增减而增减，实现了个人福利的最大化，才能实现社会福利最大化。因此，政府应当保证个人自由选择的可能性，而不应当限制这种自由选择。

社会福利函数论者和其他新福利经济学家不同，他们主张“合理的”收入分配；但又与庇古不同，他们不主张收入分配“均等化”。他们认为收入分配是否合理是由舆论、国会或者政府等来确定，实质上是由统治者决定的。那么，“合理的”收入分配是有利于穷人还是富人就很难讲了。

3. 相对福利论

1974 年美国的伊斯特林（Easterlin）在《经济增长是否能改善人类的命运?》一文中，提出了福利的相对性观点。伊斯特林认为，像美国这样的“丰裕社会”，人们不仅关心他们收入的绝对水平，而且更关心他们的相对收入，甚至认为“一个人宁肯在其他人的收入减少 10% 的前提下，把自己的收入降低 5%，也不愿意大家的收入都增加 25%”。福利的相对性观点使福利与个人的收入无直接关系，提高国民收入水平和缩小国民之间收入差距的政策都不能增加国民福利。“相对福利”既否定了收入均等化的措施，又否定了普遍提高国民收入水平的意义，从而认为任何变革都不能增进福利。相对福利论者还认为，既然福利是相对的，那么贫困也是相对的，以此否定绝对贫困问题。

（二）新福利经济学的社会保障思想：补偿变革损失，实现合理分配

新福利经济学与旧福利经济学相比，有其进步意义，但也有倒退。进步意义在于，肯定市场机制的作用，反对政府对分配和生产的全面管制，认为在自由竞争的市场机制作用下，能够实现资源的最适度配置，达到帕累托最优状态，实现社会福利的最大化。

新福利经济学的倒退表现在对分配问题的忽视，认为分配问题涉及“价值判断”，主张把它排除在福利经济学的研究范围以外。因此，在新福利经济学的所有论著中，根本没有具体提出收入再分配的。

在新福利经济学家看来，社会保障与其说是缩小贫富差距进行再分配的手段，不如说是补偿社会变革所造成损失的措施。任何一项社会变革，使一部分人的短期福利遭遇损失是难免的，但长期来看，通过“合理”的分配措施可以弥补福利损失，甚至可以增进福利。由社会变革造成的生活贫困，政府可以通过社会保障等转移支付政策给予补偿，使贫困者摆脱贫困。而由于自身因素造成的生活贫困，政府没有责任出面给予解决，只能让贫困者终生贫困。

补偿后的结果是否合理，在新福利经济学家看来，是由占据统治地位的人说了算的，广大民众对此并没有发言权。这种情况下，谁是政策的受益人，谁是受损者，以及政策的公正性就很难保证了。合理分配的合理程度有多大，不得不打个问号。但是，他们毕竟向完全均等的收入分配提出了质疑，引发人们对社会保障公平与效率的思考。我们不妨将其称为“倒退中的进步”。

二、凯恩斯主义的有效需求理论及其政策主张

（一）凯恩斯有效需求理论的基本观点

1929—1933年资本主义世界经济大危机使得原来占统治地位、以市场自由经营论为中心内容的新古典经济学说顿时衰落。在此背景下，凯恩斯的一般就业理论应运而生。在凯恩斯理论体系中，对社会保障影响最深的是有效需求理论及其政策主张。

凯恩斯认为，有效需求是决定社会总就业量的主要因素，能否达到充分就业取决于有效需求的大小，在市场经济现实中，经常存在的有效需求不足是引起经济危机和严重失业的根本原因。有效需求不足源于消费和投资不足，而消费和投资的不足则是由三个基本心理规律所致。

1. 边际消费倾向递减规律

影响消费的因素很多，如收入水平、价格水平、收入分配、利率水平及消费信贷、消费者年龄结构等。凯恩斯假定，在影响消费的各种因素中，收入是消费的唯一决定因素，收入的变化决定消费的变化。凯恩斯认为存在一条基本心理规律：随着收入的增加，消费也会增加，但消费的增加不及收入的增加多。他把收入和消费两个经济变量之间的这种关系称为消费倾向。凯恩斯把消费倾向分为平均消费倾向和边际消费倾向。平

均消费倾向（APC）是指在任一收入水平上消费在收入中所占的比例；边际消费倾向（MPC）是指在增加的一个单位收入中用于消费部分所占的比例。他认为，随着就业和收入的增加，个人用来增加消费的部分越来越少，即边际消费倾向越来越低，这样在有效需求和总供给价格之间就有一个逐渐增大的缺口不能弥补，就会降低企业的生产积极性，从而减少对劳动力的需求，要弥补这一缺口必须增加个人或家庭收入以刺激社会总消费。

2. 资本边际效率递减规律

凯恩斯认为，资本边际效率递减规律是有效需求不足——投资需求不足的主要原因之一。资本边际效率是凯恩斯最早使用的一个概念。所谓资本边际效率是一种贴现率或折扣率，这种贴现率或折扣率正好使一项资本品在使用期内各预期收益的现值等于这项资本品的成本或供给价格，也就是预期的利润率。它取决于资本供给价格与资本预期收益，与供给价格成反比，而与预期收益成正比。凯恩斯认为，如果其他条件相同，资本家对利润率的预期将随投资的增加而降低，此即资本边际效率递减规律。某种资本品的购买量越大，则其供给价格越高，他所付出的成本也就越高，因而预期利润率就越低，而且投资越多、产量越大，销售产品的难度也会增加，随着供求关系的变化，价格可能会降低，所以预期利润也越低，这无疑会抑制资本家投资的积极性，社会对私人投资的诱惑力越来越小，导致资本家不愿进行投资，出现社会投资不足现象。

3. 流动偏好规律

凯恩斯认为，影响投资需求的另一个原因是流动偏好（也称为灵活偏好）。人们对货币的偏好指人们要以货币形式保持其一部分资产的愿望和偏爱。流动偏好是一种心理动机，是人们为了应付日常开支、意外开支和在适当时机投机牟利活动需要而愿意在手头持有现金的倾向。凯恩斯认为，利息率的高低由货币的供求关系决定，人们对货币的需求则取决于人们的灵活偏好，而利息则是人们放弃这种灵活偏好的报酬，如果人们想保留货币的愿望越强烈，则资本家为获得货币资本而必须付出的代价——利息就越高；如果资本家对利润率的预期低于利息率，他就不会进行投资，结果会造成投资需求不足。凯恩斯认为，在现代资本主义社会中，一方面由于潜在和闲置的生产能力很大，为了维持充分就业，社会需要用投资来填补的收入与消费之间的差额很大；另一方面由于资本边际效率递减及利息率有趋于稳定的趋势，导致投资的数量不足以填补收入与消费之间的差额。在这种情况下，社会就业水平总是达不到充分就业的水平。

凯恩斯指出，上述三个基本心理规律使消费需求和投资需求所构成的有效需求经常低于社会总供给水平，导致就业总是小于充分就业的水平。凯恩斯认为，在这三个基本心理规律中，资本边际效率递减规律处于主导地位，是造成经济危机爆发的主要原因，同时也是政府干预经济的主要理论依据之一。

（二）凯恩斯主义的政策主张

凯恩斯认为，只要社会能够提供足够的有效需求量，危机就可以避免，失业问题也就能够解决，要保持足以维系充分就业水平的有效需求量，必须依靠国家对经济生活的直接干预。国家对经济的干预和调节，不是要完全取代市场机制，而是为了弥补市场功能的缺陷。凯恩斯的政策主张主要有以下两个方面。

1. 有效需求管理政策

凯恩斯把政府对经济干预的重点放在总需求方面，在他的政策主张中，财政政策居于主导地位。他主张由国家直接进行投资或消费来弥补私人消费和投资的不足，以此来提高国民收入和就业水平。凯恩斯反对财政年度平衡预算，认为用举债方法扩大政府支出的扩张性财政政策是反危机的有效政策，认为财政赤字可以弥补有效需求不足，特别是投资需求不足，只要能够促进经济增长，并使个人收入增加，即使经济出现经常赤字也无关紧要。他主张政府承担公共事业投资和社会福利责任，并对生活在贫困线以下的人进行救助、对私人企业进行订货和贷款等。凯恩斯还主张实施补偿性财政政策，即根据经济情况变化，有意识地扩大或紧缩政府支出使财政起到反危机的作用。实行这种政策的具体办法是逆经济波动风向而采取扩张与紧缩政策：在经济衰退期，扩大政府开支和实行减税，甚至采取财政赤字和发行公债，以扩大总需求；在经济高涨期，政府则应实行紧缩政府开支和增税措施，以减少总需求，通过这种松紧搭配的补偿性财政政策，保证整个经济周期收支平衡。

凯恩斯把货币政策放在了次要地位。他指出，有效需求不足必然表现为流通中没有足够量的货币去购买，而扩张性货币政策是刺激投资的办法之一，其手段就是由政府增加货币发行量。他极力推行通货膨胀政策，试图用通货膨胀手段来引诱投资，弥补赤字。他认为，通货膨胀对于缓解经济危机和减少失业是一种行之有效的方法。一方面，它既可以扩大社会支付能力，又可以降低利率，这样既能刺激消费又能刺激投资，有利于经济增长和就业增加；另一方面，它可以降低工人实际工资，增加资本家的利润。因此，凯恩斯主张用增加货币发行量、实行通货膨胀的办法来提高物价，降低工人实际工资，增加利润，促使资本家雇用更多工人，以便达到充分就业的目的。

2. 刺激消费，引导需求政策

凯恩斯理论认为，失业源于有效需求不足，因此凯恩斯主张奢侈消费，力图改变人们节俭朴素的传统。要实现充分就业必须刺激有效需求，刺激消费和投资。凯恩斯刺激消费的政策主要有两个。第一，力主消费支出。他认为，高消费可以和高投资并存，节俭虽然符合道德规范但却对社会不利。他指出，政府举债支出虽然使财政出现赤字，却可以使社会走向富裕，并有利于解决就业问题。因此，凯恩斯主张鼓励政府消费，进而认为政府的一切支出都是生产性的，一方面，政府可以增加其购买水平，扩大对商品和劳务的需求，用于举办公共工程，如修建高速公路、水利工程等；另一方面，政府可以提高其转移支付水平，例如，支付失业救助金、养老金等福利费用，为特殊群体提供额外津贴，延长失业救助金领取期限等。第二，主张实行高额累进税政策，以进行收入再分配，提高消费倾向。他认为，财富和分配不合理是现实社会的根本缺陷之一，分配不均会降低消费倾向，这样必然会减少有效需求，不利于经济发展和就业增加。因此，他主张国家改变税收体系，用累进税来缩小收入分配差距，增加消费需求，刺激经济增长，提高就业水平。当然，以上提到的政策措施应当根据经济周期的变化灵活运用。

（三）凯恩斯主义的社会保障思想：有限再分配和有限保障

凯恩斯主义提出的国家干预不是对市场机制的完全否定，而是对市场机制缺陷的弥补和修正。他们主张通过累进税和社会福利等办法重新调节国民收入的分配，通过个人间的财政转移支付，对失业人员、贫困者给予救助，从而刺激消费需求。在凯恩斯主义的国家干预思想中，社会保障占有相当重要的地位。在他们看来，国家出面建立社会保障制度主要基于两点：一是提高消费倾向，由于富人的边际消费倾向低于穷人的边际消费倾向，通过社会保障的转移支付将富人的部分转移给穷人，可以提高整个社会的平均消费倾向；二是稳定宏观经济，社会保障的“自动稳定器”作用，可以熨平经济波动。因此，凯恩斯主义主张实施的社会保障是一种政府出面进行的、有助于提高消费倾向的、实现宏观经济稳定的“有限”再分配手段。

凯恩斯主义主张通过财政政策大幅度提高社会福利水平，其目的是增加社会总需求，主要是从生产角度考虑的，最终是为了维持再生产的顺利进行。他们所关心的问题是维持社会再生产的连续性，实施一系列的社会福利措施，只是为了刺激需求和保护生产，以实现充分就业，其政策并非出于对民众福利的真正关心。因此，在此基础上建立的社会保障制度是一种充分强调个人责任、国家承担有限责任的社会保障制度，提供的社会保障仅是有限的保障。

凯恩斯主义的社会保障观点在美国得到了充分的体现，美国的社会保障制度就是一个进行有限再分配，提供有限保障的制度。社会保险不同于社会救助，应当是自给的，带有自我保障的性质。社会保障制度应与国民的自我保障意识相辅相成、相互促进、共同发展。在防止风险和人生沉浮中，政府从来没有保证为百分之百的人提供百分之百的保障；在该领域，应遵循的基本原则是，不能给文明社会造成浪费，以至损害文明社会；就社会保障本身而言，不是企图消除结构性失业或老年贫困的根源，它既不意味着减轻人们创造富裕生活的个人主要责任，也不表明削弱家庭义务的重要性。事实上，《社会保障法》不是一个致富计划，不会为人们提供充分的保障，只能为美国公民提供最低的生活条件，或者说最基本的生活条件。

凯恩斯主义是社会保障理论发展的一个新里程碑，它的有限保障和有限再分配观点直接推动了第二次世界大战后社会保障制度在全世界范围内的建立。

三、社会市场经济理论及其政策主张

（一）社会市场经济理论的基本观点

社会市场经济理论是一种关于社会经济秩序的理论。它强调，一种进步的社会经济体制必须将古典经济理论中的经济自由思想与现代的“社会国家”观念有机地结合在一起。也就是说，只有以竞争为基础的经济自由思想才能实现经济增长的目标，也只有“社会国家”观念才能达到社会公平与社会进步。社会市场经济理论的主要代表人物米勒-阿尔玛克（Müller-Armak）指出，社会市场经济的理念，就是“在竞争经济的基础上，将自由的创造力与恰好是由市场经济的效益保证的社会进步结合起来”。社会市场经济所要的是国家有限干预下的自由竞争，通过国家的积极、适当、有效的干预来维持正常的竞争秩序，以自由竞争来实现全民的繁荣富裕。

德国经济学家埃哈德（Erhard）认为社会市场经济的目标是实现大众福利，并具体表现为“三位一体”，即“生产与生产率的增长随着名义工资的增长，以及由于低廉而稳定的物价所造成的进一步繁荣”。简言之，就是通过生产与生产率的增长、名义工资的提高，以及低而稳定的物价来实现大众福利。社会市场经济是要实现大众福利或全民福利。这也就是要消灭社会贫富悬殊的现象，使绝大多数人享受到经济繁荣的果实。埃哈德是主张实现公平的，但并不主张通过收入再分配政策来实现公平与大众福利。他坚持生产优于分配，即首先要发展生产，提高生产率，而不是进行收入再分配；认为发展生产是实现大众福利的首要条件。正如他所说的，“我所最关心的不是分配问题而是生产与生产率问题。解决的办法不是在分配方面，而是在增加国民收入方面”。用一个通俗的说法，实现大众福利的根本方法不是如何切割现有“蛋糕”的问题，而是如何把“蛋糕”做大一些的问题。只有着眼于把“蛋糕”做大，才能使每个人所获得的“蛋糕”量都有所增加，这才是全民福利的增加。

埃哈德在大众福利问题上有两点值得注意。①反对“公平分配”的提法。他并不认为现有的分配制度是十全十美或公正的，这种分配制度也有改变的必要性。但如果要立刻实行分配制度改革以实现公正，结果就会引起激烈争论，发生提高工资的斗争，引起罢工，减少储蓄和资金积累，激化社会矛盾，从而消耗国家的许多经济活力，无法实现大众福利。②反对福利国家的口号。他认为，现代国家中应有不断增加的福利支出，但有效的社会福利计划必须以不断增加的国民收入为前提。在国民收入没有大幅度增加的情况下，用增加福利支出来实现大众福利，其后果往往事与愿违。这是因为，大规模的福利支出将破坏经济发展的基石——通货稳定。国家福利支出过大引起财政赤字，这就会种下通货膨胀的祸根。通货膨胀破坏了经济发展，使社会福利成为无源之水。同时，过多的福利磨灭了人的创业精神和主动性，结果使经济停滞，大众福利也只是一种“现代幻想”。他无不讽刺地说，在这种福利国家中，往往是什么都有，唯独缺乏福利。总之，社会市场经济所要实现的大众福利并不是通过收入分配公平或以收入分配均等化为目标的再分配政策，也不是由政府不断增加的福利支出来实现的，而是通过发展生产来实现的。这就是“三位一体”的目标中，提高生产与生产率的含义。

（二）社会市场经济理论的社会保障思想：社会公平、社会安全和社会自治

社会市场经济理论由埃哈德在德国付诸实践。1948 年埃哈德被任命为英美双战区经济主管，面对一片混乱萧条的景象，为重振德国经济，在美国的支持下，他以社会市场经济思想为指导，进行了大胆的全面经济改革，使德国经济迅速发展，创造了第二次世界大战后联邦德国一段时间的经济奇迹，他本人被誉为“经济奇迹之父”。

埃哈德认为“社会市场经济=市场经济+总体调节+社会保障”，认为社会的责任是让每个人都得到最必要的生活保证。在他看来，社会市场经济中的“社会”一词，表明市场经济所具有的社会功能，即保证社会公正和社会安全，提供必要的社会保障。因此，建立社会市场经济的目的就是要消灭贫富差距，使绝大多数人分享经济繁荣的成果。

社会保障是社会市场经济的重要组成部分，社会公平和社会安全是社会保障制度的基本原则。社会保障制度有助于稳定劳资双方的社会伙伴关系，解决雇主与雇员之间社

会公平问题；有助于校正由于竞争而出现的社会不公的偏差，解决富人和穷人之间的社会安全问题。他们主张实施一系列包括生、老、病、残、死以及教育和医疗等在内的几乎涉及社会成员基本生活各个环节的社会保障措施，以形成一个完善的社会保障体系。但是，他们认为社会保障体系不是以政府为主体，而是强调社会“自治”原则，国家主要通过法律手段对社会保障进行宏观引导和管理。

德国社会保障制度充分体现了社会市场经济思想。长期以来，德国社会保障预算性强，制度运行平稳，收支水平高而稳定。德国社会保障支出大约占财政支出的一半，占GDP的1/3，虽为补缺型社会保障制度，但目前支出水平已超过英国福利型社会保障制度，充分体现了社会安全。然而，德国制度的高支出水平是靠社会的高缴费维持的，而不像英国靠国家财政一般税收维系。德国70%的社会保障基金来源于雇主和雇员的缴费，体现了社会公平和社会自治。

第三节　改革时期的社会保障思想（20世纪70年代末以后）

20世纪70年代末，西方经济受“滞胀”的影响，新自由主义打着所谓“新古典复兴”的旗号兴盛起来。随着经济活动范围的扩大与繁荣，市场的不完全性和信息的非对称性日益突出，信息经济学随之产生，许多国家的社会政策开始走向“第三条道路”。

一、新自由主义理论及其政策主张

20世纪50年代末60年代初，带有反凯恩斯主义色彩的新自由主义在美国出现。但是，20世纪50年代和60年代是凯恩斯学派鼎盛时期，新自由主义思想影响不大，直到20世纪70年代出现“滞胀”，新自由主义才更多“受宠”。新自由主义信赖市场机制的自发作用，反对国家干预经济，认为社会保障制度破坏了市场机制的功能，严重影响了自由竞争的市场秩序，因而反对福利国家，主张社会保障的市场化、私有化、多元化。

（一）弗里德曼的社会保障思想：“进入”原则和负所得税方案

弗里德曼（1912—2006年）是现代货币学派的创始人和最主要的代表人物。现代货币学派20世纪50年代中期在美国出现，是一个反凯恩斯主义的新自由主义学派，以制止通货膨胀和反对国家干预为主旨。

1. 自由与政府

弗里德曼认为，在经济生活中，绝对自由是不可能的，个人的自由可能相互冲突。当冲突存在时，必须限制一个人的自由以便保护另一个人的自由；为了保护我们的自由，政府是必要的，通过政府这一工具我们可以行使我们的自由。在他看来，政府的作用是一把双刃剑，在保护自由的同时又对自由构成威胁。他认为，“为了经济稳定和增长，我们迫切需要的是减少而不是增加政府的干预”。他反对以“公平”来取代“自由”的国家干预，认为“当‘公平’取代了‘自由’的时候，我们所有的自由权利就都处于危险之中”。

2. 个人收入差异

弗里德曼认为，个人收入差异取决于个人通过市场所作的选择，个人所作的选择与两种因素有关：一是非个人所能控制的情况，如不可避免的机遇、人们在天赋与财富继承方面的差异；二是集体行动或共同行动，如征税与补贴，但这些共同行动是与个人偏好一致的。一个人可作的选择有多种，每种选择除带来一定收入外，还伴随着一些“非金钱”方面的有利或不利因素，如职业是否令人愉快、工作是否有吸引力等，为了补偿这些不利因素使之与有利因素保持平衡，在货币收入上会表现出一定的差异。在很大程度上，社会成员之间的收入不平等取决于人们对风险的偏好；在绝大部分情况下，收入是否平等反映了该社会成员的兴趣与偏好所在。一个群体的收入分配状况与他们对风险的选择有很大的关系，偏好风险的群体与厌恶风险的群体相比，前者将投机作为一项重要的行业，而后者将保险作为一项重要的行业；前者在社会中的所得税和遗产税的累进程度较小，甚至是累退的，而后者将是高度累进的，产生的结果必然是前者的收入分配不平等程度大于后者。

3. 社会福利的“进入”原则

弗里德曼认为，自由社会的本质决定了“通过直接的生产或者与他人的自愿合作，每个人都应该可以自由地使用其他人力资源来获得食品、衣服、住处及医疗”。也就是说，人们只有通过工作才能获得食品、衣服、住处、医疗等福利，这些福利不可能无偿拥有，实质上是一种“进入的权利”。人们自由选择工作的权利受“政府的职业许可”和行业垄断的限制；但是，人们一旦拥有“进入的权利”，就拥有了政府提供的无穷无尽的福利计划，就会极大地减少贫困与匮乏。对于那些由于出生时的事故、疾病或者其他什么原因，无法挣得最低收入的人，弗里德曼认为应该给予他们直接援助，使他们无偿地获得食品、衣服、住处及医疗。

4. 负所得税方案

弗里德曼反对政府实施全面的贫困救助计划，主张用负所得税方案取代这些福利计划，主张通过货币支付（取代食物支付）和收入状况调查（取代生活状况调查）来帮助穷人。他认为负所得税可以确保每个人的最低收入，并鼓励受益人进行自助；认为50%的负所得税税率是可行的最高税率。弗里德曼认为，负所得税的优点在于：首先，它是专门针对贫困问题的，以最有用的形式——现金向个人提供帮助；其次，它具有自由性，尊重穷人消费的自由选择权，使人们增加收入的积极性得到提高；再次，它是有效率的，既帮助了更多的穷人，又大大地减少了耗费，使大多数需要帮助的人的生活水平得以提高；最后，它将消除官僚主义及政治贿赂，它既可以消除那些累赘的、代价高昂的福利官僚机构以及为了政治庇护而利用官僚机构的可能性，也不可能被用作政治贿赂。

（二）哈耶克的社会保障思想：非再分配性、非强制性和非政府性

弗里德里希·冯·哈耶克（1889—1992年）是新自由主义思潮最主要的代表之一，被认为是“极右翼的”“保守的”“反动的”经济思想家，是最彻底的自由主义者。

1. 国家垄断“强制”，维护“个人自由”

哈耶克认为，自由是指“一个人不受制于另一个人或另一些人因专断意志而产生的强制的状态，亦常被称为‘个人’自由或‘人身’自由的状态”。强制是指“一个人的环境或情境为他人所控制，以致为了避免所谓的更大的危害，他被迫不能按自己的一贯的计划行事，而只能服务于强制者的目的”。在哈耶克的眼中，自由与强制是一对孪生兄弟，只要存在着一个人按其自己的决定和计划行事的可能性，就一定存在着一人必须屈从于另一人的意志的状态。因此，哈耶克主张在社会中将一些人对另一些人所施加的强制或其恶果减至最小可能之限度——纵使不能将其完全消灭。为了充分维护个人自由，哈耶克认为有效办法是“将行使强制之垄断权赋予国家，并全力把国家对这项权力的使用限制在下述场合，即它被要求制止私人采取强制行为的场合”。政府应该通过制定一般性规则明确规定政府在种种不尽相同的情形中将采取的措施，使政府强制行动成为个人制定和实施其计划所凭借的各种基本依据。以众所周知的规则为依据的政府强制就成了一种有助于个人追求其目标的工具，而非一种被用以实现他人目的的手段。也就是说，通过国家垄断强制，保护“个人私域”，使之免遭他人干预，维护个人自由。

2. 法律保证机会平等，反对收入平均

哈耶克认为，国家强制实施的“一般性法律规则和一般性行为规则的平等，乃是有

助于自由的唯一一种平等，也是我们能够在不摧毁自由的同时所确保的唯一一种平等”。个人自由必定会在许多方面产生不平等，社会无法保证“天生”公平，但可保证“后天”公平。政府如果给予有差异的人们平等的待遇（即法律平等），其结果就一定是他们在实际生活中不平等的地位（即物质不平等）；政府如果想将有差异的人们置于平等的地位（即物质平等），唯一的方法只能是给予他们以差别待遇（即法律不平等）。哈耶克主张法律面前人人平等，强调机会均等，认为“理想社会”应该是一个“人们可以自由选择机会”的社会。在法律保证下，每个人在市场竞争和其他场合都享有同等大小的参加机会、获胜机会和被挑选机会。如果要靠政府的力量来实现收入和财产的平等，必将使某些人处于与其他人不平等的地位，因为收入和财产平等的实现是以存在另一种不平等为前提的。任何出于平均收入、财富的国家强制措施都是不可取的，应坚决反对收入平均。

3. 推崇市场的自发调节，反对政府任何形式的干预

哈耶克的哲学思想是人为的没有自然的好，他推崇一切自然的东西，反对人为设计的东西。因此，他十分推崇和赞扬自由市场经济，反对政府任何形式的干预。他认为市场经济比计划经济更能充分利用各种知识或者信息，市场可以按照“消费者主权”自动矫正经济衰退和失业现象。他认为只要政府不制造垄断，并且保证进出自由，经济活动的效益可能更好。早在20世纪30年代，哈耶克就批评凯恩斯思想，认为国家干预经济政策会使资源配置失调，导致通货膨胀和失业，20世纪70年代的“滞胀”不幸被他言中。他认为“货币政策可能是萧条的原因而不是医治萧条的处方”。人为的货币政策扭曲了信号，造成了错觉，削弱了机制本身的功能。国家对货币发行权的垄断是“滞胀”的根源，只要实行“货币非国家化”就行了。同时，他也反对财政手段，坚决反对刺激消费需求、提供公共工程和维持价格水平的宏观经济政策。

4. 社会保障的非再分配性、非强制性和非政府性

哈耶克坚决反对将收入再分配作为社会保障制度的目标。他认为平等只能是机会平等，而非财富分配上的平等，任何人为的财富分配要求都是不公平的，都是无效的；任何缩小贫富差距的分配主张，都会对个人自由造成极大的危害。尽管普遍富裕的社会应该向所有人提供一种有限的社会保障，确保每个人维持生计的最低需要；某些意外事件个人无法防范其后果，政府应该采取减轻灾祸的公共行动等。我们有充分的理由为贫困者或为不可预见灾难的受害者提供福利救助，然而，贫困者却无权要求分享较富裕者的财富，无权要求分享整个群体利益。人们可以针对某些人愿意给予什么的问题确立一项标准，但是绝不能确立一项某些人能要求什么的标准。

他反对强制性社会保障，认为强制性社会保障违背了秩序的自由性，某些强制性的社会保障措施意味着政府为了行政便利而倾向于采用一劳永逸的单一发展模式，这样就使解决社会问题的其他有效方法胎死腹中，最终势必导致社会保障制度的自我膨胀和效率低下。在哈耶克看来，强制性社会保障还有损于个人自由。自由是一个人不受制于另一个人或另一些人因专断意志而产生的强制性状态，而社会保障制度以整齐划一的标准剥夺了个人在诸多问题上的选择权，从而构成了对个人自由的威胁。

在他看来，政府决不应当是唯一有能力提供社会福利的机构，而且在此领域也不应当有垄断，应当允许尽可能多的独立的个人或组织参与进来。他认为，家庭和自由竞争的市场是两个最佳的福利提供渠道，个人的需要可以通过它们得到满足，只有当这两个渠道无法发挥作用时，或者是某些福利需要不能从这两个渠道得到满足的时候，国家才应该暂时介入。

（三）供给学派的社会保障思想：加重贫困，造成自愿失业

面对 20 世纪 70 年代出现的“滞胀”，现代西方经济学家研究的视角重点由需求转向供给。这时，在美国应运而生了一个反凯恩斯主义的学派——供给学派。这个学派的先驱者是加拿大籍的美国哥伦比亚大学教授芒德尔（Mundell），学派的主要代表人物还有拉弗（Laffer）、万尼斯基（Wanniski）、罗伯茨（Roberts）、吉尔德（Gilder）、马丁·费尔德斯坦、埃万斯（Evans）等。费尔德斯坦、埃万斯等的观点比较温和、折中，称为温和派；拉弗、罗伯茨、万尼斯基等的观点比较激进、极端，称为激进派，而后者自称是供给学派的正统派，西方社会各界通常也把后者作为供给学派的代表。

1. 否定凯恩斯定律，肯定萨伊定律

供给学派以萨伊定律作为他们的理论和政策的基础，首先向凯恩斯定律（需求能够产生出自己的供给）提出挑战，认为“滞胀”完全是需求管理政策（征收高税率所得税、大举兴办社会福利计划和货币扩张政策）造成的后果，政府增加支出或减税并不能直接增加总需求和总产量。他们认为，购买力永远等于生产力，人类欲望的满足受限于生产能力而非消费能力，因此，政府应该鼓励的是生产而不是消费，主张通过生产力来提高供给。他们认为企业家的创业精神和自由经营是生产增长的关键因素，政府对企业过多的、不适当的管理和限制，都会阻碍企业活动的创造性，不利于生产增长。因此，他们主张让市场自动调节，反对政府干预经济活动。

2. 分配不均是自然现象，利益逐层渗透

供给学派与新古典综合派一样，认为劳动、资本、土地等生产要素应该按照各自的生产能力进行分配。由于各种生产要素对生产的实际贡献大小不一，收入分配不均是自然现象。在他们看来，只有富人才有资金去投资，使经济迅速增长，对社会是有“贡献”的，政府进行收入再分配会挫伤个人储蓄和企业投资的积极性，不利于经济增长。同时，他们认为利益会逐层渗透，“只要让大资本家获得大量利润，他们就会扩大生产，就业就可增加，工人生活也可得到改善，这样利益也就从富人逐层渗透到穷人身上来”。这样每个人都得到了好处，他们认为这就是公平，因此，收入分配不均问题根本不用关心，不需政府干预。

3. 反对政府的过多干预，主张降低边际税率

供给学派认为经济中的主要障碍是政府干预过多，以及由于税收的水平和结构而引起对劳动和投资的抑制，还有制度上和习惯上对资源有效配置的障碍，如工会的各种限制性做法。因此，他们积极主张政府应放宽管理经济过多的法律条例，以增强市场机制的作用；建议应积极采取各种措施以改进或增加劳动力的地区和职业的流动性；特别是竭力主张降低所得税，而降低边际税率是关键，以便鼓励人们努力工作，或增加储蓄和投资，从而提高就业和产出水平，促进经济增长，并使通货膨胀得到抑制。此外，他们还主张减少失业津贴，以刺激人们更努力地去寻找工作；主张削减对劳动就业征收的工薪税，以鼓励增加劳动需求。

罗伯茨等认为，税收能直接影响商品和劳务的供给，较低的税率意味着对工作、储蓄、承担风险及投资的更多刺激。当人们对较高的税后报酬或较高的盈利率做出反应时，收入就会增加，税基也会扩大，因而就补偿了财政收入损失。与此同时，储蓄率也上升了，并为政府和私人的借贷提供了更多的资金。如果边际税率提高，一方面，纳税后净报酬就会减少，对劳动者来讲，意味着休闲对工作的价格下降，人们更愿意选择休闲而不是工作，劳动力供给就会减少；对资本来讲，意味着消费对储蓄和投资的价格下降，人们更愿意消费而不愿意储蓄和投资，资本供给就会减少。因此，供给学派认为提高生产要素的边际税率，会减少要素的供给和经济的产出。另一方面，拉弗认为，提高边际税率并不一定会使政府的税收收入增加。根据拉弗曲线，边际税率在最优税率之前，政府收入会增加；在最优税率之后，政府收入反而会减少。因此，供给学派主张以能对投资、储蓄及工作诱因提供最大激励的方式来大幅度降低税率。

4. 减税不会加剧贫富悬殊

供给学派认为减税与收入均等化之间存在着一种彼此促进的关系，减税可以使富人更富，也可以使穷人增加收入。供给学派认为，收入均等化是按居民收入的多少及其差距大小来衡量的；如果社会上存在着大批失业人员，失业人员没有收入，那么这时无论如何也谈不上收入均等化，因为富人与失业的、无收入的穷人相比，其收入差距之大是不言自明的。然而，通过大幅度减税，刺激储蓄、提高储蓄率、增加产量，不仅可以增加就业，而且将使劳动者的工作热情增加，愿意加班、兼职，即愿意增加劳动力供给，这样一来，穷人的收入水平就会提高。在西方经济学家争论不休的所谓“公平与效率的交替”问题上，供给学派提出了一个“新”的看法：减税既可以增进效率（因为富人愿意投资，穷人愿意加班、兼职），又不会有碍于“公平”（因为失业人员有工作可做，穷人能增加收入）。这样，供给学派把有关贫富差距的问题，重新拉回到二百年前亚当·斯密的理念上去。亚当·斯密曾经指出，在国民财富增加的过程中，各阶级、阶层的利益是可以同时并增的，从而是可以协调的。供给学派自称忠实于这一理念。

5. 社会保障制度加重贫困，造成“自愿失业”

供给学派认为，对大多数的美国人来说，选择工作所获得的收入与选择领取救助金所获得的收入，两者在数量上非常接近。如果考虑税收因素，则被救助者的救助金水平，实际上高于许多工作者所获得的净收入。在1979年，一个四口的家庭，每年最高可从联邦政府领取到8 748美元的福利救助金。而一个靠工作来取得收入的家庭，为获得同样数额的所得，与福利救助金的免税情况相比，必须为相应的所得税多花出30%～40%的工作时数。另外，失业人员所节省的不仅是工作时所应缴纳的税赋，而且还节省了如果工作就必须支付的相关费用，如交通费、儿童托人照顾费用。而且，失业人员还可以获得其他一些合法和非法的收入。由此，供给学派认为社会福利金、社会安全保障、失业救助金所得转移（income transfer）的社会保障制度，实际上是“鼓励那些不工作的人，打击在工作的人”。

在美国，失业救助金的工作所得替代率极高，可以将失业救助金视为对就业者劳动所得征收的一种极高的税率。失业救助金的获取使失业成本较低，而工作成本较高，因此，失业人员不积极寻找或不接受低报酬的工作，雇主不愿长期雇用工人，双方“共同努力”提高失业率。因此，福利救助必然会助长贫困者对政府的依赖性，加重贫困并使贫困永久化。社会福利制度实际上是在造成“自愿失业”现象。

在供给学派看来，社会保障制度不仅不能减轻贫困，反而会加重和扩大贫困。因此，他们主张大幅度削减社会福利开支，停办不需要的社会保险和福利计划，降低社会保障支付水平。对资金来自政府征收的社会保险税的老年、遗属和残障保险以及失业保险与工伤事故保险等，应该严格领取条件，限制津贴金额，使计划的支付与收入相抵；对资金来自政府一般税收项目下拨款的抚养儿童家庭补助、食品券补助、住房补助、医疗补助、补充保证收入等，政府只应兴办救助老年贫困、赤贫等必需的福利设施，停办那些使中产阶级受益的食品券补助、医疗补助等计划，贫困家庭领取补助必须参与劳动，以免滋长其依赖性。

总之，供给学派从其自由主义原则出发，指出社会保障制度削减了个人储蓄，抑制了人们工作的积极性；高替代率的失业救助金鼓励人们失业，滋长了穷人的依赖心理。社会保障制度不仅不能减轻贫困，反而会加重和扩大贫困。

二、信息经济学及其政策主张

（一）信息经济学的基本观点

信息经济学最早产生于20世纪60年代初，20世纪80年代后成为主流经济学之一。信息经济学是在非对称信息情况下，研究当事人之间如何制订合同（契约）以及如何规范当事人行为的经济学。非对称信息是指某些参与人拥有但另一些参与人不拥有的信息。信息经济学与传统经济学不同，其理论出发点是“信息不对称”和“市场不完全”。

1. 信息搜寻理论

1962年，美国经济学家施蒂格勒（Stigler）提出了信息搜寻理论，用不完全信息假设替代完全信息假设，来修正传统的市场理论和一般均衡理论，并以此荣获了1982年的诺贝尔经济学奖。市场经济条件下，往往一物多价（价格离散），价格随供求情况而波动，不同销售者的经营条件不同，同样功能的商品有质量上的差异。在信息不对称的情况下，买卖双方为了避免吃亏、谋求利益最大化而进行信息搜寻。搜寻信息是要付出成本的，搜寻成本包括时间和“鞋底”（即交通费用等支出）。搜寻信息也可以获得收益，只要预期边际收益大于搜寻边际成本，信息搜寻就会进行下去，直到预期边际收益等于搜寻边际成本。

2. 柠檬理论与信号理论

1970年，阿克洛夫（Akerlof）提出“柠檬市场”理论。柠檬市场是指二手车或旧车市场，后扩展到其他二手货或旧货市场。由于信息不对称，旧车的性能只有卖主知情而买主不知情，买主只愿意按照旧车的平均价格进行交易，而好车的卖主不愿意接受平均价格而退出交易，结果市场中只有坏车参与交易，导致旧车平均价格和平均质量轮番下降。这与古典经济学的“劣币驱逐良币”十分相似。1973年斯彭斯（Spence）提出市场中介通过使用信号可以抵消逆向选择效应的“信号理论”。通过发放市场信号，可以弥补因信息不对称或不完全而造成的市场失效现象。例如，在劳动力市场中，雇员多用文凭向雇主显示自己的能力；在商品市场上，品牌是商人向顾客推销自己商品的重要信号。

3. 逆向选择和道德风险

从信息非对称发生的时间看，非对称性可能发生在当事人签约之前，也可能发生在签约之后。一般将事前发生的信息不对称称为逆向选择（adverse selection），而事后发生的不对称称为道德风险（moral hazard）。逆向选择又称不利选择，是指因交易双方信息不对称导致一方蒙受不利而影响市场效率的选择。最早出现在“柠檬理论”中，即劣质车淘汰优质车的逆向选择，后推广到委托代理关系中，代理方因拥有隐蔽的私人信息而在合同或契约签订前，利用委托方不知情的信息劣势进行欺骗以谋私利的抉择行为。道德风险又称为败德行为，它指委托代理关系中，代理方在合同或契约签订后，为使自身利益最大化，利用自己的信息优势或隐蔽行为，而损害居于信息劣势的委托方的利益，以至损害社会福利的一种行为。

4. 委托-代理理论

委托-代理理论由维克里（W. Vickrey）和莫里斯（J. Mirrlees）创立。委托-代理关系是指市场交易中，由于信息不对称，处于信息劣势的委托方与处于信息优势的代理方，相互博弈达成均衡，用合同反映的关系。在信息不对称的情况下，代理方掌握委托方不了解的信息，包括市场信息、私人信息等，处于劣势的委托方为了保护自身利益需设计激励机制或约束机制，诱导代理方说真话、干实事。解决委托-代理（principal-agent）关系的关键是激励相容或激励一致性的信息机制的设计，有效的激励机制既能使委托人达到利益最大化的自身目的，又能使代理人愿意接受。这种关系处理得好，可以使市场交易顺利进行；否则会产生逆向选择和道德风险，妨碍市场交易，影响市场机制发挥作用。

（二）信息经济学的社会保障思想：弥补商业保险市场缺陷

对于参与市场交易的双方来说，信息有对称和非对称之分，非对称是信息的常态。参与市场交易的供求双方对信息的掌握存在差异性，即信息优势方与信息劣势方之间存在信息差距。俗话说“买者不如卖者精”，卖者有可能出于谋利的需要隐瞒他掌握的质量信息，而买者怕被对方欺诈常会猜忌或怀疑，买卖双方的行为必然影响市场机制发挥作用。由于信息不对称，产生信息搜寻成本、逆向选择和道德风险，原本双方互利的市场交易难以顺利进行，市场资源配置无效。购买商业保险是人们实现自我保障的一种形式，个人可以和保险公司签订正式合约，通过缴纳保险费，获得一定程度的保障。但是，由于保险公司和被保险人之间广泛存在着非对称信息，逆向选择和道德风险不可避免，高风险保户对于私人信息的隐匿导致保险价格的提高，对低风险保户产生负外部性，商业保险市场往往会出现市场失灵现象。

市场缺陷问题靠市场本身无法解决，需要用非市场办法来弥补因信息非对称所造成的市场缺陷。商业保险与社会保险最大的区别在于参保的“自愿性”和“强制性”之分。商业保险的自愿参加导致逆向选择，而社会保险的强制性可以防止逆向选择的发生。投保人与保险公司之间实质上是一种委托-代理关系，如果有合理的激励机制，道德风险可以减少，保险市场能够顺利进行资源配置。但是，保险市场的交易成本很大，会产生很大的信息搜寻成本和谈判成本。因此，政府有责任运用政策手段来确保激励机制的建立和改进激励机制的设计，政府可以通过推行社会保障政策，一方面降低保险市场的交易成本，另一方面规避保险市场的道德风险，使保险市场能够有效地、顺利地运行下去。

三、“第三条道路”及其政策主张

（一）“第三条道路”的内涵

“第三条道路”是第二次世界大战后西方资本主义经济社会政策发展变化的直接产物，是为了避免传统的左派（“社会民主主义”）与右派（新自由主义）的极端化而寻求的一种中间道路。社会民主主义者和社会主义者是“第三条道路”的最主要使用群体。在社会民主的历史上，“第三条道路”这个术语在20世纪初就已经出现，并于20世纪20年代左右在左派群体中流行。在第二次世界大战后不久，各社会民主党就非常明显地认为自己已经找到了一条既不同于美国的市场资本主义，又不同于苏联式共产主义的独特道路。当“社会主义者国际”于1951年重新创立时，它明确地表明了这个意义上的“第三条道路”立场。20世纪末“第三条道路”开始对西方社会产生巨大影响。

1998年9月，安东尼·吉登斯（Anthony Giddens）出版了《第三条道路：社会民主主义的复兴》，并且在9月21日与时任美国总统克林顿、英国首相布莱尔一起参加了在美国纽约举行的“第三条道路”国际研讨会。他的理论已成为流行于欧美的“第三条道路”思潮的重要基础，影响深远。吉登斯认为，第三条道路是一种超越左派“社会民主主义”与右派新自由主义的政治理论、意识形态，主要表现在以下五个方面。

1. 政治

左派与右派是基于阶级之上的，而“第三条道路”抛弃阶级政治，以新联盟为基础。“第三条道路”反对权威主义与仇外，接受有关社会公正的社会主义的价值观念，寻找一种跨越阶级的、能得到支持的基础。“第三条道路”反对自由主义，认为个人的自由依赖于集体的资源，而且主张社会公正，认为一个好政府对于自由的发展来说是一个基本的保证。

2. 经济

左派赞同混合经济以使资本主义人性化，右派则赞颂市场，而“第三条道路”主张一种“新的混合经济”。与旧的经济不同，新的混合经济主要不是指国有与私营经济的一种平衡，而是指在社会生活中，管制与消除管制、经济与非经济之间的一种平衡。其重点不是放在所有制上，而是放在竞争与管制之上。一般地说，管制是政府或国家的职责，因为只有政府才拥有处罚的法律机制。在新的混合经济中，总是以社会结果来评判经济发展。没有责任就没有权利，没有民主就没有权威，这是“第三条道路”的基本原则。

3. 市民社会与政府

左派对市民社会持怀疑的态度，力图将国家的作用最大化；右派则要竭力缩小国家的作用，认为消除了国家的干预，市民社会就会繁荣发展。“第三条道路”的基本主张是，在市民社会的再生产过程中政府能够而且应该扮演一个基本的角色，认为国家在推进市民社会发展过程中可以起到有益的作用。“第三条道路”寻求对各级政府进行重构，采取措施弥补“民主赤字”。这些措施包括宪政改革、更高的透明度与更多的地方民主。

4. 民族国家

左派对于民族国家的观念持不信任的态度，认为是对国际团结的一种威胁。右派常常将其对自由市场的提倡与一种武断和孤立主义的民族主义混在一起，将民族主义等同为沙文主义。而“第三条道路”试图为民族国家在世界国家中寻找一个新的角色，倡导“世界国家”的观念，不仅认为民族国家仍然重要，而且能充分地理解现代民族国家的复杂性和民族与国家之间的区别，倡导“模糊的民族主义”和“多元化的主权”概念。

5. 福利国家

左派要求维持最大化的福利国家，将其视为财富再分配的主要手段，认为一个高度发达的福利体系是一个正义和人道的社会的基石。右派则要求将福利制度降低到某一个安全值，他们对福利国家进行丑化，认为福利国家是企业的敌人，是市民社会秩序下降的根源。“第三条道路”则认为，福利国家需要作根本性的改革，使其成为一个所谓的“社会投资型”国家。“社会投资型”国家的主要准则就是，将钱尽可能地用于人力资源的投资，而不是直接用于福利支出。保险政策与防范风险是“社会投资型”国家的核心部分，一方面在风险与安全之间建立一种新的关系，通过建立社会保险制度解决“外部风险”，通过增强人自身的生存能力事前预防“人为风险”；另一方面建立个人与集体的责任，“积极的福利”开支将不再是完全由政府来创造和分配，而是由政府与其他机构（包括企业）一起通过合作来提供。在积极的福利社会中，个人与政府之间的契约发生了转变，因为自主与自我发展将成为重中之重。积极的社会福利不仅关注富人，而且也关注穷人。

（二）“第三条道路”的社会保障思想：积极发展的保障理念

1. 保障措施的积极主动性

现代社会人们所面临的各类风险，有的是有可预见性并具有一定时间规律的（如生育、养老），有的是概率性事件（如工伤、失业、疾病等），社会保障政策不仅应解决人们遭遇这些“外部风险”而陷入生活贫困的问题，而且还应该采取积极的事先预防措施，在风险出现前或可能出现时，采取防范措施，以应对“人为风险”，例如，通过劳动技能和就业培训，增强劳动者抗风险能力；通过积极的社会保障政策，增强社会成员“自我发展”的能力，培养社会成员“发展自我”的主观能动性，减少回避风险或依赖他人的被动、消极保障思想。

2. 保障原则的权责统一性

社会保障强调“无责任即无权利”。公民遭受困难时，接受政府保护是其合法权利；但是，在享有权利的同时，必须尽到自己的责任。从社会索取的权利和为社会尽义务的责任同时存在，权利和责任相统一。政府不仅要从物质上提供帮助，还要将公民的主观能动性激发出来，通过福利参与机制，使得公民能够通过自己努力获得良好生活质量，并能为社会创造更多财富。

3. 保障对象的社会投资均等化

政府应向所有公民提供社会保障，而不排除某一阶层，特别是向社会底层和弱势群体提供的保障。提供社会保障时，强调“机会均等”，不仅应过程公平，而且要做到起点公平。主张成为“社会投资型”国家，通过社会投资以实现机会均等。强调人力资本投入，通过教育和劳动技能培训等手段，使每个公民拥有平等参与市场竞争的能力，使其在遭受困难时，能够通过自身所拥有的劳动能力主动摆脱困境，而不是被动地等待政府实施社会救助。

4. 保障供给的多元准市场化

提供社会保障不仅仅是国家政府的责任，其他社会团体、企业及个人甚至国际组织都是社会保障的供给主体。强调多元供给主体之间相互合作，共同担负起社会保障的责任。政府的社会保障权利是有限度的，必须抛弃一手包办的做法，充分发挥公民、家庭、社区和民间社会组织的作用，特别强调“第三部门”作为政府行使社会保障职能的载体作用。加强国家和各种社会组织的合作，建立新的国家与社会的“合作模式”，取代旧的自上而下的“命令模式”。保障供给手段不再是单一的政府或市场，通过“准市场化”，以弥补和平衡政府与市场的作用。政府在提供基本保障的同时，要为市场提供必要的帮助，充分发挥市场的补充保障功能，这样不仅能够减轻政府的社会保障财政负担，而且有助于提高社会保障效率，从而兼顾社会保障的普遍性和特殊性。

（三）典型国家的“第三条道路”社会保障实践

1. 美国的“第三条道路”社会保障实践

（1）克林顿时期的“第三条道路”社会保障实践。克林顿当选为美国总统后，在他向国会提交的经济报告《美国变革的前景》中提出了自己的政策主张，人们将他的这一套政策主张称为“克林顿经济学”。“克林顿经济学”的基本内容是，政府必须干预经济，尤其是财政干预，以实现充分就业和经济增长的目标。具体表现为短期内用财政赤字刺激经济，促使经济复苏，增加就业；长期内逐步减少财政赤字，增加政府公共投资，以维持经济的持续稳定增长。

克林顿采取的政策措施涉及社会保障方面的内容主要包含两点。

第一，短期内增加政府开支以缓解失业。为了摆脱 1990—1991 年的经济衰退，克林顿上任伊始便提出了反经济衰退计划。为此，他在计划执行的前两年内增加了 310 亿美元的政府开支以缓解 900 万人的失业，其中 1993 年财政年度支出 163 亿美元，并建立 32 亿美元的信托基金，用于公共工程、社会服务、技术采购、暑期就业和延长失业救助等方面，以此刺激经济，争取在两年内创造 50 万个就业机会，解决当时迫在眉睫的失业问题，其余 100 多亿美元用于税收减免，主要是为小企业更新设备提供投资税减免，以刺激投资。克林顿认为，大量的小企业可以创造更多的就业机会，而就业增加将有助于赤字的削减。但是，这项计划遭到共和党人和部分民主党人的反对，他们认为当时美国经济已经开始回升，无须刺激，并指责这项拨款提案没有相应地削减政府支出，会在今后几年增加联邦财政赤字，违背 1990 年预算法中“紧急支出条款”的精神。结果，克林顿的这项计划在国会讨论中被否决，只有用于延长失业救助的 40 亿美元开支获得国会通过。

第二，长期内增税减支以削减财政赤字。削减财政赤字，减少政府债务，是克林顿经济学的核心内容之一。克林顿政府急切削减财政赤字，原因在于里根、布什时代积累了巨额的财政赤字和债务，占用了私人生产资金，高债务导致的高利率排挤了私人投资，减少了居民消费（主要指抵押贷款的住宅、汽车购买），增加了贸易赤字，最终导致经济增长乏力。同时，巨额赤字负担与利息支付使政府得不到足够的资金和民众的政治支持来推行财政政策，所以削减赤字势在必行。克林顿计划 4 年内削减赤字 4 930 亿美元，其中 1997 年削减赤字 1 450 亿美元，占预计全部削减额的 1/3。这项计划主要采取了三项措施，以 4 年内增税 2 460 亿美元、节支 2 470 亿美元来实现。

一是增税计划。除提高个人所得税的边际税率、提高公司所得税税率及征收某些高收入个人的附加税以外，夫妻年收入在 4.4 万美元以上者，单身者年收入在 3.4 万美元以上者，其社会保障津贴的应税部分由 50%提高到 85%；扩大低收入者的税收减免，以抵消能源税的影响。

二是减支计划。在削减政府开支方面，克林顿计划在 4 年内削减 2 470 亿美元，其中医疗保健和退伍军人福利开支减少 910 亿美元。

三是改革社会福利制度。克林顿削减赤字的计划同改革社会福利制度是密切联系的，而改革美国的健康保险制度是克林顿政府社会福利政策的重心。克林顿主政之前的美国有 3 500 万人不享受任何医疗保险，他认为这既不公平，又使现行制度无效率。于是他强调建立更广泛的高效医疗保险网络，雇主应为职工提供更多的医疗保险。他在 1993 年总统经济报告中指出：“今天美国花在保险上的费用与它的经济规模相比要高于任何先进的工业国，然而我们只为较少的一部分人口提供保险，我们在重要的总体健康指标方面如平均寿命、婴儿死亡率等都落后了。1992 年超过 15%的美国人（接近 3 900 万人）没有保险，还有数千万人保险不足或者在失去工作后也将丧失保险。同时，保险费用继续攀升，给美国家庭增加了医药开支和保险费，加剧了各级政府的预算危机。”不难看出，克林顿一反前任总统害怕触犯各种利益集团而采取不干预政策的立场，而是志在从根本上改革医疗制度的运行机制，实行与其他发达国家相似的全民保险制度，并用 6 年左右时间逐渐将保险范围扩大到所有没有享受医疗保险的公民身上。按克林顿的计划，保险制度改革需要有相应的财力作保障，通过征收卷烟税和进一步压缩医疗照顾、医疗救助开支可筹措约 6 480 亿美元的资金，而改革保险制度在 6 年中共需 5 400 亿美元，若能实现，既可使保险制度改革得以完成，又能有一笔结余帮助改善财政赤字问题。实际上，由于遭受各方面的反对或阻挠，其医疗保险制度的改革最终流产。

以上就是克林顿经济学及其经济政策中有关社会保障方面的主要内容。关于其性质，克林顿自己说："我们的政策既不是随便的，也不是保守的；既不是共和党的，也不是民主党的。我们的政策是新的，是与以往不同的……是介于自由放任资本主义和福利国家之间的'第三条道路'。"

（2）小布什时期的"第三条道路"社会保障实践。小布什当选美国总统后同样在"第三条道路"上向前迈进。他提出制定社会保障改革方案时必须坚持以下六条基本原则：一是制度的变革不能改变退休或行将退休人员的给付水平；二是全部的社会保障盈余不能挪作他用；三是不能提高社会保障税；四是政府不能将社会保障基金投资股市；五是新制度必须保留伤残和遗属保障项目；六是新制度应包括个人控制的、自愿的个人退休账户，以便增大社会保障安全网。显然，小布什力图做到既不损害公众的利益，又不增加国家财政负担；既要提高效率，又力求公平。这正是"第三条道路"的基本特色。

2. 英国的"第三条道路"社会保障实践

1997 年以布莱尔为首的工党在经历长期在野之后，又回到执政党的地位。1998 年 2 月，布莱尔在华盛顿与美国领导人举行了一次政策性讨论。讨论之后，布莱尔表达了为 21 世纪国际社会而达成一种中间偏左共识的雄心壮志。在英国，"第三条道路"逐渐同布莱尔和"新工党"的政治战略联系起来。布莱尔的"第三条道路"对社会保障问题持如下四个观点。

（1）国家不仅应该提供适当水平的养老金，而且应支持强制性的养老储蓄。在英国，按照平均物价指数而不是平均收入水平来确定养老金的水平，如果没有其他的法定供给渠道的话，很可能会使许多退休人员陷入穷困潦倒的境地。一位在 1998 年年满 50 周岁而到 65 岁退休的男士，将获得仅仅相当于男性平均收入的 1/10 的养老金。而许多人既没有职业养老金也没有私人养老金。把国家资金和私人资金结合起来为老年人提供养老金的制度值得推广。

（2）逐步废除固定的退休年龄，把老年人视为一种资源而不是一种负担。人们可以自行选择使用养老资金的时间，这不仅使他们可以在任何年龄停止工作，而且可以为他们提供教育经费，或者在需要抚育幼儿时减少工作时间。如果个人既可以选择提早停止工作，也可以选择多工作一段时间，那么废除强制性退休对劳动力市场的影响就将是中性的。

（3）对劳动力市场的严格管制。严格的就业立法，并不会对失业造成强烈的影响。较高的失业率与慷慨而无限制地发放救助有着直接的关联。推行取消管制的政策不是解决失业问题的有效措施，福利支出应当维持在欧洲的水准上而不是向美国看齐；但是，应当把这些支出主要引向人力资源的投资上。对人力资源的投资，是主要经济部门中的企业所拥有的最主要的缩小社会差距的资源。

（4）政府需要强调终身教育。提供一些配套的教育项目，使人们在童年时期就可以开始受教育，并使这种受教育的过程一直持续到老年时期。虽然特殊技能的培训是必要的，但更为重要的是认知和情感能力的培养。政策的取向，不是要让人依赖无条件的福利，而是要鼓励储蓄、利用教育资源以及其他个人投资机会。

深度阅读

1. 丁建定．社会福利思想［M］．武汉：华中科技大学出版社，2005.

该书主要论述了空想社会主义、自由主义、马克思主义、新自由主义与新历史学派、凯恩斯主义与瑞典学派、“社会民主主义”、新古典学派与新保守主义、第三条道路与社会市场经济等流派的社会福利思想。

2. 刘志英．社会保障与贫富差距研究［M］．北京：中国劳动社会保障出版社，2006.

该书从理论的角度指出，社会保障再分配经历了“完全否定—完全肯定—部分肯定—再否定”四个阶段，政策实践经历了“否定社会救助作用—强调政府保障责任（完全和有限）—强调个人保障责任”三大历程，目标定位经历了公平与效率的抉择。

3. 安东尼·吉登斯．第三条道路：社会民主主义的复兴［M］．北京：北京大学出版社，2000.

在这个世界上，旧的左派教条已陈旧不堪，新的右派思想苍白无力，寻求“第三条道路”的观念，不仅出现在英国，而且遍及欧美。但何谓第三条道路？这个观念的支持者不能够达成一致，批评者也否认其可能性。安东尼·吉登斯从五种两难困境、国家与公民社会、“社会投资型”国家、全球化等方面全面回答了这个问题。

4. 彭华民．西方社会福利理论前言：论国家、社会、体制与政策［M］．北京：中国社会出版社，2009.

该书从社会政策的视角讨论了吉登斯嵌入社会框架的社会福利模式这一构想兴起的背景，分析嵌入社会框架的社会福利模式的基本主张，并以吉登斯的嵌入社会框架的社会福利模式构想为基础，提出中国社会政策发展的新社会框架和改革原则。

本章小结

从本质上讲，社会保障的理论演变和实践探索主要是围绕再分配领域的两个问题展开：如何划分政府和市场的责任、如何处理公平与效率的关系。前者基本上以国家干预主义和经济自由主义为主线进行讨论，分别论及古典经济学派、德国新历史学派、新旧福利经济学、瑞典学派、凯恩斯主义、社会市场经济、新自由主义、供给学派、信息经济学、“第三条道路”等体现的社会保障思想及其相关政策主张。通过分析不难发现，两大经济思潮与社会保障的理论演变有一定的相关性，但也不尽然。历史经验表明：在社会保障问题上，任何一个政府既不可能袖手旁观，又不可能全部介入，政府与市场的适度结合、公平与效率的合理兼顾是必然的发展趋势。

重要概念

新历史学派　边际效用递减规律　社会福利函数论　边际消费倾向　平均消费倾向　负所得税方案　信息不对称　逆向选择　道德风险　“第三条道路”

思考题

1. 西方社会保障理论的演变和发展与两大经济思潮之间有什么关系？其发展趋势是什么？

2. 旧福利经济学和新福利经济学有何区别与联系？它们各包含了哪些社会保障思想？对各国社会保障实践有何影响？

3. 试述社会市场经济理论中体现的社会保障思想。

4. 试比较凯恩斯学派与瑞典学派的社会保障思想的异同点。

5. 在新自由主义理论中包含了哪些社会保障思想？对社会保障改革有何影响？

6. 什么是“第三条道路”？它是如何影响各国选择社会保障改革道路的？

下 篇

YING YONG LI LUN PIAN

应用理论篇

老年收入保障理论与实践
医疗保障理论与实践
失业保险理论与实践
社会救助理论与实践
社会福利理论与实践
住房保障理论与实践

第七章
老年收入保障理论与实践

本书之所以介绍分析老年收入保障制度而不是社会养老保险制度，是因为在人口老龄化背景下，尤其是对发展中的中国而言，就业关联的社会养老保险制度是远不足以满足不同老年群体的收入保障需要的。

老年收入保障制度是这样的一种制度安排：当个人达到一定年龄或者不再从工作中挣得稳定收入时，能够为其提供一定的收入（定期支付）。纵观各国的情况，老年收入保障没有一个标准的制度模式，而恰恰相反，各国的老年收入保障制度是非常不同的。但总体来说，高收入国家中，政府的作用更大；低收入国家中，家庭和个人的作用更大。如果进一步细致地分析，我们会发现，即使是高收入国家，情况也存在非常大的差别。

第一节　老年收入保障的基本理论

一、老年收入保障体系的内涵和外延

老年收入保障体系是指为老年人提供收入来源的各种制度的总称。保障老年人的收入是为了使他们能够获得相应的物品和服务的购买能力。

老年收入保障体系包括：①通过税收筹资的选择性的政府津贴、普惠型的国民年金；②通过保险费筹资的社会养老保险；③强制性的私人养老金；④人寿保险、形式多样的自愿性养老储蓄；⑤家庭内部的转移支付。在这五种制度中，前三种和政府责任直接或间接相关，后两种和政府责任只有微弱的（甚至没有）关系。

各国根据自身情况选择了不同的子制度组合，如美国就没有普惠型的国民年金，也没有强制性私人养老金制度。国际劳工组织总结了世界范围内正式制度的情况，指出自

从德国在1889年建立正式的社会养老保险制度以来，已有160多个国家建立了不同模式的老年收入保障制度。关于老年收入保障制度，国际劳工组织是这样表述的：筹资渠道包括政府一般税收或特别税收、雇主和雇员的缴费；覆盖范围包括全体人民或特殊群体；受益条件包括本国居住或就业记录、缴费记录或经济收入状况等；养老保险缴费基数包括全部就业平均工资、部分年限的平均工资或退休前工资；养老保险费率为个人工资的1%~30%；养老金的替代率为20%~90%；养老基金投资运营包括托管方式、机构投资方式等；养老保险的经办机构包括国家集权管理、政府分权管理（公共非营利机构）、社会合作伙伴管理和私营机构管理。① 总之，不同的国家有不同的养老金制度体系，没有一个放之四海而皆准的老年收入保障体系。

二、国民年金制度及其本质

国民年金制度是由一般税收负担的，所以也可以称为非缴费型年金制度或养老金制度，受益的资格是达到一定年龄的国民或居民，一些国家还附加了在该国居住的年限这一条件，当受益人达到一定年龄且居住若干年后，便可获得国民年金的给付，它的主要目标是减少贫困，给付水平通常较低。国民年金制度具有很强的再分配性质，它的权利不以义务为前提。

专栏7-1　世界人口增长的特点

20世纪是人类历史上人口增长最快的一个世纪。过去的一百年，人口从16亿人增长到72亿人；到2050年，人口将达到97亿人。从区域结构看，低收入国家人口增长快，高收入国家人口增长慢，且两者间的差距在不断拉大；从年龄结构看，对发展中国家而言，人口增长意味着年轻人增加，而对发达国家而言，人口低增长率意味着人口老龄化。联合国早在多年前就意识到人口老龄化问题的严重性，在其发布的《2003年全球人口报告》中指出，人口增长过快和人口老龄化分别是发展中国家和发达国家面临的主要人口问题。中国是个未富先老的国家，像高收入国家一样，中国也面临着老龄化的问题。

国民年金制度经历了家计调查—普惠—家计调查的过程。早期，国民年金并不是普

① 国际劳工局．世界社会保障报告（2010—2011）——危机期间和后危机时代的社会保障覆盖［M］．人力资源和社会保障部社会保障研究所，译．北京：中国劳动社会保障出版社，2011：2.

惠的，是针对低收入者的老年收入计划，需要经过家庭收入调查，它在性质上相当于社会救助。当一些国家宣布自己建成福利国家后，福利国家和其跟随者纷纷取消家计调查，使得针对低收入者的计划变成了一个真正的普惠制度。20 世纪 70 年代后，作为减少政府开支计划的一部分，一些国家开始回归家计调查制度，仅针对低收入者提供政府补贴。

三、社会养老保险及其本质

社会养老保险是国家立法强制征集社会保险税（费），并形成社会养老保险基金，当劳动者退休后向其支付养老金，以保证其基本生活需要的社会保障制度。

社会养老保险的本质或目标，一是强制平滑劳动者终生的收入与消费，二是长寿风险的再分配，三是收入的再分配。

社会养老保险三个目标的权重在不同国家是不同的，这取决于许多因素。但总体来说，如果强制平滑劳动者的终生收入，则制度多缴多得的激励因素会强一些；相反，如果强制再分配，则社会公平的因素会强一些。设计良好的社会养老保险制度可以实现代际间的再分配，尤其是在经济高速增长的情况下，现收现付制可以实现工作一代向退休一代的再分配，可以实现高收入者向低收入者的再分配，可以实现男性向女性的再分配，因为女性的平均预期寿命比男性高许多。OECD 各国的一般规律是，就养老金对在职时的收入替代率而言，低收入者可以获得较高的替代率，而高收入者的替代率较低。

从社会养老保险发展的历史看，该制度在早期只为参保的就业人口提供保障。随着社会经济的发展，许多高收入国家也为参保人的配偶（在他们没有独立养老金时）、遗属和残障人士提供年金，所以该制度在一些国家的全称是老年、遗属和残障保险，国际组织一般是在此口径上统计社会养老保险制度的。中国的基本养老保险制度只为参保人提供保障。

社会养老保险制度发端于德国，扩展于全世界。产生于德国的社会养老保险基金在所有制上具有公共的性质；在财务制度上是现收现付制，工作一代纳税，形成基金支付给退休一代，是一种代际转移支付制度；该制度通过许诺参保人在满足一些条件后按一定的计算公式计发养老金，是既定给付（DB）计划。我们称这种制度为德国模式或公共养老金制度（public pension system）。德国是最早建立社会保险制度的国家，德国模式影响了几乎所有国家，包括它的费用分担模式。在德国模式中，社会养老保险资金由雇主和雇员共同缴纳形成，雇主和雇员各承担一半。

四、老年收入保障制度的变迁

（一）从养儿防老到社会养老保险

从经济学的视野和个人的角度看，老年收入保障制度的经济作用就是重新分配一个人一生的收入和消费。一个人年轻时的劳动所得大于他的消费，而年老时的消费大于他的劳动所得，他需要一种制度安排来平滑这种时间上的收入与消费冲突。

理论上，人们可以运用仅有的两种方法在时间上转移消费：储存现在的产品或者获得未来产品的索取权。

在时间上转移消费的方法之一就是储存部分产品供未来使用。可以选择“窖藏”年老所需要的食品和其他用品，但问题是这种方法的效率低下，因为放弃了储蓄的潜在回报，且储存的成本高昂，还有就是储存多少和储存什么存在不确定性，因为你不知道你未来的需要是多少，你的偏好会有什么变化。靠大规模储存现在的产品来组织养老金的方法注定是不可能成功的。①

人们可以有很多办法来获取对未来产品的索取权。

第一，家庭内部的代际转移支付——养儿防老。人们可以通过货币收入的储蓄，以备年老后用自己的储蓄来购买那时年轻一代生产的产品。但是，这种情况在自给自足的农业经济社会是很难实现的。所以人类创造了“养儿防老”的家庭养老制度安排，“养儿防老”的经济基础是扩大家庭（三代人及以上的家庭）制度，且家庭是一个生产和消费的基本组织单位。“养儿防老”是最原始的生命周期理论和世代交叠理论的实践，它将人生的消费分为三个阶段：儿童期、成年期和老年期。成年人赡养年老父母辈，是年老父母辈拥有的被赡养权利的实现；成年人将剩余产品的一部分用于抚养子女，以求当自身年迈时可以获得向其子女要求赡养的权利。只不过在自给自足的农业经济社会中，这种代际转移的内容是实物和服务而不是货币，组织者是家庭而不是政府。人类通过家庭内部的代际转移支付达到效用的最大化。工业化、城镇化、少子化等许多因素使得家庭养老的功能被削弱。尽管如此，在目前的中国，家庭在老年人的经济和服务保障的供给中仍然发挥着重要的作用，尤其是在农村。在中国，家庭内部的转移支付不只是一个非正式的制度，《中华人民共和国民法典》和《中华人民共和国老年人权益保障法》都

① 尼古拉斯·巴尔．福利国家经济学［M］．郑秉文，穆怀中，译．北京：中国劳动社会保障出版社，2003：214.

明文规定，成年子女对父母有赡养的义务，因而中国家庭内部的子女辈向父母辈的转移支付是一种正式的老年收入保障制度。

第二，代际内转移支付——个人储蓄。年老之时，人们可以用货币向社会换取产品和服务。在商品经济尤其是市场经济条件下，人们的劳动剩余增加，货币的储蓄功能为个人平滑一生的收入与消费提供了条件，人们是可以通过货币收入的储蓄来平滑一生的收入与消费的。

但是个人储蓄养老制度遇到的第一个问题就是人们的“短视”，不能为养老做好足够的准备。自由主义赞成用个人储蓄来平滑人一生中收入与消费的冲突，自由主义认为个人是理性的，是有能力基于效用最大化的原则来平滑不同时期的收入与消费。但事实上，不是每个人都是理性的，个人的理性是有限的。对于年轻人来说，年老后没有收入的风险是几十年后的事，所以部分年轻人往往认识不到这种风险，即使认识到这种风险，当他们需要在即期消费与未来消费之间进行选择时，即期消费往往占上风，尤其是中低收入者更倾向于选择即期消费。正是基于人们对即期消费的偏好和“短视”的弱点，即使保守的政府也会选择强制缴费的养老保险制度。

个人可以通过储蓄，当然也可以通过商业保险来实现他一生收入与消费的平滑。但商业保险市场也不能完全有效提供帮助。尼古拉斯·巴尔提供了分析国家提供养老金的理论框架。在私人保险市场上，只有当完全信息、完全竞争和不存在市场失灵的标准假设成立时，自由市场才能有效提供养老金。在现实生活中，这种完全市场是不存在的，尤其保险市场信息不完全是普遍的，而关键的问题是需求方是否对他们所购买的技术复杂的金融工具有充分的了解。在前面我们对商业保险的市场失灵问题已做过分析。除了技术问题，还有通货膨胀的问题。只有当市场能够提供可以预防非预期性通货膨胀的保险时，人们才能决定购买无论是从数量上还是从质量上看都是有效的未来消费（养老保险）。但现实中这种保险是不可行的，原因有两点：一是未来的通货膨胀水平是不确定的，并且其概率的分布是不得而知的；二是通货膨胀是一种共同风险，被保人之间不能通过转嫁来分散风险，是不可保风险。例如，火灾保险，一个被保人在标的物发生损失后之所以可以得到保险的补偿，是因为其他交了保费的人家里没有发生火灾，此所谓保险“众人为一”的功能发挥的结果。而通货膨胀一旦发生，所有人都面临同样的问题，被保人不能相互转嫁风险。博迪（Bodie）1990 年的研究提出，在美国，事实上没有任何私人养老金方案能提供退休后的自动通货膨胀保护。玛格丽特·戈登（Margaret Gordon）1998 年对多国进行调查的结论是，将退休后的养老金与物价指数挂钩……将使基金制企业养老金计划出现重大的困难。①

第三，国家强制的代际转移支付——社会养老保险制度。社会保障的历史让我们知道，作为社会保障的一个重要部分，社会养老保险曾经是作为管理社会和经济的手段来利用的，但其本质是为老年人提供收入保障。作为一个老年收入保障制度，当家庭内部的转移支付不能满足社会需求而且个人储蓄等手段也不足时，国家强制的代际转移支付——社会养老保险就应运而生了。正如我们知道的，德国建立了人类第一个社会养老保险制度，虽然它是政府管理社会的一个工具，但对被保人而言，它是一个老年后收入不稳定风险的转嫁机制。

社会养老保险制度的建立意味着家庭内部的代际转移支付扩大为社会范围内的代际转移支付。一百多年来，各国的经验证明，在人口年龄结构较年轻、经济增长速度较快的情况下，这一制度运行是有效的。在理论上，萨缪尔森等人从不同的角度做过精细的研究，基本的结论是当工资增长率与劳动力增长率之和大于市场利率时，现收现付制能够在长期内具有成本优势和较高的收益率，它能在代际间实现帕累托最优配置。

（二）社会养老保险制度向“五支柱”转变

社会养老保险制度成为许多高收入国家主要的甚至是唯一的老年收入保障制度。尽管社会养老保险制度在许多中低收入国家的覆盖率还不是很高，但是在高收入国家，由于二十世纪五六十年代经济持续繁荣，社会保障制度也得以扩张，社会养老保险制度渐渐成为最重要的老年收入保障制度。

1. 德国模式受到批评，“三支柱”方案提出

当人口年龄结构较年轻、经济增长速度较快时，现收现付制是一个可以使各代人受益的制度，不幸的是，20 世纪 70 年代发生了经济增长减速和人口老龄化。正如在第一章中我们讨论过的，70 年代出现了“滞胀”，在讨论“滞胀”的原因时，社会保障制度，尤其是德国模式受到批评。对德国模式的批评有三个内容：第一，代际转移支付在人口老龄化的情形下是不可持续的；第二，因为人们可以预期从现收现付的社会养老保险制度中得到养老金，从而减少了人们对未来养老的储蓄，储蓄的“挤出”作用对经济不利；第三，公共养老金的公共性质鼓励了人们“搭便车”的行为，既不公平也无效率。批评的结论殊途同归：主张通过社会养老保险私有化来降低社会养老保险的作用，

① 尼古拉斯·巴尔. 福利国家经济学［M］. 郑秉文，穆怀中，译. 北京：中国劳动社会保障出版社，2003：220.

同时通过强制性的企业年金制度和自愿性的个人储蓄来补充。这一思想集中体现在 1994 年世界银行提出的“三支柱”方案中：①社会养老保险制度为第一支柱，通过降低它的权重来发展强制性第二支柱；②强制性的企业年金制度为第二支柱，通过强制性使该制度得到加强，企业年金必须是积累型的既定供款（Funded Defined Contribution，FDC）计划，即个人账户积累制，退休后收入取决于个人账户资产的多少（既定供款计划又被称为缴费确定型计划）；③鼓励个人自愿性养老储蓄，此为第三支柱。

在理论上，“三支柱”方案是要解决人口老龄化带给现收现付制的压力，同时私有化或者说个人账户积累制既可以解决公共养老金的效率损失问题，又可以解决高收入国家储蓄不足的问题，可谓一举多得。

关于现收现付与储蓄的关系我们在第四章中有专门的讨论，这里我们仅沿着人口老龄化的逻辑进行分析。

根据联合国制定的标准，一个国家 65 岁及以上的老年人口在总人口中所占比例超过 7%，或 60 岁及以上的人口占比超过 10%，这个国家便进入人口老龄化社会，而当 65 岁及以上的人口占比达到 14%时，这个国家便进入了老龄社会。联合国人口司预测，到 2030 年和 2050 年，全球 65 岁及以上老年人口的占比将会分别达到 16.5%和 21.5%。

随着经济的发展、医疗技术和社会制度的进步，一些国家的人口增长方式发生了变化，尤其是高收入国家。一些国家由高出生率、高死亡率、低预期寿命的“两高一低”的人口增长方式，转型为低出生率、低死亡率、高预期寿命的“两低一高”的人口增长方式。第二次世界大战后，全世界新生儿数量明显减少，人均寿命也从 1950 年的 49 岁上升到 2015 年的 71 岁。除少数非洲国家外，现在几乎所有国家的人口结构都在趋于老龄化，这是因为人口出生率逐年下降而平均寿命不断增加造成的（见表 7-1）。

表 7-1　当前和预计的 65 岁及以上老龄人口比例　（%）

地区	1990 年	2000 年	2010 年	2020 年	2030 年	2040 年	2050 年
世界平均	9.1	9.9	11.0	13.5	16.5	18.9	21.5
非洲	5.1	5.2	5.3	5.7	6.3	7.3	8.9
亚洲	7.4	8.6	10.1	13.0	17.2	20.7	24.6
欧洲	18.2	20.3	22.0	25.9	29.6	32.2	34.2
拉丁美洲和加勒比	7.1	8.1	9.8	12.8	16.8	21.0	25.5
北美洲	16.6	16.2	18.6	23.3	26.4	27.3	28.3
大洋洲	12.8	13.4	15.3	17.8	20.2	21.8	23.3

资料来源：数据来自联合国发布的 2015 年世界人口展望。

人口老龄化意味着现收现付制的赡养负担越来越重，意味着当下工作人口的赋税越来越重，政府的负担越来越重。在理论界批评单一公共养老金制度时，一些高收入国家纷纷寻找改革的方案。一些国家在世界银行的影响下，降低了现收现付制的权重，建立了强制性的基金积累制，如阿根廷、墨西哥等十几个国家。高收入国家受世界银行建议的影响较小，对社会养老保险制度进行结构性改革的不多，但也有少数国家放弃了公共养老金制度，建立了个人账户制度，如瑞典、意大利、波兰等国。在建立个人账户制度的国家中，有实施基金积累制的，如智利；有实施名义账户与基金积累制混合的，如瑞典将个人工资的16%记入名义账户，2.5%记入积累账户。自世界银行推出三支柱方案后，有数十个国家实行了或多或少的社会养老保险私有化改革。由于基金积累制出现的问题（下文述及），从2008年开始至2015年，在38个选择了第二支柱的国家中，有21个国家选择全部或者部分放弃第二支柱。①

至此，经典的德国模式被改革成完全不同的组合，本书且称为智利模式、瑞典模式、中国模式，这些模式各有不同的特点（见表7-2）。

表7-2　　德国模式及其派生的养老制度

模式	所有制	财务制度	责任约束	再分配性质
德国模式	公共	现收现付	既定给付	有
智利模式	私有	完全积累	既定供款	无
瑞典模式	私有	现收现付+积累	既定供款	少量
中国模式	公共+私有	现收现付+积累	既定给付+既定供款	部分

2. 从“三支柱”方案到“五支柱”方案

“三支柱”方案的核心是社会养老保险私有化，将政府的责任全部或部分地转移到个人身上来。这一主张从一开始就受到强烈的批评，主要代表人物有前世界银行首席经济学家斯蒂格利茨、麻省理工学院的彼得·戴蒙德。他们认为，养老金的政策目标包括促进老年保障、发展有活力的资本市场、鼓励国内投资，但三者之间往往相互冲突，尤其是在发展中国家。私人养老金有助于深化国内资本市场，但会使老年人面对更大的风险，且在管理成本上浪费更多的资源。②

在实践中，一些国家实施了激进的结构性改革，放弃了德国模式，选择了强制性个

① 王新梅，约翰·威廉姆斯，穆罕默德·詹索伊．发展中国家的养老金改革：反思正在涌现的问题［J］．比较，2017（1）：63-84．

② 罗伯特·霍尔茨曼，约瑟夫·E．斯蒂格利茨．21世纪可持续发展的养老金制度［M］．胡劲松，等译．北京：中国劳动社会保障出版社，2004：4．

人账户制度；一些国家降低了社会养老保险的权重，增加了强制性私人养老金的作用。情况正如彼得·戴蒙德早在1999年指出的，既定供款（DC）计划的经济和政治优点被夸大了。① 作者在2010年就智利、瑞典等模式进行了总结，发现强制性个人账户对劳动力市场的纠正效果、对养老保险的覆盖率的提高等作用并没有被验证，但个人的老年收入风险却因账户受资本市场的波动而增加了。尤其是在强制性DC计划占主导地位或者是唯一选择的情况下，老年收入保障制度是非常脆弱的。智利政府发现，如果不采取紧急措施，未来会有一半退休人口陷入老年贫困。于是2008年，智利政府建立了一般税收支持的“社会团结基金”来为低收入者提供补贴。2009年，在金融危机爆发后，阿根廷政府宣布放弃强制性个人账户制度，完全回归现收现付制度。

鉴于理论上的批评和实践上的问题，2005年世界银行进一步修补了“三支柱”方案，提出了“五支柱”方案，在原方案的基础上加入了“零支柱”和“第四支柱”。“五支柱”方案的组成：①非缴费型养老金或“零支柱”（待遇形式为国民养老金或公共养老金），以提供最低水平的保障；②“第一支柱”为缴费型养老金制度，与本人的收入水平不同程度地挂钩，旨在替代部分收入；③强制性的“第二支柱”基本就是个人储蓄账户，但建立形式可以各有不同；④自愿性的“第三支柱”可以采取多种形式（如完全个人缴费型、雇主资助型、缴费确定型或待遇确定型等），该支柱性质上比较灵活，个人可自主决定是否参加以及缴费多少；⑤退休后再就业、“第四支柱”家庭成员之间或代际之间对老年人在经济或非经济方面的援助，包括医疗和住房方面的资助。由于方方面面的原因，养老金制度应由尽可能多的支柱组成，至于支柱的具体数量及构成主要取决于各个国家的取向，以及交易成本的水平和影响程度。只有通过多种途径和渠道才能为老年人有效地提供退休保障。②

“五支柱”方案告诉我们：第一，在人口老龄化的情况下，老年收入来源必须是多渠道的；第二，政府的作用是重要的，私有化的改革本意是想让个人承担风险，但现代政府是不可能从老年贫困中脱身而出的；第三，现收现付制不能解决人口老龄化的压力，个人账户制也不能；第四，在养老这件事情上，家庭内部的转移支付、个人的长期储蓄，仍然是重要的角色。

① 罗伯特·霍尔茨曼，约瑟夫·E．斯蒂格利茨．21世纪可持续发展的养老金制度［M］．胡劲松，等译．北京：中国劳动社会保障出版社，2004：4.

② 国际劳工局．世界社会保障报告（2010—2011）——危机期间和后危机时代的社会保障覆盖［M］．人力资源和社会保障部社会保障研究所，译．北京：中国劳动社会保障出版社，2011：1-2.

五、多支柱案例：美国的老年收入保障制度

20 世纪 80 年代在美国就出现了“三支柱”一词，借此来描述美国的“三支柱”老年收入保障制度，也许世界银行的“三支柱”方案就是借用了美国的概念。美国的“三支柱”与世界银行的“三支柱”稍有不同，它由社会养老保险、自愿性企业年金和自愿性个人养老储蓄组成。美国的社会养老保险提供的养老金替代水平在高收入国家中是比较低的，所以它的企业年金和自愿性个人养老储蓄相对重要一些。除此之外，美国政府提供基于家计调查的老年收入补贴制度，在性质上属于社会救助制度。同时，我们观察到的一个新现象是越来越多的美国人倾向于在到退休年龄以后继续工作。美国老年收入保护制度实则由“五支柱”组成，且制度间的作用相对均衡。

美国的社会养老保险制度建立于 1935 年，发展到二十世纪五六十年代，它已成为老年人口最主要的收入保障。该制度为退休人口、遗属和残障人口提供收入保障，发展到后来又为 65 岁以上的人口提供社会医疗保险和住院保险以及长期护理保险。该保险制度是德国模式，资金来源于雇主和雇员双方共同缴费，实行现收现付制，成立社会保障信托基金进行管理。美国在意识到人口老龄化后，从 20 世纪 80 年代开始，财务上实行收大于支的制度，基金有大量结余并主要用于购买长期国债。社会保障制度提供的养老金替代率为 40%左右，是老年人收入的主要来源，为减轻老年贫困问题做出了极大的贡献。同样基于人口老龄化的考虑，美国决定加强私人养老金制度的建设。

美国的企业年金制度发源于 19 世纪末 20 世纪初，当时少数大型企业为自己的雇员建立了企业年金。第一个企业年金计划是 1875 年美国捷运公司推出的。第二次世界大战期间，当各工业国忙于战争时，美国则忙于生产，劳动力严重不足，在工资受管制的情况下，企业为了在劳动力市场赢得竞争力，纷纷推出企业年金和健康保险计划。第二次世界大战后，企业年金和健康保险计划已成为一种相当普遍的和具有刚性的企业福利制度。20 世纪 70 年代，经济学家们认识到社会保障制度之于效率的负面影响，而人口学家则看到了人口老龄化将对现收现付制产生的压力和冲击，这些思想对政策和制度的影响深远。1974 年，美国国会通过了《雇员退休收入保障法》（以下简称《退休收入保障法》）。该法案至今仍是管制私人养老金计划的基本法律。此后，美国的企业年金制度得以有序快速发展，到 21 世纪初，有近一半的雇员参加了企业年金计划。

《退休收入保障法》的意义在于它第一次将美国私人养老金计划由社会的自发行为，变成了政府的自觉行为，同时意识到此前的既定给付型企业年金计划的不可持续性，开

始鼓励企业建立既定供款型的企业年金计划，将养老金收入的责任由企业转向个人。同时，政府通过对税收法的改革，对养老金计划实行税收优惠，鼓励企业建立既定供款企业年金计划和自愿的个人退休储蓄账户（individual retirement accounts，IRAs）制度。税收优惠、既定给付计划向既定供款计划的转变、企业可以选择是否为雇员缴费的弹性制度等，都鼓励了企业年金制度的发展。

为了保护受益人的利益，依据《退休收入保障法》设立了养老金保险公司（PB-GC)。该公司是一个隶属于联邦劳工部的国有非营利性公司，它的唯一业务就是为企业年金提供保险。三个部门的负责人——劳工部部长、财政部部长和商务部部长，组成了该公司的董事会，劳工部部长任董事长。PBGC 的保险是强制性的，保险费分基本费率和附加费率。基本费率是统一规定的，最新标准是每个员工每年 19 美元，由企业支付。当参保企业的年金计划由于主动或被动原因终止时，由该机构负责养老金的给付。

《退休收入保障法》对企业年金制度的另一个主要影响可能是“401（k）”条款［1978 年，美国《国内税收法》新增第 401 条（k）项］，该条款标志着美国企业年金由既定给付计划为主的制度向既定供款计划为主的制度结构转变。此前美国的企业年金像社会养老保险一样，在财务制度上基本是现收现付制，雇员养老金是按一个既定的公式来计算的。随着人口老龄化，这一制度的支付压力大增。《退休收入保障法》鼓励企业建立既定供款计划。企业年金为雇员建立个人账户，养老金的多少取决于个人账户内的缴费积累。由既定给付计划向既定供款计划的转变，是将企业对养老金计划的责任向个人转移，从而将企业从私人养老金制度的压力之下解放出来。

《退休收入保障法》还鼓励个人自愿储蓄，建立个人退休储蓄账户。个人账户可以是银行储蓄账户，也可以是寿险公司的年金，还可以通过经纪人或基金公司进行投资，个人自由选择。每年的最高缴费不能超过一定的数量，如在 2013 年，50 岁以下的人最高缴费是 5 000 美元，缴费是免个人所得税的，投资收益也是免税的，当个人 60 岁以后动用这笔资金时才作为个人所得纳税。一旦缴费进入 IRAs，可以转换投资方式，但不能提前支取，直到 59 岁半，否则会受到本利损失和 10%的罚金。20 世纪 70 年代以后，社会养老保险制度改革的呼声渐高，企业年金既定给付计划向既定供款计划的转变，政府对个人自愿储蓄进行税惠鼓励，在这些因素共同作用下，个人退休储蓄账户制度得到发展。

我们观察到，美国的企业年金制度与许多人想象得不同：第一，企业年金只是覆盖了一半的人口，覆盖率不是人们想象得那样高；第二，企业年金资产呈偏态分布，一部分人，尤其是企业高管企业年金资产积累额较高；第三，企业年金账户受经济波动影响巨大，2000 年 IT 泡沫的破灭、2007 年以来的次贷危机和金融危机等都严重地冲击了年金账户和自愿性个人储蓄账户，这也是老年人越来越倾向于延长工作时间的主要原因。

美国的经验是，政府的作用是基础的，社会养老保险作为提供基本养老收入保障的制度是不能动摇的，对于绝大多数人来说，它是雪中送炭的制度；企业和个人的作用也是应该重视的，发挥这些主体的作用也有助于老年生活水平的提高，是锦上添花的制度。另外，老年人延迟退休，继续就业的收入也越来越重要。

第二节　丰富的老年收入保障制度模式及其分析

一、老年收入保障制度的基本要素分析

尽管世界各国老年收入保障制度的设计各有特点，但几乎都是由一些基本要素构成的。卡特（Carter）和希普曼（Shipman）在分析构成老年收入保障制度的基本要素的基础上提炼出了十块“砖”，并用这些“砖”搭建了五种老年收入保障制度方案。① 作者在 2005 年借鉴这种思路，更细致地剖析了世界各国老年收入保障制度，找到了更多的“砖”。构成养老金的基础要素有四个：参与方式、待遇确定方式、财务机制、账户设置；其基金的管理要素有三个：管理方式、导向主体、监督模式。养老金的参与方式分为强制型和自愿型，待遇确定方式分为既定给付（DB）和既定供款（DC）以及二者的混合模式，财务机制分为现收现付制、完全基金积累制和部分基金积累制，账户设置分为公共账户、个人账户和混合账户；基金的管理方式是指集中管理、分散管理或是相对集中管理，导向主体是指政府主导或是市场主导，监督模式是指严格监管或是审慎监管。

二、七种主要的老年收入保障制度模式

我们用这些“砖”勾勒出了现有的七种主要老年收入保障制度（见表 7-3）。

① 马歇尔·N. 卡特，威廉·G. 希普曼．信守承诺——美国社会养老保险改革思路［M］. 李珍，等译. 北京：中国劳动社会保障出版社，2003.

表 7-3　　　　　　　　现有老年收入保障制度的主要模式

“砖”		1	2	3	4	5	6	7
基本构成	强制型	√	√	√	√	√	√	√
	自愿型							√
	既定给付	√	√					√
	既定供款			√	√	√		√
	两者混合						√	
	现收现付制	√				√		√
	完全基金积累制		√	√	√			√
	部分基金积累制						√	
	公共账户	√	√					√
	个人账户			√	√	√		√
	混合账户						√	
管理与监督	集中管理	√		√		√	√	
	分散管理				√		√	√
	相对集中管理		√				√	
	政府主导	√		√		√	√	
	市场主导		√		√		√	√
	严格监管	√		√	√	√	√	
	审慎监管		√				√	√

第一种是德国模式。1889 年德国建立了第一个社会养老保险制度，此后为其他国家效仿，成为经典的德国模式，该模式具备了表 7-3 中“1”列的所有特点。德国模式是国家强制的公共养老金制度。资金由雇主和雇员共同缴纳，在责任上采取的是既定给付，养老金收入通常是根据一个特定的公式计算出来的，支付的风险由制度承担；在财务上采用的是现收现付制，用工作人口的社会保险税支付养老金；养老保险基金由政府或准政府机构集中管理，资产的配置是非市场导向的，通常只用于购买国债。这种制度具有很强的收入再分配功能，反映了政府对社会经济生活的积极干预态度。

自 20 世纪 70 年代以后，该制度遭到了许多批评和指责，如扭曲劳动力市场、培养惰性、对人口老龄化很敏感、资金集中管理并用于购买国债、资金运用效率低下且收益率低下等。关于社会养老保险制度的改革以及相关的理论争论也都由此制度引起。

美国 1935 年建立的老年、遗属和残障保险制度属于德国模式，但从 20 世纪 80 年代起，开始实施收大于支、略有结余的财务制度，基金结余用于购买国债，以备第二次世界大战后“婴儿潮”时期出生的人口退休时补充制度所需，所以现收现付制不必理解为制度没有任何结余。

第二种是加州模式。就像雇主可以为雇员建立企业年金一样，美国政府也可以为它的雇员建立职业年金以提供第二项养老金收入。1932 年美国加州通过立法为州政府公务员建立了既定给付计划的养老金制度，之后它保障的人群扩大到地方公务员和公立学校老师、非政府组织雇员等，保障的范围由养老扩大到医疗和长期护理。在功能上该制度是第二支柱，是职业年金制度。该制度具备了表 7-3 中“2”列的所有特点。这种制度也是公共养老金制度，在管理上是相对集中管理，在给付上是按公式计算的既定给付，养老金的多少取决于雇员服务年限、退休前最后收入和退休年龄等因素。与德国模式不同的是，在财务上它是完全基金积累制，它的基金是实行市场化运作的。加州立法确保基金的独立性，由一个专门的委员会确定基金的投资管理政策，政府实施审慎监管，因而有助于基金的保值增值。正因为该基金按市场的原则配置资金，取得了较好的收益，投资收益成为该制度的重要收入来源，其他资金来源为雇主缴费和雇员缴费，雇员缴费率在 5%~9%。投资收益高时则缴费率低，投资状况差时则缴费率高。

我们对加州公务员养老金计划的管理制度进行了详尽的分析，发现这种管理模式具有突出的优点：管理成本低，投资回报高，能够提供充分的保障，也降低了保险费负担。

加州模式说明，养老保险的所有制性质与财务制度的选择无关，公共养老金制度也是可以选择基金积累制的；投资回报率与基金的所有制无关，只与投资的模式有关，公共养老金制度也是可以选择市场化运营机制的。

第三种是新加坡模式，即中央公积金制度。新加坡中央公积金制度实质上是强制性的个人账户制度，个人的中央公积金账户是一个一揽子风险保护计划，其中的一个功能是储蓄养老。除新加坡之外，它的一些邻国如印度尼西亚、马来西亚等也是实施公积金制度的，只是新加坡的中央公积金制度运行得更为有效。新加坡模式具备了表 7-3 中“3”列的各种特征。在新加坡，中央公积金制度是第一层保障；家庭是第二层保障；社区是第三层保障；最后出面的才是政府，且政府提供的主要是社会救助①，作用较小。目前中央公积金的费率为 36%（雇主和雇员分别承担 20% 和 16%），其中养老账户的费率为 4%，其余部分则进入健康、住房等账户。这种制度是一种既定供款的完全基金积累制度，没有收入再分配的功能。个人的养老金完全来自其个人账户的积累，政府只提供最低收益率保证和税收优惠。个人账户的资产完全属于个人，在其死亡后可以由子女

① 李珍，孙永勇，张昭华. 中国社会养老保险基金管理体制选择——以国际比较为基础［M］. 北京：人民出版社，2005：108.

继承，但在退休前只能用于特定目的。在这种制度中，政府把基金掌握在自己手里，并制定了严格的投资政策，由特定的机构进行集中管理和投资，大部分资金被投资于国债。这样做的好处在于，不仅政府可以把基金当作宏观调控工具，而且具有规模效应，管理成本比较低，也避免了个人决策不当带来的风险。但中央公积金制度只给个人账户一个较低的收益率，而不是基金的实际投资收益率，因此这种制度也因为隐性税等问题受到指责。另外，在新加坡模式中，资金不能按市场的原则配置，也受到广泛的批评，20 世纪 90 年代，政府试图向市场开放基金管理权限，引入市场主体进入中央公积金管理部门，同时部分开放个人投资决策权，允许账户持有人将一定限额的资金用于自己选择的基金管理公司。作者认为，从已有的数据看，分散的决策权并没有正面的效果。

新加坡中央公积金制度对国民储蓄以及对新加坡政府早年的“居者有其屋”等社会目标的实现起了重要的作用，但作为一种保障制度的作用评价会低一些，特别是养老保险这一部分，该制度提供的保障非常有限。

专栏 7-2　　个人账户制度的简史

个人账户制度并不是一件新鲜事，它初创于 20 世纪 50 年代。首先是马来西亚于 1951 年建立了强制储蓄养老金制度，随后印度和印度尼西亚也建立了强制储蓄养老金制度，只是保障范围非常小。在 60 年代，一些非洲国家建立了这一制度，加勒比海和太平洋地区的几个国家也相继于 70 年代和 80 年代建立了该制度。最大的基金要数 1955 年新加坡建立的中央公积金制度。这些国家的养老金制度所具有的共同特点是，缴费是强制的，缴费进入个人账户，由公共机构管理基金。这些国家没有现收现付的公共养老金制度。

在 20 多个国家中，那些重视金融、财政稳定的国家，个人账户就能获得真正的实际投资回报，如新加坡、马来西亚、斐济等国；相反，那些经济不稳定、高通货膨胀、货币贬值的国家，如加勒比海和非洲的一些国家，储蓄基金制度出现了巨大的投资亏损。一些国家从 20 世纪 70 年代开始，放弃了个人账户制度，开始采用现收现付的公共养老金制度。

第四种是智利模式。智利模式是强制性个人账户制度，是世界银行“三支柱”方案中的第二支柱。智利早在 1918 年就第一个实施了为“蓝领”和“白领”提供养老金的计划。智利的养老保险制度深受德国模式影响。经过几十年的发展，到 20 世纪 60 年代中期，智利的保障体系由 19 个公共部门的退休基金、16 个私人部门的退休基金、大约 50 个公共部门的福利机构和无数的私人机构、24 个公共援助机构和 7 个工人补偿基金组成，为 92%的非独立工人提供了养老金、家庭补贴、健康及生育保障。① 经历了 20 世纪 70 年代四位数的通货膨胀以后，杂乱无章的制度不但使财政不堪重负，养老金水平也不能得到保障。

到 20 世纪 70 年代末 80 年代初，作为智利国有经济私有化改革的一部分，智利对社会养老保险进行了私有化改革，彻底放弃了德国模式，建立了强制性个人账户制度。在新制度中，雇员工资的 10%进入个人账户（只有雇员缴纳），退休后的养老金取决于个人账户的积累额度。雇员有权自由选择依法建立的专门的基金管理公司进行投资，政府实施严格监管，即对资产的配置进行限制。它与新加坡模式的区别在于其基金管理的主体是私营的、分散的，养老账户持有人分散决策投资，我们称其为分散的管理模式。私营养老基金管理公司相互竞争，在政府的政策框架内通过市场化运作追求养老基金收益的最大化。个人可以挑选由哪一家公司来管理自己的个人账户资金，并有权从一家公司转入另一家公司。政府制定了一系列严格的规定以保证制度的实施，还提供最低养老金保证。尽管这种模式在智利表现出对经济发展，特别是资本市场的发展有很大的促进作用，但在 20 世纪 80 年代至 20 世纪末并未受到广泛关注。与中央新加坡公积金制度相比，智利模式的优点是基金的市场化运营既取得了制度的经济外部性，同时基金也分享了经济成长的成果，取得了较高的投资回报。在 1981—2000 年，智利养老基金的投资收益率近 11%。与新加坡中央公积金制度相比，智利模式明显的缺点是管理成本太高，如果考虑管理成本，则其收益率可能下降 3 个百分点。

智利的强制性个人账户制度被世界银行和其他一些国家称为智利模式时，该制度作为老年收入保障制度的问题还没有充分暴露，但它的毛收益率较高、对国内储蓄和资本的正面影响却得到比较充分的认识。智利的社会养老保险私有化改革的目的，一是为了将养老的责任从政府身上转移给个人；二是希望减少劳动力市场的扭曲，提高劳动力资源的配置效率。从过去几十年的经历看，作为智利的主要养老金制度，它不具备再分配性质，同时它没有证明有纠正劳动力市场的作用，也没有提高覆盖率。从设计者的角度看，本以为个人账户会减少“搭便车”的现象，所以会提高覆盖率，但事实上包括智利在内的拉美国家，在实施个人账户制度后，覆盖率都下降了（尚不清楚原因），实际缴

① 李珍. 社会保障制度与经济发展［M］. 武汉：武汉大学出版社，1998：21.

费人口的下降意味着相当一部分人的积累不足，所以政府不得不建立零支柱来解决这一问题。智利政府刚刚从转制成本中抽身又要为零支柱付账。

第五种是名义账户模式，或称瑞典模式。瑞典曾经同时拥有国民年金制度和社会养老保险制度，即拥有零支柱和第一支柱，并且第一支柱拥有大量的资金结余。20 世纪 90 年代，瑞典经济发生了衰退，经过数年的讨论，90 年代末，瑞典决定放弃这两个养老金制度，建立强制性的第二支柱，因名义账户无须转制成本却可以达到私有化的目标，所以备受世界银行的推崇。实施名义账户模式的有瑞典、意大利、波兰、拉脱维亚、蒙古国和吉尔吉斯斯坦等国家。

瑞典模式实际上是强制性的名义账户模式，它将现收现付的财务制度与既定供款相结合，是一个创新的制度。名义账户在财务上是现收现付制，雇主和雇员的缴费被用于当期已退休人员的养老金支付，而雇主和雇员的缴费记录被记在雇员个人账户名下，并按一定的名义利息率进行积累，雇员退休后养老金的多少取决于账户内的名义积累额。20 世纪 80 年代，智利的社会养老保险私有化改革，个人账户是完全基金积累制，这意味着政府必须承担责任为已退休人员（称之为“老人”）支付养老金，同时还要承认并承担对已尽过缴费义务的人员（称之为“中人”）的支付责任，这一责任我们称之为转制成本。智利的转制成本大于改革当年的 GDP，智利政府花了数十年来消化这一成本。正因为转制成本数量巨大，所以世界银行认为智利模式不具可复制性。而瑞典找到的这一条道路，无须转制成本却可以达到私有化的目标，当然受私有化政策主张者的推崇。

瑞典的名义账户模式由名义账户和积累账户组成，只是因为名义账户权重较大，所以也被称为名义账户制度。1998 年，瑞典正式实施名义账户制度，新制度分别向雇主和雇员征收费用，其中工资的 16%记入名义账户制，2. 5%记入实际积累账户。名义账户的利率与工资增长率同步，积累账户则由本人选择基金管理机构进行投资，投资收益记入积累账户。当计划参与者达到 61 岁，即可开始领取养老金，此时，个人账户上积累的总价值将转换成年金发放。初始年金由个人账户总价值和体现预期余命的年金除数决定。

瑞典的养老金制度有一个自动平衡机制来保证制度在长期内收支平衡。自动平衡机制的内容是，制度以 75 年为平衡期，每年向前滚动，在平衡期内资产与负债不平衡时，平衡机制启动，通过调整名义账户的利率来平衡制度的收支。如 2008 年的金融危机，造成制度投资亏损（旧制度留下的基金构成新制度资产的一部分），2010 年制度启动自动平衡机制，名义账户的利率变为负 3%，而同时社会工资在增长，这就意味着退休收入的替代水平会比预期的低。

需要特别注意的是，瑞典名义账户制度并不能归于私人养老金制度，瑞典将该制度归于公共养老金制度，因为制度有明显的政府资助和再分配功能。第一，该制度将最低养老金制度嵌入其中，政府保证符合条件的参保人能够领取最低养老金；第二，政府对部分人群实施保险费补贴，如哺乳期参保女性；第三，当参保人去世而个人账户还有余额时，余额不能由家庭成员继承，而是用于相同年龄组的参保人的长寿风险分配。

第六种是中国模式。这也是一种混合模式，正如表 7-3“6”列所显示的特征：在所有制上是公共养老金制度和个人账户制度的混合，在财务上是现收现付制和部分基金积累制度的混合，在责任上是既定给付和既定供款的混合，这些本质的特征决定了它是混合制度。

以中国的基本养老保险混合模式为代表，与名义账户不同的是个人账户实施的是部分基金积累制度，智利的一些邻国，如阿根廷、墨西哥等国也采用了这一模式，在中国我们称其为社会统筹与个人账户相结合的基本养老保险制度。而在基金的管理上则各有不同，中国到目前为止仍然是集中管理的，投资上是政府主导的，南美国家则是向智利学习，采用的是分散管理个人账户制度的模式。

总之，混合模式是制度创新的结果，社会养老保险制度“大厦”的“建筑材料”有十几种，各国可以根据自己的情况，搭建适合本国国情的制度。这些新的混合模式的不断出现进一步说明，改造传统的德国模式有许多办法可用。

第七种是企业年金计划。企业年金又可分为强制性和自愿性，前者的典型代表有澳大利亚、荷兰等国，后者的典型代表是美国。澳大利亚等国的企业年金之所以是强制的，是因为这些国家没有社会养老保险，即没有第一支柱，所以它需要强制性的企业年金制度为退休人口提供基本保障，起雪中送炭的作用。这些国家的企业年金都是个人账户制度，资金都按市场化原则投资运营，取得了比较好的效果。在这些国家，个人账户完全基金积累制度容易成功的原因是，发达国家经济增长较慢，工资增长慢，账户资金获得高于或等于工资增长率的收益水平相对来说比较容易。

美国的企业年金是自愿的，按世界银行的分类，它是第三支柱，对政府提供的正式制度起补充作用。早期企业提供的年金一般为既定给付计划，20 世纪 70 年代，美国通过立法鼓励既定供款的年金制度发展，其中发展最快的是“401（k）”计划。一般来说，雇主或雇员可以选择在企业内部建立基金管理机构，投资于专门的基金，也可以选择投资于银行或保险公司。政府对计划运作的干预程度较低，一般实行审慎监管。

专栏 7-3　　　　基金投资的严格监管制度和审慎监管制度

基金投资的严格监管制度和审慎监管制度是两种不同的监管方式：在严格监管制度下，监管当局对被监管的主体、投资政策、资产配置、集中度甚至投资的收益率等都有严格的要求；而审慎监管制度下，监管当局仅要求被监管者站在委托人的立场做审慎的投资决策。市场经济不成熟的国家通常选择严格监管制度，而市场经济成熟的国家通常选择审慎监管制度。

第三节　社会养老保险与强制性个人账户制度的相关理论

社会养老保险即德国模式在财务制度上是现收现付的，即工作的一代人赡养退休的一代人；在责任上是待遇确定的，即制度承诺在参保人尽一定义务并达到退休条件时，制度给予相应的养老金。强制性个人账户则是缴费确定制度，一个人养老金的多少取决于他个人账户的积累。如果一国要将德国模式以强制性个人账户制度进行部分或全部替代时，需要对这两种制度进行比较与权衡。此节我们将现收现付的社会养老保险与公共养老金视为同一概念。

一、两种制度的利弊分析

（一）现收现付的社会养老保险制度的利与弊

现收现付的社会养老保险是下一代人赡养上一代人的制度，所以，当人口年龄结构年轻或者说当劳动力充沛时，现收现付制能使各代人福利状况改善，而且负担较轻，这是现收现付制的最大优点。彼得·戴蒙德根据世代交叠模型得出的结论是，如果经济一开始是动态无效率的（即单位有效的劳动、资本存量高于黄金尺度水平），实行现收现付制的社会保障就会使单位有效劳动资本存量趋近于黄金尺度水平，从而使得退休一代人能获得一个额外收益，同时也允许未来几代人有更高的消费，这样不仅可以使各代人的福利状况都得到改善，而且可以降低甚至消除由于资本过度积累而造成的动态无效率。[①] 1958 年，萨缪尔森讨论现收现付的社会养老保险时认为，现收现付制不能像基金

① 资本和劳动的存量并非越多越好，要有一个适度的水平，这个水平被称为黄金尺度水平。过度的要素存量会引致效率的损失或者无效率，如中国 20 世纪中叶以后存在大量的富余劳动力就是无效率的。

积累制那样取得市场收益率，但可以取得生物回报率，生物回报率为人口增长率与实际工资增长率相加。1968 年，亨利·阿伦（Henry Aaron）认为，在生物回报率大于市场利率的前提下，现收现付制能够在代际之间进行帕累托最优配置，这一思想被称为“阿伦条件”。这两种理论有异曲同工之妙，道理只有一个，当人口结构年轻且经济增长快速时，现收现付制是一个只有人获利而没有人受损的制度。

专栏 7-4　　代际转移支付制度：中国的例子

以中国公共养老金制度为例：中华人民共和国成立后的半个多世纪，中国的人口增长率加实际工资增长率一直大于市场利率，这是现收现付制的基本条件。中国在 20 世纪 50 年代建立养老金制度后，第一代领取养老金者是没有对制度尽过缴费义务的，他们是“获得一个额外收益”的一代；他们以后各代进入退休年龄的人，并没有受损，相反，各代人口因为经济增长而获得“更高的消费”（更高的养老金），这种状况维持了几十年，直到 1997 年社会保障制度改革，提出要降低养老金的替代水平为止。从理论上讲，到改革之时，现收现付制的有效性条件仍然存在。

1997—2016 年，中国的人口增长率为年均 0.61%（城镇就业人员年均增长率为 3.7%），工资年均增长率（城镇非私营单位就业人员实际工资年均增长率）为 11%。而同期，主要金融产品的市场利率均非常低，平均的一年期存款利率更是仅有 2.7%。基于“阿伦条件”，此期间，现收现付制依然是更好选择。

社会养老保险能提供比较稳定的养老金收入预期。社会养老保险是既定给付计划，制度许诺参保人满足一定条件时给付一定的养老金。对参保人而言，养老金收入和收入预期比较确定。未来收入和收入预期的确定对参保人一生中的收入与消费模式的优化是有帮助的。

社会养老保险具有再分配的功能，比个人账户具有明显的社会公平性质。社会养老保险中的再分配有几种情形：年轻人向老年人的再分配、高收入人群向低收入人群的再分配、男人向女人的再分配。在现收现付制中这几种再分配都有可能发生，但并不必然发生，再分配的力度取决于权利义务的计算公式。公式越接近精算平衡则再分配性质越淡薄。非洲和中东欧的许多国家按退休前几年的收入计算养老金，这种方法对高收入者有利，因为他们的收入增长很快。[①]

现收现付制的另一优点是没有通货膨胀的困扰，因而可以根据经济增长提高养老金的实际价值，这一优点与基金积累制相比而显得突出。

现收现付制还可以迅速建立全额养老金领取权，这对于新建的制度也是很重要的。相反，基金积累制从建立到提供保障至少需要20年时间。

现收现付制因为无须长期精算平衡，也无须管理巨额基金，所以管理简便、成本低廉也是其优点。从社会总福利的角度看，基金积累制巨额的管理成本是福利的损失。

社会养老保险的缺点同样也是显而易见的。

第一个问题来自它的公共性质。社会养老保险基金是成员拥有的公共基金，它一定会产生“公地悲剧”问题，即“搭便车”问题，人们总是倾向于“少缴多得”，这是所有公共基金都面临的问题。在该领域最常见也是最难控制的是逃税（费）。在中东欧、拉丁美洲、亚洲和非洲的很多国家，逃税（费）是个很大的问题。在一些国家，逃税（费）已经损害了社会养老保险本身，造成一些国家无法按时支付社会保障待遇。[②] 这也暴露了政府的管理不善。

第二个较为普遍的问题是，在满足了给付条件时，人们倾向于提前退休、低龄退休，争取最长的养老金领取时间。而政府打算提高退休年龄的政策一般都是会遭到反对的。这种问题的发生，不只是影响了社会保障制度收入，也影响了公平与效率。

第三个问题来自它的现收现付制和既定给付的性质。在人口年龄结构年轻时，现收现付制可以使每一代人受益；相反，在人口老龄化情况下，当制度的赡养比恶化时，制度的财务则不可持续。不幸的是，人口老龄化成为一种普遍现象，所以，代际转移支付制度产生了巨大的压力。如果是现收现付制与既定供款组合的养老金制度，如瑞典模式，那么人口老龄化的压力是由个人来承担的，但在现收现付制与既定给付的组合中，给付的压力只能由制度来承担，而社会保障制度的最后责任人是政府，政府会陷入巨大的财政压力之中。现收现付制与既定给付的组合中，当人口老龄化来临时，政府可以做的事很多，但每一项改革都有巨大的政治压力。例如，政府可以提高费率，但工作人口会反对；政府也可以降低养老金，但退休人口会反对；政府还可以进行其他参量改革，如提高缴费年限要求、提高缴费基数等，但每项改革都不易进行，阻力重重。

---

① 科林·吉列恩. 全球养老保障：改革与发展［M］. 杨燕绥，等译. 北京：中国劳动社会保障出版社，2002：248.

② 科林·吉列恩. 全球养老保障：改革与发展［M］. 杨燕绥，等译. 北京：中国劳动社会保障出版社，2002：9.

（二）强制性个人账户制度的利与弊

当德国模式遭遇人口老龄化后，人们将解决之道聚焦于强制性个人账户。但接下来的问题是，强制性个人账户能否应对人口老龄化？强制性个人账户的利弊得失又是什么？强制性个人账户在什么条件下才是有效的？

人们认为强制性个人账户有如下优点。第一，强制性个人账户是个人在不同年龄时期的收入再分配制度，个人老年收入取决于个人的终身储蓄及其积累的数量，而不取决于人口的结构。这样，许多人认为它不受人口结构的影响，所以在人口老龄化的情况下，它优于代际转移支付制度。第二，这一制度是既定供款计划，个人养老金的权益取决于个人账户已有的积累，这样政府的风险就被转移出去了。第三，这一制度使得个人养老金所得与他的贡献紧紧连在一起，可以刺激人们缴税（费）的积极性，从而提高制度的覆盖率，减少提前退休等现象。第四，从制度外部效应看，这一制度是一种强制储蓄制度，虽然其目的是保证老年人口的收入，但从效果上看它可以提高国民储蓄率，对经济起促进的作用。[①] 虽然反对的人如彼得·戴蒙德认为，公共账户也可以提高储蓄率，并不一定要实施个人账户。

强制性个人账户的缺点也是明显的。

强制性个人账户是既定供款计划，意味着个人承担养老金不足的风险。强制性个人账户替代社会养老保险只是将政府的财务风险转移给了个人，并没有减少和消除风险，从社会福利的角度看这是一个零和游戏。

强制性个人账户在所有制上是私有制，不具有再分配性质，所以在此制度下，对低收入者、女性更为不利，而对高收入者和男性则较为有利。强制性个人账户下退休收入的充足性取决于两个因素：一是已积累的养老基金总量；二是个人退休后的剩余寿命。因为个人账户不具备在不同寿命者间再分配的功能，这样，按平均预期寿命厘定的缴费率、利息率积累起来的退休基金总量即使达到预期目标，从概率的意义上，仍会有一半的人因不及平均预期寿命而有退休基金富余；相反有一半人会因长寿而面临退休基金不足的问题。瑞典的名义账户制度设计中充分注意到个人账户下的长寿风险，它的名义账户制度下的权益家庭成员没有继承权，当一个人在领取完账户上的养老金之前去世则同年龄组的所有成员具有继承权，这样对长寿的人、对女性更可起保护作用。除瑞典外，其他的国家则没有这种设计。

---

① 李珍．社会保障制度与经济发展［M］．武汉：武汉大学出版社，1998：142.

个人账户在几十年的积累过程中，面临保值增值的压力。作为一个养老金制度，它的本质是提供养老金，个人账户能否有效提供养老金，在缴费既定的情况下，最重要的决定因素是基金的收益率。因此，基金保值增值的压力是显而易见的。

由于以上种种问题，强制性个人账户使得养老的收入变得不确定，人们对未来收入预期也不确定，从而会导致人们在生命周期内的消费-储蓄决策不能最优化，这会影响个人福利，也会影响社会福利。

对于强制性个人账户还有一些需要讨论的问题。

一是强制性个人账户的激励作用。公共养老金制度的确存在“公地悲剧”问题。从理论上分析，个人账户应该起到缴税（费）激励作用，从而纠正劳动力市场的扭曲问题，但是作者通过对已进行私有化改革的国家的观察，已有的经验没有验证这一理论假设。强制性个人账户是否起激励作用取决于账户资金能否有效增值。

二是强制性个人账户能否回避人口老龄化问题在理论上仍然是不确定的。作者在1998年详细分析了个人账户面临养老基金压迫消费供给的风险。[①] 养老金的储蓄是为了将来的消费，所以作为一种储蓄制度，它迟早要与消费发生关系（这里的分析不但适用于个人账户，也适用于公共储蓄账户）。个人账户积累的是金融资产，而老年人口消费的却是实物。詹姆斯·舒尔茨（James Schulz）说过：“尽管提供退休收入有各种机制，如社会保障、公共救助、私人保险、私人赈济和个人储蓄，这些都会起作用，但是，最基本的实际情况仍然是，不管各种机制混合是否起作用，任何一个特定年度退休人员所消费的那一部分国民产出，总是由工作的人创造的。”一国国民的消费总是取决于它的产出。在现收现付制下，养老金是当前工资的一部分，这一制度下的问题是老年人多消费一些还是年轻人多消费一些的问题，养老金不会对总需求产生影响。在个人账户制度下，每一个时期的劳动生产率是既定的，人口结构的老化会不会导致个人账户里的积累加上工作一代的消费总需求大于总供给的情况？从逻辑上，这种情况是可能发生的。就个人而言，储蓄在任何时候都是多多益善，而当每个人都增加储蓄时，未必在任何时候都是好事，即所谓“合成谬误”。一般的储蓄还可以通过货币政策对其流量进行调节，个人账户储蓄用于消费是有刚性的。萨缪尔森认为，一旦总需求超过经济在充分就业时能够生产的数量，需求就会“鞭打”有限的供给，从而使商品的价格上升。

---

① 李珍. 社会保障制度与经济发展［M］. 武汉：武汉大学出版社，1998：143.

专栏 7-5　　个人账户制度在保值增值过程中面临的风险

本书作者曾对个人账户制度面临的保值增值压力进行了详细分析。①

首要的风险是通货膨胀，通货膨胀意味着个人账户基金购买力的下降，这一点是容易理解的。其次，个人账户制度面临一国政治、经济政策不稳定的风险，这一风险虽然在现收现付制下也是存在的，但其负面影响远不如对基金积累的个人账户制度来得大。个人账户制度在政治、经济政策风险面前表现得比公共养老金制度更脆弱，这也就是为什么一些国家在引进这一制度后很快又放弃它的原因。在发展中国家，政治、经济制度的不稳定因素大于政治、经济制度较为成熟的国家。再次，经济周期会造成投资风险。即便在一个政治、经济制度成熟和稳定的国家，经济周期总是不可避免的，经济衰退时期进入劳动力市场和经济复苏或繁荣时期进入劳动力市场的不同人群，在其他条件相同的情况下，如相同的终身工资、相同的工作年限，其养老金积累可能有天壤之别。最后，不确定因素也会造成投资风险。如果说经济周期还有可能通过反经济周期的办法来减缓其痛苦的话，有些不确定的政治、经济因素引起经济风险的是很难避免的。

上述四种风险是个人账户制度的宏观风险，每一种风险都会造成金融资产价值的巨大波动。在个人账户制度下，这种波动会造成某一时期进入劳动力市场的所有人口个人账户基金积累的严重不足。个人账户保值增值的第五种风险是微观的。在个人选择投资公司的情况下，个人还面临投资选择失误的风险。

二、现收现付与基金积累制度的平衡式分析

（一）现收现付制度的平衡式分析

在现收现付制度下，C 为保险费率，B 为保障水平，D 为制度赡养率②。收支的平衡式为：

$$C=BD \qquad \text{式 7-1}$$

保险费率（C）是保险费收入（c）与工资总额（W）之比，于是有：

① 李珍．社会保障制度与经济发展［M］．武汉：武汉大学出版社，1998：144-151.

② 赡养率和抚养比是一组同类概念。中国统计年鉴称“被抚养人数/抚养人数”为抚养比，人力资源社会保障部的相关统计对抚养比的界定则是“抚养人数/被抚养人数”。本教材用赡养率（dependency ratio）指代“被抚养人数/抚养人数”，将抚养比（support ratio）定义为“抚养人数/被抚养人数”。

$$C = c/W \quad \text{式 7-2}$$

保障水平（B）是平均养老金（p）与社会平均工资（w）之比，于是有：

$$B = p/w \quad \text{式 7-3}$$

制度赡养率（D）是受益人口（被抚养人数，b）与工作人口（抚养人数，E）之比，于是有：

$$D = b/E \quad \text{式 7-4}$$

工资总额（W）由社会平均工资（w）和工作人口（E）决定，于是又有：

$$W = wE \quad \text{式 7-5}$$

现收现付制度的收支平衡式中各变量的主要关系可以表述为：

· 保险费率取决于养老金社会平均工资替代率和制度赡养率，并与它们同向变化；

· 保险费率与保险费收入成正比，与工资总额成反比；

· 保险费率与养老金水平成正比，与平均工资水平成反比；

· 保险费率与受益人口数量成正比，与工作人口数量成反比。

我们还应注意到，第一，工作人口在平衡式的左右均起作用，在其他变量一定时，工作人口越多则工资总额越多，工作人口越多则制度赡养率越小。第二，社会平均工资也在平衡式的两边起作用，但它对制度平衡是一把“双刃剑”，在养老金社会平均工资替代率一定时，社会平均工资提高虽然有助于制度收入增加，但支出也会增加。所以，当制度收不抵支时，抱怨工资水平低从而导致制度收入少实在是一种误解。第三，社会养老保险制度内工作人口多寡取决于多个因素，一是就业水平，二是退休年龄，三是缴费年限，四是制度覆盖率。工作人口与就业水平同向变化，与退休年龄成反比。就业水平越高，工作人口越多，制度负担越轻，收支平衡越容易；退休年龄越低，工作人口越少，养老金领取者越多，制度负担越重；缴费年限要求越高则缴费人数越多，否则相反。从收支平衡的角度看制度覆盖率，制度覆盖率也是一把“双刃剑”，覆盖率越高，则缴费人口越多，制度收入越多，但支出也会增加，制度的收支平衡能力是否能够通过提高覆盖率得到改善，取决于将要纳入制度体系的人口年龄结构是否比制度内人口年龄结构更年轻。当然，从社会公平和社会保障的终极目标看，覆盖率提高是一个进步的方向。

为了方便分析，我们规定：通过社会养老保险制度的设计可以改变的变量为“内生变量”，通过社会养老保险制度的设计不能改变的变量为“外生变量”。

据此，我们可以看到，在影响现收现付制度平衡式的所有变量中，社会平均工资和由它决定的工资总额是社会养老保险制度的外生变量，其他变量则是社会养老保险制度的内生变量，但工作人口却是个例外，它应该是个中间变量。就业水平可能影响工作人口总量，在这个意义上，它是外生变量，除此之外，退休年龄也可以影响工作人口，在这个意义上，它又是内生变量。这一点我们会有详尽的分析。外生变量不是社会保障制度设计者所能影响的。但是，制度内生变量和中间变量却是可以通过社会保障制度的变革来调整的。

（二）基金积累制度的平衡式分析

在基金积累制度下，制度的收支平衡较为复杂一些。① 雇员在其工作的年份内必须积累足够的基金以备给付其退休后一定目标的养老金。雇员工作第一年的缴费额为 CW，这里的 W 为起始工资；在随后的年份，随着工资的增长，缴费将以每年 $1+g$ 的速度增长，这里的 g 为工资增长率；考虑到基金的投资增值因素，基金的积累将以每年 $1+r$ 的速度增长，r 在这里为利息率。到退休时，雇员退休基金的积累为：

$$CW\left[(1+r)^{n}+(1+g)(1+r)^{n-1}+\cdots+(1+g)^{n-1}(1+r)\right] \quad \text{式 7-6}$$

如果给付水平与工资指数化的话，那么，m 年的退休生涯在其开始年份的现值为：

$$BW(1+g)^{n}\left[1+(1+g)/(1+r)+\cdots+(1+g)^{m-1}/(1+r)^{m-1}\right] \quad \text{式 7-7}$$

式中，n 为工作年份；g、r、n、m 为常数。在一定条件下，式 7-6 和式 7-7 可以简化为式 7-8 和式 7-9：

$$CW(1+g)^{n}n \quad \text{式 7-8}$$

$$BW(1+g)^{n}m \quad \text{式 7-9}$$

在基金积累制度下，退休时基金的积累量必须与退休后所需要的退休支出现值量相等，即式 7-6 与式 7-7 相等，如果利息率与工资增长率相等的话，式 7-8 必须与式 7-9 相等，则所需的缴费率为：

$$C=B(m/n) \quad \text{式 7-10}$$

式中，m/n 为退休年数与工作年数之比，我们称它为自我赡养率。

如果利息率低于工资增长率（$r<g$），所需的缴费率则高于 $B(m/n)$；反之亦然。

通过对两种财务制度的讨论我们知道，在现收现付制度下，缴费率只受社会平均工资替代率和制度赡养率的影响，较高的社会平均工资替代率和制度赡养率意味着较高的

① World Bank. Averting the old age crisis: policies to protect the old and promote growth [M]. Oxford: Oxford University Press, 1994: 297.

缴费率；而在基金积累制度下，制度赡养率由自我赡养率取代，缴费率不仅要受自我赡养率和预期的养老金水平的影响，还要受基金收益率的影响。

（三）两种财务制度的比较分析

舒尔茨和维塔斯（Vitas）曾对现收现付制度和基金积累制度作过对比研究，其结果见表 7-4。

从表 7-4 得出三点结论。①当赡养率等于自我赡养率，且利息率与工资增长率相同时，缴费率在两种财务制度下是一样的，即制度的负担率在此时是相同的。②当利息率高于工资增长率时，基金积累制度的制度负担率才会减轻，它才会优于现收现付制度；相反，当利息率低于工资增长率时，要达到相同的给付水平，基金积累制度的成本比现收现付制度更高。③在利息率与工资增长率相同，且赡养率低于自我赡养率时，现收现付制度的缴费率更低。

表 7-4　　工资替代率为 40%时的缴费率　　（%）

指标（值）		现收现付制度（赡养率）		基金积累制度（自我赡养率=退休年数/工作年数）					
		1/2	1/3	1/2			1/3		
实际工资增长		—	—	0	2	5	0	2	5
实际利息率	0	20	13	20	35	77	13	23	49
	2	20	13	11	20	46	7	13	30
	5	20	13	4	8	20	3	5	13

资料来源：World Bank. Averting the old age crisis: policies to protect the old and promote growth [M]. Oxford: Oxford University Press, 1994.

作者认为，这些结论对一国社会保障的财务制度的选择具有重要的理论意义。在人口老龄化发生和发展的情况下，当社会保障制度覆盖下的赡养率高于甚至是大大高于自我赡养率，且利息率至少高于 GDP 及总收入增长率时，基金积累制度会比现收现付制度更有效，否则基金积累制度是无效的。

第四节　最具影响力的变量：退休年龄及相关理论

从上面的分析可知，影响养老金制度收支平衡的变量有许多，但其中一些是制度外生变量，我们不能通过社会保障制度来改变它，如工资增长水平。一些制度内生变量则是可以通过制度调整改变的，如在现收现付制度下，退休年龄双向影响着制度的收支平衡和可持续性；在基金积累制度下，退休年龄会直接影响个人退休后养老金的水平；在中国社会统筹和个人账户相结合的情况下，退休年龄既影响社会统筹部分的赡养率，也影响个人账户的自我赡养率，又通过个人账户影响整个制度的收支平衡。

一、退休年龄的经济学分析

退休年龄这一变量不只是关乎养老金制度的收支平衡问题，而且也与其他经济层面紧密联系。①

（一）退休年龄与制度收支平衡

在现收现付制度中，制度赡养率为退休人口与工作人口之比，如果说新增就业人口可以扩大分母，从而降低赡养率的话，那么，退休年龄则同时影响分子与分母。退休年龄的提高，在减少退休人口的同时，相应增加工作人口，从收支平衡角度看，退休年龄的提高，在减少退休给付的同时会增加制度的收入，所以说，退休年龄比其他变量对制度的收支平衡更具影响力。经验研究表明，退休年龄提高 5 岁，则养老金支出可减少一半。所以，提高退休年龄是各国改革社会养老保险制度的重要内容。

（二）退休年龄与个人账户制度

在个人账户制度下，退休年龄是一个更为重要的因素。这是因为：第一，自我赡养率低于制度负担率是选择个人账户积累制度的前提；第二，自我赡养率高则个人账户制度基金不足的风险比现收现付制度更高，因为现收现付制度基金不足时还可以通过财政转移支付，由政府负最后责任，而个人账户是既定供款的制度，当基金积累不足时，风险无法分散。

（三）退休年龄对其他经济层面的影响

退休年龄应受到高度重视，不仅因为它是养老金制度收支平衡的最重要影响因素，还因它与其他经济层面紧密相关。

1. 退休年龄影响经济竞争能力

养老金无论是通过两代人之间的转移支付还是同代人的积累方式进行分配，无论是雇主缴纳还是雇员缴纳，无论是工资的一部分还是利润的一部分，在经济运行过程中它总是表现为劳动力成本的一部分。其他条件不变的情况下，退休年龄越小，劳动力成本越高，竞争能力越弱；相反，退休年龄越大，则劳动力成本越低，竞争能力越强。

---

① 李珍. 关于退休年龄的经济学思考［J］. 经济评论，1997（1）：87-92.

2. 退休年龄影响劳动力市场

退休年龄政策是一个利益非常复杂的领域，关于退休年龄与劳动力市场的关系，从微观的角度和宏观的角度看、从近期利益和长期利益的角度看，所得出的结论是完全不同的。从企业的角度看，在就业政策弹性小的情况下，即企业不能随意解雇员工时，低龄退休对企业是有利的，企业可以用较低的工资招收新员工。从近期效益看，低龄退休对政府也是有利的，因为低龄退休能腾出一些就业机会，从而减轻政府的就业压力。但是如果从整个社会的角度看，从长期利益来看，事实正好与此相反，低龄退休会对劳动力的需求形成一种压力。

3. 退休年龄影响劳动力成本

退休年龄直接影响劳动力成本，并通过劳动力成本对劳动力市场产生影响。退休年龄小意味着较短的工作年限和较长的退休期，如果养老金给付水平是一定的，为了达到这一保障水平，社会养老保险缴费率必然较高，因而劳动力成本必然上升。所以说，在其他条件一定时，退休年龄越小则劳动力成本越高。当劳动力的成本高于资本的成本时，市场就会倾向于选择资本而不是劳动力；相反，如果劳动力的成本低而资本的成本高，市场就会选择劳动力而不是资本。虽然在资本和劳动力之间存在逻辑上的替代关系，但从世界各国的经验来看，雇主通常是选择用资本替代劳动力，因为社会保障水平更具有刚性，雇主是不能随意通过改变社会保障水平来降低劳动力成本的。资本替代劳动力的结果是一部分劳动力被排挤出生产过程，失业率上升。一般来说，发展中国家都是资本相对稀缺而劳动力充沛的国家，所以发展中国家尤其应该避免选择资本排挤劳动力的社会保障制度。

4. 退休年龄影响国民产出

美国学者舒尔茨 1991 年的一项研究表明，在过去的 30 年里，一种新的闲暇消费模式在一些西方国家出现了，这种模式就是人们在远不至于因年老而不能工作之前就退休。早退休由于缩短了雇员的工作寿命而增加了闲暇的消费，即在既定的劳动力规模上，这种闲暇消费模式会使国民产出低于潜在产出，从而使经济处于效率损失状态，同时工作人口的负担会加重。

总之，退休年龄的高低不只是与养老金制度收支直接关联，它还会对其他经济层面产生影响，并通过这种影响对制度产生间接影响。20 世纪末，工业国家纷纷提高退休年龄不只是基于对养老金制度收支平衡的考虑，在很大程度上也是基于对整体经济运行的考虑。

二、基于退休年龄的养老金分析应注意的概念

（一）实际退休年龄与养老金领取年龄

实际退休年龄是指离开劳动力市场的年龄，实际退休年龄和法定退休年龄并不总是一致的，因为部分劳动力可能在法定退休年龄之前或者之后退出劳动力市场。

养老金领取年龄是政策规定的可以领取养老金的年龄，它可能与法定退休年龄一致也可能不一致，如日本的法定退休年龄与领取养老金年龄就不一致。

（二）工作年限与缴费年限

在应然状态下，缴费年限等于工作年限，由退休年龄减去参加工作的年龄计算得到。在现实生活中，由于最低缴费年限较短、征缴的强制性和主动性不足等原因，缴费年限会短于工作年限。例如，在中国城镇职工基本养老保险制度中，最低缴费年限仅设定为 15 年，一些参保人群在缴满 15 年后即不再缴费。由于缴费状态和工作状态可以分开，因此基于退休年龄的分析就很容易脱离现实情况。

第五节　中国老年收入保障制度的实践

在中国人口老龄化问题日益凸显的时候，中国的基本养老保险制度发展得比较快，但多支柱的体系尚未有效建立。

一、中国的人口老龄化及其特点

基于联合国人口司的预测数据，自 21 世纪初中国进入人口老龄化社会到 21 世纪中叶，中国人口老龄化的发展大体可分为三个时期：第一个时期是 21 世纪前 25 年，此期间为老龄化社会，2001 年中国 65 岁及以上老年人口的比例突破 7%，进入老龄化社会；第二个时期是 2025 年后 10 年左右的时间，此期间为老龄社会，2025 年左右 65 岁及以上老年人口的比例将达到 14%，对老龄化社会的跨越历时 25 年左右（德国、英国都历时 40 年以上，美国更是历时 70 余年之久）；2035 年左右 65 岁及以上老年人口的比例将超过 20%，因此第三个时期是 2035 年之后 20 年左右的时间，此期间为超老龄社会，不到 10 年时间又要跨越老龄社会进入超老龄社会，老年人口的比例将从 20%左右上升到 30%左右。

总结中国人口老龄化的特点：第一，中国人口老龄化过程发生时间晚、发展速度快，老年人口数量庞大；第二，中国人口老龄化是经济发展的相生物，一般是先有经济发展后有人口老龄化，而中国由于多方面原因，未富先老。①

中国快速的人口老龄化对多层次老年收入保障制度提出紧迫要求和巨大挑战。

二、中国多支柱的老年收入保障体系

在中国的话语系统中，我们习惯用多层次养老金体系来描述老年收入保障体系，实则远远不够，我们用“五支柱”老年收入保障制度来描述中国老年人的收入保障体系更合适。

中国正式的老年收入保障体系由城镇职工基本养老保险和城乡居民基本养老保险组成，这两项正式老年收入保障制度可以拆分放在世界银行“五支柱”方案中，对应零支柱、第一支柱、第二支柱和第三支柱。对于城镇职工基本养老保险参保人，第一支柱是老年收入的主要来源，而对于更多的老年人来说，非正式制度即第五支柱才是重要的收入来源，这包括劳动收入和家庭内部的转移支付即其他家庭成员的供养（见表 7-5）。这一现实是由中国经济发展水平决定的。

表 7-5　　全国 60 岁及以上老年人口在不同“主要生活来源”项下分布　　（%）

主要生活来源项	全国	城市	镇	乡村
劳动收入	21. 97	7. 33	19. 67	33. 58
离退休金和养老金	34. 67	69. 83	31. 75	10. 43
失业保险金	0. 01	0	0. 01	0. 01
最低生活保障金	4. 29	1. 52	4. 15	6. 37
财产性收入	0. 88	0. 64	0. 85	1. 07
其他家庭成员供养	32. 66	17. 29	37. 15	41. 87
其他	5. 52	3. 39	6. 41	6. 68

资料来源：国家统计局发布的《中国人口普查年鉴 2020》。

注：因四舍五入，存在加总不绝对相等的情况。

在第二章我们分析过城镇职工基本养老保险由社会统筹和个人账户构成，这是一个强制性的制度，相当于世界银行的第一支柱和第二支柱，即强制性公共年金和强制性个人储蓄；而城乡居民基本养老保险由政府补贴和个人账户构成，这是一个自愿参加的制度，政府补贴部分水平较低，政策目标是反贫困，所以政府补贴部分从资金来源、保障

① 李珍. 社会保障制度与经济发展［M］. 武汉：武汉大学出版社，1998：55.

水平和政策目标来看，属于世界银行“五支柱”方案中的零支柱；而城乡居民基本养老保险个人账户则属于“五支柱”方案中的第三支柱。

城镇职工的老年收入保障制度是按多层次来设计的：基本养老保险、企业年金、自愿性商业保险，三者层层递进。参加基本养老保险且有条件的企业可以为职工主办企业年金，职工个人可自愿购买商业保险以享受更高的退休收入，保险费可享受一定的税惠。对城镇老年人而言，基本养老保险是重要的收入来源，企业年金发展非常有限，自愿性商业养老保险几乎没有发挥作用。城镇职工多层次老年收入保障制度放在“五支柱”方案中观察，基本养老保险一分为二，即强制性公共养老金（第一支柱）、强制性个人储蓄（第二支柱），其余则包括企业年金和其他形式的自愿性养老储蓄（第三支柱）。

2023年，城镇非农劳动力参加职工基本养老保险的人数达5.21亿人，其中离退休人员为1.42亿人，在职人员3.79亿人，占城镇就业人员的80.64%。就中国的发展水平而言，这一参保率是不错的。同年，离退休人员月均养老金为3 743元，是老年收入的主要来源。

2023年，城乡居民养老保险参保人达5.45亿人，其中实际领取养老金待遇人数为1.73亿人，月人均养老金约223元。

深度阅读

1. World Bank. Averting the old age crisis: policies to protect the old and promote growth [M]. Oxford: Oxford University Press, 1994.

该书总结了公共养老金制度的各种问题，分析了人们对公共养老金制度存在的各种“成见”，指出了在人口老龄化条件下公共养老金制度对财政和经济的负面影响和在财务上的不可持续性，并建议各国加强企业年金和自愿性个人养老储蓄账户制度的建设，提出了“三支柱”方案的建议。

2. 罗伯特·霍尔茨曼，约瑟夫·E. 斯蒂格利茨. 21世纪可持续发展的养老金制度[M]. 北京：中国劳动社会保障出版社，2004.

该书主要针对世界银行1994年的政策报告《防止老龄危机》中所总结的理论上对现行的公共养老金制度的“成见”进行分析。文章认为，世界银行报告总结在宏观经济、微观经济和政治上存在“十个成见”。该书认为，公共养老金制度的问题不是人们想象的那样糟糕，个人账户也不是“万能妙方”，不能指望一套简单的建议适用于所有的国家。该书试图厘清关于社会保障私有化改革中的一些似是而非的理论和观点。

3. 李珍. 社会保障制度与经济发展［M］. 武汉：武汉大学出版社，1998.

该书在评价了经济自由主义与政府干预理论的流变后，认为适度的再分配有利于社会福利增加。作者以此作为哲学基础，在当时以“效率优先，兼顾公平”作为社会保障制度改革的指导原则的学说占统治地位的情况下，明确坚持“再分配领域应该坚持‘公平优先，兼顾效率’”。作者论述了收入边际效用递减与拉弗曲线的共同作用，说明政府的干预只能是适度的。作者认为，社会保障制度是一种社会制度，也是一种经济制度。在人口老龄化的前提下，我们有可能通过设计一个负担相对较轻、保障相对公平的适度再分配制度，并通过社会保险基金的市场化运营达到资源优化配置、社会保障与经济发展双赢的目标。

以上述理论做基础，作者对中国社会养老保险制度改革进行了全面剖析，指出了前期改革的理论误区及制度安排中的技术问题，全面分析了转制成本、个人账户制度的风险及其控制、低龄退休对养老保险制度及经济的负面影响等问题，并就这些问题提出了政策建议。

本章小结

本章讨论了老年收入保障制度的内涵与外延，梳理了老年收入保障制度变迁的历史与现状，分析了社会养老保险制度的本质特点。从对各种养老保障制度模式的分析中，澄清了关于社会保障私有化的似是而非的观点。介绍和分析了现收现付制度和个人账户制度的优点和缺点，以及两种财务制度的收支平衡因素是如何影响制度的可持续性的。本章还简要介绍了中国的老年收入保障体系。

重要概念

社会养老保险　人口老龄化　人口红利　“三支柱”方案　“五支柱”方案　企业年金　既定供款计划　既定给付计划　个人账户制度　现收现付制度　基金积累制度　名义账户模式　智利模式

思考题

1. 工业化、城镇化甚至经济全球化是如何对养老保险制度产生影响的？

2. 社会养老保险的作用是什么？社会养老保险对效率是如何产生负面影响的？如何

克服这些负面影响？

3. 中国在建设社会养老保险制度的过程中应向高收入国家学习什么经验？

4. 想想当你进入退休队伍时，中国社会养老保险制度的情形是什么样的，你应有何种准备。

第八章
医疗保障理论与实践

国际社会已将健康作为公民的基本人权予以保障。为了获得健康，人们会使用医疗服务，这时人们会面临医疗费用损失的风险。为了提高人们对医疗服务的可及性，政府会采取不同的手段提供医疗保障。本章介绍和讨论在医疗服务市场和医疗保险市场失灵的情况下，政府提供不同的医疗保障制度安排的理论、实践及其效果。

第一节　市场失灵与政府干预

医疗服务市场和医疗保险市场是两个相互关联的市场。医疗服务市场与一般的市场相比有许多特殊性，这些特殊性决定了随着社会经济的发展，医疗费用的快速上涨成为一种普遍现象。为了转移医疗费用的风险，出现了商业医疗保险制度，但医疗保险市场存在种种失灵的问题，因而政府的干预成为必要。

一、医疗服务市场的特殊性及市场失灵

（一）健康、疾病与医疗服务

“健康不仅为疾病或羸弱之消除，而系体格、精神与社会之完全健康状态。”这是世界卫生组织为“健康”所做的定义，它涵盖了健康的生理、心理与社会适应性三方面特征。因此，健康作为一种“有益物品”（merit goods），是人类生存与发展所必需的。基于对健康重要性的认识，世界卫生组织早在1946年就将“健康”纳入基本人权的范畴：享受最高而能获致之健康标准，为人人基本权利之一；不因种族、宗教、政治信仰、经济或社会情境各异，而分轩轻。

然而，疾病作为一种非健康状态，又常常困扰着人们。为了消除疾病、重获健康，以治疗疾病为目的的医疗服务成为必要。

（二）医疗服务市场的特殊性及市场失灵

医疗服务市场是患者对医疗服务需求和医生、医院提供相关服务的载体，简单说是医疗服务交易的场所。医疗服务市场有许多特殊性，从经济的角度看，这些特殊性共同的作用是使医疗费用快速增长，超过人们的负担能力，降低了医疗服务的可及性，负面影响人们的健康水平。

本书在此对一些主要的特点进行分析：第一，医疗服务与一般商品相比，其价格的需求弹性和供给弹性都较小，即医疗服务的需求量与供给量对于医疗服务价格的变动并不灵敏；第二，医疗服务需求的收入弹性较大，这就意味着消费者收入的增加会明显增加其对医疗服务的需求；第三，医疗服务市场存在供方信息垄断，通常情况下，医生因比患者知道更多的治疗方案、风险、副作用以及费用方面的信息而具有信息优势；第四，由于对疾病的评价既有客观性又有主观性成分，因而医疗服务的需求量易受人们心理作用的影响；第五，医疗服务具有不可分割性特点，即医疗服务的生产过程（医生为患者治病）与消费过程（患者接受治疗）是同时进行的；第六，医疗服务具有异质性，医疗服务因人因病而异，不可能是标准化的，这使得医疗服务之间的比较变得非常困难。另外，一些社会经济因素，诸如人口年龄结构的变化与医疗技术的发展，对于医疗服务的需求有重要影响。

医疗服务市场的特殊性在没有约束的条件下，可能进一步演化为医疗服务市场的失灵。由于供需（医患）双方存在严重的信息不对称问题，医生可能依靠信息上的优势，诱导需求，鼓励患者过度消费。医疗服务的异质性、医疗服务需求（供给）缺乏弹性以及医疗服务受主观心理影响强烈等原因，又不可避免地加剧这种诱导需求的程度，从而决定了医疗服务费用的刚性特征。当医疗保险第三方以“后补偿”机制出现在医疗服务市场时，供方诱导需方推动费用上涨的情形将恶化。

当然，在推动医疗费用上升的因素中，有合理的成分，也有不合理的成分。例如，收入的增加、人口老龄化引发的医疗服务需求量的增加，进而促使医疗费用上升是合理的；而由于医疗服务存在信息不对称问题，当医疗服务的激励机制鼓励医疗服务的提供者诱导需求时，这种由市场失灵引发的医疗费用的攀升则是不合理且需要控制的。

二、医疗保险市场的特点及保险市场的失灵

（一）医疗费用损失风险管理

疾病可能导致两种损失，一种是医疗费用损失，另一种是因病引起的收入损失。一些国家的医疗保险不仅保医疗费用损失，还保收入损失，在此仅讨论医疗费用损失。

对于医疗费用的损失风险，人们可以将风险自留，也可以将风险转移出去。是自留风险还是转移风险取决于人们对风险的评估、对自身风险承受能力的评估等因素。

风险自留是指对风险后果的自我承担，是人们管理风险常见的一种方法。这种方法通常在风险所致损失频率和程度低、损失在短期内可以预测，以及最大损失不影响个人的财务稳定时采用。简单地说，当一个人对自己的健康水平评估较高，对自己的财务能力评估较高，更可能自留风险。然而，疾病风险损失的时间、频率、程度都具有相当大的不确定性，突发的疾病很可能导致个人和家庭都无法承受巨大损失，给贫困者带来灾难性后果。因此，这不是一种普遍性的风险管理方式。还有一部分人自留风险是因为无力通过财务的方法转移风险，在低收入国家这种情况很常见。

当人们不能承担医疗费用损失时，可能选择风险转移。保险是最为重要的风险转移方法。通过购买保险，投保人（支付保险费的人，既可以是被保人，也可以不是被保人）将可能发生的费用损失风险转移给保险人来承担；保险人通过集合风险，使个体风险在参加保险的群体中分摊，达到共同抵御风险的目的。

（二）医疗保险市场的特点及市场失灵

医疗保险市场具有保险市场的一般特征，又有自己的特殊性。例如，保险市场一般存在广泛的信息不对称问题，而与其他保险不同的是，医疗保险市场除信息不对称问题外，还与医疗服务市场相连，在某种意义上，医疗保险市场能否有效运行取决于医疗服务市场是否有效。

医疗保险市场最重要的特点是广泛的信息不对称问题，这一问题导致市场失灵。在保单产品的设计环节，“信息偏在”[①] 是保险公司。保险公司利用信息优势，往往设计对自己有利的条款，最突出的表现是进行“风险选择”（risk selection）。首先，在投保之前保险人通过各项条款的设计进行“撇脂”（cream-skimming），即吸纳健康状况良好的人群，拒绝健康状况差的人群，进而排除被认为是高风险的消费者，而提供服务吸引低

① “信息偏在”是指具有信息优势的一方。

风险消费者（如健康俱乐部会员）。其次，在保单产品（即医疗保险）的交易环节，作为需方的被保险人将利用关于自身健康状况的信息优势进行“逆选择”（adverse selection）：根据平均风险所确定的保险费率，低于高风险所确定的费率而高于低风险所确定的费率，高风险人群（“坏风险”，bad risk）愿意购买保险，低风险的健康人群（“好风险”，good risk）则不愿意购买保险。“逆选择”使得购买保险的人群中高风险人群的比例较高，保险公司就会出现亏损。为了保证收支平衡，保险公司将进一步提高费率，这样一来，更多的低风险人群将退出保险，投保人结构具有更大的风险偏向，费率提得更高，导致了恶性循环。最后，在理赔的环节，具有信息优势的保险公司常常利用“最终解释权利”减轻甚至逃避其赔付责任。因此，信息不对称存在于医疗保险市场的各个环节，这就决定了医疗保险市场不能出清（供需无法有效匹配）：大量低风险者不愿投保、高风险者没有能力或被限制投保，导致医疗保险覆盖面无法扩大，医疗费用损失的风险无法分散。此时，医疗保险市场失灵了。

然而，医疗保险市场又有别于一般的保险市场，它与医疗服务市场相连，并与医疗服务市场互动。当医疗保险机构作为第三方补偿机制出场时，医疗服务的异质性、医疗服务价格缺乏弹性、医疗服务的供方垄断、医生诱导需求等引起的“医疗费用刚性”又不可避免地加剧医疗保险费率的上涨，即出现医疗服务市场与医疗保险市场失灵的互动。如此一来，越来越多的人将买不起保险，市场供需匹配情况进一步恶化，医疗保险市场越发不能出清。在以市场为主体的美国医疗保障制度中，总有一部分群体没有任何医疗保险的情况就说明了这一点。

健康的重要性、医疗服务市场和保险市场的失灵使得政府的干预成为必要。

三、政府干预医疗保障领域的方式

医疗服务市场和医疗保险市场存在的缺陷伤害到国民对医疗服务的可及性，因而现代政府采取各种措施对医疗服务领域和医疗保险领域进行干预，以提高国民抗风险的能力和对医疗服务的可及性。

（一）医疗服务领域

1. 对医疗服务供需方的补助

政府通过普通税收筹资，直接为全体社会成员提供免费医疗服务是政府同时对医疗服务供需双方补助的表现。在这种制度下，医疗服务的供给由财政支出，医院是公立的，医生是政府的雇员；同时政府又为患者的医疗费用“买单”，患者不缴费或只缴极少的费用。政府在医疗服务供需关系中扮演了重要角色，直接避免了居民的医疗费用风险。该制度是一种普惠制度，权利与义务之间的对等关系表现较弱。这种方式不仅具有很强的再分配性，同时也很好地克服了医疗服务市场失灵的问题，所有社会成员不论收入高低、疾病风险大小，都能获得基本的医疗服务。

2. 对医疗服务需方的补助

如果一个国家仅仅是通过医疗保险的方式解决其国民的医疗问题，则弱势群体可能被排除在医疗保险制度之外。因为不论是私人医疗保险还是社会医疗保险，都要求权利与义务的对等，只有缴费才可以享有医疗保险的保护。对于一部分弱势群体的医疗保障问题，政府一般采取医疗救助计划，通过就医费用补助（补需方）方式，以确保弱势群体的基本就医需求得到保障。

3. 对医疗服务供方的补助

对医疗服务供方的补助是政府干预医疗保险领域的一种重要而有效的方式。补供方又有两种办法，一种办法是直接对医疗机构进行财政补贴，尤其是对公立医疗机构进行财政补贴，这是实质性的补供方，几乎所有的国家都会对医疗机构进行财政补贴，用于医院的基础设施和医生的工资。所以，一般来说公立医院因为享受了政府的补贴，所以能以比私立医院更低的价格提供相同的服务。另一种办法名为补供方，实则是补需方(患者)，如新加坡的医疗保障体系——政府补贴基本的门诊费用和住院费用。

（二）医疗保险领域

1. 建立社会医疗保险制度

政府更普遍使用的是建立社会医疗保险制度，分散个人医疗费用的风险。社会医疗保险是政府强制征收医疗保险费用形成医疗保险基金，当被保人发生相关风险时加以补偿的风险分散机制。作为医疗保险制度，它保障的风险是医疗费用和因疾病导致的收入损失；作为一个保险机制，它借用的是商业保险运行的原理，即大数法则，它集合众多的风险，并在众多的人口中分散风险；作为一项社会保险机制，它使用的是平准费率，强调的是社会公平，它的强制性要求不仅排除了部分消费者“自我保险”的短视行为，还因要求高风险人群和低风险人群都必须参保，从而很好地克服了商业医疗保险市场上的逆选择和风险选择问题，实现了疾病风险在不同人群间的分散，具有明显的再分配性质，即健康状况好的人向健康状况差的人再分配。而商业医疗保险使用的则是精算费率，即健康的人费率低而不健康的人费率高甚至不被保险公司接受投保，强调的是精算公平。

2. 保险费补助

在建立社会医疗保险的国家中，有些国家政府仅确立社会医疗保险的基本制度与法律框架，但不进行保险费补贴，如德国。有些国家则在建立基本制度、法律框架的基础上，政府还对（部分）被保人的保险缴费进行补贴。如我国的城乡居民基本医疗保险制度，政府在医保经费的筹集上承担了大部分责任，不仅中央财政与地方财政在居民的年人均补助标准上进行责任分担，而且对不同经济发展水平的地区（东部、中部、西部）实行不同水平的补助。

第二节 医疗保障制度的典型模式

目前世界上绝大多数国家都有医疗保障制度，每种制度对应着不同的模式，我们可以将其进行分类，一类是政府直接提供医疗服务，即国家卫生服务模式，一些高福利国家采用的是这一种模式；另一类是通过保险的方式提供医疗保障，保险又可分为社会医疗保险模式和商业医疗保险模式两种；除此之外，还有一类是储蓄型医疗保障模式。

为了适应不同人群的医疗保障需求以及模式本身的发展和完善，一些国家可能会将上述各种模式进行组合，在一个基本的或主体性的模式安排下，辅之以其他模式构成医疗保障制度体系。

一、国家卫生服务模式

（一）国家卫生服务模式的含义与特征

国家卫生服务模式是指医疗保障资金主要来自普通税收，政府通过预算分配方式，将由税收筹集的资金有计划地拨给医疗服务供方，向国民直接提供免费或低收费的医疗服务，以保障本国国民公平获得医疗保健服务的一种医疗保障形式。

目前，实现这一医疗保障模式的国家主要是一些福利国家，如英国、瑞典等欧洲国家。

国家卫生服务模式的主要特征有四个点。①国家卫生服务模式本质上是一种普惠的福利制度，其覆盖人群通常是本国的全体国民，体现了医疗资源分配的公平性和福利性。②医疗保障资金主要来自税收，其主体是政府，通过政府财政预算拨款的方式分配给医疗服务机构和医生。资金流向：国民纳税→资金的二次分配→医疗服务供方→为国民提供免费或低收费的医疗服务。③政府通过开办医疗机构，或通过合同购买私人医疗服务的方式直接向全体国民提供免费或低收费的医疗服务，不存在“第三方付费”。在这种模式下，医疗服务的提供具有国家垄断性，政府卫生部门往往直接参与医疗机构的建设与管理。④卫生资源的配置具有较强的计划性，市场机制对其基本不起调节作用。

（二）国家卫生服务模式的典型案例：英国

1. 国家卫生服务制度的特点

英国是实行国家卫生服务模式的典型代表。英国于 1948 年通过并颁布了《国家卫生服务法》，建立了由政府提供卫生服务经费、由国家统一管理卫生保健事业的国家卫生服务（National Health Service，NHS）制度，其主要特点有三个。

一是政府通过税收筹集卫生经费，然后根据各地区的人口规模并考虑年龄、性别、健康水平等因素，将资金分配给各地区，由各地区的卫生管理部门向卫生机构直接拨款。国家实行总预算控制。

二是医疗卫生服务系统基本上归国家所有，卫生资源的筹集与分配、卫生人员的管理、卫生服务的提供等均由国家统一管理。由政府开办的公立医疗机构 95%的经费来自政府财政拨款，另外 5%来自服务收费等。医院医生和管理人员属于国家公职人员，享受国家统一规定的工资待遇。

三是医疗卫生服务系统包括地区家庭医生或全科医生提供的初级医疗服务；地区医院提供的综合和专科医疗服务（二级医疗服务，主要是综合医院）；中央医疗服务机构针对疑难病的诊治（三级医疗服务，主要是专科医院）。三个系统各司其职，提供的服务覆盖了全国所有愿意接受免费医疗服务的人。其中，在全科医生和医院服务之间建立了严格的转诊制度，大大提高了医疗卫生体制的运行效率，对控制医疗费用的快速增长较为有效。

2. 国家卫生服务制度的改革历程

在英国的这种医疗服务体系下，国民可以获得免费或以低廉的价格获得所需要的基本卫生服务，健康得到了保证。但这种制度模式也存在许多问题，其中最主要的问题是医疗经费来源单一，政府财政负担过重，再加上卫生资源配置的高度计划性，市场机制难以发挥作用，整个医疗服务体系在宏观和微观上都缺乏活力，医疗服务的供给效率较低，病人的等待时间较长。另外，由于国民享受的是免费或低收费的医疗服务，浪费现象比较严重。为了革除这些弊端，20 世纪 80 年代以来，英国进行了若干次改革。

在一系列改革措施中，一项最主要的措施是英国于 1991 年将政策范围内门诊和住院费用报销比例分别提高到50%和75%左右。引入了“内部市场”（internal market）机制，即将医疗服务的购买者与提供者分离。其中医疗服务的提供者包括全科医生、医院及自我管理的医院联合体等，购买者包括地区卫生局和全科医生基金持有人。政府将由议会审定的预算内卫生经费拨给各地区的卫生服务购买者（卫生部门掌握经费的70%，其余30%由全科医生基金持有人掌握），由卫生部门作为卫生服务的购买者，代表消费者制定医疗服务的范围、内容、质量标准及费用水平，然后向医疗服务提供者商议年度购买计划，签订购买医疗服务的合同。同时政府让一部分有医疗经验和管理能力的全科医生掌握一部分经费，成为基金持有人，并作为病人的代理人向高层次的医院购买病人所需要的专科服务。医院在财务与人事方面享有较大的自主权，可以自主决定医院科室的设置、床位与人员编制，可以自定工资标准，自行处置医院的固定资产，并可以直接同医疗服务购买者签订合同。在此过程中，医疗服务的购买者与提供者以合同的形式建立关系。

1997年工党执政，以“管理医院间竞争过度、浪费资源”为名废除了“内部市场”（实际上是暂时的）和全科医生基金持有人计划，但保留了购买者与提供者分离的模式以及协议制度。[①] 地区卫生局被基础医疗信托机构取代，区域卫生局被战略卫生局取代，一些NHS信托成为基金信托，不再由卫生部门筹资和管理。基础医疗信托机构负责基层医疗筹资管理和医疗服务的购买决策，同时直接提供基础医疗和很多社区服务，受当地战略卫生局监督，对卫生部部长负责。

2010年，保守党和民主自由党的联合政府执政，对NHS系统做了更多改变。2012年，英格兰颁布《健康和社会照顾法》后，医疗服务的筹资责任从卫生部门转移到NHS系统。NHS系统筹集到的资金分三个主要的去向。第一，分设4个区域中心，其下设27个地区小组，这些地区小组负责直接委托价值254亿英镑（2013—2014年）的医疗服务，其中主要包括全科医生及其他独立的基础医疗服务（111亿英镑）和专科服务（120亿英镑）。第二，NHS系统向211个临床委托小组分配资金。这些新成立的机构小组取代了原来的基础医疗信托机构，从2013年4月起为当地人口购买非专科医疗服务。临床委托小组在2013—2014年控制了NHS预算的2/3，覆盖了医院非处方药费用、非专科二级医疗服务费用和社区医疗服务费用。第三，基层卫生局负责为当地人口购买公共卫生服务，一半资金来自NHS系统设立的公共卫生筹资项目，另一半资金来自卫生部门

① Department of Health. The new NHS：modern，dependable. ［2015-01-03］. http://www.archive.official-documents.co.uk/document/doh/newnhs/contents.htm.

的公共卫生专项基金。

尽管有很多改革，英国“内部市场”的内核没有变。这种虚拟的第三方“内部市场”改革的主要目标是明确医疗服务购买者和提供者的责任，将市场竞争机制引入医疗服务提供系统，促进医疗服务提供者降低成本、提高质量和减少浪费，从而提高医疗服务的提供效率。经过一系列的改革，这些措施取得了一定的成效。医院医疗服务的提供效率有所提高，病人等候接受医疗服务时间过长的现象有所减少，平均住院时间也有所缩短，医疗服务的质量有了一定提高。此外，卫生经费的分配和使用比过去更透明。

二、社会医疗保险模式

（一）社会医疗保险模式的含义与特征

社会医疗保险是国家通过立法形式强制实施，由雇主和雇员按一定比例缴纳医疗保险费，建立医疗保险基金，用以支付被保人医疗费用的一种医疗保险制度。从1883年德国在世界上第一个建立社会医疗保险制度以来，采用这种制度模式的国家逐渐扩展到欧洲大部分国家，并在第二次世界大战前后扩展至亚洲、非洲和美洲的很多国家。目前这一模式在世界范围内被广泛采用。典型国家有德国、日本、法国、韩国、奥地利、墨西哥、西班牙、菲律宾、比利时、埃及等。

各国推行的社会医疗保险制度具体内容不尽相同，但一般有以下共同特征：通过国家立法强制国民参保和筹集医疗保险基金，强调权利与义务相对应，医疗保险基金来源于雇主和雇员的缴费；国家一般不承担费用，但国家财政承担医疗保险基金的最终财务责任；社会医疗保险基金由依法设立的医疗保险机构作为“第三方支付”组织统一筹集和管理，并按规定向合同医疗机构支付医疗费用；基金管理的原则是“以收定支、收支平衡”并实行专款专用；社会医疗保险与就业和收入相关联，保障的人群在大多数情况下是从部分产业工人开始，逐步扩大到其他就业人口及其家属；社会医疗保险的待遇水平根据医疗保险基金的支付能力确定，一般都能保证被保人得到较好的医疗服务；目前，高收入国家逐步将预防、免疫、疾病的早期诊断、保健、老年护理和康复等项目纳入社会医疗保险的范围；社会医疗保险所提供的医疗服务通常不是全部免费的，被保人需自付一部分医疗费用，这样可以通过增加个人的费用意识来约束医疗服务需方的就医行为。

（二）社会医疗保险模式的典型案例：德国

德国是世界上第一个建立法定（社会）医疗保险制度的国家。自1883年颁布《疾病保险法》以来，经过100多年的发展，至今已经拥有了比较完善的医疗保险体系。因此我们将德国视为社会医疗保险的典范，德国模式对世界各国的影响深远。德国模式的主要内容是，雇主和雇员共同缴费形成医疗保险基金，当被保人相关损失发生时，基金给予补偿。该制度不仅为强制参保的人员（义务参保人）提供保护，同时，符合条件的参保人家属作为连带参保人也被纳入保护范围。该制度也经历了一个保障对象由窄到宽、保障水平由低到高、保障范围由医疗到健康的过程，从管理体制上看，德国也经历了一个由碎片化管理到统一化管理的过程。

1. 制度框架及保障对象

德国的医疗保险主要由三部分组成：法定医疗保险和私人医疗保险，以及其他医疗保障（如事故保险、养老保险、社会救助、战争受害者照顾与补助、警察与军队的免费医疗等）。德国医疗保险制度以法定医疗保险（SHI）为主、私人医疗保险（PHI）为辅，前者大约覆盖了德国人口的90%，后者覆盖了9%，另有1%左右的高收入者没有参加保险。自2009年1月1日起，德国法律规定所有国民必须参加一种医疗保险，即使是医疗费用能够完全自理的富豪阶层也要强制加入医疗保险，这就意味着德国实现了医疗保险的全民覆盖。

2. 保障范围

德国的法定医疗保险金支付范围相对宽泛，根据《德国社会法（第五编）》，法定医疗保险提供的保险利益包括实物支付和现金支付两大类。具体而言，德国法定医疗保险的保障内容不仅包括门诊、医疗、牙科诊治、住院治疗，以及药品、康复和辅助器具供给等核心领域的必要医疗措施，还包括许多补充性的供给，如门诊和住院治疗形成费用的补助、心理疾病的社会治疗，或者运动康复的补助以及部分就诊所需的交通费用等。在制度发展过程中，服务内容逐渐从防止收入损失转为提供可及性的医疗服务。

3. 筹资水平

2009年，德国的《法定医疗保险强化竞争法案》规定建立全国统一的健康基金（health fund），统一保险缴费比率。各法定医疗保险机构不再单独设定保险费费率，而是由政府统一保险费缴纳比率，所有法定医疗保险参保人的保险费都先统一归结到全国医疗保险基金中，全国医疗保险基金再根据各个法定医疗保险机构承保会员的人数以及性别、年龄等风险结构支付相应的保险费金额。[①] 从2015年1月1日开始，按照雇员工

① 仇雨临，翟绍果. 城乡医疗保障制度统筹发展研究［M］. 北京：中国经济出版社，2011：166.

资收入的14.6%缴纳法定医疗保险费，其中雇员承担7.3%，雇主承担7.3%，即各承担一半。在参保人员的年度缴费工资上限方面，雇员月收入超过一定标准以上的部分不必缴纳医疗保险费。

4. 管理体制

各类疾病基金会是德国医疗保险制度中的医疗保险机构，也是非营利性的法定医疗保险的核心组织机构，具有法人地位和非官方身份，依照《公司法》自我管理，实行自我筹资、自我偿付的运作方式。疾病基金会从雇主和雇员处收取保险费，向医疗服务机构支付费用。目前德国共有各种类型的疾病基金会近200家，分属七大类，分别是区域性基金会、行业性基金会、自助基金会（替代基金）、农民基金会、矿工基金会、海员基金会、公司基金会。这些基金会设有自己的理事会（董事会），由专家、雇主代表、工会代表组成。

5. 医疗费用控制

面对医疗费用增长的压力，德国从20世纪70年代以来就采取了一系列节制开支的措施，主要是对医疗服务提供者实现强有力的预算控制措施以及对药品价格进行控制。早在1977年，德国就通过了《医疗成本控制法案》，这个法案将医疗开支与整体经济情况挂钩，考虑医疗成本与工资增长率之间的关系，并规定了医疗支出的上限。① 这是"第一次抑制医疗费用法"。1981年12月，政府实行了"第二次抑制医疗费用法"和"医院医疗费用控制法"，提高了药品中居民个人的自付比例。1993年，德国政府又推出了《卫生保健法案》，用医师年度总预算（即"点"制度）取代了可变预算。在"点"制度下，每一单项服务被规定为若干"点"，某一类医疗费用预算除以某一协会的所有医生在一年中的"点"数的总和，就是每一"点"的"点值"②。医生某一年的收入为该年的"点值"与他在这一年提供服务所积累的总"点"数之积。如果每个医生都追求"点"数而提供过量的服务的话，到年终他们就会发现"点值"下降了，每一"点"变得不值钱了。③ 如此一来，医生与病人之间没有现金流通，医生的报酬是由疾病基金会支付的，这就最大限度地控制了医生乱收费和滥用服务的行为。另外，德国的法律规定，同是供方的医疗业和医药业分开经营，处方权和售药权的分离粉碎了医疗业和医药业的"合谋"。1997年的《健康结构法》规定，个人可以自由选择法定保险的各类疾病基金会，投保人每年有一次转会的权利，这使各大疾病基金会为吸引投保人，主动加强

①③ 李珍．德国社会健康保险制度及其对中国的借鉴意义［J］．中国卫生经济，1996（9）：58-59．

② "点值"（point value）= 协会预算总额/协会医师总点数。

自身管理、降低成本，从而减少医疗保险基金的支出。德国在医疗费用方面的控制措施对于抑制医疗费用的不合理增长起到了重要作用。这些方式，尤其是从单一的按服务项目付费向总额预算下的支付方式改革，对于其他国家有着重要的借鉴意义。

总之，德国社会医疗保险制度的基本特征表现为两点：第一，在保险的运行机制上，保险费根据整个社会实现精算平衡，保险机构为由公法调节的自治机构，实行自我管理、自我平衡、责任共担、劳资自治；第二，社会共济性强，德国的社会医疗保险规定在职者参保，则家庭成员也能享有医疗保险待遇，这就实现了缴费者与不缴费者之间的再分配。简言之，“社会”与“保险”的特性融入了德国的医疗保障制度之中。

三、商业医疗保险模式

（一）商业医疗保险模式的含义与特征

商业医疗保险模式是指以商业医疗保险作为本国多层次医疗保障体系的主体制度，辅之以其他形式的医疗保险的一种医疗保险模式。如前所述，任何一个国家的医疗保险体系都不是单一的，而是由多种医疗保险制度共同构成的混合体系，而商业医疗保险在世界各国的医疗保险体系中都发挥着作用。即便是实行国家卫生服务制度的英国，商业医疗保险同样具有一定的地位。但纵观世界各国，实行商业医疗保险模式，把商业医疗保险作为基本制度的国家并不多，美国是这一模式的典型代表。

商业医疗保险是把医疗保险作为一种特殊商品，按市场规则自由经营的医疗保险模式。商业医疗保险的资金来源于雇员及其雇主所缴纳的保险费，保险费率在差别费率的原则下由市场机制形成。

商业医疗保险的主要特征有以下几点。

一是医疗保险是在自愿的基础上，由保险人和投保人签订保险合同，缔结契约关系，双方履行权利和义务。与社会医疗保险一样，是通过风险转移来化解疾病给个人带来的经济损失，遵循互助共济的保险原则。

二是医疗保险作为一种特殊商品，其供求关系由市场进行调节，保险机构根据市场的不同需求开展业务。

三是政府的责任是制定与医疗保险相关的法律法规，从制度上规范医疗保险市场和医疗服务市场的行为，保护保险人和被保险人的利益，一般不承担商业医疗保险的经济责任，也不干预商业医疗保险本身的经营行为。

四是商业医疗保险一般也采用第三方支付机制，参保人发生的除自付外的其他医疗费用由保险机构向医疗服务供方支付。

五是商业医疗保险的险种是根据不同项目的风险概率通过精算产生的，所以保险产品的费率是与被保人的年龄、职业、健康状况和生活习惯，以及个人行为有关的。商业保险强调的是精算公平，即同质风险负担相同的费率；而社会保险强调的是社会公平，是不同质的风险在公众之中的再分配。

专栏 8-1　　商业医疗保险与私人医疗保险

商业医疗保险与私人医疗保险的运行机制都依托于市场，但私人医疗保险的内涵比商业医疗保险更为宽泛。商业医疗保险通常指以营利为目的的商业保险公司向投保人提供医疗保险产品；私人医疗保险的供方既包括营利性的商业医疗保险，又包括非营利性的民间团体或私人组织。

在美国，除传统的商业医疗保险机构外，还存在大量的非营利性的医疗保险组织与合作社组织。著名的“蓝盾”（Blue Shield）和“蓝十字”（Blue Cross）是医生与医院的联合体，从本质上看，“双蓝”组织并不是保险机构，而是一种医疗服务生产者合作社，但其通过向购买者（患者）预售服务达到了保障医疗服务经济可能性的目的。

（二）以商业医疗保险模式为主的典型案例：美国

1. 美国医疗保障的制度结构

目前，美国医疗保障的制度构成包括公共提供、私人提供两大类，包含了四种医疗保障模式以及政府兜底的救助项目，具体如图 8-1 所示。

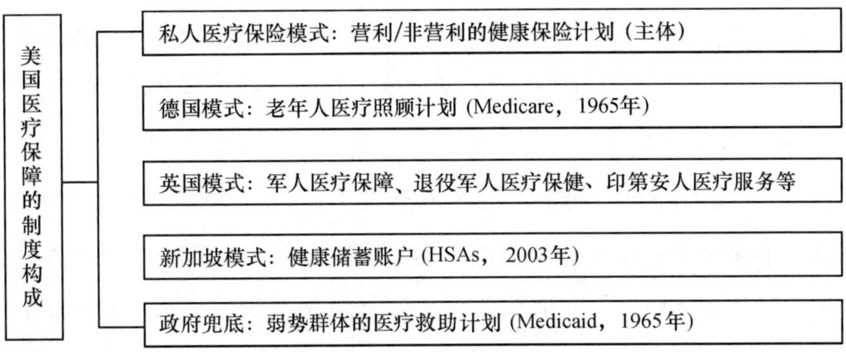

图 8-1　美国医疗保障的制度构成

美国大部分居民在退休前是没有公共医疗保险的，主要参加由各种营利和非营利机构举办的、市场化运行的私人医疗保险计划，这些私人医疗保险计划构成了美国医疗保障制度的主体。美国大多数雇主为雇员向私人医疗保险公司购买医疗保险，资金由雇主支付，医疗保险费免缴所得税和社会保险税。在医疗待遇上，私人医疗保险由许多不同的产品构成，可归纳为五大类：基本住院费用险、基本外科费用险、基本医疗服务费用险、主要医疗费用险和综合医疗险。大多采用费用分摊的共同保险方式，以降低保险费率。雇主会根据自身情况为雇员购买医疗保险产品，一般情况下，大型企业会购买待遇标准高的产品。20 世纪 70 年代以来，为了控制医疗费用的快速上涨，一种集医疗服务提供和经费管理为一体的医疗保险模式，即被称为“管理型医疗”的新型医疗保险组织得到快速发展，采用管理型医疗保险模式的医疗保险机构大量涌现，如健康维护组织（HMO）、重点服务计划（POS）、优先医疗服务提供者组织（PPO）、专项服务提供者组织（EPO）等，甚至部分政府提供的老年人医疗照顾计划和弱势群体的医疗救助计划也采用了管理型医疗保险模式。

布什政府于 2003 年推动国会通过了《医疗照顾计划处方药、改进措施和现代化法案》，提出建立新的健康储蓄账户（HSAs）。该法案规定健康储蓄账户须与自付额较高的健康保险计划（HDHP）配合使用。健康储蓄账户所有者及其雇主可以单独或共同为相应账户缴费，这一缴费享受免税待遇，但对缴费设上限，每年会随物价进行调整。例如，美国财政部规定的缴费限制 2012 年为个人医疗费用的自付额不超过 3 100 美元，家庭医疗费用的自付额不超过 6 250 美元；2013 年个人的医疗自付费用上限为 3 250 美元，家庭的自付费用上限为 6 450 美元。这就类似于新加坡的储蓄型医疗保障模式，企业将医疗费用损失的风险转向了个人或家庭。

1935 年美国《社会保障法》的通过被看作是世界社会保障史上的里程碑。但在法案的起草过程中，时任总统罗斯福任命的经济保障委员会曾经考虑将一个类似于医疗照顾计划的老年人医疗保障计划纳入社会保障法中，由于美国医学会的坚决反对，罗斯福总统担心来自一些组织的反对会使整个法案不能获得通过，因此，最终他提交给国会的《社会保障法》草案中不包括医疗保险的内容。① 但全民医疗保险的工作仍在筹备之中，直至 1945 年，时任总统杜鲁门向国会提交的《全民健康保险法案》再次流产。经历此次失败，美国医疗保障走向了渐进式的改革道路。1965 年，作为国会两党、各利益集团

① 张奇林. 美国医疗保障制度研究［M］. 北京：人民出版社，2005：79.

妥协的产物，美国两大公共医疗保障项目——医疗照顾计划和医疗救助计划诞生，保障范围限定在老年人和弱势群体。

医疗照顾计划是具有社会保险性质的制度安排，它主要针对 65 岁及以上的老年人、领取社会保障残障保险津贴超过 24 个月的残疾人及患有晚期肾病（ESRD）的病人等群体。它由 A、B 两部分组成：A 部分是强制性的住院保险；B 部分是自愿的，需付低廉的保险费，主要针对医生诊疗、门诊等非住院医疗服务、急救处理等。

医疗救助计划是政府构筑的医疗保障兜底网。它是专门针对贫困弱势群体的社会救助项目，资金来自美国联邦和州及地方政府的财政收入，为保障对象提供住院、门诊、护理等医疗服务。

另外，美国联邦和州及地方政府还为不同的特殊人群设立了独立的医疗保障系统，如军人医疗保障，退役军人医疗保健，公共卫生部门、国家海洋和原子能局等领域人员的医疗保健（CAHMPUS）以及印第安人医疗服务（HIS）等，由政府及相关组织为其直接提供免费的医疗服务，这又类似于英国的国家卫生服务（或公费医疗）模式。

2. 奥巴马医改

由于美国医疗保障制度的公平性差、效率低下等弊端，多任总统都致力于建立一个覆盖全民的医疗保障体系，但因种种原因而以失败告终。2008 年，时任总统奥巴马上台伊始就积极推进医疗保障体制改革，并于 2010 年 3 月 23 日正式签署《患者保护与平价医疗法案》（简称奥巴马医改）。2014 年 1 月，该法案实施生效。

奥巴马医改主要包括三个方面的内容。一是扩面，这是医改的核心问题，主要通过两个举措将覆盖面从 2010 年的 85%左右提高到 95%左右。二是卫生筹资政策。财政税收是奥巴马医改的杠杆和筹资主要渠道，政府将向中产阶级提供税收减免以鼓励参保。三是提高医疗服务质量和可及性，主要包括提供更多预防性服务和规范医疗服务两方面。

可以看出，奥巴马医改可以在一定程度上改善美国医疗保障制度的效率和公平性的问题，但其在本质上并没有突破以市场为主导的格局。奥巴马提出的建立公共保险机构的条款最终被删除，覆盖全民的公共医疗保险项目依然没有建立。奥巴马医改的目标之一是实现“全民医保”，医改降低了医疗救助的门槛使得更多低收入者能够从政府得到医疗救助，并且 26 岁以下的年轻人可以享受父母的医疗保险待遇。尽管这些措施十分受欢迎，但受益范围非常有限。法案从出台到实施，一直饱受争议。法案规定，全职雇员超过 50 人的单位，雇主必须为雇员购买医疗保险，否则有大额罚款。这就迫使部分雇主减少雇用全职雇员，这令美国本来就很严峻的就业形势雪上加霜。[①] 法案还规定，个人没有医疗保险也是违法的，惩罚措施也是罚款。这样做不免产生强买强卖的嫌疑，以致随后发生许多“民告官”的官司，奥巴马医改甚至遭到违宪审查。下任总统特朗普上任后签署的首个行政命令就是冻结前任总统奥巴马的医疗改革计划，但特朗普的新医改法案[②]因没有取得足够多的支持票而撤回，但实现全民健康保险覆盖的势头也陷入停滞。其继任者，民主党总统拜登则在就任后继续推行《患者保护与平价医疗法案》，重点关注降低医疗成本问题，包括打击药品价格等以降低患者的成本，确保人们能获得高质量且可负担的医疗服务。

总的来说，私人医疗保险模式是不利于社会共济的，而且卫生资源使用的宏观效率低下，远不能承载政府对医疗保障制度所期望的职能。因此，在绝大多数国家，私人医疗保险都只是一种补充的保险形式。当然，一个国家对医疗保障模式的选择反映了一个社会的价值判断。在美国的文化中，健康和医疗问题更多属于个人问题。让自己承担责任，通过市场来解决是顺理成章的，也是被社会接受的，即便是奥巴马医改在本质上也并没有突破市场主导的格局，仍然由市场主导一国的医疗保障供给。

四、储蓄型医疗保障模式

（一）储蓄型医疗保障模式的含义与特征

储蓄型医疗保障是将医疗费用损失风险自留的一种形式，是通过个人账户的积累，以解决个人及家庭成员患病所需的医疗费用的医疗保障制度。世界上少有国家将其作为医疗保障的主体性制度安排，新加坡是一个例外。另外，如前文所述，美国于 2003 年建立了此种类型的健康储蓄账户（HSAs）。

储蓄型医疗保障模式具有以下特征。

一是医疗保障基金的筹集采用的是法律强制性储蓄的方式，要求每个有收入的国民在年轻时都要为其终身医疗需求储蓄资金。它不能分散风险。

二是医疗保障基金强调积累，突出个人的自我保障意识和责任。个人储蓄账户只能用于个人和家庭成员的医疗消费。

---

① 李晓宏. 奥巴马医改，为啥不讨好［EB/OL］.（2015-01-02）［2024-04-16］. http://world. people. com. cn/n/2015/0102/c1002-26311948. html.

② 特朗普的新医改法案（American Health Care Act-2017）的主要改革措施包括：不再有个人强制参保规定，对于个人购买保险不再有联邦政府补贴，对雇主不再有强制的参保要求，对医疗救助计划不会有选择性的扩张，对保险公司不再收取年费，撤销公共卫生预防基金（但增加社区卫生服务中心的拨款），取消最低医疗待遇的规定等。

三是患者可根据自己的经济支付能力自主选择医疗服务的项目，发生的医疗费用从储蓄账户中按规定支付，享受的医疗服务水平越高，个人自付的费用就越高，旨在控制医疗费用的过度利用。

（二）储蓄型医疗保障模式案例：新加坡

新加坡的储蓄型医疗保障模式以储蓄为基础，在加强个人责任的同时，辅以其他的保障形式，发挥社会共济、风险分担的作用。为促进国民对自身健康负责，在政府以补贴形式负担部分医疗费用的前提下，新加坡采取了独树一帜的一套以储蓄为主体的综合保障措施。

1. 医疗储蓄计划（Medisave Scheme）

在第一章我们介绍了新加坡的中央公积金制度，我们知道医疗储蓄账户是中央公积金制度下个人账户的一部分。个人账户由雇主和雇员共同缴费进行积累，自 1993 年 7 月 1 日起，55 岁以下职工的总公积金缴费率为工资总额的 40%，雇主和雇员分别缴纳 18.5%和 21.5%。每个公积金会员有三个账户，即普通账户（占 30%）与医疗储蓄账户（占 6%~8%）和特别账户（养老账户，占 4%）。医疗储蓄账户用于支付雇员及家庭成员的住院费用和部分昂贵的门诊检查治疗项目的费用。

医疗储蓄账户的缴费率 35 岁以下为 6%，35~44 岁为 7%，45 岁以上为 8%。医疗储蓄金由雇主和雇员分摊，并免缴所得税。人们提取医疗储蓄金用以支付医疗费用，规定必须按住院病床日费用和不同的手术费提取限额，目的在于防止医疗储蓄金过早用完。同时还要求住高级病房者除动用储蓄金外，须自己支付部分费用。如果医疗储蓄账户的所有者去世，其医疗储蓄账户的余额将以现金的形式转给家属，且不需缴纳遗产税。

2. 健保双全计划（Medisheild Scheme）

新加坡政府于 1990 年开始实施健保双全计划，以帮助参保人支付大病或慢性病的医疗费用。这一计划由于是以医疗储蓄为基础，在强调个人责任的同时，又发挥了社会共济、风险分担的作用。医疗储蓄和大病保险相结合，故称双全计划。医疗储蓄是强制性的，但健保双全计划是自愿参加的。为了简化手续，节省管理费用，健保双全计划的参保人可以从医疗储蓄账户中扣除部分现金支付保险费，各年龄组缴费不等：30 岁及以下每年 12 新元，31~40 岁每年 18 新元，41~50 岁每年 36 新元，51~60 岁每年 60 新元，61~65 岁每年 96 新元，66~70 岁每年 132 新元。

当参保人发生风险时，起付额以上的费用，参保人自付 20%，健保双全计划支付起付额以上部分的 80%。不同等级的病房起付额不同，C 级床位是每年 500 新元，B2 级床位是每年 1 000 新元。健保双全计划每年最高补偿金额是 2 万新元，参保人一生的最高补偿金额是 7 万新元。

3. 医疗救助基金（MediFund）

医疗救助基金于 1993 年设立，至此，新加坡的“三 M”制度得以确立（医疗储蓄计划、健保双全计划、医疗救助基金）。该制度为那些无法支付医疗费用的穷人提供保障，以确保每一位国民都能够得到基本的医疗服务。医疗救助基金由专门的医疗救助基金会管理使用，从 1993 年 4 月 1 日实施以来，大约有 3%的病人申请并得到基金的帮助。

4. 政府对医疗服务供给的补贴

新加坡的卫生服务供给系统是公立、私立双元混合体制，私立部门主要在初级医疗中发挥作用，公立医院和专科中心在二级、三级医疗的住院治疗与专科治疗方面起主导作用。政府对于公立医院有不同程度的医疗补贴。这种医疗补贴大致分为两类。一是基本的门诊费用。由政府联合诊所提供，依据患者家庭人均收入的不同给予 50%～75%的医药补贴和 50%～70%的医疗服务补贴，18 岁以下和 65 岁以上患者还可享有 75%的医药补贴。患者若由政府联合诊所推荐到专科诊所求医，同样也能享有政府补贴。二是住院费用。政府对公立医院按病房等级提供医疗补贴，病房等级越低，医疗补贴越高。新加坡政府将病房分为 A 级、B1 级、B2+级、B2 级和 C 级，A 级和 B1 级病房患者不享有补贴，其余等级享受政府补贴（见表 8-1）。

表 8-1　新加坡政府对公立医院的补贴形式　（%）

家庭人均月收入	B2 级病房/C 级病房	B2+级病房
0～1 800 新元	80	50
1 800～2 000 新元	75	47.5
2 000～2 200 新元	70	45
2 200～2 500 新元	65	42.5
2 500～2 800 新元	60	40
2 800～3 100 新元	55	37.5
大于 3 100 新元	50	35

资料来源：新加坡卫生部官网。

第三节　第三方支付制度下医疗保险市场主体间的博弈

上一节已经介绍了医疗保障制度的四种主要模式。其中，社会医疗保险模式在世界范围内的应用最为广泛，中国的医疗保障制度主要采取了此种模式。这一节将重点介绍与这一模式相关的第三方支付制度，厘清医疗保险市场中三方主体——医疗保险机构、医疗服务供需方之间的博弈关系。

一、从患者自付到第三方支付

在传统的医疗服务中，医生和患者直接发生经济交换关系（或买卖关系），即医生提供医疗服务，患者向医生支付医疗费用。但人们逐渐发现，由个体或家庭承担医疗费用损失的风险自留方式有很大弊端，所以有必要通过其他社会成员来共同分摊这种由疾病引起的医疗费用损失风险，于是产生了医疗保险制度。医疗费用的支付方式便由患者支付转变为由保险机构（作为第三方）支付费用给医疗服务供方。

第三方支付是指医疗服务市场发生的医疗费用不再由患者直接支付给医疗服务供方（要求自付的部分除外），而是由医疗保险机构全部或部分支付费用给医疗服务供方。如此一来，医疗保险关系结构变为涵盖医疗服务与医疗保险两个市场，涉及“医”（医方即医疗服务供方）、“患”（患者即医疗服务需方）、“保”（医疗保险机构）三方主体利益，围绕“医疗费用的支付与补偿”这一核心问题而发生联系的复杂机制。当然，第三方可以是私人医疗保险的组织形式，如美国的模式；可以是社会医疗保险的组织形式，如德国的模式；也可以是政府对医疗服务需方费用损失的补贴，如医疗救助计划。但是前两者作为第三方出现的情形更为普遍。当社会保险机构作为第三方介入医疗保险市场关系时，它就能以更强的谈判能力与医疗服务供方讨价还价，实现比私人医疗保险机构作为第三方支付机制更理想的费用控制优势。

在第三方支付制度下，由于医疗服务的需方远离了医疗费用的支付活动，费用意识淡薄，容易产生过度利用医疗服务的行为，加上医方利用信息优势“诱导需求”，极易出现医疗费用和保险费用的不合理增长、医疗资源被严重浪费等现象。基于这些弊端，作为第三方的医疗保险机构又会采取种种措施与医疗服务供方、需方（也是被保人）进行博弈。下文将对此进行具体分析。

二、第三方支付时医疗服务市场供需双方的反应

道德风险根源于人的自利动机。人们在选择行动方案时，存在着为实现自身利益最大化而做出不利于他人行动的风险。第三方支付制度的存在，不论是私人医疗保险还是社会医疗保险的形式，都将或多或少地引发来自医疗服务市场供需双方的道德风险。

（一）医疗服务市场需方的道德风险

在传统的医疗服务市场中，医疗服务需方消费了供方提供的医疗服务，同时按市场价格向供方支付医疗费用；当医疗保险机构介入后，需方支付的实际价格低于医疗服务的市场价格，从而使得需方的医疗需求大于实际需求，这就是来自医疗服务市场需方的道德风险。需方的道德风险主要表现为：节约意识不足、夸大病情、小病大治等。另外，需方因为费用风险意识的减弱，认为费用支付是医疗保险机构的事情，便放松对医疗服务供方的费用监督，甚至和其一起向医疗保险机构索取保险补偿①，即存在与供方联合起来套取保险费的“医患合谋”风险。

（二）医疗服务市场供方的道德风险

由于医疗服务具有非同质性和供方信息垄断性，医生对疾病的严重程度、治疗手段的有效性、医疗服务的适度性等信息都更为了解，在医生提供的服务与其效益紧密挂钩的情况下，他们能利用自身的信息优势为谋取自身经济利益的最大化而采取违背其代理人（医疗保险机构和被保人）利益的行动。在第三方支付的情况下，供方有“诱导需求”的内在冲动，加上与对价格不敏感的需方串通，他们会协同骗保，达到双方均从医疗保险机构获益的目的。这种道德风险的代价是大大提高了医疗费用与制度的运行成本，导致了医疗卫生资源的错误配置。医疗服务供方道德风险主要表现为医生和医院“滥用”医疗资源的行为：不必要地使用仪器设备检查、诊治，开大处方、人情处方，诱导手术和住院，违规乱收费等。

三、第三方支付下的博弈

为了控制医疗服务市场供需双方由道德风险带来的医疗资源滥用等问题，作为第三方的医疗保险机构通常采取博弈的方式，对供需双方的道德风险进行控制。医疗保险的早期，第三方主要采取控需方的手段，但控制的效果并不明显；后来，第三方侧重采取控供方的措施达到同时控制需方道德风险的目的。

（一）对医疗服务市场需方道德风险的控制

如上所述，由于道德风险会导致卫生资源配置的低效率，医疗保险机构早期往往采取措施对来自患者的道德风险加以控制，其控制机制如图 8-2 所示。控制方式有两种：一种是采取费用分担方式，另一种是限定保险报销范围。

---

① 张晓燕. 医疗保险中的道德风险分析与控制［J］. 江苏卫生事业管理，2004（1）：10-13.

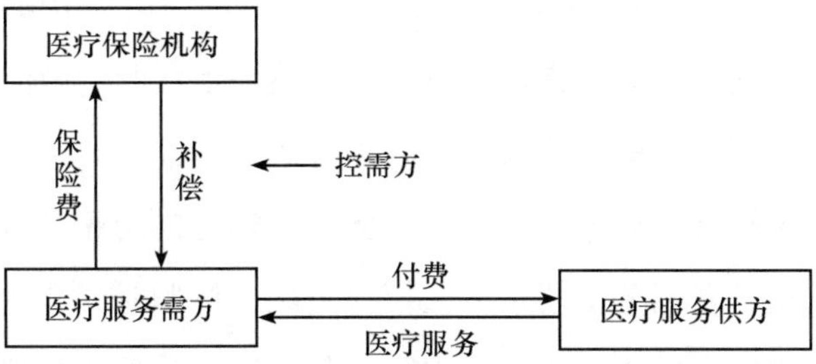

图 8-2　第三方对医疗服务需方的控制

1. 费用分担方式

费用分担方式是被广泛采用的控制医疗服务需方道德风险的主要手段。它具体有三种形式：自付额、共同保险和最高限额。

（1）自付额（deductible）。自付额是保险合同中规定某一额度内的医疗费用由被保人自己承担的部分，自付额以上的费用则由保险人承担。在美国的私人医疗保险市场，自付额通常占医疗费用的30%左右。自付额是针对被保人而言的，对保险人来说，这个额度则是起付点，即我们通常所说的起付线。实行合理的自付额标准，既可以抑制一部分不必要的医疗服务需求，控制一部分小数额医疗花费带来的道德风险，又可以减少保险机构由于小额赔付产生的管理成本。然而，自付额如果设置过低，将起不到提高患者自觉控制医疗费用的作用，过高又会使正常的医疗服务需求得不到满足。

（2）共同保险（co-insurance）。共同保险，又称共付，即由保险人和被保人共同负担医疗费用。在自付额以上，一般会采取共同保险。共付率一般指被保人支付的比例，在美国的私人保险市场上，通常是保险人付70%，被保人自付30%。一般而言，共付率越大，被保人自付的比例越高，需求增加得越少，对需方道德风险的控制效果也就越明显。但这种方式将增加患者的财务风险，特别是对低收入者的影响较大，有可能导致其“看不起病”。

（3）最高限额（ceiling）。最高限额是指保险人在对被保人进行医疗费用补偿时设置的最高金额限制，在此限额以下的费用由保险人支付，超出这一限额的医疗费用便由被保人自付。最高限额把发生大额医疗费用损失的风险排除在外，一方面避免了重大疾病因治疗方案花费较多导致的更为严重的道德风险，控制了医疗费用的无限增长；另一方面也可以避免医疗保险机构费用超支的风险。但此措施实际上是把大额医疗费用损失的风险留给了患者个人，逃避了问题而非解决了问题。

2. 限定保险报销范围

限定保险报销范围或称扩大拒保范围，一般指将那些主要由个人行为习惯引起的疾病和道德风险发生频率较高的病种排除在承保赔付范围之外。例如，因个人无节制抽烟、酗酒引发的疾病，违法犯罪、交通肇事、近亲结婚生育所致的伤病和后遗症等。

综上所述，三种费用分担的方法通过提高患者的自付比例，从而提高其需求的价格弹性，最终能够在一定程度上起到控制医疗服务市场需方的道德风险、遏制费用无限增长的作用。但是，无论是费用分担还是扩大拒保范围，终归是对需方的控制，而作为需方的患者在医疗服务市场上始终处于信息劣势，其道德风险发生的广度与深度都较为有限，且患者道德风险的发生终究需通过供方起作用。因此，要实现对医疗费用的有效控制、促进医疗资源的合理配置，医疗保险机构仅仅控制需方的道德风险是远远不够的，况且这些控制方式（尤其是费用分担机制）的设计如果不合理，不但在控制费用上收效甚微，而且会引发新的问题——低收入群体的正常就医需求得不到满足，“看不起病”现象由此而生。

（二）对医疗服务市场供方道德风险的控制

医疗服务供方相对于需方处于明显的信息优势地位，医疗服务需方的道德风险往往需通过供方的道德风险才能起作用。因此，对医疗服务市场供方（主要是医生和医院）道德风险的控制，才是抑制医疗费用不合理攀升、促进卫生资源有效配置的关键。

对医疗服务供方道德风险的控制，关键在于制约供方的医疗服务行为。优化医疗费用的支付方式，约束医疗服务的不合理供给是各国采取的主要控制措施，如图 8-3 所示。早期的医疗保险支付方式主要采取的是对医疗服务供方按以服务项目付费为主的后补偿机制。这就使得医方的经济效益与其供给的服务数量密切相关，成为道德风险的一个诱因。为切断或弱化这种关联，保险第三方支付方式的改革逐渐由后付制向预付制转变，由单一支付方式向多元化组合的支付方式转变，如总额预算制与按人头付费、按疾病诊断相关分组等支付方式相结合等。下面将对医疗保险第三方支付方式演进作具体介绍。

1. 按服务项目付费

按服务项目付费是指第三方（医疗保险机构）根据协议，按医生和医院提供的服务项目和数量向医疗服务机构支付医疗费用的形式。通常这些服务是分别支付的，属于典型的“后付制”。这是国际上运用最早且最为广泛的费用支付方式，在门诊服务与住院治疗服务①领域都有实践。

① 在西方国家，医院主要提供急诊和住院治疗服务，基本不提供门诊服务，这一点与中国的情况有所不同。

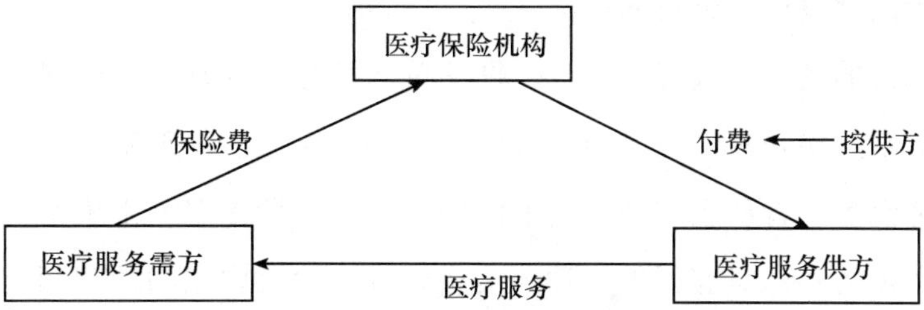

图 8-3　第三方对医疗服务供方的控制

这一支付方式操作方便，适用范围广，医生能够因人因病治疗，患者也有较多的选择机会，进而能够调动医疗服务供方的主动性。但是，按服务项目付费由于将医院和医生的收入与服务项目的提供直接挂钩，易诱导医院提供过度的医疗服务，如医院会滥用高、精、尖的仪器设备，小病大治，让患者接受不必要的、重复的项目检查和治疗等，造成医疗资源的浪费。同时，医疗保险机构会因审核项目繁多的医疗服务而增加管理成本。这些因素都会导致医疗服务价格上升和医疗费用的不合理增长。国内外大量实践表明，按服务项目付费的种种弊端已使许多国家开展了对此传统支付方式的改革探索。

2. 按住院床日费用付费

按住院床日费用付费，又称按日均住院费用付费，是指医疗保险机构根据医院实际提供的住院天数，按每一住院日的费用偿付标准向医院支付医疗费用的方式。其中，每一住院日的费用偿付标准的确定是将某段时间内所有出院病人花费的医疗总费用，除以总住院天数所得到的均值。

作为对按服务项目付费方式的改进，这一支付方式要求医院和医生的收入与患者住院天数挂钩，日均住院费用的标准能促使医院增强成本意识。另外，还能防止出现推诿重症患者的情况。然而，由于住院床日费用是个定数，为了扩大服务量和收入，医院方面会出现延长住院天数的现象，这就会使住院病人每天得不到合适的治疗，造成医疗服务质量的下降。与此同时，医疗费用仍会因医院提供医疗服务天数的增加而得不到控制，针对这一弊端，有些医疗保险机构会要求医院制定最高住院天数。

3. 按单病种付费

按单病种付费是医院对单纯性疾病按照疾病分类确定支付额度的医疗费用支付方式。它可以被认为是按病种支付的一种初级形式，实际上是一种按照服务项目确定某一疾病支付额度的支付方式。这一支付方式适用于尚未出现循证医学技术和计算技术，医师的治疗过程无法规范有序进行的情况。[①]

这一支付方式的实施模式有两种。一种是单病种标准定额收费模式，即选择适合单病种管理的部分常见病和多发病，通过费用测算和专家论证，确定一个单病种标准费用额度，这一额度涵盖患者从入院到出院期间的治疗费、检查费、手术费、药费和住院费等在内的所有费用总和，对实行单病种的疾病患者一律收取相同的费用。另一种是单病种最高限价收费模式，即确定病种费用的最高额度，该病的患者所有费用总和不得超出最高限额，花费在最高限额之下的患者按照实际发生额支付，超出者按照最高限额支付。

单病种付费的优点是可以有效压缩医疗成本，特别是限制贵重药品的使用；可以激励医院强化内部管理，控制医疗费用。当然，这一付费方式也有明显的缺点：一是对于医疗费用的控制，可能导致医疗服务质量的下降；二是难以应对并发症患者，导致医院推诿病情复杂病人；三是会限制和阻碍新技术的应用。

4. 按疾病诊断相关分组付费

严格而言，疾病诊断相关分组（DRGs）并非简单是一种付费方式。结合国际经验（见表 8-2），疾病诊断相关分组既可以是一种预算分配方式，一种医疗服务绩效衡量的工具，也可以是一种医疗服务规范化的标志。部分国家将其作为支付方式的一种，指的是依照疾病诊断分类标准（通常为“国际疾病伤害及死因分类标准”[②]），将疾病、诊断和年龄分为若干组，每组又按照病情、病种轻重程度及有无并发症、并发症确定疾病诊断相关组分类标准，结合循证医学，通过临床路径（CP）和医疗服务成本测算出病种各个分类疾病的医疗费用标准，以此为依据向医疗服务机构支付费用。简言之，根据“国际疾病伤害及死因分类标准”，医疗保险机构按照患者所处的疾病诊断分组的标准对医院进行定额支付。

表 8-2　　部分国家疾病诊断相关分组的引入年份、原始目的和现用途

国家或地区	引入年份	原始目的	现在的用途
奥地利	1997	预算分配	预算分配、计划
英格兰	1992	患者分类	支付方式

① 杜乐勋，武广华，朱玉久，等．医院单病种付费概念与内容、历史和现状以及政策建议［J］．中国医院管理，2007（9）：23-25.

② “国际疾病伤害及死因分类标准”（ICD）是一个编码体系，对疾病依照征兆、症状、异常、不适、社会环境与外伤等做出的分类，每一个编码意味着一类疾病。这一分类体系由联合国世界卫生组织创立。任何状况皆分配到专属的分类中，并以某一最长含 6 位的编号表示。需注意，“国际疾病伤害及死因分类标准”只有疾病诊断与健康条件的信息，并未包含功能性状态的描述。

续表

国家或地区	引入年份	原始目的	现在的用途
爱沙尼亚	2003	支付方式	支付方式
芬兰	1995	描述医院行为、建立标尺	规划、管理、标尺、医院预算
法国	1991	描述医院行为	支付方式
德国	2003	支付方式	支付方式
爱尔兰	1992	预算分配	预算分配
荷兰	2005	支付方式	支付方式
波兰	2008	支付方式	支付方式
葡萄牙	1989	衡量医院产出	预算分配
西班牙	1996	支付方式	支付方式、标尺
瑞典	1995	支付方式	标尺、绩效衡量工具

资料来源：BUSSE R，GEISSLER A，QUENTIN W，WILEY M. Diagnosis-Related Groups in Europe：Moving towards transparency，efficiency and quality in hospitals［M］. Berkshire：Open University Press，2011：10.

疾病诊断相关分组方式，需要按照相应的疾病分组标准和编码以及规范的临床路径确定相应疾病分组的费用标准。一方面，要求医院进行规范化诊疗，强化了医疗服务的标准化；另一方面，由于相应疾病分组费用标准被限定，必然激励医院加强成本核算和管理，倒逼医院建立健全成本管理体系，主动缩短平均住院日。对医疗保险第三方而言，疾病诊断相关分组方式可以使诊疗行为规范化，监管压力相对下降，并可以有效控制医疗费用增长。

但是，这一支付方式也存在一些问题。一是固定的临床路径限制了新设备、新技术在临床上的应用，不利于医疗技术的创新和发展。二是疾病诊断相关分组费用标准的制定难度大，且要求及时调整，需要管理部门进行大量的数据积累、收集和分析工作，是一项工作量庞大、循序渐进、复杂的系统工程，必然导致管理难度和成本的上升。三是疾病诊断相关分组的应用范围有所限制，有些疾病不适用于这一支付方式。

5. 按人头付费

按人头付费是一种典型的预付机制，它既适用于门诊也适用于住院。这一付费方式指的是根据医疗机构服务的人数，按照每人定额（或各类指标调整后的个人定额）定期由第三方向医疗机构支付一笔固定的费用，医疗服务供方则负责在合同规定的期限内提供合同规定的一切医疗服务。除了这笔固定费用，医疗服务供方在这一时期内不再收取费用。按人头付费方式对医疗服务供方提供服务的数量有高度控制，人头定额的预算约束作用使医疗服务机构主动强化内部管理，并且这类支付方式相对简单，管理成本相对较低，因而在控制医疗费用上作用明显。但是，在这一支付方式下，医疗保险第三方限制了被保人的就医选择权，规定其只能赴定点医疗机构就医，不利于医疗服务机构间的竞争。因此，这一支付方式较适用于对初级卫生保健项目的支付。同时，医疗服务供方也可能出现为节省费用而减少服务提供（以至于不少患者无处就医）或降低服务质量等问题。

6. 总额预付制

总额预付制指医疗保险机构与医疗服务供方协商确定一定时期内（通常为一年或一个月）提供一揽子医疗服务项目所需的资金总额，并在相应时段后向医疗机构支付相应资金的支付方式。这一预算的资金数额，可以是变动的也可以是固定的，预算确定后超支责任由医院承担。

在实践中，这一预算约束既可以是硬预算约束，也可以是软预算约束。软预算即指医疗保险第三方根据相应医疗机构的支出情况，对其合理的医疗费用增长情况予以酌情补贴。总额预付制的优点是可以更好地控制医疗费用，缺点是无法合理确定单个医院的预算。为此，采取该支付方式的国家，一方面，不断科学化预算确定方式；另一方面，较多应用软预算约束的方式，并与其他支付方式，如按人头付费逐步结合起来。

7. 按病种分值付费

按病种分值付费（DIP）是利用大数据，在一定区域范围的全样本病例数据中形成每一个疾病与治疗方式组合的标准化定位，客观反映疾病严重程度、治疗复杂状态、资源消耗水平与临床行为规范。在总额预算机制下，根据年度医保支付总额、医保支付比例及各医疗机构病例的总分值计算分值点值。医保部门基于病种分值和分值点值形成支付标准，对医疗机构每一病例实现标准化支付。

综上所述，在第三方支付制度下，围绕医疗费用的发生，医疗保险市场三方存在着激烈的博弈。欧美国家医疗保险制度演进的历程表明，为控制来自医疗服务市场的道德风险，医疗保险第三方经历了从控需方（患者）到控供方（医疗服务供方）的转变。实践表明，医疗费用不合理增长的局面并不能通过控需方从根本上得到遏制，而控供方的尝试也正经历着以医疗费用支付方式为核心的改革演变。为控制供方诱导需求的道德风险，医疗保险第三方采取了种种博弈手段，逐渐把以按服务项目付费为主的“后付制”改为按住院床日费用付费、按单病种付费、按疾病诊断相关分组付费、按人头付费、总额预付制和按病种分值付费等“预付制”，或其相互组合的混合支付方式。支付方式的改革在一定程度上有效控制了医疗费用的疯涨和医疗资源的浪费，但医疗服务供方为追求收入的增加则会采取博弈手段应对第三方的控制，进而带来医疗服务质量的下降或从其他方面增加医疗费用开支。如此一来，第三方又将诉诸新的费用控制机制以回应供方的行为，形成新一轮博弈，使得双方的博弈不断升级。

第四节　中国医疗保障制度的实践

自 20 世纪 50 年代建立公费医疗和劳保医疗制度以来，中国医疗保障制度历经改革与发展，逐步建立以城镇职工基本医疗保险、城乡居民基本医疗保险为主体，医疗救助为托底，大病保险、商业健康保险、慈善救助等制度为补充的多层次、广覆盖、保基本的医疗保障体系。第二章我们已经对中国社会保障体制做了简要的介绍和讨论，这里进行详细分析。

一、计划经济时期的医疗保障制度

（一）城镇医疗保障制度

计划经济时期城镇医疗保障制度包括两个部分，即劳保医疗制度和公费医疗制度。1951 年 2 月政务院颁布了《中华人民共和国劳动保险条例》，标志着劳保医疗制度的初步建立。条例规定，劳保医疗的享受对象主要为国营、集体企业职工及其供养的直系亲属。给付主要包括疾病、伤残、生育、养老和死亡等项目。所需医疗经费按照企业职工工资总额的一定比例从企业福利费中提取，职工个人不需要缴费。企业职工患病后在本企业自办医疗机构或指定的社会医疗机构就医，可报销全额医疗费用，工人与职员供养的直系亲属患病时，可在该企业医疗所、医院、特约医院或特约中西医师处免费诊治，手术费及普通药费，由企业行政方面或资方负担二分之一。企业自办的医疗机构的经费也是从企业的福利费中开支。初建立的劳保医疗制度带有一定的社会保险性质，但“文化大革命”后，管理企业职工劳保医疗的中华全国总工会停止了活动，劳保医疗制度逐步演变成了由企业包干的医疗制度。

1952 年，政务院颁布《关于全国各级人民政府、党派、团体及所属事业单位的国家工作人员实行公费医疗预防的指示》，建立了国家干部和革命残废军人的公费医疗制度。享受公费医疗的对象主要是各级人民政府、党派、社会团体及文化、教育、卫生、经济建设等事业单位的国家工作人员和革命残废军人。公费医疗的范围主要包括疾病预防和治疗、非责任伤害、生育等项目，就医时一般需到指定医院。公费医疗的经费来源于政府财政的拨款，由财政按定额拨付给用人单位，职工凭公费医疗证在医疗机构免费就医，医疗机构与用人单位按实际发生的医疗费用进行结算。有的单位还实行职工凭医疗单据回本单位全额报销的办法。

劳保医疗和公费医疗制度对于广大城镇职工来说是一项重要的福利项目，对保障职工的健康以及促进社会稳定都发挥了重要的作用。但其在资金筹集、费用控制以及管理体制等方面存在着一些制度上的问题，并且随着我国经济体制向市场经济体制转型，这些问题显得越来越严重。第一，医疗经费由国家和企业包揽，就医时个人基本不付费，缺乏费用意识，造成卫生资源严重浪费，医疗费用迅速增加。第二，劳保医疗事实上是企业保险，在改革之前，企业的医疗经费间接地由国家财政负担，但改革之后，企业走向了市场，自主经营、自负盈亏。第三，随着经济体制改革的不断深化，私营企业和"三资"（中外合资经营、中外合作经营、外商独资经营）企业得到大力发展，企业的所有制结构发生了很大的变化，劳保医疗的覆盖面越来越小，而且，劳保医疗还成了劳动力流动的制约因素。

（二）农村合作医疗制度

农村的医疗保障制度主要是指合作医疗制度，它与城镇的公费医疗制度和劳保医疗制度共同组成了覆盖中国城乡多数居民的医疗保障体系。合作医疗制度是中国农民群众的伟大创举，被世界银行和世界卫生组织誉为"发展中国家解决卫生问题的唯一典范"。

合作医疗制度的萌芽是 20 世纪 40 年代的陕甘宁边区出现的医药合作社。1944 年因伤寒、回归热等传染病的流行，边区政府应广大群众的要求委托当时的商业销售机构——大众合作社办理合作医疗。资金由大众合作社和保健药社投资，并吸收团体和私人资金股金，政府也赠送一些药材。这些机构都是以"合作制"的形式举办医药卫生事业，开创了合作医疗制度的先河。

1955 年，山西省高平市米山乡在农业社会保健站中最早实行"医药结合"，采取社员群众出"保健费"和生产合作社公益金补助相结合的办法，建立了合作医疗制度，被卫生部称为无病早防、有病早治、省工省钱、方便可靠的初级卫生保健制度，得到了肯定和推广。到 1960 年，全国农业生产大队举办合作医疗制度的达到 40%。1968 年 12 月，毛泽东同志批示湖北省长阳县乐园公社办合作医疗经验后，广大农村掀起了大办合作医疗的热潮。到 1976 年，全国有 80%的行政村实行了合作医疗制度。"合作医疗"与合作社的“保健站”及数量庞大的“赤脚医生”队伍一起，成为解决中国广大农村缺医少药问题的三件法宝。

20世纪80年代初，中国取消了政社合一的“人民公社”，家庭联产承包责任制的实施，使得家庭重新成为农业生产的基本经营单位，以农业合作社为依托的合作医疗制度，由于不适应社会经济结构的变化，出现了滑坡局面。据1985年的调查，全国实行合作医疗制度的行政村由过去的90%猛降至5%。90年代初期，全国仅存的合作医疗制度主要分布在上海和苏南地区。

二、城镇职工基本医疗保险制度

（一）城镇医疗保险制度的改革探索

1. 自发改革阶段

20世纪80年代初，由于医疗费用急剧增加，政府和企业的负担加重，我国一些地方就开始主动、自发地进行了一些医疗保险制度改革的探索。在1985年以前主要是针对医疗服务需方，采用一些费用分担措施。如就医时，个人要支付少量的医疗费用，各地的分担比例不同，一般为10%~20%。1985年以后将费用控制的重点由需方转向了供方，加强了对医疗机构的约束。因为1985年以后随着国家财政制度的改革，政府对医疗机构的财政补助逐渐下降，刺激了医疗机构进行各种“创收”，提供过度服务已经成为一个非常突出的问题。对医疗服务供方的控制措施主要有以下几点：一是改革支付方式，将经费按享受人数和定额标准包给医院，节支留用、超支分担，激励医院主动控制成本和费用开支；二是制定公费医疗报销目录，控制药品费用的过多开支；三是加强公费医疗和劳保医疗的管理，将医疗费用与个人、单位和医院三方挂钩，由医院代管，个人医疗费用定额包干，超过部分按一定比例报销。在这一时期还重点探索了医疗费用的社会统筹。一些地区建立了大病统筹制度，以地区和行业为单位，由各企业缴纳保险费，形成统筹基金，对发生大额医疗费用的患者给予补助。这一时期的改革主要目的是控制医疗费用的开支，尽管各地进行了各种试点工作，但总的效果并不明显。

2. 社会医疗保险框架的探索

20世纪90年代开始，城镇医疗保险制度改革进入了建立社会保险制度的探索阶段。1992年，深圳市在全国率先开展了医疗保险制度改革，从而拉开了对职工医疗保险制度进行全局性和根本性改革的序幕。1993年11月，党的十四届三中全会通过了《中共中央关于建立社会主义市场经济体制若干问题的决定》，明确提出要在我国建立社会统筹和个人账户相结合的城镇职工医疗保险制度。1994 年国家经济体制改革委员会等四部门印发《关于职工医疗制度改革的试点意见》，后经国务院批准，在江苏省镇江市和江西省九江市进行试点，即著名的“两江试点”，探索建立统账结合的医疗保险制度。1996 年在总结“两江试点”改革经验的基础上，国务院批准印发《关于职工医疗保障制度改革扩大试点的意见》。根据国务院有关文件确定的改革目标和基本原则，全国许多城市对统账结合方式进行了探索，出现了镇江等地的“三段通道”模式、海南等地的“板块结合”模式、青岛等地的“三金管理”模式等丰富的实践经验。各地的试点取得了初步成效：一是形成了用人单位、职工个人共同缴费的机制和社会化管理的医疗保险基金，实现了稳定的资金来源；二是形成了真正意义上的社会保险的社会共济；三是建立了医疗费用的双方分担机制和合理结算医疗费用的控制机制，抑制了医疗费用的过快增长。

（二）城镇职工基本医疗保险制度的建立和发展

在总结各地试点经验的基础上，1998 年 12 月 14 日国务院颁布了《关于建立城镇职工基本医疗保险制度的决定》，标志着我国社会医疗保险制度正式建立。制度改革的任务是在全国范围内建立与社会主义初级阶段相适应的，符合社会主义市场经济体制要求的，充分考虑财政、企业和个人承受能力，切实保障职工基本医疗需求的社会医疗保险制度。

城镇职工基本医疗保险制度的主要内容：一是明确了强制性参保人员的范围，城镇所有用人单位，包括企业、机关、事业单位、社会团体、民办非企业单位及其职工都必须参加。二是医疗保险基金由用人单位和职工共同缴纳。用人单位的缴费比例是职工工资总额的 6%左右，职工个人的缴纳比例为本人工资的 2%。具体到各统筹地区，则由当地政府根据经济发展水平、实际的承受能力和消费水平确定，并根据需要不断调整。三是分别建立社会统筹基金和个人账户，用人单位缴费的 70%左右进入社会统筹基金，30%左右进入个人账户，个人缴费进入个人账户。个人账户为职工本人所有，用于支付本人的医疗费用，可以结转使用和继承。四是建立医疗费用分担机制。个人账户主要支付门诊费用，统筹基金支付住院费用。统筹基金设立起付线标准和最高支付限额。超过限额的部分，通过实行职工大额医疗费用补助、公务员医疗费用补助、企业补充医疗保险和商业医疗保险等途径解决。五是通过制定基本医疗保险药品目录、诊疗项目和医疗服务设施标准，对提供医疗服务的医院和药店进行定点管理。六是退休人员不缴纳医疗保险费，并在个人账户记入金额和个人自付医疗费用的比例上给予照顾；下岗职工由再就业服务中心为其缴纳，缴费基数相当于当地上年度职工平均工资的 60%。

城镇职工基本医疗保险制度的建立构建了现代的医疗保险制度框架，是中国医疗保险制度发展过程中的一个里程碑。经过多年的发展，城镇职工基本医疗保险制度在全国普遍建立，基本完成了公费医疗、劳保医疗制度向基本医疗保险制度的转轨。同时，为适应我国经济结构调整、就业格局转变、城镇化水平提高以及农村劳动力转移的新形势，城镇职工基本医疗保险的覆盖范围逐步扩大，已经从国有集体单位扩大到了非公经济组织，从正规就业人员扩大到了灵活就业人员，在制度覆盖范围上打破了不同所有制、不同就业形式、不同身份劳动者之间的界限，实际已经覆盖了城镇全体从业人员。同时，在保障水平上也有较大的提高，统筹基金对住院医疗费用的最高支付限额（封顶线）已从最初当地职工年平均工资的 4 倍提高至 6 倍。2021 年 4 月，国务院办公厅印发《关于建立健全职工基本医疗保险门诊共济保障机制的指导意见》，将门诊费用纳入职工医保统筹基金支付范围，改革职工医保个人账户，建立健全门诊共济保障机制，提高医保基金使用效率，逐步减轻参保人员医疗费用负担，实现制度更加公平更可持续。

2017 年 1 月，国务院办公厅印发《生育保险和职工基本医疗保险合并实施试点方案》，决定通过先行试点（如统一参保登记、统一基金征缴和管理、统一医疗服务管理、统一经办和信息服务等）探索适应我国经济发展水平，优化保险管理资源，促进两项保险合并实施的制度体系和运行机制。2019 年 3 月，《国务院办公厅关于全面推进生育保险和职工基本医疗保险合并实施的意见》要求在 2019 年年底前各统筹区加快落实，全面实现两险合并。为适应我国经济社会发展水平和老龄化发展趋势，我国长期护理服务体系建设不断推进。根据《“十四五”全民医疗保障规划》，我国将从职工基本医疗保险参保人群起步，重点解决重度失能人员基本护理保障需求；探索建立互助共济、责任共担的多渠道筹资机制；制定全国统一的长期护理保险失能等级评估标准，建立并完善长期护理保险需求认定、等级评定等标准体系和管理办法，明确长期护理保险基本保障项目；做好与经济困难的高龄、失能老年人补贴以及重度残疾人护理补贴等政策的衔接。

三、城乡居民基本医疗保险制度

城乡居民的基本医疗保险制度从 2003 年和 2007 年的单独建制逐步走向制度融合。

（一）新型农村合作医疗制度

合作医疗制度在中国卫生发展的历史上取得了非常辉煌的成绩。但由于其没有随着农村社会经济的变化而进行相应的调整，以及制度本身存在的缺陷，该制度逐渐走向衰落。根据《中共中央　国务院关于进一步加强农村卫生工作的决定》精神，2002 年 10

月全国农村卫生工作会议确定，从2003年起，进行建立新型农村合作医疗制度的试点。

相对传统合作医疗制度而言，新型农村合作医疗制度的最大特点在于，政府在医疗经费的筹集上承担了大部分责任。资金问题一直是合作医疗制度的瓶颈，新型农村合作医疗制度在资金筹集渠道和筹集标准上，突出了各级财政的资金支持和引导作用。农民以家庭为单位自愿参加，在筹资机制上实行个人缴费、集体扶持和政府资助相结合。在保障机制上突出了以大病统筹为主，目的是预防因病致贫、因病返贫。同时，新型农村合作医疗以县为统筹单位，各地成立新型农村合作医疗管理机构专门负责相关工作。

自2003年启动试点以来，新型农村合作医疗制度取得了巨大的进展。

第一，参合率大幅提高。截至2015年年底，全国参合人口数达6.7亿人，参合率为98.8%。

第二，筹资水平显著上升。2004年人均实际筹资仅为50.4元，到了2015年人均实际筹资达到了490.3元。

第三，保障水平不断提高。2015年，国家将政策范围内门诊和住院费用报销比例分别提高到50%和75%左右，2015年的实际住院补偿比也达到55%左右。

（二）城镇居民基本医疗保险制度

为解决城镇非从业居民的医疗保障问题，2007年7月，国务院发布了《关于开展城镇居民基本医疗保险试点的指导意见》，此后在全国79个城市开展居民基本医疗保险试点，2008年试点城市扩大到317个，2009年在全国所有城市开展居民基本医疗保险工作。意见要求，城镇居民基本医疗保险制度坚持低水平起步，根据经济发展水平和各方面承受能力，合理确定筹资水平和保障标准，重点保障城镇非从业居民的大病医疗需求，逐步提高保障水平；坚持自愿原则，充分尊重群众意愿；明确中央和地方政府的责任，中央确定基本原则和主要政策，地方制定具体办法，对参保居民实行属地管理。

在覆盖人群方面，城镇居民基本医疗保险制度的覆盖人群为不属于城镇职工基本医疗保险制度覆盖范围的中小学阶段的学生（包括职业高中、中专、技校学生）以及少年儿童和其他非从业城镇居民。截至2016年年底，参加城镇居民基本医疗保险的人数为4.486亿人。

在筹资和缴费方面，筹资以家庭缴费为主，政府给予适当补助。参保居民按规定缴纳基本医疗保险费，享受相应的医疗保险待遇，有条件的用人单位可以对职工家属参保缴费给予补助。国家对个人缴费和单位补助资金制定税收鼓励政策。考虑到当地的经济发展水平以及成年人和未成年人等不同人群的基本医疗消费需求，并考虑当地居民家庭和财政的负担能力，各地基本上都恰当确定了筹资水平。

在保障方面，城镇居民基本医疗保险基金重点用于参保居民的住院和门诊大病医疗支出。费用分担方式与城镇职工基本医疗保险相同，设置了起付线、共付比和封顶线。2015 年，城镇居民基本医疗保险住院费用实际报销比例为 55%。

（三）制度整合：城乡居民基本医疗保险制度

2016 年 1 月，国务院颁布《关于整合城乡居民基本医疗保险制度的意见》，提出整合城镇居民基本医疗保险（简称城镇居民医保）和新型农村合作医疗（简称新农合）两项制度，建立统一的城乡居民基本医疗保险制度，以实现城乡居民公平享有基本医疗保险权益，增进社会公平正义，促进城乡经济社会协调发展。制度整合主要从六个方面进行。

第一，统一覆盖范围。城乡居民医保制度覆盖范围包括现有城镇居民医保和新农合所有应参保人员。农民工和灵活就业人员参加职工基本医疗保险有困难的，可按照当地规定参加城乡居民医保。

第二，统一筹资政策。继续实行个人缴费与政府补助相结合为主的筹资方式，鼓励集体、单位或其他社会经济组织给予扶持或资助。现有城镇居民医保和新农合个人缴费标准差距较大的地区，可采取差别缴费的办法，利用 2~3 年时间逐步过渡。整合后的实际人均筹资和个人缴费不得低于现有水平。

第三，统一保障待遇。遵循保障适度、收支平衡的原则，均衡城乡保障待遇，逐步统一保障范围和支付标准，为参保人员提供公平的基本医疗保障。城乡居民医保基金主要用于支付参保人员发生的住院和门诊医药费用。稳定住院保障水平，政策范围内住院费用支付比例保持在 75%左右。进一步完善门诊统筹，逐步提高门诊保障水平。逐步缩小政策范围内支付比例与实际支付比例间的差距。

第四，统一医保目录。统一城乡居民医保药品目录和医疗服务项目目录，明确药品和医疗服务支付范围。

第五，统一定点管理。统一城乡居民医保定点机构管理办法，强化定点服务协议管理，建立健全考核评价机制和动态的准入退出机制。对非公立医疗机构与公立医疗机构实行同等的定点管理政策。

第六，统一基金管理。城乡居民医保执行国家统一的基金财务制度、会计制度和基金预决算管理制度。城乡居民医保基金纳入财政专户，实行“收支两条线”管理。

在医疗保险管理体制方面，为完善统一的城乡居民基本医疗保险制度和大病保险制度，不断提高医疗保障水平，确保医保资金合理使用、安全可控，统筹推进医疗、医保、医药“三医联动”改革，更好保障病有所医，2018年的国务院机构改革将人力资源社会保障部的城镇职工和城镇居民基本医疗保险、生育保险职责，国家卫生计生委的新型农村合作医疗职责，国家发展改革委的药品和医疗服务价格管理职责，民政部的医疗救助职责整合，组建国家医疗保障局。

四、城乡居民大病保险

2010年新农合开始探索大病保障，优先选择6种危及儿童生命健康、医疗费用高、经积极治疗愈后较好的重大疾病开展试点工作。2012年8月，国家发展改革委等六部门颁布《关于开展城乡居民大病保险工作的指导意见》，建立城乡居民大病保险，作为对城镇居民医保和新农合发生高额大病医疗费用的补充。2012年，新农合将大病保障范围扩大到22个病种，并且将新农合对相关病种的实际补偿比例提高到本省（区、市）限定费用的70%左右。

2015年8月，国务院办公厅颁发《关于全面实施城乡居民大病保险的意见》，大病保险成为基本医疗保障制度的拓展和延伸，以期对大病患者发生的高额医疗费用给予进一步保障，防止发生家庭灾难性医疗支出，提升城乡居民医疗保障的公平性。根据该意见的规定，大病保险的保障对象为所有城乡居民基本医保的参保人群。资金来源为城乡居民基本医保基金中划出一定比例或额度作为大病保险资金，原则上实行市（地）级统筹，也鼓励省级统筹或全省（区、市）统一政策、统一组织实施，提高抗风险能力。大病医保的保障范围与城乡居民基本医保相衔接，参保人患大病发生高额医疗费用，由大病保险对经城乡居民基本医保按规定支付后个人负担的合规医疗费用给予保障。大病保险支付比例不低于60%，医疗救助对低保对象、特困人员可按不低于70%比例给予救助①。

五、基本医疗保险制度的支付方式改革

城镇职工基本医疗保险和城乡居民基本医疗保险，以总额预付为基础，结合门诊统筹的开展探索按人头付费为主的支付方式；对于住院及门诊大病医疗费用的支付，探索按病种付费为主的支付方式，在条件成熟时转为按疾病诊断相关分组付费。就实践来

① 国家医疗保障局，财政部．关于建立医疗保障待遇清单制度的意见［A/OL］．［2024-04-16］http://www.gov.cn/zhengce/zhengceku/2021-08/11/content_5630791.htm.

看，湖南省全面推行以总额控制为基础，按病种付费为主，按人头付费、住院床日费用付费、总额预付制为补充的复合支付方式。山东淄博市2008年起在城镇职工基本医疗保险制度下探索实施“预算管理和总额控制下的复合式支付方式改革”①。北京市城镇职工医疗保险率先试点了按疾病诊断相关分组付费的支付方式。新农合在全国已开展实施的支付方式改革呈现多种形式的特点。门诊支付方式以总额预付制为主，但也有按人头付费和按人次付费等。住院按难易程度排序有总额预付制、按人头付费、按人次付费、按住院床日费用付费、按单病种付费和按疾病诊断相关分组付费等，还有在一个医疗机构开展了两种及以上支付方式的混合支付方式改革。因此，目前的基本医疗保险在具体支付方式的选择上趋同。如云南省禄丰县实施了门诊总额付费的支付方式改革，在住院部门于2007年开始探索按住院床日费用付费，并于2013年改为按疾病诊断相关分组付费。上海市浦东新区2012年实行了门诊和住院的按人头付费，山东省潍坊市试点了住院总额付费，黑龙江省林口县实施了基于费用分段的住院按人次付费的支付方式改革，陕西省镇安县实施了单病种付费，河南省宜阳和息县开展了住院单病种分组付费的试点。②

总额预付制是最重要的支付方式，它切断了医疗服务供方的收入与服务量、治疗疾病种类及其复杂程度之间的关系，因而赋予管理者更大的资金分配自由。一方面可以激励医疗服务供方有效使用资源、控制成本；另一方面也可能带来消极影响，例如，当一定时期内医疗需求高于预期，不可避免地导致治病的长时间等待，甚至拒绝服务等情况的发生。2016年年底，医保总额预付制导致的医院推诿患者、分解住院等现象使人们开始反思下一步支付方式改革的方向。

按人头付费切断了支付费用与医疗服务数量之间的联系，不依赖于诊疗类型，从而赋予医疗提供方更多支配资源的自由；同时按人头付费属于前瞻性支付，其实质是将费用责任转向了医生，因此也被认为可以激励医疗服务供方提高效率。但是，可能带来医疗质量的降低，也可能促使医生进行风险选择，即设法吸引健康人群（也称“摘草莓”）的现象。

按病种付费主要激励医疗机构控制每个病种的费用，促使医院为了提高竞争力而提高医疗质量。然而，按病种付费可能鼓励医疗机构倾向于收治低治疗成本的患者；也可能刺激医院将患者诊断为高支付病例组，或者提高编码级别，以此提高支付额度。

---

① 孙树仁，孟庆木，乔见. 实施总额控制付费改革的实证分析——基于淄博市的实践［J］. 中国医疗保险，2013（7）：49-51.

② 王禄生，杨青. 新型农村合作医疗支付方式改革操作指南［M］. 北京：人民卫生出版社，2015：17-22.

以上主要支付方式可能产生的负面影响，增加了医疗保险支付方式改革的复杂性和难度，这也是我国支付方式改革向混合式支付方式转变的客观原因。

近年来，以病种为基础的支付方式成为改革的发展趋势。2017 年，国务院办公厅《关于进一步深化基本医疗保险支付方式改革的指导意见》提出，我国有条件的地区可积极探索将点数法与预算总额管理、按病种付费等相结合，逐步使用区域（或一定范围内）医保基金总额控制代替具体医疗机构总额控制。2020 年，国家医疗保障局办公室发布《关于印发区域点数法总额预算和按病种分值付费试点工作方案的通知》，扩大按病种付费试点工作，预计用 1~2 年的时间，将统筹地区医保总额预算与点数法相结合，实现住院以按病种分值付费为主的多元复合支付方式，从而达到有效控费和合理补偿的目标。

六、中国医疗保障制度的评估

近十几年来，世界上最大的医疗保障网络在中国得以迅速建制，以基本医疗保险为主体的“多层次、广覆盖、保基本”的医疗保障体系在这个庞大的国度基本已实现制度的全覆盖，多层次医疗保障网络的建制为改善国民健康以及推动经济社会的转型发展作出了巨大的贡献。

新医改以来，中国医疗保障体系建设得到了国际组织的高度关注和肯定。2011 年 10 月，摩根银行发布的《中国医改的进展与未来》报告，11 月世界卫生组织完成的《帮助中国建立公平可持续的卫生体系》独立评估报告，12 月美国国际战略研究中心发布的《中国践行卫生改革政策：挑战和机遇》报告，从不同视角对中国医改取得的重要进展和阶段性成果给予了积极评价。

（一）取得的成就

我国医疗保障制度在健康公平性、可及性及制度的投入-产出效率方面取得了举世瞩目的成就。

1. 多层次医疗保障体系建设全面推进

从 1998 年建立城镇职工基本医疗保险制度，到 2003 年建立新型农村合作医疗制度，2007 年建立城镇居民基本医疗保险制度，以及 2016 年城乡居民基本医疗保险制度整合，中国基本医疗保险制度从无到有，从城镇到农村，实现了制度的全覆盖。随着农村和城市医疗救助制度的建立运行，以及重大疾病医疗保障机制的探索试点，我国医疗保障制度逐步形成了以城镇职工基本医疗保险、城乡居民基本医疗保险为主体，城乡医疗救助为托底，大病保险、商业健康保险、慈善救助等制度为补充的多层次、广覆盖、保基本的医疗保障体系。

2. 医疗保障实现制度全覆盖

截至 2023 年年底，基本医疗保险参保人数达 133 389 万人，参保覆盖面稳定在 95% 以上。其中参加职工基本医疗保险人数 37 095 万人；在参加职工基本医疗保险人数中，在职职工 27 099 万人，退休职工 9 996 万人。参加城乡居民基本医疗保险人数 96 294 万人。全国所有省份出台了大病保险实施方案，患者的经济负担进一步减轻。

3. 医疗卫生领域花费少而成效明显

从 1978 年到 2022 年，人均卫生总费用由人均 11.5 元增长到 6 044.1 元，而卫生总费用占 GDP 的比例仅由 1978 年的 3.02%增长到 2020 年的 7.08%，处于世界低水平行列。根据世界银行的统计，衡量健康产出的指标，我国人口总体平均预期寿命从 1981 年的 67.77 岁增加到 2020 年的 77.93 岁，出生婴儿死亡率从 1980 年的 48‰下降到 2020 年的 5.4‰，处于发展中国家的较高水平。可见，我们用较为经济的医疗卫生支出获得了较高的健康产出水平。

4. 医疗保障领域的改革适应社会经济转型需要

伴随着经济体制的转型，城镇医疗保障制度从传统计划经济体制下的劳保医疗和公费医疗转向市场经济体制下的城镇职工基本医疗保险。现代的社会保险模式与传统的企业保险模式相比，不仅能够实现疾病风险在更大的风险池中有效分散，促进劳动力在市场上的自由流动，而且能减轻企业负担，促进微观主体更加平等地参与市场竞争。从传统合作医疗向新型农村合作医疗的转变，也是顺应农村经济体制改革的需要。因此，制度的变迁符合社会转型、经济转轨的需要，是历史进步的必然。

（二）存在的问题

在医疗保障制度体系构建完整、改革方向正确的同时，仍然存在医疗保障制度发展不平衡、不充分的问题，具体表现在体制机制方面。

1. 体制方面

在体制方面，中国的城镇职工基本医疗保险和城乡居民基本医疗保险两项制度已经完成了人群的基本覆盖，但是制度内不平衡、不充分的问题仍然存在。

首先，基本医保尚未实现全覆盖。2023 年，我国基本医保参保总人数为 133 389 万人，占全国总人口的 95%。从覆盖率看，我国基本实现了全民参保。但是从绝对数上看，仍有超过 5 000 万人没有参加基本医保。这一方面是由于居民医保非强制参保，另一方面是大量城镇灵活就业人员未参加职工医保。

其次，职工医保与居民医保两项制度呈二元结构状态且呈“剪刀差”发展态势。职工医保的筹资机制是收入关联的费率制，居民医保则是政府按人头补贴和个人按人头缴费的定额筹资机制。2023 年覆盖 3.7 亿参保人的职工医保（含生育保险）人均筹资为 8 642 元，明显高于 9.6 亿人的居民医保人均筹资水平，两项制度不平衡且居民医保不充分问题突出。

再次，职工医保社会统筹与个人账户相结合，板块式保障导致个人账户效率低下，资金使用率低，推高住院率。2020 年《中共中央　国务院关于深化医疗保障制度改革的意见》提出，要改革职工基本医疗保险个人账户，建立健全门诊共济保障机制，至 2023 年各地正落实该项改革。

最后，城镇职工家庭内部“一家多制”，职工医保收大于支、资金沉淀，而家人保障不足，导致家庭抗风险能力弱。居民按户籍以家庭为单位参保，且有政府补贴，从而使农民工参加职工医保率降低，财政补贴面临可持续性挑战。

2. 机制方面

在机制方面，目前医疗保险经办管办一体，保险人缺位，医保管理缺乏内生激励和约束机制。具体而言，医疗保险基金产权与实际决策权、管理权分离，医疗保险决策的民主性、包容性及透明性不足，经办体制缺乏应有的动力和能力。因此，亟须推进经办机构法人治理，积极引入社会力量参与经办服务，探索建立共建共治共享的医保治理格局。

可见，尽管我们拥有了立体的医疗保障网络体系，但在新时代背景下，我们必须对基本医疗保障体系做战略性、整体性、根本性的思考，寻求一条与中国新型城镇化发展水平一致的渐进融合发展的道路，构建全民统一覆盖的高质量医疗保障体系，以真正实现全体国民平等享有健康保障，实现“健康中国”的宏伟目标。

深度阅读

1. PAUL J，FELDSTEIN. Health care economics：6th ed［M］. Boston：CENGAGE Delmar Learning，2004.

该书以美国的卫生保健系统为背景，很好地阐述了卫生服务筹资和供给的基本概念和经济理论，重点论述了为提高卫生服务筹资和供给的公平性和效率，其相应的公共政策的含义、评价和选择，政府在卫生保健中的作用以及全民医疗保障的效率和公平性等。

2. 雅诺什·科尔奈，翁笙和. 转轨中的福利、选择和一致性——东欧国家卫生部门改革［M］. 北京：中信出版社，2003.

该书讨论了十个东欧国家的卫生部门改革，给出了九项具有普遍意义的指导原则。作者分析了卫生部门的特殊性、国际上的经验和教训以及主要初始条件，并主张基于如下几个方面的改革：以有组织的公共财政支持基本医疗、以私人资金支持补充医疗，以及提供多元化的服务和有管理的竞争。与此同时，政策制定者必须寻求一种平衡，以通过全面普及基本医疗服务而确保社会一致性，并通过自愿补充医疗保险来扩大个人的选择范围、强化个人责任。

本章小结

健康是人类生存和发展的有益品，并且是一项基本人权。但疾病作为一种非健康状态，又常常困扰着人们。为了治愈疾病，人们不可避免地与医疗服务市场发生联系。由于医疗服务的特殊性与医疗服务供方信息垄断等特点，医疗服务市场存在失灵，表现为医疗费用的刚性。管理医疗费用损失的风险主要有三种方式：风险规避、风险自留与风险转嫁。风险规避可以由政府直接提供医疗服务而规避每个国民的医疗费用损失风险。风险自留有其弊端而不被广泛采用。风险转嫁中的保险从理论上看是分散费用损失风险的有效方式，但因信息不对称、道德风险等因素容易诱发保险市场的失灵，再加上与医疗服务市场失灵的互动，医疗费用会进一步不合理攀升。这就使得政府为确保每个国民承担得起医疗费用而进行适当干预成为必要。政府干预医疗保障领域的主要方式包括直接提供医疗服务、推行社会医疗保险制度、向低收入者提供医疗救助以及对医疗服务供方的补助。

各国的医疗保障制度都不是单一的，而会形成由多种制度组合的、适应不同人群的多层次医疗保障体系，但一般都存在一个基本的或主体性的制度安排，覆盖社会的大部分人群，而成为其医疗保障制度的代表。当今世界上存在四种典型的医疗保障制度模式，分别是以英国为代表的国家卫生服务模式，以德国为代表的社会医疗保险模式，以美国为代表的商业医疗保险模式和以新加坡为代表的储蓄型医疗保障模式。德国模式在世界范围内运用得最为广泛。

第三方支付制度涵盖医疗服务与医疗保险两个市场，涉及医疗服务供需方、医疗保险机构三方主体利益。从原来的患者向医疗服务供方直接进行费用支付转变到由第三方支付医疗费用，医疗服务市场的供需方道德风险由此引发。基于对供需方道德风险的控制，作为第三方的医疗保险机构通常采取相应的博弈措施。医疗保险的早期阶段，第三方通过费用分担和限定保险报销范围的方式来控制来自患者的道德风险，但这种方式对控制费用的不合理增长、医疗资源滥用的收效甚微，并且机制设计不合理还将导致新的问题。发展到后来，第三方侧重对医疗服务供方道德风险进行控制，通过费用支付方式的改革达到同时控制需方的目的。

中国的医疗保障制度经过几十年的改革和探索，逐渐形成以社会医疗保险为主体，以医疗救助为托底，覆盖城乡居民的多层次医疗保障体系。目前，我国的主体性医疗保障制度包括城镇职工基本医疗保险和城乡居民基本医疗保险制度。

重要概念

健康　医疗保险　道德风险　逆向选择　国家卫生服务模式　社会医疗保险模式　商业医疗保险模式　储蓄型医疗保障模式　第三方支付制度

思考题

1. 医疗服务市场失灵和医疗保险市场失灵的表现有哪些？
2. 医疗费用损失风险的管理方式有哪些？
3. 医疗保障制度的每种模式的优缺点是什么？
4. 国外医疗保障改革告诉了我们什么？中国今后的医疗保障制度改革应从中借鉴什么？

第九章 失业保险理论与实践

失业问题是市场经济中一个永恒的问题，也是政府关注的主要内容之一。失业保险是社会保障制度的组成部分之一，能够分散个人因失业而引起的收入损失的风险，也是政府通过失业保险金发放管理有效需求的工具之一。合意的失业保险是有效的风险分散机制，有助于实现公平与效率的兼而有之；相反，不合意的失业保险最有可能损害效率，加重失业问题。

第一节 失业的一般理论

一、失业的相关概念

（一）失业的概念

由于失业是一个复杂的社会问题，它涉及国家的就业政策、失业保险政策等，因此失业的内涵和外延在各国各不相同。

根据国际劳工组织（ILO）的定义，失业是指在某个年龄以上，在考察期内没有工作，而又有工作能力并且正在努力寻找工作的状态。其中“有工作能力”和“正在努力寻找工作”是比较有弹性的概念，各国的社会经济情况不同，对失业概念的界定也就不同。[①]

1999 年，我国出台《失业保险条例》，正式使用“失业”这个名词。2003 年，“失

① 各国对失业概念的界定，参见：
邓大松，方晓梅，等．失业对策论［M］．北京：中国劳动社会保障出版社，2002：2.
李晓西．宏观经济学（中国版）［M］．北京：中国人民大学出版社，2005：510.
赵领娣，付秀梅．劳动经济学——理论、工具、制度、操作［M］．北京：企业管理出版社，2004：219-220.
胡学勤，秦兴方．劳动经济学［M］．北京：高等教育出版社，2004：450.

业”的概念被重新界定，按照新标准，失业人员是指年龄在法定劳动年龄内（男 16~60 岁，女 16~55 岁），有工作能力，要求就业而未能就业的人员。其中，劳动者虽然从事一定的社会劳动，但是劳动报酬低于当地城市居民最低生活保障标准的，视同“失业”。

（二）失业的衡量指标

1. 失业率

失业率是衡量一定范围内的劳动人口失业程度的重要指标。失业率反映的是失业人口占劳动人口总量的比例。它是反映一个国家经济运行状态和社会发展状态的重要指标之一，是反映国民经济变动周期的“晴雨表”。同时，它与国民的物质和文化生活质量密切相关，具有重要意义。

衡量经济中的失业量看起来是简单的，但实际情况并非如此。区别全职工作的人与完全不工作的人是容易的，但区分失业人员与非劳动人口却要难得多，如图 9-1 所示。[①]

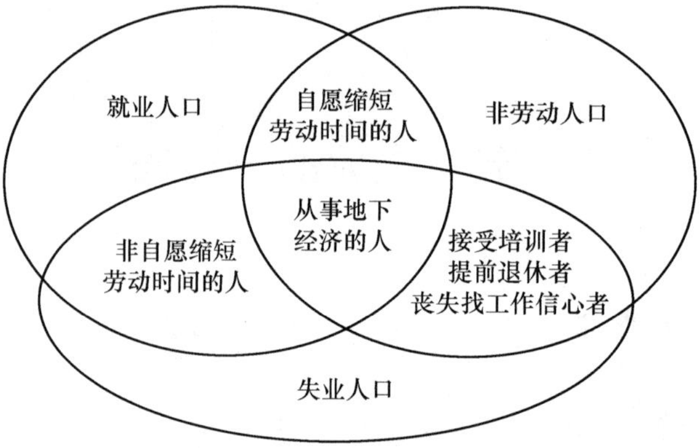

图 9-1　就业、失业、非劳动人口的划分示意图

由于失业涉及统计的技术指标和价值判断问题，不同国家对劳动力、就业人员和失业人员的规定不同，对失业率的计算也就不同，正是这些差异使得不同国家的失业率相互比较存在困难，而且，总是存在失业率被高估或低估的情况。例如，如果把有些自愿失业人员、失业兼职人员统计为失业人口，就会高估失业率；相反，如果把求职中丧失信心的失业人员（经过长期且艰辛的求职努力而失败，无奈退出劳动力市场的人）视为自愿失业人员，把非全日制就业视为完全就业等，就会低估失业率。因此，正如格里高利·曼昆（Gregory Mankiw）所言，还没有一种简单易行的方法可以修改劳工统计局所公布的失业率，以便使之成为劳动力市场状况更可靠的指标。因此，最好的办法就是把

① 袁志刚. 失业经济学［M］. 上海：上海人民出版社，1997：15.

所公布的失业率作为有用但不完善的失业衡量指标。[①] 如果要进行失业率的国际比较，就需要按照某一个国家的失业定义对其他国家的失业定义进行调整。

2. 自然失业率

弗里德曼认为，自然失业率是指在没有货币因素干扰的情况下，让劳动力市场和商品市场的自发供求理论发挥作用时应有的处于均衡状态的失业率，也就是一国经济实现了它潜在的国民生产总值的最大可能的就业率[②]，就是充分就业情况下的失业率。同时，自然失业率的水平并不是一成不变的，它取决于劳动力市场及商品市场的状况。例如，20 世纪 60 年代至 80 年代，美国的自然失业率从 4%升至 6%左右。影响自然失业率变动的因素包括劳动力结构的变化、政府政策的作用、结构性失业的增加、技术进步因素以及劳动力市场或行业差别的变动等。

3. 失业的持续时间

失业的持续时间是指新生劳动力找到工作或失去工作的人重新找到工作所用的时间，也可以指一定范围内或某一类别的劳动力找到工作或重新找到工作所用的平均时间。[③] 根据失业的持续时间，可以将失业分为短期失业和长期失业等不同类型。失业的持续时间主要取决于劳动力市场的发育程度、劳动力的分布情况、失业人员寻找工作的能力和要求，以及社会可提供的就业岗位和就业数量等。

失业的持续时间在一定程度上反映了失业的程度和解决失业问题的难度。一般来说，失业持续时间越短，说明失业问题越轻，解决失业问题的难度就越小；反之，难度就越大。失业的持续时间也反映了劳动力的流动情况，在失业率既定的情况下，失业持续时间越短，说明劳动力流动的速度越快；反之，流动的速度就越慢。

4. 失业警戒线

失业警戒线是基于对失业率的研究，以失业率为参照系提出的社会对失业的容忍程度。从国外情况看，目前西方发达国家确定的失业警戒线标准为：3%或 4%以下为劳动力供给紧张型，5%~6%为劳动力供给宽松型，7%或 8%以上为失业问题严重型。

失业警戒线的标准不是一成不变的，而是随着社会经济的发展而不断发生变化的。以美国为例，在凯恩斯时期，充分就业的标准失业率为 3%，20 世纪 50 年代这个标准上升为 4%，进入 70 年代上升为 5%。目前，一般认为美国充分就业的失业率为 6%~

---

① 曼昆. 经济学基础（第 2 版）［M］. 北京：生活·读者·新知三联书店，2003：434.
② 弗里德曼. 弗里德曼文萃［M］. 北京：北京经济学院出版社，1991：454.
③ 杨伟民. 失业保险［M］. 北京：中国人民大学出版社，2000：14.

6.5%，失业率低于5%即被认为是劳动力供给紧张。①

二、失业的基本类型

根据不同的标准，可以将失业划分为不同的类型。按失业的表现形式，可分为公开失业和非公开失业；按失业的持续时间，可分为短期失业和长期失业；按失业人员的意愿，可分为自愿失业和非自愿失业；按失业的次数，可分为初次失业、二次失业和多次失业；按失业的成因，可分为摩擦性失业、结构性失业、周期性失业和季节性失业等。下面重点介绍最后一种划分方法中的几种失业类型。

（一）摩擦性失业（frictional unemployment）

摩擦性失业是指由于劳动力信息不完全、市场组织不完善所导致的人们在不同地区、不同职业或生命的不同阶段不停地转换工作而引起的难以避免的摩擦所造成的失业。例如，学生毕业时就需要寻找工作，妇女在生育孩子以后，可能又要求重归劳动力队伍等。摩擦性失业不是由劳动需求长期不足造成的，而是由劳动力市场的动态属性和流动选择机制引起的，一般历时较短，属于自愿性失业。

（二）结构性失业（structural unemployment）

结构性失业是指由于经济结构变化和产业兴衰转移导致劳动力供求的内部结构失衡而出现的失业现象。这种失业的特点是职位空缺和失业并存，在一些行业中劳动力稀缺（如一些“朝阳产业”），而在另一些行业中却存在着一定量的失业人员（如一些“夕阳产业”），这样劳动力供给的变化赶不上需求的变化，失业就不可避免。结构性失业产生的原因包括：一是技术进步，二是产业结构和产品结构的变化，三是地区经济发展不平衡。与摩擦性失业相比，结构性失业持续的时间更长，再就业的速率更低。

（三）周期性失业（cyclical unemployment）

周期性失业，又称有效需求不足失业，是指由于经济的周期性波动而引起的劳动力供大于求所造成的失业。经济周期一般被分为繁荣、衰退、萧条、复苏四个阶段，在经济衰退和萧条时期，产品的生产和需求下降，因有效需求不足而导致大量工人失业。这种失业是与经济的周期变化紧密联系在一起的，由于经济周期往往难以预测，且经济周期持续时间长短以及对经济影响的深度和广度具有很大的不确定性，所以这种失业一旦

① 宋其超．失业及其治理［M］．北京：中国财政经济出版社，2004：12.

出现就会相当严重且难以治理。

(四) 季节性失业 (seasonal unemployment)

季节性失业是指由于某些行业生产条件或产品受气候条件、社会风俗或购买习惯的影响，由季节性变动而导致的劳动者就业岗位丧失所形成的失业现象。例如，农业、建筑业、旅游业等行业的生产经营活动具有很强的季节性，旺季形成对劳动力需求的高峰，淡季则形成对劳动力需求的低谷。一般来讲，这种失业的影响不是很严重而且发生的时间和持续的时间基本上是可以预料的，因此，相对来说也是比较容易解决的一种失业类型。

三、现代经济学中的失业理论

现代西方经济学门派林立，各个学派都对失业问题进行了研究，并提出了相应的理论解释。由于篇幅的限制，下文仅重点评析几种具有代表意义的典型失业理论。

为什么会有失业？政府的对策又是什么？研究者们各有各的说法和处方。

凯恩斯认为，资本主义社会的就业量取决于有效需求的水平，能否达到充分就业取决于有效需求的大小；之所以存在大量失业现象，就是因为有效需求不足，由于有效需求不足、产品滞销、生产规模减缩，就形成大量工人的非自愿失业。凯恩斯提出，在有效需求不足的情况下，要解决失业问题，绝不能仅仅依靠市场机制本身的自发调节作用来解决，而是要通过政府干预，采用需求管理宏观经济政策，即实行扩张性财政政策来提高有效需求，从而达到扩大生产、提高就业的目的。

理性预期学派是20世纪60年代末兴起的新古典宏观经济学派的一支派系。在理性预期学派的理论中，劳动力的供给或就业、失业的选择是一个理性人在现实和未来之间的选择过程，它依赖于人们预期的最近和将来的工资。若现实的工资较低被预期为暂时的，人们可能接受按此工资所提供的职位，这时失业率就会下降；否则失业率就会上升。因此理性预期学派认为失业率是不确定的，就是因为雇员和雇主不能迅速从各种真实材料中提炼出可靠的信息。理性预期学派认为，人们可以合理预期实际就业水平，因而否认工资对失业的调节作用；认为劳动力市场是由就业人数或实际提供的劳动量的变动来调节的，因为人们是根据自己的预期提供劳动的。因此，他们提出了政府不干预的就业政策。[①]

---

① 邓大松，方晓梅，等. 失业对策论［M］. 北京：中国劳动社会保障出版社，2002：11.

发展经济学派认为，发展中国家的失业问题与经济结构的高度化有关。刘易斯的劳动力转移理论认为，在经济发展之前，人口的增长快于经济的增长，经济的发展往往是在“劳动力无限供给”或存在一个“最低生存费用”部门这一基础上进行的，且经济发展还伴随人口的不断增长，而工业部门的工资水平不可能是“最低生存费用”这个水平，因此相对于劳动力的需求，劳动力供给是无限的。费景汉-拉尼斯的劳动力转移理论认为，经济发展可以分为三个阶段，第一阶段是农业部门存在隐形失业，劳动力供给弹性无限大，劳动边际生产率为零；第二、第三阶段中，农业出现了日益增加的生产剩余，从而可以满足工业部门的消费，劳动力由农业部门向工业等部门转移。托达罗的劳动力转移理论则认为，城市存在的失业使预期收入下降，而预期收入是对劳动力转移决策产生影响的因素。只要预期收入仍大于劳动力从农村转移出来的损失，转移就会发生。这样就解释了为什么在有些发展中国家虽然农业的边际劳动产品大于零，城市失业水平很高，但农业劳动力仍然向城市转移的问题。①

内部人-外部人理论最先由林贝克（Lindbeck）和斯诺（Snowe）于 20 世纪 80 年代提出，该理论把已经就业的工人称为“内部人”，把劳动力市场上的失业人员称为“外部人”。就雇员而言，由于工会的保护，内部人与雇主签订合同而不会顾及外部人，工资形成的实际黏性不可能降低。就雇主而言，雇主用外部人替换内部人需花费调整成本，包括强制性解雇和诉讼成本，搜寻劳动力市场、协定就业条件、考核和选择成本，培训成本等。因此，尽管外部人愿意接受比内部人低的工资，但由于存在调整成本，雇主宁愿雇用内部人。内部人可以利用已经就业的优势和岗位上“干中学”所积累的技能和知识，实施内部人控制，提出一个高于市场出清水平的工资，从而产生非自愿失业。如果考虑到工会的作用，则非自愿失业还可能加剧。这是因为工会是由内部人组成的，而内部人的力量要大于失业人员，当工会代表已经就业的内部人与雇主就工资水平进行谈判时，只代表内部人的利益而不会考虑外部人的利益，雇主为了避免造成更大的损失往往选择接受工会的条件。结果是使工资水平上升，雇主雇佣能力下降，失业增加。

四、失业正反两方面的意义

失业是消极的，但也有一些积极的因素，人们很容易看到失业的消极作用，其实从政府管理的角度，失业具有积极的因素，适时适度利用这些因素是很重要的。

---

① 李晓西. 宏观经济学（中国版）[M]. 北京：中国人民大学出版社，2005：495.

从经济方面看，失业不仅使一些人失去工作机会，中断或减少他们的收入，而且也会造成人力资本的浪费、退化甚至丧失。对社会而言，失业意味着资源的闲置或低效率配置，不仅加重了社会负担，而且抑制了消费需求和劳动生产率的提高，降低了国民生产总值，从而大大降低一个国家为公众提高福利的能力。

从社会方面看，失业的成本也是十分高的。一方面，大量的劳动者失业会减少劳动在全部要素收入中所占的份额，扩大人们之间的收入差距，加剧两极分化；另一方面，失业的增加会损害一个民族的心理健康，长久的失业，会给人们造成巨大的心理创伤，使人们失去对工作的期待和生活的信念，甚至进一步恶化失业人员的身体状况。同时，失业会影响社会治安，甚至危及社会稳定，高失业率往往伴随着较高的犯罪率和离婚率，失业人员承受着来自家庭和社会两方面的巨大压力，容易在心理上严重失衡，进而成为引发诸多社会治安问题的高危人群。

从政治方面看，失业的程度影响到政府的声誉，使人们对政府的能力产生怀疑，失去对政府的信任，这时人们容易将社会责任加于政府，其直接的结果是削弱政府实施各种经济政策的效果，政府干预难以奏效。

从政府管理的层面考虑，失业又具有积极的意义。首先，失业人口是劳动力的储备，这些劳动力可以作为今后生产扩大和结构重组时的“蓄水池”。一个国家经济处于衰退和收缩阶段出现的大量失业人员，可以为将来的经济繁荣和扩张提供急需的劳动力。其次，有利于提高在业人员的工作效率和社会就业质量。对失业的恐惧，是劳动纪律的最好组织者。失业的强逼机制，必然使劳动者为保住就业岗位而努力工作并不断提高自身素质，从而提高其工作效率和社会就业质量。再次，有利于抑制工资的增长。持续失业的存在会约束工会提高工资的行为，从而加强对经营活动的刺激。最后，有利于劳动力资源的优化配置从而实现人尽其才。劳动者不断适应技术对劳动需求的变动而变换工作是劳动力优化配置的过程，只有通过大量搜寻，劳动者才能找到与自己气质、性格、能力、知识等相适应的职业。

第二节 失业保险的理论

基于对失业问题的客观必然性和消极意义的认识，世界各国政府纷纷推出了许多治理失业的政策措施。这些政策措施又分为积极主动措施和消极被动措施两种，其中积极主动措施包括加强劳动力市场建设、调整经济结构和产业结构、实施积极就业政策等；

消极被动措施主要就是指失业保险制度。本节重点分析失业保险及其作用以及失业保险中的效率损失问题。

一、失业保险及其作用

失业保险是指国家依法强制实施的，通过国家、企事业单位和个人渠道由社会筹资集中建立保险基金，对因失业而暂时中断生活来源的劳动者，在法定期限内给予物质帮助以保障其基本生活需要的一种社会保险制度。值得注意的是，并不是所有的失业风险都是失业保险保障的对象，例如，毕业生的摩擦性失业持续时间短、负面影响小，通过劳动力市场供需机制可以解决；季节性失业可预见性强，因此可以有计划地在劳动力需求不足的时期谋求其他工作，减少因季节性失业带来的收入损失。这两种失业类型都不是失业保险制度设计时要保障的失业风险。失业保险主要保障的是结构性失业和周期性失业，这两种失业类型持续时间长，与整体经济特征联系密切，完全依靠失业人员自身很难再就业。失业保险一方面提供失业保险金保障失业人员失业期间的基本生活，另一方面通过职业培训和职业介绍增强失业人员的再就业能力。

失业保险的目标是提高劳动者抵御失业风险的能力，具有强制性、社会性、救助性、时效性等特点。失业保险实质上是通过在就业人口和失业人口之间的再分配来分散风险。与其他保险相类似，享受失业保险待遇需要满足一定条件，如非自愿失业，参加失业保险并达到最低缴费年限，还需要提供相关的证明材料等。

失业保险的基本作用包括微观层面和宏观层面两个方面。微观层面的作用包括提供失业保障和促进就业，宏观层面的作用包括优化劳动力配置和双向调节有效需求。

（一）失业保险的微观层面作用

1. 提供失业保障

在市场经济条件下，失业不可避免，失业使劳动者失去工资收入，使得其本人和家庭陷入生存困境。无论政府主导建立失业保险出于何种政治目的，它的首要功能都在于分散风险、保障失业人员的基本生活、提高他们抵御风险的能力。失业保险制度通过向符合条件的失业人员支付失业保险金，保障了失业人员的基本生活，保持了其生存权利和尊严，维持了劳动力再生产，这是失业保险最原始和最重要的作用。

2. 促进就业

随着失业保险制度的发展，人们越来越注重其在促进就业方面的积极作用。在经济衰退、失业增多的时期，通过加强失业保险基金在就业培训、职业介绍、补贴雇用失业人员的企业（如德国）等领域的应用，有助于稳定就业、促进就业。[①] 20 世纪 90 年代以来，世界各国普遍加强了失业保险制度促进就业功能的导向作用。一方面通过严格领取失业保险金的资格条件、逐步降低失业保险金水平、缩短失业保险金领取期限等手段迫使失业人员主动求职；另一方面，通过职业介绍、职业培训、生产自救和以工代赈等方式让失业人员及时掌握就业信息，提高失业人员的自身素质和就业能力，激发失业人员的自立感和积极性，从而促进失业人员尽快就业。

（二）失业保险的宏观层面作用

1. 优化劳动力配置

现代失业保险制度的建立，可以使从生产领域游离出来的失业人员得到必要的保障，从而保证能够长期维持市场运行所需要的劳动力结构，实现劳动力市场的社会化运作，培育统一的劳动力市场，使劳动力能够自由合理流动，以适应市场经济对劳动力的需求。同时，失业保险制度一方面免除了失业人员的后顾之忧，使其尽可能寻找与自己兴趣、性格、能力、知识相匹配的工作岗位；另一方面免除了用人单位裁员的经济社会压力，从而制定合理的用人决策，实现劳动力资源的优化配置，提高企业的经营效率。

2. 双向调节有效需求

相对其他社会保障项目而言，失业保险的一个明显特征就是它天然具有双向调节需求、平滑经济波动的功能。在经济扩张期，就业充分、工资增长，基金收入增加而支出减少，相应减少有效需求，有助于冷却经济；在经济衰退期，情况则相反，失业增加，基金收入减少而支出增加，相应增加有效需求，从而促进经济增长。美国在经历大萧条、失业率大幅提高后，1935 年建立的社会保障制度，就是将其作为大萧条后“罗斯福新政”中刺激总需求的一个重要工具，失业保险即为其中一个重要部分。失业保险天然具备了平滑经济周期、熨平波动的功能。[②] 失业虽然是劳动者个人的风险，但失业常常是与经济周期直接发生联系的，个人的风险通常是以社会的风险表现出来，所以失业作为一个社会问题，它有明显的负外部性。政府提供失业保险不仅是对失业人口的一种经济援助，也是保护人力资源、管理有效需求的需要。

---

①② 李珍，王海东．完善失业保险之微观保障及宏观管理功能研究——基于金融危机的启示［J］．保险研究，2010（2）：37-43.

二、失业保险中的效率损失问题

（一）失业陷阱

失业陷阱指的是在失业保险制度的作用下，当失业人员失业期间享受的失业保险金收入和其他补助与找到工作的净收入相比具有很高的替代率时，失业人员宁愿选择失业而不愿再就业。失业陷阱是较为普遍的，但不意味着所有失业人员在面临同样的替代率时都会选择失业。重视自我成就、将领取失业保险金视为不体面的失业人员通常会积极再就业。失业陷阱是失业保险中最主要的效率损失，主要体现在以下三个方面。

首先，较高替代率的失业保险金缩小了失业和就业之间的收入差距。考虑到就业人员工作的贡献，上班的交通成本、时间成本、在外用餐成本以及潜在的福利损失（如更少的闲暇），高替代率的失业保险金将降低就业人员的工作积极性和工作投入，也会促使一部分失业人员丧失再就业的动力。

其次，失业保险金的支付期限如果较长，在客观上会促使长期失业人员的产生。随着失业时间的持续，长期失业人员的知识技能老化，就业能力下降，严重的可能丧失了再就业的机会。此外，失业人员在失业期间不可避免地缩小了社交范围，如果不能尽快从失业状况中摆脱出来，很有可能由社会联系减少转变为失去交往能力，引发社会排斥等问题。

最后，从失业保险金发放方式看，如果采取整个发放期间等额发放的方式，不会对失业人员再就业产生激励，失业人员最理性的选择是领取到待遇期末再计划重新就业，在一定程度上延长了失业人员的平均失业时间。如果能将递减发放方式引入，失业人员在失业的后期所能领取的失业保险金待遇是下降的，将刺激失业人员提前再就业。

失业陷阱的存在说明一个事实：失业保险制度的保障应是有限保障，不是待遇水平越高越好，也不是支付期限越长越好，否则就会出现保障过度效率损失的情况。

（二）应对失业陷阱的对策

在任何一项社会保险制度中，都存在效率损失的可能，由于失业问题的复杂性、关联性，失业陷阱的解决难度更大，既需要科学的制度设计，又需要有效的管理。下面我们主要从制度设计的角度讨论如何应对失业陷阱。

首先，降低失业保险金的替代率。但是，如何评价替代率的高和低显然没有一个能广泛适用的客观标准，降低失业保险金的替代率虽然能避免失业陷阱，但也不能过低。一般来说，失业保险金的水平应以满足失业人员基本生活需要为依据，同时使失业期间所得与就业期间所得有一定的差距，以促使其再就业。

其次，缩短失业保险金的发放时间。一般来说，失业保险金的发放时间是与缴费期的长短有关的，缴费期越长，可领取的失业保险金时间越长。缩短失业保险金的发放时间对促进失业人员再就业具有较为明显的作用。

再次，随着给付期限累退发放失业保险金。根据工作搜寻模型，随着有资格领取失业保险金（或不同等级替代率）时间的减少，维持失业状态的价值越来越小，会促使失业人员加大搜寻工作的强度。因而在失业保险金将要耗尽或是享受待遇等级将要递减的时期，失业人员的再就业概率会有显著提升。失业保险金标准与享受期限的关系如图 9-2 所示。[①]

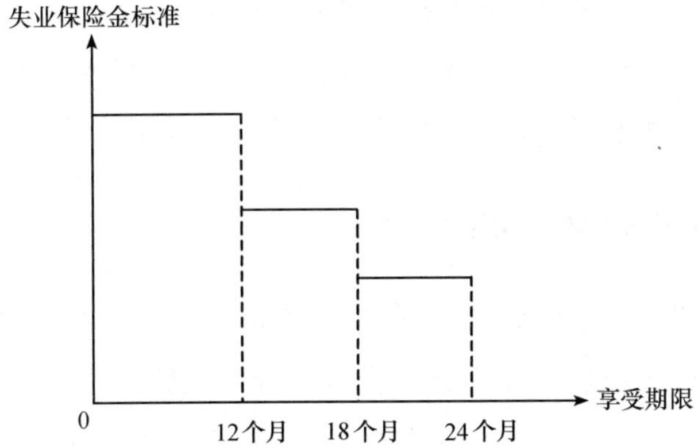

图 9-2 失业保险金标准随享受期限增加而减少

最后，对失业人员提前就业给予适当奖励。如果失业人员在失业保险金享受期限未到之时再就业，通过失业保险制度给予适当形式的奖励津贴，该津贴的水平低于失业保险金，使失业人员再就业后收入和奖励津贴显著高于享受失业保险待遇水平，以激励失业人员再就业。

三、失业保险基金与经济周期的关系

与养老保险、医疗保险、工伤保险和生育保险相比，失业保险的保障对象虽然也是个人，但失业风险却更多地体现了宏观经济周期的影响。正因如此，对于其他四项社会保险制度而言，其保险基金是为抵御特定的个人风险而筹集的，如果基金结余过多则说明没有发挥社会保险基金化解风险的功能，要么是收取的社会保险费多了，要么是社会

① 杨伟民. 失业保险 [M]. 北京：中国人民大学出版社，2000：105.

保险待遇支出少了，无论是哪一种，都不是合意的。但是这一标准在评价失业保险基金结余时就显得不合适了。与其他险种相比，失业保险的最大特点在于其作为经济周期管理工具的作用，失业保险基金天然具有双向调节有效需求和消费的作用，在经济向好时增加基金收入，减少失业保险待遇的支出，在经济下滑时自动减少基金收入，增加失业保险待遇的支出，从而达到减少经济波动、熨平经济周期的目的。

第三节　典型国家失业保险制度的实践

前面两节主要阐述的是失业和失业保险的基本理论问题，第三节和第四节将在上述理论背景下分别结合国外和国内的失业保险制度实践，对失业保险制度作一个实证分析。本节主要分析典型国家失业保险制度的实践、失业保险制度实施中的失业陷阱问题，以及从失业保险到就业能力提升的政策措施。

一、典型国家失业保险制度的实践

在 20 世纪初，欧洲已经出现了失业保险的萌芽。法国最早于 1905 年建立了失业保险制度，但真正由国家立法并具备强制性质的失业保险制度，首先建于英国。1911 年 12 月在英国诞生了世界上第一个关于失业保险的立法。此后的 100 多年，许多国家建立了失业保险制度。下面正面介绍几个国家案例。

（一）英国的失业保险制度

失业保险制度一直是英国社会保障制度的重要内容之一，现在英国失业保险法的基础是 1992 年的《社会保障法》。英国失业保险法的突出特点是实行强制性失业保险，要求除了自我雇佣者、缴纳减额保险费的已婚妇女和遗孀，所有周收入在 58 英镑及以上的雇员必须参加失业保险。失业保险费同样由雇主、雇员和政府三方承担，但是与其他社会保险费一同混合缴纳，不再分项单独缴纳。领取失业保险津贴的资格条件：在最近两个纳税年度内的一年中，按照规定的收入标准和缴费标准缴纳社会保险费；在职业介绍所登记，有能力从事劳动，正在等待并且积极寻找工作；失业的原因并非由于自愿离职、渎职、拒绝合适的工作安排、错过工作和培训机会或者介入劳动争议。失业保险津贴的标准为每周 46. 45 英镑，如有必须抚养的成年人，每周加发 28. 65 英镑。失业保险津贴的等待期为 3 天，最长领取时间不超过 52 周。①

英国失业保险制度的特点：一是受保护的人员范围很广，法律以较完备的形式保障了较高水平的社会福利，在英国所有失业人员都在失业保险的覆盖范围内，而不仅仅是贫困者；二是从确保失业人员生活逐步改革成促进失业人员主动求职的就业保障机制，经过不断改革后，失业保险制度体现出促进就业的明显倾向，其方式是通过支持培训的方式促进就业，如对参加培训并取得证书的失业人员，分别按资格等级增加失业保险给付；三是投入大量资金，并制定与失业保险相配套的法律保障措施，以保障求职津贴制度的有效实施。英国政府为促进就业，采取了扶持小企业发展、加强就业服务、强化职业培训和改革失业保险制度等一系列的综合配套措施，取得了较好效果。政府在制定劳动力市场和促进就业方面的政策时，能够通盘考虑，制定出与经济社会发展相协调的具有综合性和系统性的配套政策，资金投入也十分充裕。

（二）美国的失业保险制度

美国社会保障制度建立于 20 世纪 30 年代，1935 年联邦政府颁布了标志美国社会保障制度确立的《社会保障法》，从此在全国范围内实行了失业保险制度。从那时到现在的八十多年中，虽然立法中的一些具体问题经过许多调整，但基本政策并未改变。

在美国，失业保险是联邦政府和州政府联合实施的一种社会保险制度，其目的在于保障劳动力再生产的正常进行。一方面，联邦政府对失业保险的实施给予广泛的指导；另一方面，各个州都制定了本州的失业保险法，形成了多种形式的失业保险制度。享受失业保险的人员有：私营工商业部门的雇员、农业工人、州及地方政府的雇员、非营利性组织的雇员、联邦民政部门的雇员等。而州政府的治安人员、家庭工人和个体劳动者不在保险范围之内。

失业保险基金主要来源于雇主按雇工人数缴纳的工资税，除了极少数州，大部分州的失业保险的被保人都不缴纳保险费。在所缴纳的工资税中，联邦工资税税率为工资总额的 0.5%，州工资税税率约为 2.7%，但各州该税率的高低不尽一致。联邦政府把工资税的 90%返回给各州，用作各州计划执行费，其余的用作各州的贷款或扩大保险待遇计划的资金。

美国的社会保障制度起步较晚，因此便于博采众长，失业保险也是如此。例如，美国的失业保险金的额度相对来说并不高，一般失业保险金支付标准是职工周工资的

① 丁建定．英国社会保障制度的发展［M］．北京：中国劳动社会保障出版社，2004：193-194.

50%，领取时间为26周。所以，能够在一定程度上避免个别人长期依赖失业保险金和其他福利来生活。另外，美国实行浮动性的失业保险税征收制度（即经验税率），有效抑制了雇主在企业不景气时大批解雇员工行为的发生，以保持企业员工工作岗位的连续性和稳定性，缓解社会失业压力。

专栏9-1　美国的经验税率制度

所谓经验税率是指雇主缴纳失业保险税的税率根据雇主解雇员工的历史上下浮动。解雇率越高，则雇主缴纳失业保险税的税率就越高。实行经验税率，可以将失业成本更多地由解雇员工造成失业的雇主承担，经验税率的结构反映了雇主为失业承担的费用和雇主之间失业成本的分配。联邦政府规定，雇主经验税率降低（税率低于5.4的标准税率）时，雇主必须至少有一年的雇佣历史，承担一定的失业风险。必要时可以以合理的理由对新雇主降低税率，但不能超过1%。所有的州都提供了一套经验税率的体系，使得单个雇主的缴费根据解雇员工的历史围绕标准缴费率变动。目前计算经验费率的公式主要有四种：准备金率公式、受益给付率公式、受益工资比率公式和工资总额递减公式。为了提高经验税率的有效性，劳工部每年公布经验税率表，评估各州实行经验税率的程度。对经验税率的论述，如托佩尔（Topel）认为，经验税率在美国的失业保险系统中有着重要的作用，并认为在完全经验税率的情况下，企业最终要承担全部的失业保险费用，因此企业宁愿保持雇用员工而非解雇。

资料来源：董克用．中国经济改革30年（社会保障卷）[M]．重庆：重庆大学出版社，2008：104.

在发达国家，美国失业保险制度的运行机制和制度结构具有一定代表性，符合美国劳动力市场“中性”政策的追求。从1980年以来的历次危机与支出的关系来看，美国失业率与支出规模的趋势是同向和吻合的，即在失业率攀升时支出规模也随之大幅提高。

（三）德国的失业保险制度

德国的失业保险制度最初是根据1927年颁布的《职业介绍法和失业保险法》建立起来的。几十年来，经过几次较大的修正，失业保险的内容渐趋完善，其实施过程也更为规范化了。德国现行的失业保险制度的依据是2005年1月生效的《哈茨法案Ⅰ-Ⅳ》，适用于除法律有特殊规定之外的所有雇员，包括农业工人和家庭用工，但不包括临时工及每周工作不足18小时的短工，也不包括自营人员和公务员。失业保险基金来源于雇主和雇员缴纳的失业保险费，全国实行统一的失业保险费率。失业保险费率根据劳动力市场需求和失业状况变化进行调整。雇员应缴部分由雇主代缴，雇主每月将自己和雇员应缴的失业保险费一并缴给医疗保险机构，再由医疗保险机构在每月的15日前划给负责失业保险业务经办的劳动局。失业保险基金收入全部归到联邦劳动总局。德国失业保险实行全国统筹。失业保险基金收支原则上自求平衡，但入不敷出时，国家会给予劳动部门财政补贴。失业保险基金主要用于失业保险金发放和促进就业。确定失业保险金标准，主要考虑两个因素，一是净工资，二是有无抚养子女。后者对失业保险金标准影响较大。失业保险金标准约相当于失业前净工资的67%，单身职工为60%，具体标准依失业人员年龄及其参保时间长短而定。失业保险金支付期限原则上不超过12个月，但对年龄较大者，可延长到18个月，对于58岁及以上者，可一直发放至其退休享受养老保险待遇时。与过去失业保险金领取期限最长3年相比，目前的待遇期限有较大幅度缩短，这体现了促使失业人员尽快找工作的一种政策导向。

德国的失业保险制度有三个特点。一是强调个人责任，实现责任与权利的对等。失业人员领取的失业保险金多少和期限长短与其缴纳失业保险费多少、投保时间长短、工作时间长短、失业前工资高低等因素直接挂钩。二是失业保险制度是失业保险与失业救助相结合的复合式失业保险制度。在德国，由于享受失业保险有较严格的资格条件审定和期限限制，有些失业人员根本无权享受失业保险或存在到期丧失失业保险的风险。为了确保这部分人的基本生活需要，德国的失业保险制度中还有在一定时期内可领取一定数额失业救助的规定，以弥补失业保险之不足。这样，实现了对失业人员保护的广泛性和连续性。三是失业保险制度侧重促进就业功能。失业保险制度中不仅有职业咨询、职业培训、职业介绍等服务来积极促进就业，而且在失业保险享受资格条件、领取标准和期限等方面都有对失业人员积极再就业的压力机制。

（四）各国针对金融危机采取的紧急措施

经济危机时期，政府往往采取临时性措施，如通过调整失业保险税（费）等，来防止大规模裁员，增加失业保险基金收入。2008年开始的全球金融危机，造成失业人员大量增加，失业保险基金出现缺口，这一时期，通过调整失业保险费率以缓冲经济危机对就业和失业保险基金的冲击成为比较常见的举措。意大利、圣马力诺、法国、日本等均在金融危机期间调整了失业保险费率。以日本为例，2008年全球金融危机导致日本的失业率节节攀升，为了保障失业人员的生活和解决再就业问题，2010 年 3 月 31 日，日本国会不得不紧急修订了《失业保险法》，并于 2010 年 4 月 1 日开始实施。日本《失业保险法》的修订内容归纳起来主要有以下两点：一是扩面改革，即扩大了失业保险的覆盖范围；二是广筹财源，即广开筹资渠道、强化失业保险的资金保障。其中，非常重要的一项措施就是重新制定了保险费缴费比率。修订后的日本失业保险费率，劳动者个人负担部分普遍提高了 0.2%，劳动者所在单位负担提高了 0.05%，合计提高了 0.25%。①

二、典型国家失业保险制度实施中的失业陷阱问题

在许多国家，持续性的失业和日益增长的福利依赖已把争论的焦点集中在失业保险制度的设计和组织上。税收、救助金和最低保障金等是非常复杂的制度，并且它们之间相互作用的方式也很复杂。当政府试图寻找足够的救助和成本控制措施的适当平衡点时，制造失业陷阱和贫困陷阱的危险是显而易见的。在失业保险导致的失业陷阱中，比利时是一个极端案例。2006 年比利时总人口 1 100 万人，劳动适龄人口（20~64 岁）630 万人，占总人口的近 60%，但是，自愿性失业人口（自愿退出劳动力市场）为 140 万人，占劳动适龄人口的 22.2%（占总人口的 12.7%），而非自愿性失业人口仅为 57 万人，占劳动适龄人口的 9%（占总人口的 5.2%），可是领取失业保险待遇的人口则高达 107 万人，占劳动适龄人口的 17%（占总人口的 9.7%）。这是因为，比利时的失业保险待遇非常慷慨，只要在过去的 18 个月里参保 12 个月，就可以无限制领取失业保险金。②

为防止失业陷阱问题的发生，近年来各国纷纷采取失业保险金随给付期限累退发放的方式，实行差别化的失业保险金给付期限与标准，即在开始领取时待遇水平较高，以后每间隔一定期限逐步降低待遇。目前各国失业保险支付期多缩短为 90 天到 1 年，按失业期限长短确定给付标准。失业时间越短，给付标准就越高。例如，比利时规定，对已婚的长期失业人员，第一年失业保险金为工资的 55%，其后的 7 个月内降为 35%。③ 法国规定，失业初期保险金为基本工资的 57.4%，随后每 4 个月减少 15%，但不低于每天 16 欧元。瑞典也将失业保险金从失业前工资的 60%（开始领取时），随着时间的推移逐

① 吕丹，曲展．典型国家失业保险制度［J］．中国劳动，2014（10）：29-33.

② 董克用，李刚．比利时失业保险体系对中国失业保险改革的启示［J］．人口与经济，2008（3）：60，71-75.

③ 马永堂．从保障生活到促进就业——国外失业保险制度改革综述［J］．中国劳动保障，2007（1）：54-55.

步降低至50%、40%不等。[①] 调整失业保险金给付期限和标准的做法，在客观上起到了迫使失业人员尽快实现再就业的效果。

三、从失业保险到就业能力提升的政策措施

面对日益严峻的就业压力和失业陷阱等制度性缺陷的困扰，自20世纪70年代以来，西方发达国家采取了各种积极政策和措施以改善就业状况、降低失业率，从而促进经济的发展，维护社会的稳定。这些政策和措施的总体导向就是改革失业保险制度，突出就业导向，重视失业人员和在职人员就业能力的提升，具体可以分四个方面来阐释这些政策和措施。

（一）改革失业保险制度，鼓励再就业

发达国家都把改革失业保险制度、鼓励失业人员再就业作为失业保险制度发展的方向。例如，英国自1997年布莱尔工党政府上台以来，实行失业保险“新政”。其思路是，由政府推动来帮助失业人员求职，并且就业服务由领取补贴转为给失业人员提供咨询、建议和指导，帮助其重新工作；如果不参加新政，或者不遵守新政的要求会导致失去申请求职者津贴的资格。英国的失业保险政策已经从单纯的对失业人员进行补贴发展到强制就业，不允许依靠失业救助金长期生活的行为出现。[②]

美国从20世纪70年代开始改革失业保险制度，鼓励和推动失业人员再就业。1996年8月通过的福利改革方案的核心是强调个人责任，主张变救助福利为工作福利，规定多数贫困家庭享受补助的时间为5年，有劳动能力的成年人需要在两年内找到工作，州政府有权决定如何分配使用联邦有限的援助资金。[③] 改革后的美国失业保险制度还规定，失业者可以使用一部分失业保险津贴作为培训费用与再就业保证金。为促使雇主尽量保持雇佣人数，美国失业保险制度规定，雇主所承担的失业保险费以其过去裁员人数为标准，而不是以现在雇佣的人数为标准进行征收。

德国的《就业促进法》规定，失业保险津贴的领取者必须在劳动介绍所登记，这意味着具有正常劳动能力的失业人员，必须准备接受劳动部门安排的新工作。德国鼓励雇

① 李珍，王海东. 完善失业保险之微观保障及宏观管理功能研究——基于金融危机的启示［J］. 保险研究，2010（2）：37-43.

② 吕学静. 中国失业保险制度发展战略研究［M］//郑功成. 中国社会保障改革与发展战略（总论卷）. 北京：人民出版社，2011：355.

③ 黄安年. 当代美国的社会保障政策［M］. 北京：中国社会科学出版社，1998：289.

主尽可能吸收失业人员再就业，对向失业人员提供就业机会的雇主给予补助，补助期限最长为两年，数额可达其所吸收的再就业人员工资的一半。德国还鼓励失业人员个人自谋职业，政府向已经领取4周以上失业保险津贴或失业救助补贴并愿意自谋职业者，发放自谋职业补助。为缓解失业压力，政府把本来准备用于发放失业保险津贴和失业救助补贴的资金用作就业促进补贴，资助那些安置失业人员再就业的行业或部门的生产经营，通过改善这些部门的生产经营条件，为失业人员和面临失业威胁者提供更多就业机会。①

（二）鼓励失业人员接受低报酬的工作，缓解失业陷阱问题

针对失业保险制度的负面效应，许多西方国家采取措施鼓励失业人员接受低报酬的工作或临时职业，同时允许他们继续享有失业津贴。这些措施能够有效缓解失业陷阱问题，而失业陷阱存在的原因正是从事这些工作所获得的收入很低，甚至低于失业津贴，以至于人们宁愿选择失业。

在德国，任何享有津贴的失业者只要接受一个定期（3个月）的、低报酬的工作，均能获得薪水补贴。在爱尔兰，失业前每周工作20小时以上、年逾23岁的失业人员可享有3年的再就业津贴，依失业津贴的75%、50%、25%逐年递减，这一津贴适用于个体劳动者；1994年采用的家庭收入补贴，旨在补偿失业人员因从事低收入工作而引起的包含在失业津贴中的儿童津贴的损失，该补贴金额与失业人员失业前收入呈反向变动；从1996年起，该补贴也适用于独身者和无孩子的夫妇。在英国，对于失业期超过3个月的失业人员，只要接受一个临时工作，就有资格享有“再就业津贴”；而对于那些失业期超过两年的失业人员，只要接受一个报酬低于某一金额的工作，就可以享有“求职者津贴”。② 对于绝大多数人而言，这些措施保证了他们的从业收入高于失业津贴，这有助于避免因失业津贴与工资的不协调而导致的失业陷阱问题。

（三）加强职业培训，提高劳动者竞争力

西方典型国家注重提升劳动者就业能力的一项重要措施就是重视职业培训，职业培训可以帮助失业人员尽快适应社会经济结构的变化，尽早实现重新就业。英国对参加职业培训并取得资格证书的失业人员，分别按资格等级增加失业保险给付。美国对参加职业培训的失业人员，也延长了失业保险给付期。德国、意大利对参加培训的失业人员，提供包括注册费、书费、交通费等多项培训补贴，费用由失业保险基金拨付。澳大利亚

---

① 丁建定．德国的就业保障与就业促进政策［J］．中国社会保障，2003（5）：22-23．

② 邹根宝．社会保障制度——欧盟国家的经验与改革［M］．上海：上海财经大学出版社，2001：173-174．

和西班牙等国则对参加培训的失业人员，提供疾病、工伤、失业和养老保险待遇。

德国职业培训实行“双轨制”，即企业内部技术培训与职业技术学校专业知识学习相结合。德国职业培训是一种职前培训，青年人进入工作岗位以前必须经过职业培训，培训时间一般为 3 年到 3 年半，接受职业培训者一个周期内需 324 天在企业接受技术培训与实习，122 天在职业技术学校接受专业知识教育。德国还为在职者和谋求新的就业岗位者提供职业进修和改行培训。接受培训者可以获得生活补贴、培训费用补贴；对于能为经过培训的失业人员提供工作岗位的企业，国家将向其支付“熟悉工作补贴”。① 德国施罗德政府时期还积极推行促进就业政策。成立“劳动、培训和竞争力联盟”以协调劳动力市场，加快高新技术和 IT 产业发展，以便改善产业结构和就业结构；实行积极就业政策，加大创业资助力度，鼓励创办企业，创造新的就业机会；实施青年就业“紧急计划”，解决青年就业问题；推进残疾人就业，到 2002 年为 5 万名残疾人提供就业机会；增加就业培训、进修和改行培训的机会，提高失业人员的再就业能力。②

进入 20 世纪 90 年代以后，美国政府也更加重视职业培训和失业人员再就业问题。美国政府推行的职业培训形式多种多样，主要包括入门培训、在职培训、脱产培训、升级培训、再训练计划等。美国的职业培训效果显著，近年来，美国政府拨款资助的再就业培训计划每年培训 100 多万名失业人员。1997—1998 年的财政年度预算表明，约有 70%的失业者经培训后找到了新的工作，平均工资相当于原工作收入的 92%。③

（四）资助企业创造就业机会，抑制企业解雇员工，稳定就业

自 2009 年 8 月 5 日开始，英国政府对企业雇用失业青年 6 个月以上并给予培训的，提供每周 40~75 英镑的工资补贴和一次性的 750 英镑的培训补贴；对长期失业人员获得固定就业岗位且年薪不超过 1 500 英镑的，以及创办小企业的，提供每周 60 英镑的就业津贴和培训补贴。2009 年 8 月 7 日，法国规定，对企业雇用失业青年 6~24 个月的，予以 5 000~7 000 法郎培训费用补贴，并免收所雇雇员的社会保障资金；对企业雇用长期失业人员和长期领取社会救助津贴人员，免缴社会保障费，并补贴企业 1 万法郎。瑞典对企业雇用失业人员，提供每小时 75 克朗的补贴；对企业雇用 6 名以上失业青年的，提供 60%的工资补贴；对企业培训内部富余人员而不裁员的，提供每人每学时 40 克朗的培训补贴。2009 年 2 月 21 日，日本政府规定，在创造新的就业岗位的同时，对那些响

① 杨继瑞，袁春晓．欧盟就业政策及其对我国再就业政策的启示［J］．四川大学学报，2000（1）：48.
② 丁建定．西方国家社会保障制度史［M］．北京：高等教育出版社，2010：315-316.
③ 吕学静．各国失业保险与再就业［M］．北京：经济管理出版社，2000：82-84.

应政府号召给合同到期的人员续签合同的企业予以资助；此外，日本设立多项特别奖金用于资助创造就业机会的企业。[①]

第四节　中国失业保险制度的实践

本节主要讨论中国经济体制转型与失业保险制度的建立、失业保险制度的发展趋势，以及中国失业保险制度的现状与问题三个基本方面。

一、中国经济体制转型与失业保险制度的建立

作为市场经济体制下社会保险制度的组成部分之一，中国的失业保险制度自1986年创建伊始便同样遵循社会保险制度的一般规定，是由国家立法规定的强制实施的一种正式制度安排，并且随着改革开放的推进和经济体制的转型而取得突破性进展。

（一）中国经济体制转型与失业保险制度创建的客观必然性

中华人民共和国成立初期，为解决以前遗留下来的严重的失业问题，政务院于1950年6月专门发布《关于救济失业工人的指示》，劳动部同时发布了《救济失业工人暂行办法》，我国开始实施失业救济制度，确立了对城市失业工人的救济原则和具体措施。这些政策和措施可以视为我国失业保险制度的雏形。同时，政府采取“单位化”的办法来解决就业问题，即政府全面、统一负责城镇失业人员的工作和生活，将他们安排进政府自己拥有所有权并直接管理的各种类型的“工作单位”。这种国家统包统配的劳动就业制度，与整个计划经济体制相协调，一直延续到改革开放时期。

这一时期，我国政府和理论界认为，失业是私有制和现代工业发展的产物，是资本主义生产方式存在的条件之一，社会主义制度下是没有失业的，也不存在所谓的失业保险问题。计划经济体制下的统包统配的劳动就业制度使得其后20多年的时间里，我国失去了建立失业保险制度的基础和要求。

随着我国社会经济的全面发展，计划经济体制的弊端日益显露出来。进入20世纪80年代中期，我国开始了全面经济体制改革的进程。1984年，党的十二届三中全会通过了《中共中央关于经济体制改革的决定》，加快了以城市为重点的整个经济体制改革的步伐。随着经济体制改革的不断深化，劳动就业制度也得到较大的改革，开始实施由

① 曹艳春. 转型时期中国社会保障研究［M］. 上海：上海社会科学院出版社，2010：40.

市场机制配置劳动力资源的制度——劳动合同制。1986 年国务院颁布了《国营企业实行劳动合同制暂行规定》，要求企业招工面向社会、公开招收、择优录用，并对新招收的职工实行劳动合同制。这项规定标志着对我国传统体制所形成的行政配置劳动力和终身就业制度的变革，这必然产生合同期满后职工可能面临的失业问题。同年，第六届全国人民代表大会常务委员会第十八次会议通过了《中华人民共和国企业破产法（试行）》，规定国家通过各种途径妥善安排破产企业职工重新就业，并保证他们重新就业前的基本生活需要。

这两项规定使企业用人能进能出，劳动力具有了一定程度的流动性，而对解除和终止劳动合同的职工、违纪被辞退职工、破产及整顿企业职工，国家不再实行无条件“包下来”的政策。这样客观上就有了对失业保险的迫切的现实需要。为了适应国营企业改革的需要，1986 年 7 月国务院颁布了《国营企业职工待业保险暂行规定》，这标志着我国失业保险制度的正式建立。

（二）以三个法规为线索的失业保险制度发展脉络

1. 初创：《国营企业职工待业保险暂行规定》（1986 年）

1986 年 7 月 12 日，国务院颁布了《国营企业职工待业保险暂行规定》，同年 10 月 1 日起开始实施，这成为中国失业保险制度初创的标志。该暂行规定确立了我国失业保险制度的基本框架，明确了失业保险的适用范围、基金的筹集和管理模式、基金的使用发放和管理体制等。它突出了国家和社会在失业保险中的地位和作用，明确了管理和经办业务的工作体系。虽然从总体上看它是一种范围很小、层次很低的失业保险制度，从保险对象上看存在保险和风险不对称问题，从性质上看更接近于失业救助制度，但是它毕竟是第一次通过以建立和实施保险制度的方式来处理失业问题，为初创期的失业保险勾画了制度框架，开创了中国失业保险的先河，为以后失业保险制度的发展和完善奠定了坚实的基础。

2. 发展：《国有企业职工待业保险规定》（1993 年）

针对《国营企业职工待业保险暂行规定》的内在缺陷，为配合深化企业改革的进程，在总结几年来失业保险制度的实践经验的基础上，1993 年 4 月国务院颁布了《国有企业职工待业保险规定》，对失业保险制度做了部分调整。该规定在制度规定和具体的实施措施上都有了较大的进步。一是扩大了失业保险的覆盖范围，二是调整了失业保险待遇的参照系和水平，三是将基金省级统筹调整为市、县级统筹，四是明确了失业保险与就业服务工作的紧密结合。实践证明，这次调整使得失业保险事业取得了明显的进展，参保人数、基金规模等都迅速增加。但在实践过程中，失业保险适用范围窄、基金承受能力弱、基金的管理使用缺乏有效的监督机制、保险费征缴率低等缺陷依然存在，失业保险制度的改革依然任重道远。

3. 完善：《失业保险条例》（1999 年）

为进一步改革和完善失业保险制度，1999 年 1 月 22 日国务院颁布了《失业保险条例》，这标志着我国失业保险制度进入了一个新的历史阶段。它是适应我国社会主义市场经济体制建立的社会保障体系的组成部分。与此同时，国务院还颁布了《社会保险费征缴暂行条例》，为失业保险基金征缴提供了法律依据，为失业保险制度的进一步完善做了必要的补充。经过近年来的发展，我国失业保险制度的作用有了进一步的增强。

（三）从三大法规的变化看失业保险制度的逐步完善

自 1986 年起，经过多年的发展，中国的失业保险制度经历了一个从无到有，从不规范到比较规范，从计划到市场，从局限于本土到与国际接轨的逐步发展和完善的过程。关于这一点，我们可以从三大法规中的覆盖范围、基金筹集模式以及待遇水平等失业保险制度的主要结构要素的变化看出来（见表 9-1）。

表 9-1　　三大法规主要结构要素变化表

法规	失业保险覆盖范围	基金筹集模式	待遇水平
《国营企业职工待业保险暂行规定》（1986 年）	宣告破产的企业的职工，濒临破产的企业法定整顿期间被精减的职工，企业终止、解除劳动合同的工人，企业辞退的职工	企业按全部职工标准工资总额的 1%缴纳保险费（保险费在企业缴纳所得税前列支），地方财政补贴，保险基金的利息收入	待业救济金按本人标准工资的 50%～75%发放；领取的最长期限：24 个月
《国有企业职工待业保险规定》（1993 年）	仅限于国有企业及其职工，包括依法宣告破产的企业的职工，濒临破产的企业在法定整顿期间被精减的职工，被撤销、解散企业的职工，停产整顿企业被精减的职工，终止或者解除劳动合同的职工，企业辞退、除名或者开除的职工，依照法律、法规规定或地方政府规定享受待业保险的其他职工	企业按全部职工工资总额的 0.6%～1%缴纳保险费，地方财政补贴，保险基金的利息收入	待业救济金按当地社会救济金的 120%～150%发放；领取的最长期限：24 个月
《失业保险条例》（1999 年）	城镇各类企业事业单位，包括国有企业、城镇集体企业、外商投资企业、城镇私营企业以及其他城镇企业及其职工	单位缴纳的保险费（缴费率由按本单位工资总额的 1%提高到 2%）；职工个人缴纳的保险费（按本人工资的 1%缴纳）	失业保险金的给付标准：与最低工资标准和城市居民最低生活标准挂钩，低于当地最低工资标准、高于当地城市居民最低生活保障标准；领取的最长期限：24 个月

从表9-1中可以看出，我国失业保险制度基本上能够比较有效地识别劳动者、企业和政府的需求，并能够随着需求的变化而做出适当的修改和调整：第一，失业保险的覆盖范围不断扩大，保障对象从最早的国营企业4类人员到7类9种人员再到城镇各类企业、事业单位，实现了从象征性制度到正式制度安排的有效转变；第二，失业保险的性质定位日益准确，不仅将原来的“待业保险”改名为“失业保险”，而且增加了个人缴费部分，强调了权利和义务的对等，将原来带有强烈救济色彩的制度安排转变为真正的保险性质的制度安排；第三，不断调整失业保险待遇给付水平，突出其促进就业的功能导向，一方面提高了用于促进就业再就业的资金在整个失业保险基金支出中的比重，另一方面调整了失业保险的给付期限，并且将给付标准与最低工资标准和城市居民最低生活保障标准相挂钩，从而有效预防失业陷阱问题的发生，调动了失业人员求职的积极性；第四，不断完善失业保险的管理机制，不断加大基金的监管力度，防止基金流失、保证基金安全，并且逐步实行收支两条线管理和社会化管理的制度。

总之，从三大法规主要结构要素的变化我们可以看到我国失业保险制度的逐步成长和不断完善的过程。发展到今天，失业保险制度同其他社会保险制度一起构成中国特色社会保障制度的重要组成部分，在调节收入差距、维护社会稳定、构建和谐社会方面发挥着重大的作用。但同时也应该看到，失业保险制度由于各方面的原因依然存在不少的漏洞和缺陷，其发展程度和承受能力与建设统一劳动力市场、实现劳动力资源合理配置的客观要求还有不小差距，失业保险的建设依然任重道远。

二、失业保险制度的发展趋势

第二次世界大战后，特别是20世纪60年代以后，积极的劳动力市场理论和劳动政策在各国兴起，作为时代特征，各国失业保险制度改革的一个突出方向就是变消极的生活保障为积极的就业促进。这不仅丰富了失业保险的内涵，而且在本质上为劳动者的切身利益创造了一个更具保障意义的、从“防御”走向“进攻”态势的工作手段。我国的失业保险制度，已经从当初的象征性制度变成了正式制度安排。对于失业人员来说，他们需要保障，但更需要的是就业，就业才是最积极、最根本的措施。因此，我国失业保险制度今后的发展趋势是既要重视其保障生活功能，又要突出其促进就业、稳定就业和预防失业的作用。

2006年1月，劳动和社会保障部、财政部联合印发了《关于适当扩大失业保险基金支出范围试点有关问题的通知》，明确规定自2006年1月起，在北京、上海、江苏、浙江、福建、山东、广东7个省、直辖市开展适当扩大失业保险基金支出范围试点。试点地区的失业保险基金可用于国务院《关于进一步加强就业再就业工作的通知》规定的职业培训补贴、职业介绍补贴、社会保险补贴、岗位补贴和小额担保贷款贴息支出。北京市则将失业保险基金支出范围从试点政策规定的5个项目进一步扩大，增加了国有困难企业职工转岗培训补贴、高技能人才培训补贴公共实训基地运行补贴、公益性就业组织专项补贴、高失业率地区就业专项补贴，以及劳动力市场信息系统建设运行维护补贴等项目。2008年11月，国务院常务会议决定要扩大失业保险基金使用范围，帮扶困难企业稳定就业岗位；12月，中央经济工作会议明确提出完善失业保险制度，既要保障失业人员的基本生活，又要充分发挥失业保险基金预防失业、促进就业的作用。为更好地发挥失业保险预防失业、促进就业作用，激励企业承担稳定就业的社会责任，2014年11月，人力资源社会保障部、财政部、国家发展改革委、工业和信息化部联合印发了《关于失业保险支持企业稳定岗位有关问题的通知》，规定对采取有效措施不裁员、少裁员，稳定就业岗位的企业，由失业保险基金给予稳定岗位补贴。2020年5月，人力资源社会保障部、财政部印发《关于扩大失业保险保障范围的通知》以应对新冠肺炎疫情影响，保障民生，提出了阶段性实施失业补助金政策、阶段性扩大失业农民工保障范围、阶段性提高价格临时补贴标准等政策，提高失业人员保障水平。

三、中国失业保险制度的现状与问题

自1986年起，中国失业保险制度的建立和实施已经走过了30多年的历程，发展到今天，失业保险制度同其他社会保险制度一起构成了中国特色社会保障制度的重要组成部分，在调节收入差距、维护社会稳定、构建和谐社会方面发挥着重大的作用。

（一）中国失业保险制度的现状

1. 失业保险制度的覆盖范围

《失业保险条例》从制度设计上扩大了失业保险的覆盖范围，将失业保险的覆盖范围从国有企业及其职工扩大到城镇企业、事业单位及其职工，为更多的劳动者提供必要的保障和帮助，解除他们的后顾之忧。此后，各地依法采取有效措施，克服各种不利因素，进一步加大失业保险扩面工作力度，着重抓好外商投资企业、私营企业以及个体工商户的参保工作，同时积极探索将灵活就业人员纳入失业保险制度的路径。

2. 失业保险制度的基金实力

失业保险基金是实施失业保险制度的物质基础。各级失业保险经办机构采取多种措施，加强基金征缴和清理欠费工作，努力增加基金收入，基金实力明显增强。1999 年以来，我国失业保险基金收入一直保持两位数增长，保证了各项待遇的支出需求。2023 年年末，全国参加失业保险人数 24 373 万人，领取失业保险金人数 352 万人，全年为 730 万名失业人员发放不同期限的失业保险金。2023 年向失业人员发放失业保险金 729 亿元，失业保险金月人均水平 1 814 元。为领取失业保险金人员代缴基本医疗保险费（含生育保险费）181 亿元。全年向 283 万户企业发放稳岗返还 231 亿元，惠及职工 6 854 万人；发放技能提升补贴 47 亿元，惠及职工 285 万人次。2023 年失业保险基金收入 1 807 亿元，基金支出 1 485 亿元，年末失业保险基金累计结余 3 213 亿元。

2015 年 2 月，国务院将失业保险费率从 3%降为 2%，费率降低的主要动因是基金累计结余过多，失业保险基金当年的支付能力未来可维持将近 7 年，而其他四项保险平均不到 2 年。2016 年 5 月，费率由 2%阶段性降至 1%～1.5%；2017 年 1 月，决定总费率为 1.5%的省份可以降至 1%。为进一步减轻企业负担，增强企业活力，促进就业稳定，目前，阶段性降低失业保险费率至 1%的政策的实施期限延长至 2024 年年底。

3. 失业保险制度的管理服务水平

随着我国失业保险制度不断完善，各级失业保险经办机构不断改进各项基础工作，管理服务水平不断提高。在参保和缴费管理上，全面推行失业保险个人缴费记录，加强对参保人员参保情况的管理，为参保人员失业后待遇审核提供可靠依据。进一步规范和完善了失业保险业务经办流程，明确了相关业务经办规程，强化了经办机构内部管理，提高了工作效率。[①] 将失业保险前台服务逐步延伸到街道劳动保障工作站，并与就业服务的相关环节有机衔接，在为失业人员提供生活保障的同时，加强了对他们的就业服务。进一步加强失业保险经办机构能力建设，不断提高经办人员业务能力和素质。结合金保工程建设，提高了失业保险业务管理和服务的信息化水平。

（二）中国失业保险制度的问题

多年来，我国的失业保险制度实现了一系列跨越式发展，但同时也应该看到，面对新形势，失业保险制度依然存在一些缺陷。

1. 失业保险覆盖面过窄

随着改革开放的深入和城市化进程的发展，我国的经济结构和就业结构发生了很大的变化，非全日制、临时性、阶段性和弹性工作时间等多种灵活的就业形式大量涌现，

---

① 胡晓义. 走向和谐：中国社会保障发展 60 年［M］. 北京：中国劳动社会保障出版社，2009：313.

而现行的失业保险体制并不是覆盖各种就业形式的统一的制度，而是仅限于“单位”，在计费年限、缴费办法和待遇享受等方面都是依据传统就业的情况而设计的，不适用灵活就业的情况和特点，选择灵活就业的劳动者都是以无法参加失业保险为代价的。近十年来，中国失业保险的覆盖率不升反降正是这个原因造成的。2023 年年底，城镇就业人员为 47 032 万人，而失业保险参保人数仅为 24 373 万人，仅占城镇就业人数的一半，这既有制度设计方面的不足，也有制度实施方面的不足。

2. 失业保险制度的受益率和替代率过低

《失业保险条例》规定，领取失业保险金必须具备三个基本条件：一是按规定参加失业保险，所在单位及本人累计缴费时间满 1 年；二是非本人意愿中断就业；三是已办理失业登记并有求职要求。在现实中失业保险金的领取存在一定的困难，如有的地方要求领取失业保险金需要街道办事处开具失业证明，但这种证明又必须有本地户口才能开具，所以目前一方面，我国存在一定量的失业人口（登记失业率低于实际失业率）；另一方面，失业保险基金累计结余却不断攀升，甚至在席卷全球的金融危机发生的 2008—2009 年，我国的失业保险基金滚存结余数目依然高涨不止。在上述制度规定和现实障碍的限定下，中国真正领到失业保险金的失业人员数量及失业人员受益率不仅较低，而且大致呈不断下降的趋势。另外，按照现行制度规定，失业保险金通常根据低于当地最低工资标准、高于城市居民最低生活保障标准的水平确定，实际水平通常是最低工资的 60%~80%，既没有与缴纳费用标准挂钩，又没有有效建立根据物价水平相应调整的机制，实际的替代率水平不高，约占在岗职工平均工资的 1/5~1/4，很难保证失业人员本人及其家庭成员的生活需要，失业保险金给付水平没有跟上经济发展的步伐。

3. 失业保险基金平滑经济波动功能不明显

失业保险具有天然平滑经济波动，双向调节有效需求的经济功能，在经济衰退期，失业率攀升，通过增加失业保险金支出刺激需求；经济繁荣期，情况则相反。反观我国的失业保险制度，失业保险金的收支情况却未能与经济发展形成良好的互动。2003—2008 年，我国的城镇登记失业率攀升，均高于 3. 9%，但失业保险金支出却未相应增加，占 GDP 比重低于 0. 2%。尤其是金融危机发生的 2008 年和 2009 年，我国的城镇登记失业率为 4. 2%和 4. 3%，此时不仅失业保险基金支出占 GDP 的比重是制度创建以来的历史最低水平，仅为 0. 08%和 0. 11%，基金还仍加速滚存，比 2007 年上涨了 33. 80%，完全不符合在经济衰退期，失业增加、失业保险基金支出增加从而拉动需求、增加就业机会和促进经济增长的一般规律。① 另外，截至 2023 年年底，失业保险基金累计结余 3 213 亿元，是 2023 年失业保险基金支出规模（1 485 亿元）的 2.16 倍，也就是说，即使不缴纳失业保险费，现有的失业保险基金结余也基本能够满足两年的支出。

4. 失业保险制度的促进就业功能过弱

失业保险制度的一项重要功能就是帮助失业人员提高就业技能，克服重新就业的障碍，使其重新回到劳动力市场中来。我国《失业保险条例》的出台是基于当时大规模下岗失业的特殊背景，将失业保险的主要功能定位在保障生活上，在促进就业上缺乏主动性。《失业保险条例》有关就业促进方面的规定并没有单列一章，只是简单涉及，可操作性差。对促进就业相关的政策都没有规定，致使其促进就业的功能未能充分发挥。首先，失业保险基金中用于促进就业的比例过低。《失业保险条例》规定，失业保险基金只能用于职业培训和职业介绍两项补贴，范围过窄，导致的结果是一方面失业保险基金结余逐年增长，另一方面促进就业支出所占比重甚至绝对金额反倒呈不断下降的趋势。其次，领取失业金的期限过长。我国许多地区的失业保险给付期限为两年，超过了许多国家。此外，对于距法定退休年龄不足两年的失业人员，在领取失业保险金期满后，按规定可以申请继续领取失业保险金到法定退休年龄。过长的失业保险给付期限，容易导致低技能水平和预期收入水平较低的劳动者不去积极寻找工作，而是产生长期依赖失业保险金的心理，陷入失业陷阱和贫困陷阱的泥沼不能自拔。

5. 失业保险预防失业的功能缺失

失业保险作为应对失业问题的一种制度，不仅要为劳动者在失业后提供基本的生活保障，促使劳动者积极再就业，更应该从失业的源头着手，减少失业。赋予失业保险预防失业的功能，一方面可以更好地保障劳动者的权益，增加劳动者的效用；另一方面可以降低失业保险金对失业人员给付的支出，降低失业保险运行成本。② 而中国现行的《失业保险条例》在这方面并没有做出规定。近年来，人力资源社会保障部、财政部、国家税务总局等部门于 2008 年 12 月联合印发文件，明确了降低失业保险费率、缓缴失业保险费、运用失业保险基金为困难企业提供两项补贴的政策；人力资源社会保障部、财政部印发的《关于阶段性降低失业保险费率有关问题的通知》规定，自 2017 年 1 月 1 日起，失业保险总费率为 1.5%的省（区、市），可以将总费率降至 1%；2020 年以来，

---

① 李珍，王怡欢，张楚．中国失业保险制度改革方向：纳入社会救助——基于历史背景与功能定位的分析［J］．社会保障研究，2020（2）：68-75.

② 邓大松，刘昌平．改革开放 30 年中国社会保障制度改革回顾、评估与展望［M］．北京：中国社会科学出版社，2009：140.

受到新冠肺炎疫情影响，总费率为1%的政策持续实施；2022年国家发展改革委等12个部门印发《关于印发促进工业经济平稳增长的若干政策的通知》，强调要降低企业社保负担，2022年延续实施阶段性降低失业保险、工伤保险费率政策。但是，失业保险仍有不足，从企业和地方需求看，支持的项目偏少，如企业特别欢迎和需要的在岗培训还没有纳入其中。另外，对那些生产经营情况较好，长期参保缴费不裁员的企业如何给予失业保险支持，也需要研究解决。①

深度阅读

1. 杨伟民．失业保险［M］．北京：中国人民大学出版社，2000.

该书从理论上系统分析了失业保险的相关概念，失业保险基金的筹集、管理和支付，失业保险金的给付标准及期限，失业保险与经济保障之间的关系等问题，并介绍了世界主要国家的失业保险制度的问题与改革，在此基础上谈到了中国的反失业与就业促进问题。

2. 李珍，王海东．完善失业保险之微观保障及宏观管理功能研究——基于金融危机的启示［J］．保险研究，2010（2）：37-43.

中国失业保险制度起步晚，机制还不健全，尚存在微观上保障不足、宏观上覆盖面窄、不利于其天然双向调节经济波动功能的有效发挥等问题，金融危机中的表现有力地证明了这一点。文章研究认为：应深刻总结危机中的经验教训，在不超越发展阶段、充分权衡公平与效率的前提下，一方面，失业保险需要进一步完善制度设计，提高覆盖率，特别是加强对失业风险较高的农民工的扩面工作，切实提高保障水平和保障能力；另一方面，应提高失业保险基金收支在应对经济波动方面的灵活性，充分发挥其在宏观上调节需求、平滑波动的功能，随着参保率的提高，基金规模的加大，这方面的空间也将随之拓展。

3. 李珍，王怡欢，张楚．中国失业保险制度改革方向：纳入社会救助——基于历史背景与功能定位的分析［J］．社会保障研究，2020（2）：68-75.

失业保险在建立和长期发展过程中，具有缓和劳资矛盾、天然双向平滑经济波动、提供失业保障和平滑个人收入的基本功能。但随着各国劳动保护及福利制度的发展，失业保险在政治和经济方面的功能减弱，且其失业收入损失补偿功能常常出现失业陷阱，

① 胡晓义．走向和谐：中国社会保障发展60年［M］．北京：中国劳动社会保障出版社，2009：314.

于是各国进行了以促进积极就业为导向的改革。中国失业保险制度曾经为经济体制转型起到了“减震器”的作用。随着劳动保护和社会保障制度的发展以及政府就业政策的完善，在二元就业结构、户籍制度、公共部门人力资源管理制度及政府承担就业促进任务的影响下，我国失业保险的政治、经济、失业人口收入补偿、就业促进功能未能有效发挥。在比较了若干改革方案后，文章认为，取消失业保险并将其功能并入社会救助体系是新时代背景下我国失业保险制度的最优改革路径。

本章小结

失业在市场经济中是不可避免的，保持适度的失业也是必要的。失业既是个人的风险也是社会风险，由于商业保险市场不能满足保险的需求，政府的供给就成为必要。政府通过强制手段在就业人口和失业人口之间分散风险并追求收入分配公平，但不当的制度设计和实施，往往事与愿违，形成“失业陷阱”，既损害公平又损害效率，了解失业的原因、失业保险效率损失产生的机理，有助于克服失业保险制度的副作用而加强失业保险的正面作用。失业保险的发展趋势是越来越重视失业保险对就业的促进作用。

重要概念

摩擦性失业　结构性失业　周期性失业　季节性失业　失业保险　失业陷阱

思考题

1. 失业的含义是什么？衡量失业的指标有哪些？
2. 试述现代主流经济学中的几个典型失业理论。
3. 什么是失业保险？它有哪些功能？
4. 试述失业保险中的公平与效率的关系。
5. 试述中国失业保险制度的发展历史。
6. 举例说明典型国家从失业保险到就业能力提升的政策措施。
7. 中国现行的失业保险制度存在哪些问题？

第十章
社会救助理论与实践

社会救助制度是对贫困人口的经济支持制度，也是政府和社会干预贫困问题的工具。该制度在保障城乡居民生活、化解社会矛盾、促进社会公平、保证经济体制改革顺利进行等方面具有重要意义，成为社会稳定的“最后一道安全网”。

第一节　社会救助的基本理论

社会救助是减少和缓解贫困的主要手段，是公民的基本权利，政府有责任建立适合的社会救助制度，以维护社会公平。然而我们必须明确社会救助水平并不是越高越好，在制度实施中合理协调公平和效率问题，谨防效率损失和不公平的发生。

一、贫困理论

科学合理地界定贫困、衡量贫困是反贫困首先需要回答和解决的基本问题。明确贫困的内涵和外延非常重要，但同时也必须关注贫困的定量研究，明确判断“谁是穷人”的内容和量化标准，合理测量贫困，从而为正确制定和实施反贫困政策提供科学的基础和依据。

（一）贫困的概念

贫困的概念非常复杂。贫困现象涉及经济、社会、文化、心理、生理等多方面的问题。具有不同背景的人往往从不同的方面、不同的标准或不同的角度去理解贫困，所以往往对贫困有着不同的认识。我国多数学者把贫困理解为衣、食、住等物质生活困难，西方学者则有较为广义的理解，认为贫困包括物质生活、精神生活、政治生活三个方面，如过不上像样的生活、没有健康的身体、缺乏受教育的机会以及政治上受歧视等。

在现代社会，贫困不仅是指缺少维持人的生存所必需的最基本的物质条件，而且包括缺少获得这些条件的机会。以往经济学家和政策制定者关注的是收入性贫困（即收入低于某一水平的人都算作贫困人口），以及贫困人口接受的教育和消费结构。其实，贫困是一种多维现象，它既体现在收入、教育上，也体现在生活的其他方面。收入、教育和消费结构准确地说应该看成是贫困的结果，而不是贫困的精确度量。

综上所述，贫困是指在一定环境条件下，人们在长时期内无法获得足够的收入来维持一种生理上要求的、社会文化可接受的和社会公认的基本生活水准的状态。需要指出的是，社会保障制度主要解决经济方面的贫困问题。

专栏 10-1　　不同的贫困概念界定

张敏杰认为，所谓贫困，是指一种人们缺乏满足最起码的生活需要的手段，即人们缺少达到最低生活水平的能力。[①] 作为一种消极的综合社会经济现象，贫困人口除收入、消费及相关的经济状况必然低劣以外，在基础设施、自然条件、人力资源等一个方面或多个方面也常常表现出不足。国际上在衡量与反映贫困问题时，除使用收入、消费、财产等经济指标外，还经常使用一些社会指标，如社区基础设施拥有率、教育、卫生情况、婴幼儿死亡率、平均预期寿命等指标。

英国学者汤森（Townsend）认为，所有居民中那些缺乏获得各种食物、参加社会活动和最起码的生活和社交条件的资源的个人、家庭和群体就是所谓贫困的。[②]

印度学者阿马蒂亚·森（Amartya Sen）指出，贫困必须被视为是一种对基本能力的剥夺，而不仅仅是收入低下。贫困不仅仅是相对比别人穷，而且基于得不到某种基本物质福利的机会，即不拥有某些最低限度的能力……贫困最终并不是收入问题，而是一个无法获得某些最低限度需要的能力问题。[③]

欧洲共同体委员会给贫困的定义强调，贫困应该被理解为个人、家庭和人的群体的资源（包括物质的、文化的和社会的）如此有限以致他们被排除在他们所在的成员国可以接受的最低限度的生活方式之外。

世界银行认为，贫困者具有三个动态特征：第一，缺少机会参与经济活动，如果机会就在那里，你不接受，那么就是选择问题，和贫困问题无关了；第二，在一些

---

① 张敏杰. 中国弱势群体研究 [M]. 长春：长春出版社，2003：99.

② 汤森. 英国的贫困：关于家庭经济来源和生活标准的调查 [M]. 伦敦：阿伦莱恩和培根图书公司，1979.

③ 阿马蒂亚·森. 贫困的社会学 [M]. 北京：改革出版社，1993.

关系自己命运的重大决策上没有发言权；第三，容易受到经济及其他冲击的影响，如疾病、粮食危机、经济萧条等。这说明，贫困不单纯是低收入的问题，还体现在发展机会、社会平等和政治参与等诸多方面。

国家统计局中国城镇居民贫困问题研究课题组和中国农村贫困标准课题组在他们的研究报告中所作的贫困界定为：贫困一般是指物质生活困难，即一个人或一个家庭的生活水平达不到一种社会可接受的最低标准，缺乏某些必要的生活资料和服务，生活处于困难境地。

（二）贫困的类型

从不同的角度、按不同的标准，可以把贫困分为不同的种类。

1. 绝对贫困与相对贫困

从贫困的程度来讲，可以把贫困分为绝对贫困和相对贫困。这是贫困最普遍的划分。

绝对贫困是指在特定的社会生产方式和生活条件下，个人或家庭依靠劳动所得或其他合法收入，不能维持其基本的生存需要的状态。绝对贫困是从人的生存角度出发，以维持人的生理效能的最低需要为标准加以限定的，所以绝对贫困也称作生存贫困。绝对贫困采用绝对（生存）贫困线作为其衡量水准，贫困线就是购买基本必需品或维持最低限度生活需要的最低收入水平，处在这个水平之下就是绝对贫困。这里的基本必需品一般包括满足人体最低热量需求所摄取的食品，以及最简单的衣物、住房等。应当指出的是，基本必需品不是一成不变的，随着经济、社会、历史、文化的变化，基本必需品也会有所变动，因而绝对贫困的标准也会随形势的变化而变化。2015 年 10 月，世界银行在《消除绝对贫困、共享繁荣——进展与政策》的报告中宣布，按照购买力平价计算，国际贫困线标准将从此前的每人每天生活支出 1.25 美元上调至 1.9 美元，这是世界银行 2005 年后首次上调国际贫困线标准。

相对贫困是指同一时期，由于不同地区之间、各个社会阶层之间、各阶层内部不同成员之间的收入差距而产生的低于社会认定的某种水平的状况。相对贫困的出发点不是人的生存或大的生理效能所需的最低标准，而是人们之间收入的比较和差距。只要存在着收入差距，那么生活在消费水平底层的人口总会存在。因此，相对贫困本质上已经与分配不公、贫困者生活环境质量下降以及引起精神痛苦的各种因素联系起来，拓宽了贫困的内容。

在现代社会，由于发展的不平衡，相对贫困不可避免。目前，发展中国家由于经济发展水平较低，主要面临绝对贫困问题；而发达国家经济发展水平较高，更多关注的是相对贫困问题。因此，与发达国家利用社会救助政策来解决相对贫困问题不同，发展中国家主要把社会救助政策视为解决绝对贫困的重要工具。

本书讨论的是经济层面的贫困问题及解决经济上陷入贫困人口的保障制度——社会救助制度的相关理论和实践。

2. 狭义贫困和广义贫困

从贫困的范围来讲，贫困一般划分为狭义贫困和广义贫困。

随着社会对贫困问题的不断研究，人们对贫困问题的认识越来越深刻，贫困概念的内涵和外延也得到了不断的充实和扩展，从仅涉及经济方面的因素逐渐发展到涉及经济、社会和文化等方面的综合因素。我们把仅从经济意义上或经济角度理解的贫困称为狭义贫困，社会救助制度主要解决狭义的贫困问题；涉及经济、社会、政治、环境、文化、精神和心理等方面的综合因素（如文化教育状况、医疗卫生状况、生活环境状况和人口预期寿命等）或从这些综合的角度去理解的贫困称为广义贫困。广义贫困的概念与人们的需求概念是联系在一起的，随着人们基本需求的变化而变化。

狭义贫困，即经济意义上的贫困，是贫困的最主要内容。对于广大的发展中国家而言，所面临的首先是经济方面的贫困，反贫困也以狭义贫困为主要目标。随着科学技术的发展、人类社会总体经济水平和生活质量的提高，贫困范围从狭义的单一物质生存需求向广义的更多涉及人的发展需求演变。经济发展水平越高的国家，面临的广义贫困越多，反贫困措施主要以提高生存质量和促进发展为主要目标。

3. 社会性贫困和非社会性贫困

根据贫困的成因进行划分，可以将贫困分为社会性贫困和非社会性贫困。

社会性贫困是指由于社会、经济、政治、文化政策或制度的实施，使社会资源在不同阶层、区域、群体、个人之间不平等分配，所造成的某些阶层、区域、群体、个人处于贫困状态。例如，20 世纪 90 年代，随着我国经济体制改革的深入，经济体制的快速转轨和国企改革的逐步深化，使得部分社会成员陷入贫困，因为他们陷入贫困主要是由于社会的因素，所以国家有义务为这部分陷入生存危机的社会成员提供最低水平的生活保障。

非社会性贫困是由于缺乏劳动能力或自然条件恶劣、自然灾害突发等原因而造成的贫困。无论任何社会，也无论任何时期，社会中弱势群体总会存在，总有部分社会成员因为缺乏劳动能力、遭受自然灾害、身处自然条件恶劣地区等原因不能维持最低生活需求，需要国家、社会给予物质帮助和精神帮助。

4. 长期贫困和暂时贫困

根据贫困的持续时间进行划分，可以将贫困分为长期贫困和暂时贫困。

如果某种贫困状态已经存在了很长的时间，或者经过长时期努力仍不能摆脱，那么称这种贫困为长期贫困。而暂时贫困是指由于自然灾害、疾病或其他突发性事件造成的贫困；某些暂时贫困如果处理不当，也会发展成为长期贫困。

长期贫困与暂时贫困是两个相对应的概念，也是开展社会救助工作、处理和解决贫困问题时应该考虑的问题。它对区别轻重缓急、有重点地开展扶贫工作具有一定的意义。

（三）贫困的测量

国际上衡量贫困的指标和测量贫困的方法较多，在这里主要介绍较常用到的贫困测量指标和方法。

1. 贫困标准

贫困标准是衡量个人、家庭或某一地区是否贫困的定量化界定标准或测定体系，即采取什么样的标准将贫困者与非贫困者区分开来。贫困标准一般用一个或若干个与贫困程度相关又可以观察或测量的指标来表示对贫困程度的确定。由于许多主观和客观的原因，人们用定性的方式对贫困所下的定义十分模糊，无法进行直接的量化分析，因而在实践上必须确定一个可以度量的确定贫困的标准，并将以此贫困标准确定的贫困人员作为社会救助的对象。一个常用的方法是用价值量表示，即贫困线（指人们维持基本生存需要所必需消费的物品和服务的最低费用）。

最主要的贫困线有两种：绝对贫困线和相对贫困线。绝对贫困线是基于一个家庭或者个体生存需要的最低水平标准而确定的贫困线，通常是根据最基本的食物需要的费用进行确定的。这种基本食物需要是维持一个家庭或个体最基本营养要求的费用支出。相对贫困线是根据总体的收入和消费的分配状况确定的。不同国家对贫困的理解不同，采取的贫困线标准也有所不同。大多数的高收入国家习惯用相对的方法来衡量贫困，低收入国家一般采用绝对的方法来衡量贫困。同一国家随着经济发展水平的提高，对贫困的理解也会发生转变，贫困线的标准也会从绝对贫困线向相对贫困线转变。经济发展水平低时，国家着重解决人们面临的绝对贫困问题，采用绝对贫困线作为贫困标准；经济发展水平高时，国家着重解决相对贫困问题，采用相对贫困线作为贫困标准。因此贫困是一个永远的话题。

国际上确定贫困线的方法，主要有以下四种。

一是国际贫困标准法。这是一种收入比例法。经济合作与发展组织在1976年对其成员国组织了一次大规模调查后提出了一个贫困标准，即以一个国家或地区社会中位收入或平均收入的50%作为这个国家或地区的贫困线，这就是被广泛运用的国际贫困标准。

二是生活需求法，又称为“市场菜篮法”。用这种方法确定贫困线，首先要根据当地维持最低生活所需的物品和服务，列出一份清单，包括物品和服务的种类和数量；然后根据市场价格，计算出拥有这些物品和服务需要多少现金，这样确定的现金金额也就是贫困线。

三是生活形态法，又称为“遗缺指标法”。首先从人们的生活方式、消费行为等“生活形态”入手，提出一系列有关家庭生活形态的问题。然后选择若干剥夺指标，即在某种生活形态中舍弃某种生活方式和消费行为，再根据这些剥夺指标和被调查者的实际生活状况，确定哪些人属于贫困者；再分析他们被剥夺的需求和消费以及收入，从而计算出贫困线。生活形态法通过分析客观存在的贫困家庭的生活形态（包括生活方式、消费行为等），再进一步与他们的收入联系起来，获得贫困线。

四是恩格尔系数法，源自“恩格尔定律”。恩格尔系数（E）是人们全年的食品支出与消费性支出的比率。恩格尔系数越高，表明居民消费支出中食品所占的比重数值越大，生活水平越低；反之则生活水平越高。恩格尔系数法以一个家庭用于食品消费的绝对支出，除以已知的恩格尔系数，求出所需的消费支出，即为贫困线。联合国粮食及农业组织认为，恩格尔系数在60%以上，即属于贫困。用这个数据求出的消费支出，就是贫困线，也就是最低生活保障线。采用恩格尔系数划分贫富的标准：$E>0.60$ 为贫困；$0.50<E\leqslant0.60$ 为温饱；$0.40<E\leqslant0.50$ 为小康；$0.20<E\leqslant0.40$ 为富裕；$E\leqslant0.20$ 为最富有。美国规定，只要家庭支出中有1/3用于购买食物，就是贫困家庭或贫民，因而要给予社会救助。美国的“贫困线”是食品支出额的3倍，也就是最低收入标准，凡是收入等于或低于这一水平的家庭或个人，便有权享受社会救助。目前，多数国家都是用食品支出比例高低，作为衡量家庭贫富和实行社会救助的依据。

2. 贫困发生率

贫困发生率又称绝对贫困指数，是由布思（Booth）和朗特里（Rowntree）在20世纪初分析英国的贫困时首先采用的，它是贫困人口与全部人口之比。它的基本特点是不考虑贫困线以下人口的收入变化及收入分布，重在测定贫困人口比率。这种方法简单直观，能够从总体上看出某个国家、某个行业、不同类型家庭的贫困发生面及变动趋势。如果用 H 表示贫困发生率，用 n 代表全部人口，用 q 代表贫困人口，则：

$$H=\frac{q}{n} \quad \text{式 10-1}$$

二、社会救助的内涵与外延

社会救助是政府和社会干预贫困问题、减少贫困的主要手段，是社会保障制度的基础内容，也是现代国家的基本制度之一。该制度在保障城乡居民最低生活水平、促进社会公平等方面发挥了重要作用。

（一）社会救助的内涵

社会救助是得到国家立法保障的公民基本权利之一，当公民难以维持最低生活需求时，由国家和社会按照法定程序和标准向其提供保证最低生活需求的物质援助的生活保障制度。它是国家为了保障困难群众的基本生活，帮助他们解决吃饭、住房、医疗、教育等方面的突出困难而建立的救助制度，与广大人民群众，特别是贫困群众的切身利益密切相关。

社会救助是社会保障制度中的“最后一道安全网”，维护社会的“底线公平”，目的是减少和缓解贫困，帮助贫困群体摆脱生存危机，进而维护社会稳定。社会救助通常被视为政府的当然责任或义务，采取非供款制与无偿救助的方式，资金主要来源于国家财政。它提供的仅仅是满足最低生活需求的资金或实物，避免社会成员陷入生存危机。只要家庭人均收入低于国家法定贫困线就可以享受社会救助待遇。因此，一般会有一套称为“家庭经济状况调查”的法定工作程序来审核申请救助的公民的收入状况。

（二）社会救助的外延

社会救助是一个复杂的体系，它所涉及的内容多种多样，随着经济社会的发展，社会救助的内容也在不断得到丰富。一般来说，社会救助主要包括生活救助、医疗救助、教育救助、住房救助、灾害救助、生产救助等。其中，生活救助是社会救助的核心。在社会救助的实施过程中可以发现，各个国家实施的社会救助项目形式存在不同，有些国家实施的是单一的专项救助，有些国家实施的是综合救助。

1. 生活救助

生活救助在社会救助制度中最为重要，它是指国家对陷入生活困境的个人和家庭提供满足其最低生活需要的现金和实物资助，帮助他们维持最基本的物质生活的一种社会救助项目。

生活救助的目的是维持贫困人口最起码的生存条件，确保其生存权和人格尊严不因一时的生活困难而受到影响，因此它主要解决贫困人口的吃、穿等生活问题。世界各国都有这方面的救助制度，而不同国家的具体内容又有所不同，但目标都是帮助贫困人口的生活得以维系。生活救助的支付方式有现金支付和实物支付，但以现金支付为主，实物支付主要有食品支付等。

2. 医疗救助

医疗救助是指政府对低收入人口患病时给予一定的医疗费用补助的一种社会救助项目。事实上，医疗救助解决的是贫困家庭看不起病或缓解其医疗负担过重的问题，核心目标是缓解城乡居民因病致贫、因病返贫现象。

医疗救助的对象主要分为两种：一种是参加基本医疗保险制度的参保人，如果低收入人口自付费用超过国家规定的标准，政府会给予他们一定的医疗救助，以减轻其医疗费用负担；另一种是没有参加基本医疗保险制度的低收入人口，国家对那些没有被纳入基本医疗保险或没有参加基本医疗保险制度的低收入人口的高额医疗费用给予一定的补助。

3. 教育救助

教育救助是指国家和社会团体为了保障适龄人口能获得接受教育的机会，从物质上对贫困学生在不同阶段提供援助的一种社会救助项目。教育救助保障了公民的受教育权。

教育救助的主体有国家、社会团体和个人，对象主要是贫困家庭的学生，既包括中小学生，也包括大学生甚至研究生。教育救助主要有现金救助和实物救助的方式。现金救助有给予学费减免、发放特别奖学金、实行助学贷款等方式；实物救助包括免费发放学习用品、校服和免费午餐等。

4. 住房救助

住房救助是指国家向低收入人口或其他需要保障的特殊家庭提供现金补贴或直接提供住房的一种社会救助项目，主要针对住房困难群体。

世界各国政府提供住房救助的形式大致上有以下三种：一是提供福利保障性的廉租住房，这是针对最低收入人口的一种住房保障政策；二是出售低于市场价格的经济适用住房，这是针对中低收入人口购买自用而建造的具有保障性质的住房；三是为住房困难群体发放住房现金补贴等以货币补贴为主的政策。

5. 灾害救助

灾害救助的内涵和外延都比较广泛，它是指国家和社会向因遭受自然灾害侵袭而失去生活保障的社会成员提供一定物质帮助的一种社会救助项目，也包括对遭受战争的地区和人们的救助。具体来说，灾害救助主要包括在灾害发生后，紧急抢救灾民和物资、转移和妥善安置灾民生活的紧急救助，以及灾害预防和灾害预警服务。

灾害救助往往是一种临时性救助，主要方式有现金救助和实物救助，其中实物救助在灾害救助中占有重要地位。

6. 生产救助

生产救助也称为扶贫救助，是指政府对具有一定生产经营能力的贫困户，从政策、资金、思想、技术、信息等方面给予扶持，使其通过生产经营活动摆脱贫困的一种社会救助项目。生产救助是一种积极的救助形式。

生产救助的对象是处于贫困标准以下地区的具有一定生产能力的贫困人口。生产救助可以采取提供资金、物资或提供技术、信息支持的方式，也可以采取政策优惠的方式。例如，低收费甚至免费提供劳动技能的培训、低息甚至无息的小额贷款、以有偿或者无偿的方式给予实物上的帮助等。

7. 其他社会救助项目

除上述救助项目外，有些国家还实行丧葬救助、护理救助、法律救助等。丧葬救助是指政府对死者家属给予物质上帮助的一种社会救助项目。护理救助是指政府对需要护理的人员提供现金和实物上帮助的一种社会救助项目。法律救助是指政府通过诉讼费减免、免费提供律师服务及法律咨询服务等方式，对因收入低下或其他因素导致的难以通过一般意义上的法律手段保障自身基本权利的特殊群体，保障其司法权益的一项社会救助项目。

三、社会救助的政府责任

世界绝大多数国家都建立了社会救助制度，并将其作为政府和社会干预贫困问题的工具，通过财政收入为制度提供资金。社会救助是政府的责任，那么政府为什么要建立社会救助制度呢？

第三章我们曾经讨论过现代政府通过社会保障制度干预分配的理论。政府建立社会救助制度最根本的理由是基于人类具有社会正义的价值观，这一价值观被许多国家的法律确认为公民的生存权利，因而提供社会救助便自然成为现代政府的责任。除此之外，政府提供社会救助也是基于有效管理社会的认识。

（一）公民生存权的要求

从现代社会公民的角度看，要求社会和政府提供帮助是宪法赋予的生存权利的实现。公民的生存权是现代国家的法律所赋予公民的。社会中的每一个人，都有获得生存的权利。在任何时期社会弱势群体都会存在，无论是基于道义、人类的同情心还是法律的规定，扶危济贫、使弱势群体摆脱贫困应当成为政府的责任。为贫困人口提供基本的经济支持是现代政府的基本职能。

（二）消减贫困的负面影响

贫困对个人的负面影响是显而易见的。贫困不只是影响贫困者的生活状态，同时也伴随着自我激励的降低和自我评价的不足，可能体现为一种心理的贫困文化特征；由于贫困，生存上升为首位的事情，发展则居后；贫困还会产生代际传递，造成“穷是因为穷，穷会产生穷”的贫困恶性循环。

贫困对社会的影响同样也是显而易见的。当贫困不只是个别现象时，当贫困是因为分配不公产生时，当公民相对贫困拉大时，极容易产生阶层撕裂、犯罪增加、政局不稳等社会政治问题。

从经济方面看，大面积的贫困（包括绝对贫困和相对贫困），会导致平均消费倾向的下降，并由此导致有效需求不足、就业不足，影响经济的可持续发展。

贫困不仅会对个人产生负面影响，同时会对一个国家的社会经济产生负面影响。因为贫困的负外部性，政府缓和贫困的政策和措施也就成为必要的和合理的。

四、社会救助的基本功能与原则

（一）社会救助的基本功能

社会救助制度作为一种保障社会成员生存权利的社会保障形式，有其特定的功能，主要表现为以下三个方面。

1. 保障最低生活

社会救助作为一项贫困人口的经济支持制度，通过为生活在最低生活保障线之下的社会成员提供保证最低生活需求的物质援助，使已经陷入贫困的那一部分社会成员能够继续生存下去，进而有能力进行生产和再生产、学习新知识和新技能，摆脱贫困的状况。尤其是当劳动者暂时或部分丧失劳动能力后，政府给予必要的社会救助，维持其最低生活水平，可以使劳动者尽快重新投入劳动中，恢复就业。因此，在社会保障体系中，社会救助发挥兜底的作用，是“最后一道安全网”，通过提供最低生活保障，避免人们陷入生存贫困。

2. 维护社会稳定

在现代社会，由于人们占有财产的数额不同，自身的劳动能力和就业机会也存在差异，市场机制在进行初次分配时又是以人们对资本量和劳动量的贡献为依据来确定收入份额的，因此在初次分配中容易产生效率对公平的排斥，收入分配向强势要素倾斜。市场并不保证竞争起点的公平和过程的公平，收入差距的扩大是必然的，一部分社会成员会由于各种原因无法从市场上获得维持生存所需要的收入，生存的基本权利得不到保障，成为社会不稳定的因素，对社会和经济的健康可持续发展产生负面影响，所以需要政府利用再分配予以调节。政府通过建立社会救助制度，对收入分配进行适度调整，依法维护低收入阶层（贫困人口与不幸者）的生存权利，保障贫困人口的最低生活，体现了社会公平与正义的价值追求，这能够在一定程度上消除市场经济条件下，效率对公平的排斥，减轻低收入和无收入的社会成员的生活困难，起到协调社会关系、缩小贫富差距、促进社会公平、稳定社会的作用。

3. 平滑经济波动

社会救助制度是一种收入再分配制度，也是一种收入调节制度，是国家调节经济运行的重要手段。在现代社会，社会救助通过保障社会成员最低生活需求来实现，同时也会部分地实现国家对生产、分配、交换与消费的有效调节，进而对经济运行起到“自然稳定器”的作用。当社会需求不足、经济衰退时，就业岗位减少，失业人口增加，低收入阶层人口会扩大，享受社会救助的人口也会自动增加，政府的社会救助金支出亦会增加，进而使社会需求通过社会救助支出的增加而保持一定规模，推动经济增长；反之，在社会需求膨胀、供给相对不足、经济发展过热的情况下，就业岗位会增加，失业人口会减少，低收入阶层人口规模会收缩，享受社会救助的人口亦会自动减少，从而客观上起到收缩社会需求、稳定经济发展速度的作用。

（二）社会救助的基本原则

社会救助作为维护社会稳定的基本社会政策之一，在总结各国社会救助制度的共同特点并结合中国国情的基础上，我们可以将社会救助体系应遵循的基本原则归纳为以下四点。

1. 以政府为主体的原则

社会救助是政府为所有公民提供最低层次保障的制度安排，只要公民有生活上的困难，符合救助的资格条件，政府就有责任给予救助，社会救助的责任主体是政府。政府不仅要提供一整套社会救助的法律制度框架、组织实施社会救助的各个项目，而且要通过一般税收提供救助项目的主要资金。虽然社会救助制度倡导社会力量参与，企业、社区以及各种社会团体的慈善行为都是社会救助的有益补充，但是在社会救助制度运行过程中，不论从政策制定、项目实施还是资金提供方面，仍然以政府为主体。

2. 提供最低生活保障的原则

社会救助对已经陷入生活困境的社会成员给予帮助和支持，以满足其最低生活需求。在社会保障制度体系中，社会救助的标准最低，仅维持贫困人口的生存，这是因为社会救助不强调权利与义务的对等，为了防止人们对社会救助制度的依赖和工作积极性的缺乏，保障水平不应该过高，只提供最低生活保障。根据我国的国情，社会救助制度的目标必须也只能着眼于最低保障，它要解决的是现实存在的贫困问题。

3. 救助对象选择性的原则

社会救助着重强调以社会成员的生活条件和生活状况为出发点，在社会救助制度面前，全体公民一律平等，都有享受社会救助的权利，但是它并不是一项普惠的制度，并非人人都能得到实际的给付、获得救助。它需要经过严格的资格认定程序，经家庭经济状况调查确认公民及其家庭不能维持最低生活水平时才能获得相应的给付。社会救助制度的选择性有别于社会保险对象的法定成员资格，也不同于社会福利的普惠性原则。

4. 个人非义务性的原则

政府对特定对象实施社会救助，帮助他们克服生活困难、摆脱贫困状态是无条件的。凡是符合救助的资格条件的社会成员，政府和社会都应该对其实施帮助，并且不能有附加条件。也就是说，救助对象在接受救助时，不要求受益人进行缴费和做出履行某种特定义务的承诺。在绝大多数国家，社会救助都是公民的一项基本权利，是由现代国家的法律所赋予公民的。因此，社会救助与其他社会保障项目不同，它不要求权利与义务的对等。

五、社会救助的方式与资金来源

从世界各国所实施的社会救助制度来看，不同国家社会救助的方式不同，按照不同的划分方法可以分为不同的种类。在社会救助的资金来源中，政府财政拨款是最重要的来源。

（一）社会救助的方式

社会救助的方式按照不同的划分方法可以分为不同的种类，主要包括定期救助和临时救助，物质救助和精神扶助，基本生活救助、专项救助和综合救助等。

1. 定期救助和临时救助

按照救助的时间划分，社会救助方式可分为定期救助和临时救助。定期救助是指政府在一定期限内按照规定的标准对特定救助对象定期发放现金和实物等生活补助的救助，也称为定期定量救助。定期救助的对象主要是五保户、城乡最低生活保障对象等。临时救助是指政府对遭受突发事件等而陷入生存困境的社会成员给予的临时性救助，主要包括遭受自然灾害、疾病、季节性困难和其他特殊原因导致生活困难的人员。

2. 物质救助和精神扶助

按照救助的内容划分，社会救助方式可分为物质救助和精神扶助。物质救助是指国家和社会对贫困人口给予现金和实物上的补助，这是基本的救助方式。目前我国城乡最低生活保障制度基本上采取物质救助的方式。社会救助除了物质救助，还包括思想和精神上的扶助。例如，“空巢”老年人的生活照料、消除孤独情绪等问题；贫困人口的思想疏导、精神激励等。对这些问题，除政府之外，还需要依靠邻里互助、志愿者参与、专业辅助等形式来解决。

3. 基本生活救助、专项救助和综合救助

按照救助的类别划分，社会救助方式可分为基本生活救助、专项救助和综合救助。基本生活救助是指政府保障贫困人口最低生活的救助。目前我国实施的城乡居民最低生活保障制度属于基本生活救助，其目的就在于保障城乡人口的最低生活水平。导致贫困人口陷入贫困的原因是多方面的，除了鳏寡孤独、自然灾害、缺乏劳动能力等因素，还有如患病、子女教育、住房等很多其他因素。因此，政府建立城乡医疗救助、子女教育救助、住房救助、法律援助等专项救助制度，通过这些专项救助措施，帮助社会弱势群体。综合救助（或通用救助）是指将一系列为满足不同需要而单独提供、有内容重叠的救助项目整合为一项，采用统一管理取代过去分别管理的机制。

（二）社会救助的资金来源

社会救助的资金关系着社会救助制度的顺利实施，是社会救助制度的核心内容。目前，社会救助的资金来源主要有政府财政拨款、社会筹集、信贷扶贫、国际援助等，其

中政府财政拨款是社会救助资金的最重要的来源。

1. 政府财政拨款

社会救助资金的主要来源渠道是政府财政拨款，包括中央财政拨款和地方各级财政拨款。社会救助通常被视为政府的单方面义务，采取非供款和无偿救助的方式，由政府一般税收形成。世界上大多数国家都采用这种方式，如德国社会救助的资金75%来自地方政府，另外的25%来自中央政府。

2. 社会筹集

社会筹集也是社会救助资金常见的一种筹集方式。社会筹集形式多样化，在社会救助中发挥了不可替代的作用，包括募捐、慈善组织捐助、扶贫经济实体和社会福利企业享受的免税优惠待遇、利润分成、救灾扶贫储金会的储金等。

3. 信贷扶贫

信贷扶贫是指通过金融部门筹集融通资金，发放低息或贴息优惠贷款，支持贫困地区经济开发，扶持贫困户发展生产。信贷扶贫主要通过提供政府贴息、实施委托管理、引入外部监管、提升服务效率、延伸服务链条等方式，为农户提供完善的信贷资金支持。生产救助常用这种方式扶持贫困农村地区发展农业生产。

4. 国际援助

国际援助是国际组织、友好国家、国际友人等无偿向灾区、灾民提供的物资、技术和现金方面的援助。来自国际援助的社会救助资金主要体现在救灾款上。如2008年我国发生的“5·12”汶川大地震，收到了来自外国政府、团体和个人等捐助的约17.11亿元人民币。同时中国也对遭受重大自然灾害的国家及时提供紧急人道主义援助，如参加了印度洋海啸、马达加斯加飓风、海地地震、巴基斯坦洪灾、非洲之角饥荒等重大灾害的国际救灾行动。

六、谨防效率损失和贫困陷阱

社会正义的理念要求政府建立适合的社会救助制度，更要求政府实施好社会救助制度。需要注意的是，我们既要强调在反贫困中坚持社会正义，又要强调社会保障水平设计的适当性。这里的适当性不只是强调保障水平与经济水平的一致性，更是强调保障的水平要以不使受益人口陷入贫困陷阱为前提。

所谓贫困陷阱就是贫困人口在接受社会救助时的收入并不比他努力工作时的收入少或两者相比较所差无几，因此贫困人口宁愿接受社会救助而不努力工作，从而无法自贫困中解放出来。这是关乎社会救助的“度”的问题，社会救助水平并不是越高越好。在制度实施中要合理协调公平和效率问题，谨防效率损失和不公平的产生。

很多国家对贫困者发放救助金实行差额补助的方式，严重降低了贫困者寻找工作的积极性，因为没有工作的人与有工作的人在领取差额补助后，最终得到的可支配收入一样多，这严重挫伤了努力自助的贫困者的积极性，提供了人们拒绝工作的“动力”，人们宁愿陷入贫困接受救助，也不愿意出去工作。因此，虽然救助制度体现了一定程度的公平，但却妨碍了整个社会的效率。

针对上述问题，弗里德曼参照正所得税体系设计了一个补助贫困者的“负所得税方案”，具体公式：负所得税=最低收入指标-（实际收入×负所得税税率），这样，个人最终可支配收入=个人实际收入+负所得税税额。负所得税使得有收入的人、收入较高的人在接受负所得税后的最终可支配收入，比没有收入的人、收入较低的人高。这样，便可以鼓励人们多工作、多收入，保持贫困家庭的成员挣更多收入的积极性，而不像差额补助那样养成人们对救助的依赖。

下面进一步用公式和图示来表述负所得税的思想和政策意义。

$$tY_b=M \text{ 或者 } Y_b=M/t \qquad \text{式 10-2}$$

负所得税计划可以用两个概念加以描述：边际税率 t 和最大转移支付量（也称最小收入量）M。收入为零的家庭将得到 M，每增加 1 元的收入，政府给予的转移支付量将会减少 t 元。最终，随着收入的增加，政府转移逐渐减少，当家庭所得的政府转移支付为零时，此时家庭收入水平 Y_b 被称为收益水平的损益临界点，被如上条件式 10-2 所决定。

在图 10-1 中，横轴 Y 表示没有获得政府转移支付量的家庭收入，纵轴 I 表示在获得政府转移支付量后的家庭收入。我们考虑一个假定的负所得税，某个家庭因为收入为零而接受了政府转移支付的 4 000 元，我们还假设边际税率 t 为 0.5。直线 AB 表明了在每个收入水平上家庭在获得相应的转移支付后的家庭收入的大小。如果某个家庭收入为零，他们将得到全额的转移支付 4 000 元。随着家庭收入增加 4 000 元，那么转移支付随之降低 50%，为 2 000 元，如图 10-1 所示即为直线 AB 与 45 度线 OC 在 Y_o 点所对应的 I 值之间的垂直距离。AB 在 Y=4 000 元时的高度表明，此时家庭包括转移支付在内的所有收入合计为 6 000 元。当此家庭收入涨到 8 000 元时，转移支付的值为零。AB 的斜率为 1 减去边际税率 1/2，这表明家庭收入每增长 2 000 元，其净收入将会增加 1 000 元（在损益临界点之前的部分）。点 A 是由 M 的大小所决定的最大政府转移支付量。显然，

AB 与 OC 的交点是由损益临界点 Y_b 决定。随着 M 的增加（使 AB 向上推移）和 t 的下降（使 AB 的斜率上升），当边际税率接近零时，损益临界点的值达无穷大。这种关系可以由 $tY_b=M$ 来说明。

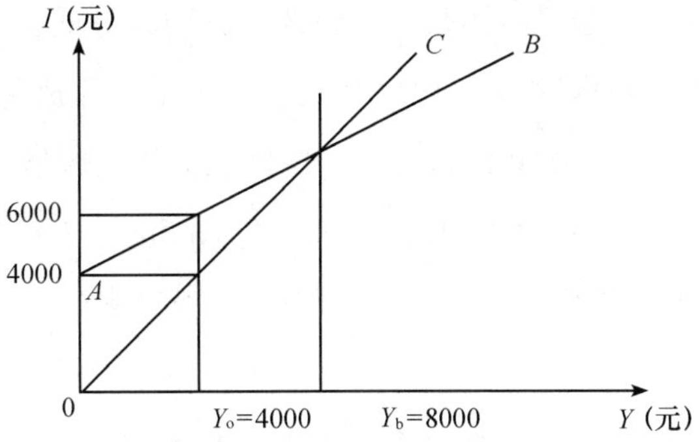

图 10-1　转移支付示意图

这样就给政府的社会救助政策设置带来了难题：①为了保证无收入或者低收入家庭的最低生活水平，最大转移支付量 M 不能太小；②为了鼓励这些贫困家庭的成员去努力工作，边际税率 t 须维持在相对较低的水平上；③为了控制整个保障计划的成本，并且控制接受转移支付者的数量，或者为了避免这种转移支付流到收入已经充足的家庭中去，收入损益临界点的水平应该非常低。但是，从 t、Y_b 和 M 的关系式中可以看出，这些目标在本质上是冲突的，只能从中取得一定程度上的平衡，在满足贫困人口的最低生活需要的同时，尽可能防止因保障水平偏高而导致贫困人员丧失工作动力。

第二节　典型国家或地区的社会救助实践

不同国家或地区的经济、社会、历史文化存在不同，因而建立社会救助制度的理念也有所不同。然而在近年来的社会救助制度改革中，西方发达国家和中国香港地区等出现了相似的趋势：从最初的单纯性救助改为工作性福利，由原先的普遍性福利转为有限救助，由建设福利国家变为发展多元合作。

一、英美社会救助制度的内容

（一）英国的社会救助制度

1. 社会救助立法

英国是一个有着社会救助传统的国家，政府对贫困人口比较重视。1601 年，伊丽莎白一世颁布的《济贫法》，也称《旧济贫法》，这是现代社会救助制度的雏形。1834 年，英国制定了《济贫法修正案》，也称《新济贫法》，将社会救助确定为公民应该享受的权利，是国家应尽的义务。1942 年发表的《贝弗里奇报告》进一步明确了社会救助的地位和作用，提出了多层次的社会保障体系，其中社会救助为最低层次的社会保障。在《贝弗里奇报告》的基础上，英国政府于 1944 年先后制定了《家庭津贴法》《国民救助法》等一系列法律，并成立了专门的救助机构——国民救助局。1976 年，英国以《补充救助法》代替了《国民救助法》。1986 年制定的《社会保障法》中对救助申请的要求和程序进行修订。2012 年，英国颁布了《福利改革法案》，提倡建立更加公平的福利救助体系。

2. 社会救助的项目

英国社会救助的项目很多，有些甚至是福利式的救助，主要包括低收入家庭救助、老龄救助、残疾救助。低收入家庭救助是对收入低于官方规定贫困线家庭的救助，救助金随政府规定的贫困标准而变化。低收入家庭还可以获得一部分取暖费，有子女的可获得学校免费牛奶和免费膳食以及免缴国民保险费，还可以享受房租补贴等。老龄救助主要是对年满 80 岁、没有资格享受养老金或只有少量养老金的老年人给予补助。残疾救助包括残疾人的保姆补贴、活动补贴和重残补贴。此外，英国的福利式救助还有儿童救助、失业救助、疾病救助等内容。目前英国社会救助项目主要包括以下八项。

（1）收入支持。收入支持在 1988 年被引入，取代了早先的补充补贴。收入支持主要是为 18 岁以上、收入低于一定水平和每周工作时间在 16 小时以下的人（其本人必须没有每周工作时间在 24 小时以上的配偶）设立的社会救助津贴，主要对象为病残者、单亲父母、养父养母、60 岁以上者以及因为照顾某人而领取看护津贴者。收入支持的领取者及其配偶的积蓄不得超过 8 000 英镑。在接受收入支持的家庭里，孕妇和 5 岁以下的儿童可以得到免费供应的牛奶。

（2）住房补贴。1992 年颁布的《社会保障缴费和补贴法》中规定，如果满足以下条件，则申请人就有资格获得住房补贴：①申请人或伴侣有支付房租的需要；②申请人通常将该房屋作为家庭住所；③申请人的资产或储蓄少于 16 000 英镑；④申请人收入水平低；⑤申请人必须符合惯常居所调查的要求。

（3）求职者津贴。求职者津贴是 1995 年由《求职者法》正式推出、1996 年实施的一项社会保障津贴，它取代了失业救助补贴，是支付给失业人员或每周工作时间少于 16 小时并积极寻找工作的人。政府提供的求职者津贴主要有两种：缴费型求职者津贴和非缴费型求职者津贴。其中，非缴费型求职者津贴有较为严格的家庭财产调查和就业行为调查，要求申领人必须积极努力寻找工作。2000 年以后，求职者津贴成为社会救助津贴中开支比例最大的津贴，其与收入支持共同构成了当前英国社会救助制度的核心。《求职者法》规定，申请任何一种求职者津贴都必须符合以下条件：①具有工作能力；②能够胜任工作；③在积极寻找工作；④与就业服务机构签订了协议；⑤没有从事有报酬的工作；⑥18 岁以上（特殊情况除外）退休年龄以下；⑦不再接受全日制教育；⑧在英国居住。

（4）法律救助。英国的法律救助分为两种，即刑法救助和民法救助。1974 年的《法律救助法案》为刑法救助规定了统一的标准，明确规定只有在法院认为被告人的经济能力确实不能承担相关费用时才能适用刑法救助。英国的绝大部分民事诉讼案件可以申请法律救助，但有关诽谤的纠纷除外。

（5）工作税收抵免。工作税收抵免在 2003 年取代了原有的工作家庭税收抵免，它仍然是针对低收入家庭的。在低收入家庭里，父母至少有一方必须每周工作 16 小时以上。

（6）社会基金。社会基金是通过 1986 年《社会保障法》引入的，提供给收入支持与非缴费型求职者津贴的申请人。1987 年首先实施了法定社会基金，主要对取暖、生育和丧葬支出提供资助。1988 年实施任意社会基金，对申请者提供预算借款、危机借款以及社区照顾资助等。

（7）就业及援助津贴。就业及援助津贴取代了丧失工作能力补助与收入支持，于 2008 年 10 月开始实施，救助对象是由于健康原因而不能工作的人。就业及援助津贴分为两类：缴费型与非缴费型。其中非缴费型就业及援助津贴属于社会救助，需要进行严格的家计调查，申请人的银行储蓄不得超过 16 000 英镑。申请人一旦领取了非缴费型就业及援助津贴，就不可以再申请收入支持、求职者津贴和养老金补贴了。

（8）其他社会救助津贴。残疾工作津贴于 1992 年开始推行，是一项免税、非缴费的家计调查型津贴。1996 年，残疾工作津贴被残疾人税收抵免所取代。1976 年，一项新的现金津贴即照顾者津贴开始实施，对象是那些由于需要照顾亲属，而没有通过有偿劳动获得收入，并处于工作年龄段的男性和单身女性。到 2003 年，照顾者津贴进一步扩大到退休年龄以上的照顾者，其获准资格非常严格。财产税补贴是 1993 年引入的，用于向应该缴纳财产税的低收入者提供帮助。

3. 社会救助的工作导向激励

英国 2012 年实施的《福利改革法案》承诺帮助失业人员再就业，同时提醒失业人员如果拒绝工作，靠领取社会救助津贴过日子，将会面临处罚。在社会救助领域，英国针对以下四类人员的工作要求更加严格。

（1）年轻失业人员。英国政府要求失业6个月及以上的18~24岁的年轻人必须从以下四种方案中做出选择：一是在私人部门工作，雇主得到补助；二是在志愿性部门工作；三是从事环境保护工作；四是接受全职教育或培训。第一种方案：雇主须提供每周1天的培训，而且必须支付包括工资补助在内的培训费用；第二、第三种方案可以提供6个月的安置，参加者每周可得到比求职者津贴高15英镑的补助。选择最后一种方案的人，每周可以参加1天的培训，而且在接受培训时仍然可以继续享受失业津贴。

（2）单亲父母。英国政府制订了特别行动计划，通过工作搜寻、建议和培训帮助单亲父母找到工作。必要时，可以为那些再次全职学习的单亲父母提供照看小孩服务。这个计划在1998年推广至英国全国。

（3）长期失业人员。自1998年6月起，雇主如果雇用一个已失业两年及以上的失业人员，可获得为期6个月的每周75英镑的工资补助，由于这一计划受到各方的强烈质疑，因此拖延到1998年10月才实施。年龄超过50岁的失业人员还可享受特殊援助。

（4）残疾人或者长期患病的人。残疾人或者长期患病的人可获得额外的基金帮扶，其目标是帮助残疾人或长期患病的人找到工作，或者帮助那些已工作的人继续工作。

英国社会救助制度对申请人设置的限制性条款和附加条件越来越严格。在当前和以后的英国，一个人想要不付出努力单纯依靠社会救助来度日变得越来越难以实现。而且英国通过一系列工作导向的激励措施，使那些依靠福利生存的高风险特殊人群（年轻失业人员、单亲父母、长期失业者以及残疾人或者长期患病的人）走上工作岗位，摆脱对福利的依赖。

（二）美国的社会救助制度

1. 社会救助立法

1929年，美国爆发了特大规模的经济危机，失业率迅速提高，社会矛盾尖锐，人们强烈要求政府承担起社会责任。1933年5月，罗斯福签署了《联邦紧急救助法》，美国第一个全国性的救助机构——联邦紧急救助署成立，开辟了公共救助的新纪元。1935年，美国国会通过了《社会保障法》，联邦政府第一次参与到解决失业和贫困的问题中来，标志着社会救助制度在美国的正式确立。这部法律一改济贫制度下事后救助的做法，从事后救助走向预防和救助相结合的全面福利模式，成为社会救助立法的里程碑。该法案将老年人、盲人、妇女、孩子等弱势群体纳入救助体系，强调国家应该救助或保护真正的贫困者。1962 年，美国颁布了《公共福利修正案》，进一步扩大社会救助的范围。1974 年，美国对《社会保障法》进行了修订，完善了美国的社会救助制度。1988—2002 年，美国又先后出台了《家庭支持法案》《个人责任与工作机会协调法》和《为自立而工作法案》。这些法案强调工作的积极性，以及个人承担的责任，通过改善家庭结构和促进贫困者积极就业来减少福利依赖。

2. 社会救助的主要内容

美国的社会救助项目较全面，涉及生活的方方面面，主要包括以下七项。

（1）对有子女困难家庭的资助。对有子女困难家庭的资助又称为抚养未成年儿童家庭补助，该项政策主要针对弱势群体，政府以现金形式资助单亲父母，受疾病、失业困扰或丧失劳动能力的家庭，救助其子女到 18 岁。联邦政府负责法律法规的制定并承担 50%的费用。各州政府根据自身情况决定救助标准，对申请人资产、收入进行审核，并承担剩下 50%的费用。

（2）收入保障补贴。收入保障补贴于 1974 年开始实施并延续至今，是一直得到财政支持的项目。其保障对象主要是生活困难的 65 岁以上老年人、盲人、永久性重残人士等，保障形式是提供现金帮助，保障水平较高并根据物价浮动。

（3）医疗救助。医疗救助是对符合贫困条件的弱势群体进行的救助，是为了使贫困者获得医疗服务的项目。该项目在美国所有的救助项目中耗资最大，由联邦政府和州政府分担。对于低收入个人而言，医疗救助的范围很宽，从住院到门诊，从检查到手术治疗，大部分都不用自己花钱。在费用承担方面，联邦政府大概承担 25%～50%，各个州政府并不相同。

（4）食品券补助。食品券是政府发行的专供购买食品的有价证券，以解决贫困阶层的基本生活问题。该补助的保障对象主要是家庭收入低于一定数额（如低于联邦贫困线 130%）的老年人、儿童、学校学生等。这是抵御饥饿的第一道防线，是美国做得较成功的一个项目。

（5）妇女、婴儿和儿童特别补充食品。特别补充食品项目于 1972 年实施，主要是为哺乳期的母亲和 5 岁以下婴幼儿而设立的，受助者必须是营养缺乏且家庭收入低于联邦贫困线 185%的贫困者。政府提供一揽子营养食品，如奶制品、谷类食品、水果和蔬菜等，这是美国很推崇的一个计划，受益群体非常大。

（6）贫困家庭临时救助。贫困家庭临时救助于 1996 年实施，救助对象主要为单亲或父母中有一人无劳动能力或长期失业的家庭。救助年限最长 5 年，通过督促就业、提供就业机会，增强失业人员工作意愿，帮助失业人员走向劳动力市场实现再就业。

（7）住房补助。住房补助包括提供公共住房和房租补贴两种。提供公共住房是为贫困者提供免费住房或低房租住房。房租补贴是指根据 1974 年通过的《住宅与社区发展法》的规定，间接支付贫困者的房租。

3. 贫困线

1961 年美国社会保障署提出的贫困线用恩格尔系数作为参照系，如果两口之家的食品消费占收入的 33%或三口之家占 27%以上的就是贫困户，并根据城镇和农村具体生活条件的不同，进行适当的调整。按照这个标准，美国 20 世纪 60 年代初贫困人口达到 4 000 万人。到 1975 年，这个数字下降到 2 500 万人。1969 年以后，美国贫困线的确定进行了一些改变，先前贫困线只是简单地随着消费者价格指数的变化进行调整，现在所用的方法考虑了更多生活成本开支的因素。美国的贫困线按家庭人口分出不同档次（见表 10-1）。

表 10-1　　美国 48 个州及哥伦比亚特区联邦贫困标准

（除阿拉斯加州和夏威夷州）　　（美元）

家庭人口	2018 年	2019 年	2020 年	2021 年	2022 年
2 人	16 460	16 910	17 240	17 420	18 310
3 人	20 780	21 330	21 720	21 960	23 030
4 人	25 100	25 750	26 200	26 500	27 750
5 人	29 420	30 170	30 680	31 040	32 470
6 人	33 740	34 590	35 160	35 580	37 190
7 人	28 060	39 010	39 640	40 120	41 910
8 人	42 380	43 430	44 120	44 660	46 630
超过 8 人每人多加	4 320	4 420	4 480	4 540	4 720

资料来源：数据来自美国卫生与公众服务部。

4. 社会救助中的“工作福利”理念

1988 年，美国国会通过了《家庭支持法案》，以倡导“工作福利”理念。在克林顿执政时期，福利政策折中性质趋于明显，它是不受约束的市场资本主义的“右”倾观念与社会平均主义的“左”倾观念相结合的产物。其社会保障主要解决公平与效率的问题，在凯恩斯主义与新自由主义之间寻求平衡，其理念从最初的单纯性救助改为工作性福利，由原先的普遍福利转为有限救助，由建设福利国家变为发展多元合作。这种转向的标志便是在社会救助中增加对工作的要求。

二、社会救助的机制

1965 年美国出版的《社会工作百科全书》曾论述，社会救助是社会保险制度的补充，当个人或家庭生计断绝急需救助时，给予生活上的扶助，是在整个社会保障制度体系中，最富弹性而不受拘束的一种计划。它通常是通过两方面的社会政策的相互作用来实现社会救助的制度运行机制。一方面是运用各种社会政策增加工作回报，主要包括减免所得税，提高单亲家庭子女照料费用资助；创造有利条件，协助受益人寻找工作；加大培训力度等进行社会激励。另一方面是解决受益人对福利的依赖，采取比较严格的政策措施把受益人“赶出”家门，寻找工作。这些措施包括严格受助条件，出台寻找工作并接受就业机会的法令，以及不服从工作安排的制裁等。

部分发达国家或地区的社会福利政策理念已经发生了根本性的变革，从最初的单纯性救助改为工作性福利，由原先的普遍福利转为有限救助，由建设福利国家变为发展多元合作。之所以重视受益人的培训，是因为培训的回报率很高，特别是对成年女性的影响更大。

部分发达国家或地区的社会救助体系改革的一个措施便是用“有选择的援助”代替普遍的受惠，责任重心由原来的国家或政府向个人转移。采取的措施主要包括以下三项。

（一）严格身份调查

以前对残疾人、老年人以及以妇女为主的有孩子的家庭身份调查比较宽松，但是近年来部分发达国家或地区提高了身份调查标准。例如，美国各州的绝大多数福利接受者被要求出去工作或是接受工作培训，并且只能在一段时间内获得收入支持。此后，他们便不再有资格取得收入支持。

（二）严格收入状况调查

部分发达国家或地区实施的转移支付被称为“公民权利性拨款计划”，所有符合法律要求的个人均可申请，但享受时间有严格规定。例如，美国社会救助政策规定，符合收入状况调查的家庭在获得一段时间的公民权利性拨款之后将得不到收入支持。

（三）附加受助条件

除了加强对社会救助受益人的工作要求，一些国家还对受助者增加了其他义务。例如，美国已经增加了部分群体的受助条件，单亲父母要获得全额救助需要履行某些父母的义务（如提供孩子的免疫证明，而且孩子必须有规律地上学；未成年的未婚父母需要与能负责任的成年人一起居住或在成年人监管下生活，还要参加教育和培训活动）；假如他们没有履行义务，其救助金会被削减至少 25%，甚至救助申请可能会被拒绝。

三、社会救助的经验及教训

部分发达国家或地区在对社会救助进行改革的同时，对原来的概念也进行了重新审视。例如，英国采用求职者津贴取代失业救助金和失业收入支持，新西兰采用公共薪金取代失业救助金和疾病救助金。因此，“救助金”这一术语不再等同于社会救助。这种变化反映了如下理念：更强调积极救助方式和相互责任，降低对救助金权利观念的重视。

社会救助的政策实践表明，对贫困现象的理解可以从多个维度来进行，如被剥夺的贫困、机会不平等的贫困、文化的贫困、社会结构的贫困等。这种不同视角的观察，有利于对既有政策和制度措施的经验教训进行必要的总结。

无论是在欧洲还是北美，基于社会救助的社会保护政策自 20 世纪 80 年代以来发生了根本转变：①由政府出面提供给个人及家庭相应的最低收入保障；②政府有责任帮助个人和家庭抵御社会风险可能带来的危机；③政府保证所有公民享受尽可能最好的、没有确定上限的社会服务。公民权理论认为，所有拥有完全公民资格的公民都有享受社会服务和社会福利的权利。在这种权利观的引导下，社会开始认为，福利国家基于经济决定因素的社会保障项目具有分离作用，扩大了经济方式和道德方式表现出来的社会差异，虽然社会救助的受益人具有明确界定的获得收益的权利，但他们常常会感到尊严的丧失，于是有些国家或地区力主采纳普遍性社会保障原则。还有些国家或地区采取了较狭窄的、更为尊重人的收入审查，即只关注申请者目前的收入，可通过税单获得证实，来代替要求全面出示收入和财产清单与证据的窥探性检验方式。

一些社会救助措施导致了巨额支出。美国的医疗救助政策就是一个例子。对美国医疗服务体制稍有常识的人都知道，美国医院的急诊室被称为“穷人救命的去处”，也是至今仍滞留在美国的众多非法移民治病救命的最佳“港湾”。在那里，任何患者都不会因为没有参加医疗保险或者没有钱而被拒之门外，这是法律的一道基本底线。那些没有参加医疗保险也无资格享受穷人医保福利的人，看病后遗留的账单，最后都由政府“情愿或不情愿”地兜了底。这种现象导致很多纳税人颇有微词，但既然社会造就了这样一批因穷而得不到救治的群体，整个社会就要为其负责，并为之付出应有的代价。

这样看来，社会救助的进一步改革和完善还有很多的问题需要研究。

考察各国或地区的社会救助制度，我们会发现，社会救助的形式不是完全由社会经济发展水平决定的，而是受其社会制度、经济实力、民族传统与历史文化背景等多种因素综合影响。所以，在国际经验及教训的借鉴中，要从本国的实际出发，了解它们的理论和实践，而不能仅仅停留在一些具体做法上，生搬硬套。

第三节　中国社会救助制度的实践

中国社会救助的历史源远流长，早在原始社会就存在氏族社会成员相互救助的方式。从史书记载可知，我国西周时期就有社会救助事宜。追溯历史，可以在春秋战国时期的百家争鸣中找到诸子百家对济贫的各种说法。新中国成立以后，社会救助工作得到了党和政府的高度重视，取得了举世瞩目的成就。

一、中国社会救助制度的发展历程

新中国成立 70 多年来，随着经济体制改革的不断深化和社会的全面进步，社会救助制度自身也在不断地改革和深化。从总体上说，我国社会救助制度经历了从救灾救助一体到救灾救助分离、从无标准救助到有标准救助、从随意性救助到规范性救助、从零散救助到系统救助的转变，有着自身的显著特征。从制度的发展历程来看，主要经历了以下五个阶段。

（一）初建阶段（1949—1952 年）

新中国成立初期的社会救助主要通过紧急救助的形式，为战后大量贫民提供临时性救助，帮助他们渡过难关。在这一时期，我国把社会救助的目标主要定位于：医治战争创伤，安定人民生活，稳定社会秩序，促进国民经济的恢复。当时社会救助的主要对象有灾民、难民、贫民、无业游民和无依无靠的孤老残幼等。

（二）发展阶段（1953—1965 年）

在发展阶段，整个社会经济环境大有改善。经过几年的恢复和发展，我国国民经济实力有了较大的提高，社会日益稳定，财力大大增强。这种状况为社会救助的发展创造了良好的物质基础和社会环境。20 世纪 50 年代中后期，社会救助由紧急救助转变为经常性救助，与计划经济相配套的传统社会救助制度框架基本确立。在城镇，以充分就业为基础，绝大部分城镇人口在全民所有制和集体所有制单位中就业，国家为他们提供了完善的保障，社会救助对象主要为孤老残幼。在“大跃进”和三年困难时期，产生了很多的失业人员和贫困人口。这一时期，“生产自救”摆在很重要的位置，国家组织群众发展生产，广开就业门路，组织自谋职业。在农村，随着农业合作社的层次越来越高，范围越来越广，到1958年人民公社建立后，几乎所有农民都成了社员，他们可以享受集体保障，农民的生、老、病、死就基本上依靠集体经济力量来给予保障，即使是孤寡老幼也可以“吃五保”，由集体供养。

（三）萧条阶段（1966—1976年）

“文化大革命”期间，社会救助事业有所倒退。1969年内务部撤销，各地民政部门也被冲击，救助资金来源无法得到保证，社会救助一度处于停滞状态，各项救助政策无法全面落实。此时的农村社会救助主要依托人民公社开展，城市社会救助主要依靠企事业单位组织实施。

（四）恢复发展阶段（1977—1992年）

党的十一届三中全会以后，我国社会主义现代化建设事业进入新的历史时期。在整个20世纪80年代，我国社会救助制度改革的重点主要放在农村。这些改革努力一直延续到20世纪90年代中期，其中大多数政策措施目前也还在实行。改革主要包括救灾、生活救助、五保供养、扶贫。

这一时期的社会救助工作虽然得到比较快的恢复和发展，民政部门对中国原有的救助制度已经有了改革的意识，但是，当时的大环境仍然没有完全脱离计划经济的轨道，救助制度并未突破原有体制和框架。

（五）全面发展阶段（1993年至今）

1993年6月1日，上海市率先建立了城市居民最低生活保障（以下简称低保）制度，拉开了全国建立城市低保制度的序幕。在启动城市低保的同时，农村低保制度也开始在一些地区探索建立。城乡居民最低生活保障制度的实施初步解决了贫困家庭的温饱问题，但仍无法满足他们在就医、就学及住房方面的专门需求。原先以生活救助为主的传统社会救助制度已经不适应我国社会的发展，为此，民政部提出以低保为核心建设新型社会救助体系。在城乡低保之外，努力推动新型五保供养、城乡医疗救助、住房救助、教育救助、临时救助等救助制度的发展，建立中国新型的社会救助体系，着力为困难群众打造一张能够保障其最低生活的社会安全网。2014年2月21日，国务院颁布《社会救助暂行办法》（2019年修订）。这是我国第一部统筹各项社会救助制度的行政法规，它将最低生活保障、特困人员供养、受灾人员救助、医疗救助、教育救助、住房救助、就业救助和临时救助等八项制度以及社会力量参与作为基本内容，确立了完整清晰的社会救助制度体系。2020 年 8 月，中共中央办公厅、国务院办公厅印发了《关于改革完善社会救助制度的意见》，提出要统筹发展社会救助体系，巩固脱贫攻坚成果，切实兜住兜牢基本民生保障底线，建立健全分层分类的社会救助体系。中国的社会救助制度开始全面发展。

二、中国社会救助制度的发展现状

中国的社会救助制度经过长期的发展，已经形成了完整的社会救助制度体系。目前，中国社会救助制度体系以基本生活救助、专项社会救助、急难社会救助为主体，社会力量参与为补充，建立了分层分类的救助制度体系。具体的内容为“8+1”模式，即最低生活保障制度、特困人员供养制度、受灾人员救助制度、医疗救助制度、教育救助制度、住房救助制度、就业救助制度、临时救助制度，加上社会力量参与。其中最低生活保障制度在社会救助体系中具有核心地位。

（一）最低生活保障制度

1. 城市居民最低生活保障制度

城市居民最低生活保障制度最初于 1993 年在上海建立，1999 年 9 月《城市居民最低生活保障条例》颁布，标志着该制度在全国建立。经过二十几年来的完善和发展，已经在全国所有城市和县镇形成了一整套规范的操作程序和管理体制。制度遵循保障城市居民最低生活的原则，坚持国家保障与社会帮扶相结合、鼓励劳动自救的方针，为家庭人均收入低于当地最低生活标准的城市居民提供保障。因此，该制度规定，持有非农业户口的城市居民家庭，共同生活的家庭成员人均月收入低于当地城市居民最低生活保障标准的，均有从当地人民政府获得基本生活物质帮助的权利。

城市居民最低生活保障所需资金，由地方人民政府列入财政预算，纳入社会救助专项资金支出项目，专项管理、专款专用。城市居民最低生活保障标准，按照当地维持城市居民基本生活所必需的衣、食、住费用，并适当考虑水电燃煤（燃气）费用以及未成年人的义务教育费用确定。

城市居民最低生活保障制度实施二十几年来，低保标准逐步提高，人均补助水平不断增长。但是保障人数、低保资金投入、低保总支出绝对额、低保支出在财政总支出中所占的比重在近几年都出现了下降趋势。从保障水平看，现行的城市低保标准比较低，而且各地保障水平差异较大（见表 10-2）。

表 10-2　　2010—2023 年全国城市居民最低生活保障实施情况

年份	城市低保总户数（万户）	城市低保对象总人数（万人）	城市低保平均标准［元/(人·月)］	城市低保月人均补助水平（元）	城市低保总支出（亿元）	城市低保总支出占财政支出比例（%）
2010	1 145.0	2 310.5	251.2	189.0	524.7	0.58
2011	1 145.7	2 276.8	287.6	240.3	659.9	0.60
2012	1 114.9	2 143.5	330.1	239.1	674.3	0.54
2013	1 097.2	2 064.2	373.0	264.0	756.7	0.54
2014	1 026.1	1 877.0	411.0	286.0	721.7	0.48
2015	957.4	1 701.1	451.1	316.6	719.3	0.41
2016	855.3	1 480.2	494.6	—	687.9	0.37
2017	741.5	1 261.0	540.6	—	640.5	0.32
2018	605.1	1 007.0	579.7	—	575.2	0.26
2019	524.9	860.9	624.0	—	519.5	0.22
2020	488.9	805.1	677.6	—	537.3	0.22
2021	454.9	737.8	711.4	484.1	0.20	—
2022	423.8	682.4	752.3	483.3	0.19	—
2023	—	663.7	785.9	—	—	—

资料来源：数据来自民政部发布的 2010—2023 年民政事业（社会服务）发展统计公报以及国家统计局发布的相关年份的中华人民共和国国民经济和社会发展统计公报。

2. 农村居民最低生活保障制度

农村居民最低生活保障制度的建立将农村救助制度覆盖人群从只针对五保户、灾民等特殊群体发展到覆盖所有的农村贫困人口，为贫困农民的生活带来了巨大的改观，在农村反贫困斗争中起了巨大的作用。20 世纪 90 年代，我国开始了农村低保制度的试点。1992 年，山西省左云县首次进行了农村居民最低生活保障制度的试点。2007 年国务院《关于在全国建立农村最低生活保障制度的通知》的发布，表明我国农村居民最低生活保障制度工作进入了制度化、规范化阶段。

农村居民最低生活保障制度的保障对象主要是家庭年人均纯收入低于当地最低生活保障标准的农村居民，主要是因病残、年老体弱、丧失劳动能力以及生存条件恶劣等原因造成生活常年困难的农村居民。保障标准要随着当地生活必需品价格变化和人民生活水平提高适时进行调整。资金的筹集以地方为主，地方各级人民政府要将农村最低生活保障资金纳入财政预算，省级人民政府要加大投入。

经过十几年发展，农村低保标准、人均补助水平均不断提升，各级政府的低保总支出绝对额也不断增长，但是，从整体上看，农村低保对象总人数出现了下降；且从保障水平来看，目前农村低保救助标准较低（见表 10-3）。

表 10-3　　2010—2023 年全国农村居民最低生活保障实施情况

年份	农村低保总户数（万户）	农村低保对象总人数（万人）	农村低保平均标准［元/（人·月）］	农村低保月人均补助水平（元）	农村低保总支出（亿元）	农村低保总支出占财政支出比例（%）
2010	2 528.7	5 214.0	117.0	74.0	445.0	0.50
2011	2 672.8	5 305.7	143.2	106.1	667.7	0.61
2012	2 814.9	5 344.5	172.3	104.0	718.0	0.57
2013	2 931.1	5 388.0	202.8	116.0	866.9	0.62
2014	2 943.6	5 207.2	231.4	129.0	870.3	0.57
2015	2 846.2	4 903.6	264.8	147.2	931.5	0.53
2016	2 635.3	4 586.5	312.0	—	1 014.5	0.54
2017	2 249.3	4 045.5	358.4	—	1 051.8	0.52
2018	1 901.7	3 519.1	402.8	—	1 056.9	0.48
2019	1 892.3	3 455.4	444.6	—	1 127.2	0.47
2020	1 985.0	3 620.8	496.7	—	1 426.3	0.58
2021	1 945.0	3 474.5	530.2	1 349.0	0.55	—
2022	1 896.7	3 349.6	582.1	1 463.6	0.56	—
2023	—	3 399.3	621.3	—	—	—

资料来源：数据来自民政部发布的 2010—2023 年民政事业（社会服务）发展统计公报以及国家统计局发布的相关年份的中华人民共和国国民经济和社会发展统计公报。

从上面分析可以看出，我国城乡低保的整体水平偏低，低保制度对救助对象的需求满足程度有限。但是，如果要提高救助标准，就需要增加政府的财政投入。我国贫困人口规模对低保标准非常敏感，低保标准略微提高，贫困人口就会大幅度增加，提高救助标准涉及的资金总量就会很大。所以，在考虑提高低保标准和增加政府财政投入时一定要慎重。

（二）特困人员供养制度

特困人员供养制度的保障对象是无劳动能力、无生活来源且无法定赡养、抚养、扶养义务人，或者其法定赡养、抚养、扶养义务人无赡养、抚养、扶养能力的老年人、残疾人以及未满 16 周岁的未成年人。坚持托底供养、属地管理、城乡统筹、适度保障、社会参与的原则，为特困人员提供基本生活条件、对生活不能自理的给予照料、提供疾病治疗、办理丧葬事宜。

长期以来，我国先后建立起农村五保供养、城市“三无”人员救助和福利院供养制度，城乡特困人员基本生活得到了保障。《社会救助暂行办法》，将农村五保供养人员和城市“三无”人员保障制度统一为特困人员供养制度，我国城乡特困人员保障工作进入新的发展阶段。为解决城乡发展不平衡、相关政策不衔接、工作机制不健全、资金渠道不通畅、管理服务不规范等问题，切实保障特困人员基本生活，2016 年 2 月国务院印发了《关于进一步健全特困人员救助供养制度的意见》，该意见规定，以解决城乡特困人员突出困难、满足城乡特困人员基本需求为目标，坚持政府主导，发挥社会力量作用，在全国建立城乡统筹、政策衔接、运行规范、与经济社会发展水平相适应的特困人员救助供养制度，将符合条件的特困人员全部纳入救助供养范围，切实维护他们的基本生活权益。

民政部“2022 年民政事业发展统计公报”数据显示，截至 2022 年年底，全国共有农村特困人员 434.5 万人，全年支出农村特困人员救助供养资金 477.1 亿元；全国共有城市特困人员 35.0 万人，全年支出城市特困人员救助供养资金 55.9 亿元。

（三）受灾人员救助制度

国家建立健全自然灾害救助制度，对基本生活受到自然灾害严重影响的人员提供生活救助。其目的是通过救助，使灾民摆脱生存危机，同时使灾区的生产、生活等尽快恢复正常秩序。我国先后颁布了《中华人民共和国公益事业捐赠法》《国家自然灾害救助应急预案》等法律法规，完善灾害救助的规程，有效地解决了灾民的生产和生活问题。

2024 年 1 月，我国应急管理部发布信息显示，2023 年全国各类自然灾害共造成 9 544.4 万人次不同程度受灾，因灾死亡失踪 691 人，紧急转移安置 334.4 万人次；农作物受灾面积 10 539.3 千公顷；倒塌房屋 20.9 万间，损坏房屋 206.4 万间；因灾直接经济损失 3 454.5 亿元。与近 5 年均值相比，2023 年受灾人次、因灾死亡失踪人数和农作物受灾面积分别下降 24.4%、2.8%和 37.2%，倒塌房屋数量、直接经济损失分别上升 96.9%、12.6%。

（四）医疗救助制度

医疗救助制度主要保障医疗救助对象获得基本医疗卫生服务。享受医疗救助的对象主要为最低生活保障家庭成员、特困供养人员、县级以上人民政府规定的其他特殊困难人员。医疗救助的方式包括：对救助对象参加城镇居民基本医疗保险或者新型农村合作医疗的个人缴费部分，给予补贴；对救助对象经基本医疗保险、大病保险和其他补充医疗保险支付后，个人及其家庭难以承担的符合规定的基本医疗自负费用，给予补助。医疗救助标准由县级以上人民政府按照经济社会发展水平和医疗救助资金情况确定、公布。

2003 年 11 月，民政部、卫生部、财政部联合印发《关于实施农村医疗救助的意见》，明确了建立和实施农村医疗救助制度的目标和原则、救助对象、救助办法等。2005 年 3 月，国务院办公厅转发民政部等部门《关于建立城市医疗救助制度试点工作的意见》，计划进行两年试点后，再用 2~3 年时间在全国建立管理制度化、操作规范化的城市医疗救助制度。

2021 年 10 月，国务院办公厅印发《关于健全重特大疾病医疗保险和救助制度的意见》，要求及时精准确定医疗救助对象范围，确保医疗救助公平覆盖医疗费用负担较重的困难职工和城乡居民，根据救助对象类别实施分类救助。强调要夯实医疗救助托底保障功能，按照“先保险后救助”的原则，对基本医保、大病保险等支付后个人医疗费用负担仍然较重的救助对象按规定实施救助，合力防范因病致贫、返贫风险。按救助对象家庭困难情况，分类设定年度救助起付标准（以下简称起付标准）。对低保对象、特困人员原则上取消起付标准，暂不具备条件的地区，其起付标准不得高于所在统筹地区上年居民人均可支配收入的 5%，并逐步探索取消起付标准。低保边缘家庭成员起付标准按所在统筹地区上年居民人均可支配收入的 10%左右确定，因病致贫重病患者按 25%左右确定。对低保对象、特困人员符合规定的医疗费用可按不低于 70%的比例救助，其他救助对象救助比例原则上略低于低保对象。具体救助比例的确定要适宜适度，防止泛福利化倾向。

“2022 年全国医疗保障事业发展统计公报”数据显示，2022 年资助参加基本医疗保险 8 186.0 万人，支出 626.0 亿元，人均补助水平 764.72 元。2022 年实施住院和门诊医疗救助 11 829.0 万人次，住院和门诊每人次平均救助水平分别为 1 226.0 元和 84.0 元。

（五）教育救助制度

国家对在义务教育阶段就学的最低生活保障家庭成员、特困供养人员给予教育救助。对在高中教育（含中等职业教育）、普通高等教育阶段就学的最低生活保障家庭成员、特困供养人员，以及不能入学接受义务教育的残疾儿童，根据实际情况给予适当教育救助。教育救助根据不同教育阶段需求，采取减免相关费用、发放助学金、给予生活补助、安排勤工助学等方式实施，保障教育救助对象基本学习、生活需求。

2001 年，国务院发布的《关于基础教育改革与发展的决定》提出，从 2001 年开始对贫困地区家庭经济困难的中小学生进行免费提供教科书制度的试点，采取减免杂费、书本费、寄宿费等办法减轻家庭经济困难学生的负担。2004 年，民政部、教育部联合印发了《关于进一步做好城乡特殊困难未成年人教育救助工作的通知》，明确规定了教育救助的对象。2019 年 4 月，财政部、教育部印发《关于下达 2019 年城乡义务教育补助经费预算的通知》，将义务教育阶段建档立卡学生，以及非建档立卡的家庭经济困难残疾学生、农村低保家庭学生、农村特困救助供养学生四类家庭经济困难非寄宿生纳入生活补助范围。2020 年 8 月，中共中央办公厅、国务院办公厅印发的《关于改革完善社会救助制度的意见》提出，采取减免相关费用、发放助学金、安排勤工助学岗位、送教上门等方式，给予贫困学生相应的教育救助。

《2022 年中国学生资助发展报告》数据显示，2022 年接受学前教育资助、义务教育资助、中等职业教育资助、普通高中教育资助及普通高校教育资助的人数分别为 771.47 万人、7 518.11 万人、1 996.72 万人、1 269.62 万人、4 588.24 万人。从整体资助金额来看，2022 年我国累计投入教育资助金额 2 922.30 亿元，约为 2015 年投入金额的 1.21 倍，财政投入共计 2 098.76 亿元，比上年增加 91.72 亿元，增长 4.57%。其中学前教育资助金额 100.35 亿元，义务教育资助金额 577.35 亿元，中职教育资助金额 400.72 亿元，普通高中教育资助金额 168.29 亿元，普通高校教育资助金额 1 675.59 亿元。

（六）住房救助制度

国家对符合规定标准的住房困难的最低生活保障家庭、分散供养的特困人员给予住房救助。住房救助通过配租公共租赁住房、发放住房租赁补贴、农村危房改造等方式实施。城镇家庭申请住房救助的，应当经由乡镇人民政府、街道办事处或者直接向县级人民政府住房保障部门提出，经县级人民政府民政部门审核家庭收入、财产状况和县级人民政府住房保障部门审核家庭住房状况并公示后，对符合申请条件的申请人，由县级人民政府住房保障部门优先给予保障。农村家庭申请住房救助的，按照县级以上人民政府有关规定执行。

2007 年 8 月，国务院发布《关于解决城市低收入家庭住房困难的若干意见》，将住房救助的范围扩大到城市住房困难的低收入家庭，将住房救助的形式由单纯的实物配租扩大到发放租赁补贴和实物配租相结合，主要通过发放租赁补贴，增强低收入家庭在市场上承租住房的能力。

2014 年 11 月，住房城乡建设部、民政部、财政部三部委印发了《关于做好住房救助有关工作的通知》，对解决最低生活保障家庭、分散供养的特困人员的住房困难做了相应制度安排。对城镇住房救助对象，采取优先配租公共租赁住房、发放低收入住房困难家庭租赁补贴实施住房救助，其中对配租公共租赁住房的，应给予租金减免。对农村住房救助对象，优先纳入当地农村危房改造计划，优先实施改造。

2020 年颁布的《关于改革完善社会救助制度的意见》提出，对符合规定标准的住房困难的低保家庭、分散供养的特困人员等实施住房救助。对农村住房救助对象优先实施危房改造，对城镇住房救助对象优先实施公租房保障。探索建立农村低收入群体住房安全保障长效机制，稳定、持久保障农村低收入家庭住房安全。

目前，对符合规定标准的住房救助对象，主要有配租公共租赁住房救助、发放租赁住房补贴救助、提取住房公积金救助、适当减免租金救助、农村危房改造救助等救助方式。

（七）就业救助制度

国家对最低生活保障家庭中有劳动能力并处于失业状态的成员，通过贷款贴息、社会保险补贴、岗位补贴、培训补贴、费用减免、公益性岗位安置等办法，给予就业救助，确保该家庭至少有一人就业。最低生活保障家庭中有劳动能力但未就业的成员，应当接受人力资源社会保障部门等有关部门介绍的工作；无正当理由，连续 3 次拒绝接受介绍的与其健康状况、劳动能力等相适应的工作的，县级人民政府民政部门应当决定减发或者停发其本人的最低生活保障金。

2022 年中央财政下达就业补助资金 617. 58 亿元。提前下达 2023 年就业补助资金 432. 3 亿元，支持各地落实各项就业创业扶持政策。使用超过 1 000 亿元失业保险基金支持稳岗和培训。创新出台一次性扩岗补助政策、一次性吸纳就业补贴等阶段性政策，鼓励企业吸纳高校毕业生等群体就业，一共向 52 万户企业发放扩岗资金 27 亿元，惠及高校毕业生 192 万人。

（八）临时救助制度

国家对因火灾、交通事故等意外事件，家庭成员突发重大疾病等原因，导致基本生活暂时出现严重困难的家庭，或者因生活必需支出突然增加超出家庭承受能力，导致基本生活暂时出现严重困难的最低生活保障家庭，以及遭遇其他特殊困难的家庭，给予临时救助。国家对生活无着的流浪、乞讨人员提供临时食宿、急病救治、协助返回等救助。

民政部“2022 年民政事业发展统计公报”数据显示，2022 年全年共实施临时救助 1 100.1 万人次，其中救助非本地户籍对象 26.2 万人次。全年支出临时救助资金 120.0 亿元，平均救助水平每人次 1 090.5 元。

（九）社会力量参与

国家鼓励单位和个人等社会力量通过捐赠、设立帮扶项目、创办服务机构、提供志愿服务等方式，参与社会救助。社会力量参与社会救助，按照国家有关规定享受财政补贴、税收优惠、费用减免等政策。社会力量参与社会救助，相对政府的救助具有补充性、广泛性、社会性、灵活性、社会资源动员及救助高效率等特点。社会力量可以发挥补充和助手作用。2020 年 8 月，国务院办公厅印发了《关于改革完善社会救助制度的意见》，提出要通过购买服务、开发岗位、政策引导、提供工作场所、设立基层社工站等方式引导社会力量参与社会救助。

“2022 年民政事业发展统计公报”数据显示，截至 2022 年年底，全国社会组织捐赠收入 1 085.3 亿元，比 2020 年增长了 2.47%。全国备案慈善信托 948 单，慈善信托合同规模 44.0 亿元。全国共有经常性社会捐赠工作站、点和慈善超市 1.5 万个（其中慈善超市 3 680 个）。

《志愿服务蓝皮书：中国志愿服务发展报告（2021—2022）》数据显示，截至 2021 年 10 月 30 日，中国志愿者总人数达 2. 17 亿人，平均每万人中就有 1 544 人注册成为志愿者，约占总人口比例的 15.4%；志愿团体 113 万个，志愿项目 621 万个；累计志愿服务时长达 1 614 亿小时，人均志愿服务时长为 7.44 小时。中国志愿服务取得长足发展。

专栏 10-2　　社会救助与慈善事业

福利多元主义认为，人民获得的福利是多种制度福利提供的总和，社会中的福利来源于多个部门：家庭、市场、国家、志愿部门等。作为福利的提供方，任何一方对其他部门都有所贡献，就形成了一个社会的福利整体。社会福利多元部门中国家的作用是有限度的，其他部门需要分担福利责任，使福利产品的来源多元化。①

从根本上来说，社会救助是政府的责任。社会救助制度通常被视为纯粹的政府行为，是一种完全由政府运作的最基本的再分配或转移支付制度，其责任或义务通常

---

① 彭华民，等．西方社会福利理论前沿：论国家、社会、体制与政策［M］．北京：中国社会出版社，2009.

以立法方式加以确认。对于每一位公民来说，社会救助是他们应当享有的受法律保护的基本权利。

《中华人民共和国慈善法》规定，慈善活动是自然人、法人和其他组织以捐赠财产或者提供服务等方式，自愿开展的下列公益活动：扶贫、济困；扶老、救孤、恤病、助残、优抚；救助自然灾害、事故灾难和公共卫生事件等突发事件造成的损害；促进教育、科学、文化、卫生、体育等事业的发展；防治污染和其他公害，保护和改善生态环境；符合本法规定的其他公益活动。慈善组织是指依法成立、符合本法规定，以面向社会开展慈善活动为宗旨的非营利性组织。可以看出，慈善事业是自然人和慈善组织自愿组织与开展的慈善活动。

2014 年国务院颁布的《关于促进慈善事业健康发展的指导意见》明确提出，扶贫济困是慈善事业的重要领域，在政府保障困难群众基本生活的同时，鼓励和支持社会力量以扶贫济困为重点开展慈善活动，有利于更好地满足困难群众多样化、多层次的需求，帮助他们摆脱困境、改善生活，形成慈善事业与社会救助的有效衔接和功能互补，共同编密织牢社会生活安全网。

改革开放以来，我国慈善事业蓬勃兴起，以慈善组织为代表的各类慈善力量迅速发展壮大，社会慈善意识明显增强，人民参与各类慈善活动积极踊跃，在灾害救助、贫困救济、医疗救助、教育救助、扶老助残和其他公益事业领域发挥了积极作用，与政府的社会救助形成合力，有效发挥重要补充作用。

三、中国社会救助制度的发展方向

中国社会救助制度实施几十年来，特别是 20 世纪 90 年代以来，取得了巨大的成就，突出体现为制度体系不断完善、救助范围不断扩大、救助内容不断丰富、救助水平不断提高，尤其是党的十八大以来，以农村反贫困行动为主的脱贫攻坚战的成功，实现了我国在贫困治理方面的重大成就：消除了绝对贫困，有效保证了全面建成小康社会目标的实现，为未来进一步解决相对贫困问题、走向共同富裕打下了重要基础。然而，反贫困是一个不断持续和发展的过程，作为反贫困主要手段的社会救助制度仍然面临着新的挑战，需要进行不断改进，明确未来发展的方向以适应社会经济的发展。

（一）社会救助从绝对贫困治理向相对贫困治理的转变

我国虽然在总体上完成了现阶段脱贫攻坚任务，但农村中仍有许多脱贫地区和脱贫户存在返贫风险，防止返贫的难度很大，而在城市中还有不少贫困群众，巩固脱贫攻坚成果和防止返贫依然任重而道远。目前，我国已经实现了消除现行标准下农村绝对贫困的目标，在反贫困方面取得了阶段性成就。脱贫攻坚战取得全面胜利，这意味着我国已经完成了消除绝对贫困的历史任务，对贫困性质的界定应从绝对贫困提升到相对贫困，贫困治理的重点也要从消除绝对贫困转到解决相对贫困问题，我国贫困治理进入新发展阶段。

党的十九届四中全会已经提出“解决相对贫困”的要求。解决相对贫困问题是一个更加复杂、更加长期的任务。党的十九届五中全会对扎实推进共同富裕作出重大战略部署，我国已进入新的发展阶段，要在高质量发展中促进共同富裕。这就意味着，在未来一段时间的发展中，贫困治理既不能依靠简单的经济帮扶和物质救助，也不适宜采用“一劳永逸”的攻坚战方式，它需要在共同富裕的背景下，建立解决相对贫困的长效机制并提升贫困人群实现共同富裕的能力。社会救助制度作为最直接的相对贫困治理方式，仍发挥着对困难群众的基础性兜底保障作用，是实现高质量发展的基石。

1. 确定多维的相对贫困标准

建立相对贫困治理长效机制的前提是构建保障对象识别标准。目前我国社会救助保障标准设计比较简单，主要从单一收入维度来识别保障对象和设置保障标准，无法体现和满足不同特殊群体的差异性需求，仅仅保障救助对象的基本生存，而不能打破贫穷的循环。因此应将保障对象识别标准和保障标准从单一转变为多维，即通过多维识别实现多维救助，实现社会救助的目标从克服收入贫困上升到消除能力贫困，从保障基本生活到缩小生活差距，生存与发展相结合。

2. 采取更加积极的救助措施

改变社会救助制度仅是被动生存救助的角色，强调其预防贫困和防止贫困的作用，构建预防贫困、缓解贫困、防止贫困、阻止贫困的救助体系。尽可能考虑贫困人群的能力提升问题，不要让他们永远处在社会的最底层，自身不能翻身，下一代也不能翻身。重视向贫困人群提供更多更好的机会，增强贫困者摆脱贫困的能力和动机，如加强与困难群众能力提升和动机激励有关的就业服务、教育培训等。

3. 实现资源整合

由于部门分割、资源分散等阻碍，我国社会救助呈现出“碎片化”“打补丁”式的发展特征，普遍救助和专项救助项目共存。管理部门分散、各自为政使得各专项救助制度发展进程和目标不一，救助资源难以整合，不易形成救助合力，实际救助效果“打了折扣”。因此，社会救助需要破除“碎片化”弊端，从整体性角度出发，实现管理、服务、项目的资源整合，促进社会救助体系均衡化合理化发展。

（二）社会救助从专项救助向综合救助的转变

我国已经初步形成以居民最低生活保障制度为基础、以各种专项救助为补充的覆盖城乡居民的“8+1”社会救助体系，这一体系在我国保障贫困人员的基本生活、缓解贫困、维护社会稳定方面作出了巨大贡献。但不可否认，当前我国社会救助制度仍然存在不少问题，突出表现在专项救助方式的设置而导致的贫困线的“悬崖效应”——近贫人口缺乏保障的问题。

目前，我国的社会救助体系中，城乡居民低保制度初步解决了贫困人口吃穿等日常生活问题，但仍无法解决住房、就医、求学、就业、受灾、法律保障等方面的需求。为此，社会专项救助应运而生，这些社会救助工作集中在不同的领域、有不同的救助内容。但是从救助对象的确定来看，现行的专项救助基本参照城乡居民低保标准，救助对象主要是从低保对象中选择那些在医疗、教育、住房等方面存在困难的人员或家庭实施专项救助。这直接导致了近贫人口缺乏保障的问题。

近贫人口主要是指收入略高于贫困线的人口，这部分人口的家庭经济状况略高于当地低保标准，处于低保标准的边缘，申请低保救助又不符合城乡低保救助标准的条件，成为社会救助的盲区。近贫人口的生存环境其实与低保救助人群一样脆弱，收入水平相对较低，自身素质不高，就业机会较少，抵御各种风险的能力较弱，但是他们获得的救助和帮扶很少，长期以来只有临时性的一次性救助，缺乏长效的救助机制。低保制度逐步完善以后，低保户不仅可以享受到按月发放的低保金，而且在住房、供暖、医疗、教育、卫生等方面还可以享受到诸多优惠，使得很多近贫人口家庭的生活水平低于低保户，这些近贫人口家庭一旦出现收入中断或减少而支出大幅增加的情况，如遭遇灾害、子女教育或重病等问题，他们的实际生活状况很可能比受到救助的低保人群更加困难。我国社会救助制度没有充分考虑近贫人口的客观需求，各项社会救助过分集中瞄准贫困人群，从而造成所谓贫困线的“悬崖效应”，近贫人口救助呈现“空白点”，使得近贫人口与贫困人群之间得到的社会支持明显失衡。

我国还没有针对近贫人口采取有效的措施进行救助，这样很容易使这部分人口陷入贫困。国家应当采取什么样的救助措施来扶助近贫人口，使他们积极工作而不是不愿工作仅领取救助金，是我国当前需要研究的重要方向。可考虑的有效措施之一是将目前社会救助项目“碎片化”的专项救助设置方式转变为综合救助的方式。

1. 整合社会救助体系

突出最低生活保障制度的作用，将其构建为我国社会救助的核心制度，总揽针对不同弱势群体的各类现金救助项目，其保障对象涵盖因各种原因而陷入贫困的社会成员，包括老年人、残疾人、儿童、失业人员、患病人员、低收入人员等，不再针对特定群体制定单独的专项救助制度。

2. 整合社会救助管理主体

改变目前社会救助项目分散在政府各部门管理的状况（民政部门主管最低生活保障、受灾人员救助、医疗救助、临时救助、特困人员救助等工作，教育部门主管教育救助，住房城乡建设部门主管住房救助，人社部门主管就业救助），进一步理顺社会救助管理职能，组建一个独立的社会救助主管机构，把分散的社会救助职能集中在一个部门，统一管理社会救助各项目。

3. 精准救助

社会救助政策应避免“一刀切”的倾向，根据救助对象的不同特点和不同需求进行差异化救助。改变我国目前救助项目设置单一保障标准的状况（如最低生活保障制度只设立一个保障金额），构建保障标准体系，设置不同类别的救助标准，充分考虑受助对象个人或家庭的特殊情况和需求给予差异化、个性化救助，使受助人不但可应付基本生活所需，更可满足个人需要，如考虑残疾人员、老年人与儿童的特殊需要，区别健全儿童与残疾儿童的需要，这可在低保标准的金额设置上体现出差别。

专栏 10-3　　香港地区的社会救助制度

一、社会救助政策

20 世纪 70 年代，随着社会经济发展，香港地区的贫富差距问题越发严重。香港地区在 70 年代开始逐步建立社会救助制度。1971 年，香港地区推行公共援助计划，向有需要的贫困人口提供帮助。1973 年，香港地区为年老体弱及残疾人建立特别需要津贴计划，1988 年在该计划中补充了针对严重残疾人的津贴计划。为加大援助力度和拓宽覆盖范围，1993 年，香港地区实施了综合社会保障援助（以下简称综援）计划来取代原有的公共援助计划。1997 年，香港地区推出了“综援长者自愿回广东省养老计划”，并在 2005 年将该项计划扩展至福建省，更名为“综援长者广东及福建省养老计划”。1999 年确立了自力更生支援计划，作为综援计划下的一项计划。除此之外，香港地区的社会救助制度还包含公共福利金计划、三个意外赔偿计划等。

二、社会救助的主要内容

（一）综合社会保障援助计划

综援计划是香港地区社会救助制度的核心内容，救助目标是为因各种原因收入低于一定水平或处于贫困线以下的市民提供现金援助。综援计划类似于我国内地的最低生活保障制度，主要满足被救助者生活上的基本需要。该计划完全由政府财政承担，经费全部来源于税收。该计划的保障对象涵盖了因各种原因而导致收入不足的人，包括老年人、残疾人、失业人员、低收入者、患病者、单身人士、儿童等，其设置的项目总揽了各类现金援助计划，且只有一个核心主管机构——社会福利署，这些充分体现了“综合”的含义。

综援计划中还包含了两项特殊的计划。一是“自力更生支援计划”，主要包括积极就业援助计划、社区工作和豁免计算入息。该计划旨在帮助身体健全且有劳动能力但因失业而申领综援的低收入群体通过提高劳动技能的方式，消除就业障碍，重返劳动力市场，进而实现自力更生，减少福利依赖。二是“综援长者广东及福建省养老计划”，该计划为符合申请资格，自愿选择到广东或福建省养老的综援受助老年人继续提供现金援助。

（二）公共福利金计划

公共福利金计划为65岁及以上的老年人，以及严重残疾人，以现金津贴的形式按月提供救助，旨在应对因年老或严重残疾而引致的特别需要。包括以下四类津贴：普通高龄津贴、高额高龄津贴、普通伤残津贴及高额伤残津贴。除普通高龄津贴外，其他津贴的发放均无须申请人接受经济状况调查。

（三）三个意外赔偿计划

三个意外赔偿计划分别是暴力及执法伤亡赔偿计划、交通意外伤亡援助计划以及紧急救助计划。暴力及执法伤亡赔偿计划的对象是在暴力罪行或执法行动中的受害人或死者遗属。交通意外伤亡援助计划的对象是交通意外的伤者或亡者遗属。紧急救助计划则主要为遭遇天灾人祸的灾民提供紧急救助。这三项计划均不需要进行经济审查，主要以现金的形式予以救助。

此外，香港地区还为广大低收入群体和贫困群体提供免费或低收费的医疗、教育、公共房屋等均等化的基本公共服务。低收入群体或贫困群体可以依靠这些基本公共服务体系来满足他们在医疗、教育、住房等方面的社会需要，减少了他们对社会救助的依赖。

三、社会救助中的“自力更生”和“工作福利”理念

香港地区的社会救助制度不仅体现了西方补缺型社会福利的低水平、广覆盖的特征，也强调“自力更生”的理念，主张个人和家庭的责任，反对过度依赖政府。社会救助有严格的资格审查，保障对象要满足一系列条件，包括居港年限、收入审查，以及针对身体健全的失业人员领取的附加准则。

“自力更生支援计划”的提出，在一定程度上反映了香港地区的社会救助制度对“工作福利”理念的接纳和吸收。这项计划要求失业的综援申请人必须参与就业援助服务与有益于社会的无薪工作，强调受助人的“社会责任”，传达“综援是个安全网，只是最后选择”的信息，确保保障标准设计契合社会经济的状况，有助于鼓励失业人员再就业。可以看出，香港地区的社会救助制度不仅提供现金经济援助，而且为受助者提供就业培训、教育等以帮助失业保险金申领者提高自身素质和就业机会，协助他们实现再就业，保障标准的设计也致力于消除能力贫困和社会排斥。

深度阅读

1. 贝弗里奇. 贝弗里奇报告——社会保险和相关服务［M］. 北京：中国劳动社会保障出版社，2004.

贝弗里奇报告是社会保障发展史上具有划时代意义的著作，报告正文共分为六个部分。在报告的第六部分和其他相关部分，分别谈到了有关贫困及救助问题。报告对通过福利救济措施消除贫困的起源及其政策演变有着独到的论述，有助于学习如何通过社会保障消除贫困的政策含义。该报告的鲜明特点在于，把社会保险支出作为消除贫困的一项基本社会政策，明确通过国家提供福利的途径来保障消除贫困，明确致力于消除贫困的社会保障必须由国家和个人共同承担。

2. 王治坤，林闽钢. 中国社会救助：制度运行与理论探索［M］. 北京：人民出版社，2015.

本书由25篇研究报告组成，内容涉及社会救助法治建设、城乡低保、特困人员供养、医疗救助、临时救助、社会力量多元参与以及低收入家庭救助、国外社会救助经验比较等多个方面。全面展示了近年来我国社会救助理论研究的热点和社会救助改革发展的进展情况，比较借鉴了国外社会救助经验和做法，对我国完善社会救助制度提出了一

系列政策建议。

本章小结

贫困是一个复杂的概念，它的形成不仅在于资源短缺，还在于分配不公正和相对剥夺。衡量贫困的方法主要有贫困标准和贫困发生率。社会救助是基于对贫困问题的制度性研究而形成的，是一项反贫困的经济支持制度。实施社会救助制度应坚持公平优先的原则，同时应防止公平伤害效率而陷入贫困陷阱。世界各国都在努力探索反贫困的途径和办法，国外社会救助制度的政策实践与理论认识的发展提供了协调公平与效率的有益经验，可以作为我国完善社会救助制度学习借鉴的参照对象。目前我国已经初步形成以居民最低生活保障制度为核心、以各种专项救助为补充的覆盖城乡居民的“8+1”社会救助体系，取得了重要成就。脱贫攻坚战取得全面胜利意味着我国已经完成了消除绝对贫困的历史任务，贫困治理的重点也要从消除绝对贫困转到解决相对贫困问题，我国贫困治理进入新发展阶段。社会救助制度作为最直接的相对贫困治理方式，仍发挥着对困难群众的基础性兜底保障作用，是实现高质量发展的基石。

重要概念

贫困　贫困标准　贫困线　绝对贫困　相对贫困　贫困发生率　社会救助　恩格尔系数　贫困陷阱　负所得税

思考题

1. 什么是贫困？贫困有哪些类型？
2. 测量贫困的方法有哪些？
3. 致贫的原因有哪些？
4. 贫困的存在有何影响？
5. 如何理解社会救助的政府责任？
6. 社会救助的方式有哪些？
7. 什么是贫困陷阱？
8. 社会救助制度的主要内容有哪些？
9. 简述西方发达国家社会救助的主要内容与机制。
10. 西方发达国家社会救助的最新观念是什么？

11. 谈谈中国社会救助制度发展历程。

12. 中国特色社会救助体系包括哪些内容?

13. 简要分析中国城乡居民最低生活保障制度的运行情况。

14. 我国社会救助制度在新阶段面临什么问题? 应如何解决?

第十一章 社会福利理论与实践

社会福利是一个复杂的概念，在中国的社会保障制度中，它属于满足较高层次需求的社会保障制度。从高收入国家的历史看，随着一国经济的发展，社会福利制度将成为越来越重要的社会制度。

第一节　社会福利的一般理论

本节主要阐释社会福利的内涵与外延、社会福利理论的发展两个基本理论问题。

一、社会福利概念的内涵与外延

在社会保障众多的概念中，社会福利的内涵和外延是最难确定的，不同国家或地区可以从不同意义上使用这个概念。本节开头我们必须对社会福利概念进行一些必要的讨论，以明确论述的中心。

（一）不同层面上的社会福利概念

“福利”（welfare）一词的本义是幸福、美满。“社会福利”（social welfare）按照字面含义理解，是指改善全体社会成员物质、文化生活，提高其生活质量。在社会保障学术界，社会福利概念之所以出现很大的分歧，就是因为人们会各自从广义、中义或狭义不同层面上去理解它。

西方国家社会福利有着宽泛的含义，属于“大福利论”所包含的范畴，从广义上讲，它是指一切改善和提高人民物质生活和精神生活的社会措施，不仅包括我们所谓的社会保障内容，而且包括公共文化、免费教育、公共卫生等，其覆盖的对象是全体国民，提供的福利既包括物质生活方面，又包括精神生活方面。

在英国出版的《新大不列颠百科全书》中，“社会保障”不单独列目，而是被涵盖在“社会福利”条目下的两个主要的子项目中：一是社会工作——个人社会服务；二是社会保障——政府的福利项目。

在中国的台湾地区、香港地区，社会福利也是一个大概念。曾任台湾地区研究院院士的于宗先先生就认为广义上的社会福利应该包括医疗保健、国民就业、社会保险、福利服务、社会救助、国民住宅、环境保护等体系。① 香港地区也将综合援助、社会服务等列入社会福利范畴。

中义上的社会福利基本上是社会保障的同义语，是西欧国家普遍用来替代社会保障的一个概念，涵盖了政府和社会为国民提供的各种服务设施和社会保障的各项内容。第二次世界大战后，以英国为首的主要资本主义国家开始进入福利国家时代，建立了“从摇篮到坟墓”的庞大的社会福利体系。

狭义上的社会福利是社会保障体系中的一个组成部分，这与西方国家所使用的“大福利”概念有着很大的区别，体现的是“大保障”概念。所以，社会福利、社会保险和社会救助的概念都被涵盖在社会保障的范围之内。

我国所使用的社会福利概念就是一种狭义上的概念，主要是对社会弱势群体提供的带有福利性质的服务与保障措施，是对社会保险制度的补充，同时也指国家出资兴办的，旨在为社会全体成员谋利益的各种福利性事业和提供的各种福利性补贴。这已成为一种约定俗成的惯例。

由此可见，社会福利是一个典型的动态概念，它不仅受一国或地区的社会和经济因素的影响，而且受其文化与传统习惯、宗教以及价值观念的影响。在不同国家或地区与同一国家或地区的不同时期，社会福利的内涵都是不相同的。而且社会福利项目的数目也会随着社会经济发展水平的提高而不断增加，其保障水平和服务质量也随之不断提升。

（二）本书所界定的社会福利的内涵及其特征

本书遵从我国约定俗成的惯例，即社会福利是社会保障的一个组成部分，是社会保障体系中的最高层次，采用狭义的社会福利概念，同时，考虑到我国民政部门几十年的实践工作方式、工作重点和工作经验，综合将社会福利作如下定义：社会福利是指国家或政府为立法或政策范围内所有对象，普遍提供维持基本的生活水平以及尽可能提高生

① 于宗先．台湾地区经济成长与社会福利［M］//徐滇庆，尹尊声，郑玉嵌．中国社会保障体制改革．北京：经济出版社，1999：473-474.

活质量的资金和服务的社会保障制度。

其中，“提高生活质量”是基于社会福利与社会救助和社会保险的差别之处，而“维持基本的生活水平”则是基于我国民政部门实践工作的反映。

从上述社会福利的定义中，我们可以看出社会福利的以下四个特征。

1. 保障对象的普遍性和特殊性

与社会救助、社会保险和优抚安置等其他社会保障的保障对象只是面向部分人群不同的是，社会福利一方面是为立法或政策范围内的所有国民普遍提供的福利保障，其保障的对象是全体社会成员，没有阶层、职业、性别、年龄等方面的限制，满足广大社会成员的需求；另一方面又要满足某些特殊群体的特殊要求，帮助他们解决生活中的实际困难，保障他们的基本生活需要，如老年人福利、未成年人福利、残疾人福利等。

2. 保障水平的高层次性和发展性

社会救助、社会保险和社会福利是整个社会保障体系中由低到高、不断递进发展的三个不同层次的保障项目。社会救助保障的是最低生活水平，社会保险保障的是基本生活水平，而社会福利在社会保障体系中处于最高层次，其目的是满足受益人的发展的需要，不断提高受益人的生活质量，这是最能体现社会福利内涵的一个特征。

3. 保障目标的公平性和保障方式的多样性

社会救助的对象是贫困人口，贫困程度越深者，给予的救助就越多，社会保险待遇与缴费的期限以及保障对象过去的贡献和工资有关联，但是社会福利一般来说对所有享受对象给予公平的福利待遇，不会因为个人的工作性质及职务高低而有任何差异，也与个人的收入及家庭的贫富无关，在补贴人群中人人均等，享受服务时人人机会均等。

社会福利保障方式的多样性体现在不仅向人们发放部分现金和实物，而且通过向人们提供福利设施和相应的服务来实现其目标，如通过提供教育设施和义务教育服务来为未成年人提供教育福利，通过做义工来为老年人提供照料服务等。而且，社会福利还体现为多层次、多类型、多渠道，既包括国家举办投资的高层次福利，又包括依靠社会力量举办的集体福利和社会服务事业等。从举办的方式看，有集中的、分散的，有大型的、中型的、小型的，有单一型的、综合型的等，形成资金、物力来源的多渠道。

4. 责任主体和实施主体的非同一性

社会福利是政府主导的一项社会公益事业，其责任主体毫无疑问是政府。政府作为责任主体，不仅要承担社会福利的立法规范和政策制定责任，更重要的是承担社会福利资金。社会福利的经费来源于各级财政拨款，社会成员在社会福利制度面前不存在权利与义务相对应的关系，事先无须承担缴费的义务。

但是由于人们对社会福利服务的需求是多种多样的，其管理充满复杂性和多样性，这就决定了其实施主体不可能由政府完全包揽下来，必须鼓励政府、企业、社区、团体、家庭和个人共同参与，形成注重效率和质量的责任共担机制和社会化管理。这一点是与其他社会保障制度不同的地方，因为社会救助和社会保险所提供的待遇相对来说比较固定和单一，其责任主体和实施主体基本上都是行政管理部门，是同一的。

（三）社会福利的外延及其主要内容

虽然不同国家或地区和同一国家或地区在不同时期对社会福利内涵的理解不同，并且随着社会经济的发展而不断变化，由此推导出的社会福利的外延及其主要内容也千差万别，但基于前文对社会福利内涵所做的界定，本书认为一个完善的社会福利体系应当包括的内容如图 11-1 所示。

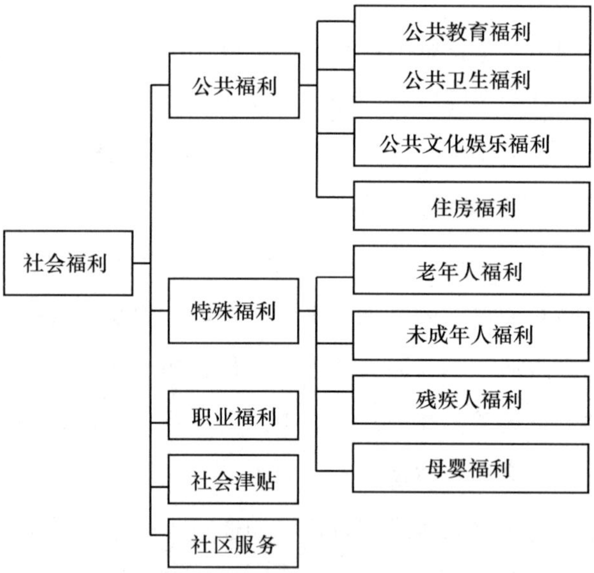

图 11-1　社会福利体系主要框架图

公共福利是指国家或政府通过直接投资、税收减免、财政补贴等手段，举办的各种旨在提高全体社会成员的生活质量和福利水平的社会福利项目。其中，公共教育福利包括义务教育、高校学生贷款计划等；公共卫生福利不仅包括医疗，还包括预防、保健等涉及公共卫生和人民群众身心健康问题的多方面内容；公共文化娱乐福利包括公园、图书馆、博物馆、群众艺术馆、文化娱乐中心等场馆以及各项体育运动设施等；住房福利包括住房公积金、廉租住房、房租补贴等内容。

特殊福利是指民政部门为残疾人、孤儿、生活无着落的老年人等具有特殊需要而又无力自理的人举办的福利事业。其中，老年人福利包括福利院、养老院等福利设施，老年人生活服务，老年人保健及老年人津贴等；未成年人福利包括儿童福利院、孤儿院、托儿所等福利设施，义务教育及日常照料，青少年活动中心及心理辅导等；残疾人福利包括残疾人工厂、盲聋哑学校等特殊教育、康复服务等；母婴福利包括妇女庇护所等福利设施、妇幼保健服务、妇女生育津贴、独生子女补贴等。

职业福利是与就业相关的，以工作单位为实体，以本单位职工生活质量提高为目的而组织实施的福利设施或福利补贴的总称。包括由企业或单位自主举办的生活福利津贴(如工作餐补助等)、集体福利设施及其他相关福利，其享受的对象主要是本单位的职工及其家属。

社会津贴是政府为了实现其总路线、总方针而对立法或政策范围内的社会成员提供保证一定生活水平的资金的社会福利项目。社会津贴是政策调整和深化改革的配套措施，目的在于调整某些社会群体的利益关系，其实质是对在政策调整过程中生活水平或生活质量可能下降的一部分人进行经济补偿。其发放范围是法定或政策规定范围内的全体社会成员，政府财政拨款是社会津贴的唯一经费来源。

社区服务，又称为社区型社会保障服务，是在政府的倡导和组织下，由社区居民自主建立的自治性的和自我服务的、小型多样的社会福利和社会服务体系。它承担的是社区内服务业、公用事业力所不及但又是社区居民日常生活所需要的、一些含有社会福利和公益性质的服务项目。其服务内容一方面是对有困难的老年人、残疾人、优抚对象等特殊群体提供帮助，另一方面是为社区全体成员维持正常的生活和提高社区居民生活质量提供服务。①

二、社会福利理论的发展

作为社会保障体系重要组成部分之一的社会福利制度，同其他社会保障制度一样遵循社会保障的一般理论原则，但同时作为社会保障体系中的最高层次，社会福利制度又有其自身独特的理论支撑。为避免理论研究的交叉重复，本书抛开中国民政部门的实际工作层面，以社会福利“提高国民生活质量”这一显著特点为切入点，从福祉经济学的发展新动态、经济社会发展衡量指标的变动，以及政府职能公共管理学说等理论中寻找

① 吴鹏森. 现代社会保障概论［M］. 上海：上海人民出版社，2004：432.

答案，探讨政府介入社会福利从而满足一般社会成员高质量生活要求的理论依据。

（一）福祉经济学的发展新动态：从偏好到快乐

多年来，澳大利亚社会科学院院士、莫纳什大学华裔经济学家黄有光教授对福祉（或快乐）的研究，大大拓展了传统福利经济学的研究领域和议题，有力推动了福祉经济学的发展。

黄有光教授认为，传统的福利经济学是有局限的，主要原因就是其研究仅仅停留在个人偏好等较客观的层次上，而没有进一步分析个人福祉或快乐等主观概念，但后者恰恰是更重要的，因为快乐才是人们追求经济发展的终极目标。

福利经济学一开始就分析相对客观的变量，如个人之间的生产、消费、收入和分配。20 世纪 30 年代无差异曲线分析兴起后，经济学家发现，不需要用边际效用的概念与基数效用的假设，只要知道消费者的序数偏好（由其无差异曲线显示），就可以推导出其需求曲线。对需求函数的分析，无疑是一大进步，因为它用较少的假设而得出同样的结论。但效用的概念却不够清晰，它可能指偏好、满足或福祉，也可能是三者的混合。现代经济学家试图用效用代表偏好来使这一概念更加精确，而且还与无差异曲线分析相联系，偏好被定义为仅是序数偏好，将基数效用作为过时的、无用的甚至是毫无意义的概念而拒之门外。

诚然，对于消费者选择或需求函数来说，基数效用是多余的，但是，在社会选择、最优人口、生命估价和不确定性等研究领域中也将基数效用的应用排除在外，就犯了省略不当的错误。黄有光教授进一步指出，即使没有排除基数效用，福利经济学在研究深度上也是不够的，因为它止步于偏好层面的研究，而没有进一步地研究福祉，但福祉是终极层面。我们希望为满足偏好而消费产品，所以从对产品的分析到对偏好的分析就深了一层。但是我们最终所要的是快乐或福祉，而不是偏好或偏好的满足。[①] 这样就使得福祉经济学的分析更加全面和实用，推动了福祉经济学向跨学科的纵深方向发展。

福祉经济学的最新发展动态给我们很好的启示：既然人生的终极目标是快乐，快乐比收入更重要（当然收入是增加快乐的一个手段），那么，政府的社会保障责任范围就不应该仅仅停留在对人们的经济保障的层面上，而应该追求人与自然、人与社会和谐发

① 关于黄有光教授对福祉经济学发展新动态的研究，可参见：
黄有光．福祉经济学：一个趋于更全面分析的尝试［M］．大连：东北财经大学出版社，2005：170-187.
黄有光．社会福祉与经济政策［M］．北京：北京大学出版社，2005：21-44.
黄有光．经济与快乐［M］．大连：东北财经大学出版社，2000：131-143.
黄有光．金钱能买快乐吗［M］．成都：四川人民出版社，2002：211-228.

展的其乐融融的终极目标。作为社会保障责任主体，政府的义务不仅要提供社会救助和社会保险，而且要提供社会福利，不仅要保障人们的最低生活水平（由社会救助来提供）和基本生活水平（由社会保险来提供），而且要保障人们的高质量生活水平（由社会福利来提供）。扩大包括社会福利在内的公共支出必然成为政府当然责任和应尽义务，并且成为文明社会发展的必然趋势。

（二）经济社会发展衡量指标的变动：从 GDP 到幸福指数

20 世纪中期以来，人类经历了从唯经济指数独尊的时代，到同时注重经济、社会、文化、环境等综合指数的时代，再步入一个强调人文指数的时代。这些转折不仅体现了半个世纪以来人类社会发展的阶段性特征，而且反映了对发展实践的反思。①

20 世纪 60 年代的发展观以追求 GDP 增长为特征，实质上反映了当时对于现代化的一种简单化理解。这种发展观的出现有其独特的历史背景：它在第二次世界大战之后发展中国家的实践中得以最充分体现，因为战后发展中国家面临的首要问题就是要尽快发展生产力，提高经济水平，脱离贫困状态，增强综合国力。在这种情势下，多数发展中国家所确立的发展战略都以 GDP 增长为首要目标。

经由这种发展战略，一些发展中国家确实促进了本国经济增速的加快。到 20 世纪 60 年代第三世界国家在总体上达到了联合国发展规划提出的国民生产总值年增长 5%的目标。然而，幸福才是终极目标，经济增长带来的财富不一定带来更多的幸福。② 财富仅仅是能够带来幸福的因素之一，人们是否幸福在很大程度上取决于很多和绝对财富无关的因素，例如，人们的身体健康状态、工作的稳定程度、婚姻状况以及人际关系等。

幸福指数最早是由美国经济学家萨缪尔森提出的，他认为，幸福=效用/欲望。我国有学者指出，幸福指数应是一个包括政治自由、经济机会、社会机会、安全保障、文化价值观、环境保护六类构成要素在内的国民幸福核算指标体系。简单来说，幸福指数就是我们通常所说的幸福感的量化，是指人们根据自己的价值标准和主观偏好对于自身生活状态所做出的满意程度方面的评价。

幸福指数不仅与个体的主观感受有关，而且与政府的政策息息相关。幸福体验能否成为一种切实的政策目标，关键在于政策可以在多大程度上影响民众的幸福体验。这说

---

① 沈杰. 从“GDP 崇拜”到幸福指数关怀——发展理论视野中发展观的几次深刻转折［J］. 江苏行政学院学报，2006（3）：65-70.

② 当然，尽管两百多年来高收入国家的幸福指数并没有相应增长，但财富增长是增加幸福指数的一个重要影响因素，不能因此而否认财富增长的重要性。

明政府能够为民众提供的生存与发展条件与民众的幸福体验有关，而民众所具有的生存和发展条件恰恰是政策可以关注并能够发挥作用的。作为社会政策重要组成部分的社会保障政策，尤其是社会福利政策的提供与否以及提供的水平，恰恰反映了政府对民众的幸福体验的关怀程度。一个追求幸福指数等人本化发展观的政府势必在制定政策时，充分考虑民众的总体幸福体验，不仅仅是为了追求经济增长而一味盲目追求 GDP 指标的上升，从而忘记经济与社会发展的终极目标是大众的福祉。为了实现幸福这一终极目标，任何国家或政府都应该重视社会福利政策的重大意义。从单一追求 GDP 增长到追求幸福指数等综合指标的变化，成为政府介入社会福利领域的一个重要理论依据。

（三）政府职能公共管理学说

社会福利的实现必须借助政府的职能，个人和市场难以办到。人类之所以以社会为载体而生存和发展，在于社会能够实现单个个体所不能胜任的社会任务，如提高教育水平、改善住房和交通条件、进行环境保护等。对于这些社会福利条件，单个个体往往缺乏实现的能力和激励，完全通过市场机制也不能得到有效解决，必须以政府为主导，调动社会的力量来解决。① 只有依靠国家和社会的力量，才能建立丰富多样的社会福利设施，提供各种服务。正是在这种情况下，才产生了社会福利，并有其存在的必要性。社会福利由于其实施的主体是国家和社会，其实施对象是全体社会成员，因此，所有社会成员依靠社会福利制度就能达到提高生活质量的目的。

第二节　西方国家社会福利制度及改革

一、西方国家社会福利制度的项目构成

西方不同国家的社会福利制度存在不同程度的差异，其社会福利制度的项目也各自不同，少到几十种，多到上百种，名目繁多，并且经常处于动态变化之中，不可能一一列举，这里仅列举几种常见的福利项目。

（一）老年人福利

随着世界人口老龄化趋势的加剧，老年人福利问题对经济和社会发展提出了严峻的

---

① 郭成伟，王广彬．公平良善之法律规制——中国社会保障法制探究［M］．北京：中国法制出版社，2003：492.

挑战，因此，各国都把老年人福利作为社会福利实施的重要项目之一。英国对于老年人的各种规定范围内的合理需求及保健医疗支出，包括恢复正常生活所需的支出，均通过国民保健服务免费予以提供。在英国，地方政府社会服务部门负责的福利服务包括养老院建设、家庭寄养、家庭援助、家庭友爱访问、洗涤和膳食服务、家庭生活用品的配备以及娱乐中心建设与休闲活动。美国把福利性现金资助作为一种补充性所得保障措施来对所有 65 岁以上高龄者和残疾人中的低收入者推行，内容包括福利性日常生活费的现金资助及相当于现金资助的食品券，如家庭护理服务、交通服务、图书服务、购物服务、食品供给服务、法律扶助、职业咨询、职业培训等。瑞典政府建立了许多养老机构，如养老院、退休老年之家、服务楼等，配备生活、医疗、娱乐设施；居家老年人可从国家获得贷款和住房补贴，用以改善老年人的居住条件；退休老年人还可在购买助听器、残疾人专用车、眼镜架等方面得到资助；老年人看戏、看电影、参观博物馆、乘坐公交车等均可享受半价优待。德国对在家护理老年人的家属提供护理津贴等。护理服务已经构成了当今老年人福利的中心课题，也是衡量老年人福利水准的一个重要标志。

（二）家庭津贴

家庭津贴是家庭福利政策的组成部分，主要是为了保证儿童的顺利成长，给予有子女家庭一些津贴补助，减轻家庭抚养子女的负担，提高国民素质，体现了社会责任。家庭津贴的支出大部分由政府和雇主承担。不同国家的家庭津贴的发放对象、项目均有所不同。在德国，新生儿的父母可享受父母津贴，可以有一年的时间在家照顾孩子，在此期间可以得到相当于原工资 67%左右的收入。荷兰制订了儿童津贴补助计划，儿童津贴的资金由政府拨给，抚养一个或更多子女的所有荷兰公民以及在荷兰工作并纳税的外国公民，只要加入儿童津贴保险计划就可以得到补贴。荷兰儿童津贴的享受期限一般为 17 年，如果接受假日培训或进行进一步深造的话，可以延长至 24 年。美国的家庭补助项目由联邦政府和州政府共同出资，向贫困家庭提供现金补助。享受补助家庭多数是单亲家庭，以及父母中有一人无劳动能力或长期失业的家庭，这类家庭的户主多为女性。在福利国家中，法国的家庭福利实行得最为彻底。法国家庭补贴制度针对在法国定居的有子女家庭发放，项目种类多，有生育补贴、多子女家庭补贴（对 3 个以上孩子的家庭给予补助）等，家庭补贴费用全部由雇主负担，一般为员工工资总额的 9%。瑞典的儿童健康补助对照顾 12 岁以下生病子女者提供临时健康补助，这种健康补助前 14 天的标准为照顾者原来工资收入的 80%，第 14 天以后的标准为照顾者原来工资收入的 90%。临时健康补贴的领取时限为每个 12 岁以下生病子女每年不超过 60 天。[①] 在加拿大，若小孩的父母均工作，又不能付全日托费用，可申请日托津贴。同时，妇女的孕产期福利等也为保障家庭和谐、儿童的健康成长创造了良好的条件。

（三）残疾人福利

残疾人福利的实施主要是为了帮助残疾人最大限度地康复，援助其生活以使其自立，并为他们能像其他社会成员一样参加社会所有领域的活动而创造条件。

英国的残疾人福利主要是强调为残疾人就业创造条件，以便残疾人能与正常人一样自立生活。如英国立法规定企业有吸收残疾人就业的义务。他们还通过残疾人登记制度并根据其工作的可能性来进行职业训练、职业介绍以及改善职业环境等，同时在津贴方面予以帮助。如英国每周支付保姆津贴或残疾照顾津贴给残疾人，支付活动津贴给 5～75 岁不能行走者，以补充他们在行动方面发生的额外支出，从而改善残疾人的处境，提高其生存能力，并尽量与社会相融合。

1972 年，美国政府将三项联邦政府和州政府共同举办的福利项目——老年人补助、盲人补助和永久性完全残疾人补助合并为一项完全由联邦政府管理的“补充保障收入”（SSI），主要面向 65 岁及以上的老年人、盲人、残疾人和低收入人群。补充保障收入的获得与之前工作的积累无关。目前，该项目的资金来源于联邦政府、州政府和下一级地方政府，但行政管理主要由州政府和下一级地方政府负责，并由其决定接受援助的资格标准和收益水平。同时，国会还制定了最低收益标准和工作激励方案，旨在使伤残者有更多获取收入的方式和机会。该项目的限制条件非常苛刻，符合领取条件的多数是盲人和残疾人，因此在历次的福利改革中所受冲击较小，运行一直比较稳定。根据美国社会保障署发布的数据，每年盲人和残疾人补充保障收入项目支出总额占总支出的比重始终呈上升势头，1975 年为 55.97%，1995 年达到 84.32%，2005 年达到 86.67%，2017 年则高达 89.42%。

瑞典法律规定，残疾人拥有与正常人一样的受教育权利，地方政府必须为残疾人教育提供必要的条件和服务；禁止就业中歧视残疾人，政府鼓励企业雇用残疾人，对雇用残疾人或者因雇用残疾人而导致成本增加的企业，政府提供一定的补贴。瑞典社会服务制度还对残疾人提供日常生活与工作所必需的其他服务，包括基本技能培训、语言装置、听力装置以及运输服务等。

---

① 丁建定．瑞典社会保障制度的发展［M］．北京：中国劳动社会保障出版社，2004：205.

（四）医疗保健福利

在英国，医疗服务几乎都由国家承担责任，由全国性的国民卫生服务系统提供，病人从初级医疗到医院服务，几乎都是免费的。英国强调医疗的国家供给，主要是从国民素质提高的角度加以考虑的。从选民的意愿看，疾病是风险很大的事件，医疗开支的风险也很大，国家医疗可以充分应对这些风险，因此对这个项目的支持率很高，即使是在20世纪80年代的改革中，民间调查显示对国民卫生服务系统仍然有较高的支持率。

（五）教育福利

教育一般被看成是福利国家的主要产品之一，其意义不仅在于满足居民需要，更重要的是提高劳动力素质。世界上许多国家都实行有年限规定的义务教育。如英国公立学校的初等教育和中等教育是免费的，由国家拨付教育基金，学生书本和学习用具也是免费的，学校食堂提供廉价午餐，有的学校还用校车免费接送学生。在残疾儿童等特殊学校就读的学生还可享受免费午餐。私立学校是自费的，但其学生只占全部学生总数的4%。高等教育实行收费制，但90%的大学生可得到政府设立的奖学金和其他津贴。对义务教育结束后未能升入高等学校的青少年，政府仍提供免费继续教育机会。瑞典所有中小学生在公立学校就读，均免交学费、书本费，并有免费午餐。16~18岁的在校学生以及家庭住处离学校6千米以上的学生每月可获得一定数额的补助。高等学校的学生免交学费，还可获得国家提供的奖学金和无息贷款。在德国，免费教育是每个人在青少年时期都可以享受的社会福利。德国从小学到大学的各类学校绝大多数都是公立学校，教育经费由州和市镇两级政府支付，学生（包括外国留学生）上学免交学费。

（六）住房福利

住房福利也是社会福利的重要组成部分，其目的是借助国家和社会力量来解决低收入居民的住房问题，它对于人们基本住房需要的满足起着重要作用。虽然住房不像疾病那样具有高风险，它是一种经常性需要，因此应当像其他生活必需品一样首先依靠市场来解决，但住房是人们消费中最大宗的支出，低收入者支付能力不足，导致住房环境恶化，不仅影响其本人生活质量，还造成了环境恶化，这正是政府出面干预住房领域的主要原因。英国一方面由地方当局出面兴建大批公房，然后向居民低价出租，并鼓励居民以30%~50%的折扣优惠购房，或是以抵押贷款方式购房；另一方面是实行住房津贴制度，给租房者提供房租补贴，补贴最多的可完全覆盖房租。瑞典自1969年起实行家庭住房补贴制度，对社会特殊成员，如领取残疾恤金、遗属恤金和基本养老金的人员及家庭，通过经济状况调查后，由地方政府发给数额不等的住房补贴，用于支付房租。同时对自建住宅和修缮住宅提供低息贷款。住房补贴的资金全部来源于中央政府。

二、西方国家社会福利制度的改革与发展前景

（一）社会福利制度改革的时代背景

继第二次世界大战后的“黄金时代”之后，从 20 世纪 70 年代末开始，几乎所有的福利国家开始对本国的社会福利制度进行了不同程度的改革或调整。之所以要改革调整，是因为福利国家开始面临普遍的“福利危机”，这直接构成改革或调整的时代背景，具体表现在以下三个方面。

1. 政治原因：不同政党的折中选择

第二次世界大战以后直至 20 世纪 70 年代，福利国家得到了迅速发展，各国社会福利开支迅速增加，福利国家的一个明显特征是推行高补贴、高福利、高税收和高保护政策。这种政策保护了市场上和社会上的弱者，在一定程度上抑制了强弱之间的分化和收入过分悬殊，但它削弱了市场机制的力量，妨碍了竞争，严重制约了生产效率。这种削弱市场力量、削弱竞争、保护落后、抑制分化淘汰的政策，是各福利国家经济在 20 世纪 70 年代陷入“滞胀”困境的主要原因之一。经济学家丹尼斯·斯诺（Dennis Snower）认为，福利国家的想法不是在经济上，而是在政治上失败了。因为社会福利制度在工业国家中已经成为广大中产阶层的战利品，成了人人有份的再分配机器，它越来越阻止不了最需要帮助的人状况的恶化。

20 世纪 70 年代，在福利国家经济“滞胀”、失业人数增加，社会福利制度面临各种各样的困难时，各国政党因受到各种客观因素的制约都不可能不计后果地走极端。保守主义政党想要取消社会福利制度，又怕失去人心，所以只能在情况所允许的范围内，在一定程度上对社会福利制度进行一些调整；而社会民主党（或与其持相同立场的政党）本来就把社会福利制度及其所带来的社会平等作为“民主社会主义”的目标之一，无论如何也不想放弃这一目标，但在福利国家面临危机、反福利制度的呼声日益高涨的情况下，也不得不考虑对现行的社会福利制度进行一些削减，在一定范围内作一些调整。因此，自 20 世纪 70 年代以来，各国政府普遍开始了对社会福利制度的改革。

2. 经济原因：福利支出与经济增长之间严重失衡

迫使福利国家对社会福利制度进行改革的主要原因是，西方发达国家的经济增长速度下降甚至出现停滞，从而导致失业和贫困人数增加，结果是带有刚性特征的社会福利

支出不得不提高，其增长幅度大大高于同期整个经济的增长幅度。

20世纪70年代以后的经济危机彻底结束了西方国家经济持续增长的繁荣局面。由于石油危机的困扰，许多西方国家的经济发展步履艰难，增长缓慢，通货膨胀问题严重，财政赤字居高不下，从而使各国经济普遍陷入困境。

由于经济增长缓慢甚至出现负增长，各国失业和贫困人数不断增多，这在客观上要求不断增加社会福利开支，从而使社会福利成为经济和财政的沉重负担。在英国，社会福利计划的各项开支占到了公共支出的50%。在德国，包括社会保障、健康、住房和教育的福利支出在国内生产总值中的比例大约为1/5~1/3。

为了消灭财政赤字、平衡政府预算，各国政府只能采取高税收政策，但高税收带来的一个严重问题是企业成本增加，企业要投入更多的资金纳税。

3. 社会原因："福利依赖"群体增多，各种社会矛盾突出

在经济增长缓慢甚至停滞的情况下，社会福利制度日益成为各国的沉重包袱，引起社会上不同阶层利益群体的不满。由于社会福利制度支付水平过高且项目众多，相当一部分人宁愿选择失业也不肯工作。在部分国家，一个没有工作、在家照顾孩子、领着社会福利津贴的人有时会比那些生活在底层社会的劳动者"赚"得更多。在美国、加拿大和一些西欧国家，甚至出现了福利制度下的"福利妈妈"——单亲家庭的母亲坐享社会福利且较少或根本不必付出。

英国新自由主义学派甚至认为，福利国家的概念本身就是不道德的，把福利国家看成是一个摧毁一切个人自由的怪物。他们主张取消最低工资保障法和社会保险法，认为社会福利制度只能鼓励懒惰，使市场经济衰退①，认为社会福利制度不是有利于而是最终会危及社会的安定。

正是由于上述政治、经济、社会等诸多方面的原因，从20世纪80年代开始，各福利国家纷纷对本国社会福利制度进行改革或者调整。

（二）西方国家社会福利制度改革的整体思路和发展潮流

由于各国的福利模式各不相同，改革调整的具体措施也呈现千姿百态，但依然有许多共同的改革思路和发展潮流。

1. 福利理念中注入市场经济价值观念，强调国家责任和个人责任的合理分担

第二次世界大战后欧洲各国为抗衡社会主义，在福利政策中采用了很多社会主义阵

① 哈耶克. 衰退作为解决通货膨胀的唯一对策［M］//杨祖功. 西欧的社会保障制度. 北京：劳动人事出版社，1987：20.

营中实施的国有经济原理。关于国民的生活保障责任问题，过去许多国家比较偏重于国家责任，即通过从国家财政中拨出大量的资金来建立和完善社会福利等社会保障制度，从而保障和提高广大国民的生活质量。正是基于这种认识，许多国家把越来越多的财政用于社会福利事业的建设。

但是随着国有经济因素比重的逐年增长，这种福利政策与以竞争为规律的资本主义经济发展产生了较多的冲突，出现了牺牲效率求取平等的失控状况。这种情况要求福利领域要强化市场经济的因素来维持平衡。

同时，随着年轻一代的成长和价值观念的更新，人们对政治化的福利感到厌恶，希望建立以自由主义和个人主义为基础的社会福利体系。这与保守势力的主张相接近，因此，容易被保守党吸收到其政策中去。人们开始重视社会福利与社会经济之间的协调发展，许多国家在改革社会福利制度中更加注重个人在生活保障中的责任和作用，从而达到国家责任与个人责任的平衡，纠正过去两者之间的失衡状况。以长期照护为例，在人口老龄化背景下照护成本日益攀升，发达国家长期照护制度的改革实践呈现出政府角色后退，家庭和个人的责任被重新强调的趋势。即便是普惠型的长期照护筹资模式也不排除提高资金的针对性。①

2. 福利模式补救化，改革措施更加激进

福利国家纷纷转向补救模式，纠正社会福利全民普遍性享受的做法，做到急人所需、物尽其用。例如，撒切尔夫人执政时的英国政府摒弃了享受保障合理合法的观念，转而接受补救模式的观念；美国则始终坚持补救模式，养老保险的对象严格局限于缴纳过保险费的退休者和贫困者，而且其保障水平还在不断削减；瑞典自 1980 年起规定了最高养老金的限额，限额之上的高额年金全部由雇主和自我雇佣者出资。②

为了减轻社会福利制度对国民经济的损害，福利国家普遍采取的改革措施就是大幅度开源节流、削支增收。一方面，通过提高员工缴纳的社会保险费的上限、征收社会保障所得税、提高医疗保健服务收费标准等手段来增加社会福利的收入。据经济合作与发展组织估计，1978—1983 年，德国员工社会保险税占劳动收入的比例从 19. 3%提高到 20. 9%，英国从 8. 8%提高到 10. 1%。③ 社会保障给付本来是免费的，但英国从 1982 年起对失业津贴开始征税，其他国家也规定对养老金、疾病保险金、残疾补贴、失业救助

① 李珍，赵青. 需求溢出理论下的长期照护制度安排与政策意蕴——基于微观数据的溢出需求识别［J］. 社会保障研究，2021（1）：15-23.

② 孙月平，刘俊，谭军. 应用福利经济学［M］. 北京：经济管理出版社，2004：75.

③ 陈银娥. 社会福利［M］. 北京：中国人民大学出版社，2004：297.

金等征收一定的所得税。另一方面，通过削减福利项目、降低福利发放标准、严格福利发放的资格条件、缩小覆盖范围等手段来减少社会福利的支出，从而缓解社会福利的财政困难。

3. 福利提供主体不断私有化、地方化和社区化

为了达到既缩小社会福利规模从而减轻国家负担，又保证国民生活质量不下降的目的，从 20 世纪 80 年代开始，许多福利国家纷纷采取私有化的措施。所谓私有化，就是在社会福利领域形成自由竞争、国民自由投资的局面。为此，各国逐渐降低对政府补助的依赖，回归到以私立机构为福利服务提供的主体，在慈善事业中逐渐加入商业色彩，以一种较新且更具有营利性的风气来经营服务的供给，同时强调使用服务者需要付费，使社会福利原有的利他动机被取代。

伴随社会福利私有化而来的就是福利主体的地方化和社区化。在澳大利亚，联邦政府除拨款和管理以外并不提供直接的老年人福利服务，州政府和市郡政府是向老年人提供院舍护理和社区照顾的主体。①

社区作为一种新的组织形式获得了极大的发展，以社区为基础的市民运动强化了社区的自治力量。社区福利作为一种新型的福利形式应运而生，在社会福利体制改革潮流中起着举足轻重的作用。

第三节　中国社会福利制度的实践

与西方国家不同的是，中国一直以来都是在狭义上使用社会福利的内涵和外延。无论是学者专家，还是政府官员，都将社会救助、社会保险、社会福利等一同纳入社会保障体系，成为社会保障事业的重要组成部分。理论上社会救助、社会保险和社会福利之间存在一个逐步发展的梯度，社会福利处于最高层次，目的在于提高人们的生活质量，但在政策实践层面上，作为社会福利重要内容的民政福利却被异化为社会救助，其服务对象亦是老、幼、病、残等社会弱势群体。在这里，本书作者依据中国的惯例，使用狭义社会福利概念，并对中国社会福利制度发展的理论及实践作一个全面系统的梳理。

一、中国社会福利制度的发展历程

中国社会福利制度始建于 20 世纪 50 年代，从历史的角度看，这一制度的选择和发

① 孙月平，刘俊，谭军．应用福利经济学［M］．北京：经济管理出版社，2004：76-77.

展深受本国传统文化、社会历史、政治经济发展战略的影响，大体上可以分为创建时期、曲折发展时期、恢复调整时期、快速发展时期和全面发展时期五个不同的发展历程。

（一）创建时期（1949—1958 年）

20 世纪 50 年代初期，随着我国以国家保障为主、适应计划经济体制要求的社会保障制度的建立，国家开始创建新型社会福利制度。社会福利制度创建时期的主要任务就是对中华人民共和国成立前遗留下来的社会福利设施进行改造，使它们成为官办的社会福利设施。中华人民共和国成立初期，政府接管了一些旧的慈善团体和救助机构，并在此基础上加以改造，建立社会福利院、敬老院、儿童教养院等，收养安置了无依无靠、无生活来源的孤寡老人和孤残儿童等。这样中华人民共和国成立前的官办、民办和教会办的社会福利事业完全演变成官办的社会福利事业，从而拉开了对特殊群体实施社会福利的序幕。

同时，这个时期我国还开始建立职工福利制度，如职工探亲补贴和职工冬季取暖补贴等，规定工会具有改善职工物质生活和提高精神文化生活质量的责任，工会会费中的一部分可用作职工困难补助，从单位行政事业费中开支福利费。职工福利制度的建立大大拓展了我国社会福利制度的实施范围。

这一时期国家创建的社会福利制度不仅得到《中华人民共和国工会法》（1950 年）和内务部、财政部、中国人民银行印发的《关于城市烈属、军属和贫民生产单位的税收减免和贷款扶助问题的通知》，以及国务院印发的《关于职工生活方面若干问题的指示》等法律政策的有力支持，而且获得了资金上的保证。虽然由于资源的贫乏，这一时期的社会福利事业带有明显的救助色彩，但它毕竟开创了国家创办社会福利事业的先河，并取得了一定的成绩。据不完全统计，1954 年全国 52 个大中城市共有 220 000 名贫困人员获得了工作机会，到 1956 年，民政部门已收容改造 426 000 名游民和妓女，开办了 90 个安置农场并向 26 000 名流浪汉提供了工作。①

（二）曲折发展时期（1958—1976 年）

1958 年，全国掀起了“大跃进”运动，社会福利项目和实施范围盲目扩大，脱离了实际的高福利造成了严重的浪费，接踵而至的三年困难时期给人们生活带来了很大的问题，促使国家进行了一系列的调整。1963 年，中央国家机关工作人员的福利费从 1958

---

① 郑秉文，和春雷．社会保障分析导论［M］．北京：法律出版社，2001：203.

年按工资总额的1%提取提高到按2%提取，职工食堂、幼儿园等也都进行了相应的整顿。

“文化大革命”时期内务部取消，社会保障制度发展停滞，社会保险走向“企业保险”，社会福利资金不足促使社会福利事业形成了“企业办社会”状况。

“企业办社会”的不良后果就是增加企业成本，制约企业的发展，单位职工福利也受到很大的影响。由于各单位的生产发展停顿，职工社会福利基金来源无法得到充分保证，职工的住房社会福利、补贴福利，以及各种娱乐文体活动等开展受阻。

（三）恢复调整时期（1976—1986年）

“文化大革命”结束以后，作为国家福利事务主管部门的民政部得以重建，社会福利的工作重点是重建各级工作组织体系，恢复、调整、扩大业务范围以及明确工作任务。1982年4月，民政部发布并实施《城市社会福利事业单位管理工作试行办法》，对城市福利院等机构的管理提出了相应的要求。1984年3月，中国残疾人福利基金会成立，标志着中国残疾人福利事业开始走向社会化。在职工福利方面，国家重新修改和增设了职工的生活补贴和各种福利待遇，同时把企业福利经费的提取与企业经营绩效相连接，规定了在企业基金中分配福利基金的一系列办法。对社会福利制度中的不合理的、与市场经济不相适应的现象进行了一系列的改革，改变由国家和企业包揽社会福利事业的单一体制，发动和依靠社会力量，调动社会各方积极性，发展社会福利事业。到1986年，民政部制定了新的五年规划（1986—1990年），较明确地提出了社会福利事业改革发展纲要，包括变单一的国家负担为国家、集体、个人三方共同负担，由“救助型”转变为“供养与康复相结合型”的服务方式，扩大城乡社会福利企业的规模，以便为残疾人创造更多的就业机会，并争取非政府组织的支持等。① 明确的方针政策使得这一时期的社会福利事业得到了迅速恢复与发展，新时期的社会福利工作朝着社会化的方向逐步发展，由此也拉开了社会福利事业快速发展的序幕。

（四）快速发展时期（1986—1999年）

1986年“七五”计划（1986—1990年）的颁布实施，标志着社会福利事业进入了一个全新的快速发展时期，福利事业的管理引起了政府的重视，相关立法进程明显加快。1987年6月，经国务院批准，中国社会福利有奖募捐委员会在北京成立，并通过了

① 黄黎若莲. 中国社会主义的社会福利——民政福利工作研究［M］. 北京：中国社会科学出版社，1995：89.

《中国社会福利有奖募捐委员会章程》《发行社会福利有奖募捐券试行办法》。1988 年 3 月，中国残疾人联合会成立。1990 年 12 月，《中华人民共和国残疾人保障法》颁布，以法律条文的形式明确了残疾人享有的康复、教育、劳动就业、文化生活、社会福利等权益。1992 年 4 月，《中华人民共和国妇女权益保障法》颁布，明确规定了妇女应享有的各项权益。1993 年 4 月和 8 月，民政部先后发布《国家级福利院评定标准》《社会福利业发展规划》，提出了社会福利院与社会福利企业的发展规划与相关标准。1994 年 1 月，国务院颁布《农村五保供养工作条例》；同年 8 月，国务院颁布《残疾人教育条例》，首次用法规的形式对残疾人教育问题做出规范；同年 12 月，民政部先后发布《中国福利彩票管理办法》《有奖募捐社会福利资金管理使用办法》，对福利彩票这一新兴的筹集福利资金的重大举措进行了相应的规范。1996 年 8 月，《中华人民共和国老年人权益保障法》颁布，首次为保障老年人的合法权益提供了法律依据。1997 年 4 月，民政部与国家计划委员会联合发布《民政事业发展“九五”计划和 2010 年远景目标纲要》，进一步明确了福利社会化的改革目标和政策取向。1999 年 6 月，《中华人民共和国公益事业捐赠法》颁布，以法律形式规范社会捐赠；同年 12 月，民政部先后颁布《社会福利机构管理暂行办法》《关于开展民办非企业单位复查登记工作意见》，开始将各种福利机构与公益机构纳入统一、规范的轨道。由此可见，这一时期的中国社会福利事业获得了快速的发展。

（五）全面发展时期（2000 年至今）

如果说前一时期中国社会福利事业发展的主要特点是快速发展的话，那么，进入 21 世纪以后，中国社会福利事业的发展则主要表现在对原有制度的完善与资源的开拓方面。2000 年 12 月，由民政部和联合国儿童基金会等多家单位联合举办的“首届全国社会福利理论与政策研讨会”的召开，标志着中国社会福利事业进入了理论与实践全方位发展的新时期。一方面，有关残疾人权益、老年人权益、妇女权益、未成年人保护等方面的立法，均通过修订以及制定相应的法规而进一步完善。如有关残疾人事业方面，2008 年 4 月通过了《中华人民共和国残疾人保障法》的修订案，并于 2018 年 10 月再次修正，对其内容做了重要的修改与完善。此外，国务院还制定或修订了《残疾人教育条例》《残疾人就业条例》等法规。另一方面，社会福利资源得到了开拓，政府对福利事业的投入有了增长，福利彩票的发行额持续大幅度上升，由此筹集到的福利基金为老年人福利事业、残疾人福利事业的发展提供了相应的经费保障。[①]

二、中国社会福利制度的体系现状

经过中华人民共和国成立以来70多年的发展，我国社会福利制度取得了举世瞩目的成绩。近阶段，中国处于一个特殊的经济社会转型期，社会主义制度本质上的公平性和社会成员对社会福利需求的日益迫切，使得新型社会福利制度的建设和发展成为中国特色社会保障制度的重要内容。中国现行社会福利制度的主要内容包括公共福利、特殊福利、职工福利和社区服务等，各个福利项目下面又包括若干个子项目，构成了一个十分庞大的体系，并且处于不断发展完善的过程之中。在新形势下，社区服务应当成为现代社会福利制度的基石，而公共福利是社会福利的主体，特殊福利是社会福利关注的重点，职工福利是整个社会福利制度的有益补充。

（一）特殊福利制度让特殊群体分享社会成果

值得注意的是，西方社会福利制度多以家庭为单位提供，为此，许多国家设立了家庭部（类似于我国的民政部），负责相关的福利事业。在我国，社会福利多以个人为单位提供。近几年，我国越来越重视维系家庭功能的福利制度建设。

1. 老年人福利

老年人福利是指国家和社会为了安定老年人的生活、维护老年人的健康、充实老年人的精神生活而建立的社会服务体系。一般而言，老年人福利可以分为收入保障和服务保障两大类。老年人福利作为现代社会福利事业的重要组成部分，伴随着人口老龄化时代的到来而日益显现出其重要性。《中华人民共和国老年人权益保障法》于1996年8月颁布，并进行了三次修正和一次修订，为保障老年人合法权益、发展老年事业，以及弘扬中华民族敬老、爱老的美德提供了相应的法律依据。2008年1月，全国老龄工作委员会办公室等10部门联合发布了《关于全面推进居家养老服务工作的意见》，明确提出将全面推进居家养老加社区照料型老年服务体系的建设与发展。2013年9月，国务院发布《关于加快发展养老服务业的若干意见》，要求大力发展养老服务业，提供方便可及、价格合理的各类养老服务和产品，满足养老服务多样化、多层次需求。2017年10月，党的十九大报告指出要积极应对人口老龄化，构建养老、孝老、敬老政策体系和社会环境，推进医养结合，加快老龄事业和产业发展。2021年3月，《中华人民共和国国民经

---

① 郑功成. 中国社会保障30年［M］. 北京：人民出版社，2008：185-186.

济和社会发展第十四个五年规划和2035年远景目标纲要》将积极应对人口老龄化上升到国家战略，提出要推动养老事业和养老产业协同发展，健全基本养老服务体系，大力发展普惠型养老服务，支持家庭承担养老功能，构建居家社区机构相协调、医养康养相结合的养老服务体系。2021年12月，国务院印发的《“十四五”国家老龄事业发展和养老服务体系规划》指出，“十四五”时期的发展目标是，积极应对人口老龄化国家战略的制度框架基本建立，老龄事业和产业有效协同、高质量发展，居家社区机构相协调、医养康养相结合的养老服务体系和健康支撑体系加快健全，全社会积极应对人口老龄化格局初步形成，老年人获得感、幸福感、安全感显著提升。

2. 残疾人福利

残疾人福利是国家和社会在保障残疾人基本物质生活需要的基础上，为残疾人在生活、工作、教育、医疗和康复等方面提供的设施、条件和服务，主要包括残疾人的就业、特殊教育以及残疾人设施和器材的生产等。1988年3月，中国残疾人联合会的成立标志着中国残疾人事业进入一个新的阶段。1990年12月，第七届全国人大常委会通过了《中华人民共和国残疾人保障法》，为残疾人康复、教育、劳动就业、文化生活、社会福利等提供了相应的法律保障。1994年8月，国务院颁布《残疾人教育条例》，首次用法规的形式对残疾人教育问题做出了规范，并在2011年、2017年进行了两次修订。2007年2月，国务院颁布了《残疾人就业条例》，为促进残疾人就业、保障其劳动权利提供了依据。2008年4月和2018年10月修订和修正的《中华人民共和国残疾人保障法》，充实了有关残疾人福利保障的内容。近年来，中国残疾人福利事业取得了一定的成绩。“十三五”时期，710万农村建档立卡贫困残疾人脱贫，城乡新增180.8万残疾人就业，1 076.8万困难残疾人被纳入最低生活保障范围；1 212.6万困难残疾人得到生活补贴，1 473.8万重度残疾人得到护理补贴；残疾人基本康复服务覆盖率达到80%，辅助器具适配率达到80%；残疾少年儿童接受义务教育的比例达到95%，5万多残疾学生进入高等院校学习。城乡无障碍环境明显改善，关爱帮助残疾人的社会氛围日益浓厚。越来越多的残疾人更加勇敢地面对生活的挑战，更加坚强地为梦想而奋斗，为经济社会发展作出了重要贡献。我国在国际残疾人事务中的影响力显著提升。

3. 妇女及未成年人福利

妇女及未成年人福利是指国家和社会为满足妇女、未成年人的特殊需要和维护其特殊利益而提供的照顾和福利服务。其中，妇女福利是基于妇女在生理、心理上有别于男性而对妇女提供的相关福利项目，包括特殊津贴、职工福利和社会服务等方面内容。未成年人福利特指补充或替代父母照顾和管理儿童，尤其是对孤儿、弃儿、残疾儿童等举办的福利，以及有关未成年人福利津贴及卫生服务等。[①] 中国政府始终把消除就业性别歧视、妇女享有与男性平等的社会保障权利、保障女职工享有特殊劳动保护权利作为义不容辞的责任。早在 1953 年政务院修正发布的《中华人民共和国劳动保险条例》中，就有有关女工人、女职员生育待遇的规定。1988 年国务院颁布实施了《女职工劳动保护规定》，1994 年劳动部发布了《企业职工生育保险试行办法》，对女职工采取了比较全面的劳动保护措施。1992 年 4 月，第七届全国人大第五次会议通过了《中华人民共和国妇女权益保障法》，并于 2005 年、2018 年和 2022 年进行了两次修正一次修订。同时与计划生育政策相关的计划生育补贴及相应的医疗服务有一定的发展，来自民间的慈善公益事业在帮助贫困地区妇女发展方面也有一定进展。根据《中国妇女发展纲要（2011—2020 年)》统计监测报告，妇女社会地位显著提高，促进男女平等和妇女全面发展取得了历史性新成就，妇女的获得感、幸福感、安全感显著增强；但妇女发展的不平衡不充分问题仍较突出，相关领域妇女权益保障工作仍需进一步加强。

中国的未成年人福利事业主要以建立福利机构养育孤残儿童和流浪儿童为主。依据《中华人民共和国未成年人保护法》和《中华人民共和国义务教育法》，国家应为残疾儿童、孤儿和弃婴等有特殊困难的儿童提供福利设施和服务，保障其生活、教育和康复，包括儿童福利院、残疾儿童康复中心和 SOS 儿童村。2006 年民政部等 15 个部门出台了《关于加强孤儿救助工作的意见》，未成年人福利的保障对象、保障方式和养育形式等都有了较大程度的扩展。根据《中国儿童发展纲要（2011—2020 年)》统计监测报告，儿童健康状况持续改善，受教育水平不断提高，福利水平稳步提升，成长发展环境进一步优化，保护儿童的法规体系和体制机制进一步健全；但儿童发展的城乡区域差距依然明显，相关领域儿童权益保障工作仍需加强。

党的十九大提出“幼有所育”的民生目标，使托育服务发展成为社会关注的热点。2019 年 4 月，国务院办公厅发布托育服务发展的纲领性文件《关于促进 3 岁以下婴幼儿照护服务发展的指导意见》，阐明了我国托育服务发展的基本原则、发展目标、主要任务、保障措施和组织实施等。2021 年 6 月，中共中央、国务院发布的《关于优化生育政策促进人口长期均衡发展的决定》指出，提倡适龄婚育、优生优育，实施三孩生育政策；强调了以“一老一小”为重点，建立健全覆盖全生命周期的人口服务体系的重要

① 郑功成. 中国社会保障 30 年［M］. 北京：人民出版社，2008：196.

性；同时重申要发展普惠托育服务体系，大力发展多种形式的普惠服务。2022 年 3 月，国务院印发《关于设立 3 岁以下婴幼儿照护个人所得税专项附加扣除的通知》，设立 3 岁以下婴幼儿照护个人所得税专项附加扣除。自 2022 年 1 月 1 日起，纳税人照护 3 岁以下婴幼儿子女的相关支出，在计算缴纳个人所得税前，按照每个婴幼儿每月 1 000 元的标准定额扣除。该项扣除政策有利于减轻人民群众抚养子女负担，体现了国家对人民群众生育养育的鼓励和照顾。

（二）公共福利制度让全体民众共享社会成果

与社会救助、社会保险和优抚安置等其他保障项目的保障对象只是面向部分人群不同，社会福利一方面是要满足某些特殊群体的特殊要求，帮助他们解决生活中的实际困难，保障他们的基本生活需要，如老年人福利、未成年人福利、残疾人福利等；另一方面又要为立法或政策范围内的所有国民普遍提供福利保障，其保障的对象是全体社会成员，没有阶层、职业、性别、年龄等方面的限制，满足广大社会成员的需求，如前文所述的公共福利。

在我国，教育作为一项重要的社会福利事业一直受到政府的重视。教育福利与国家的教育政策密切相关，主要包括义务教育津贴，大中专院校的助学金、奖学金、贷学金，以及职业培训津贴、度假优惠购票等内容。根据《中华人民共和国义务教育法》的规定，国家实行九年义务教育，国家对接受义务教育的学生免收学杂费。国家设立助学金，帮助贫困学生就学。同时，考虑到部分困难学生家庭的支付能力，为了帮助特困家庭的学生顺利完成学业，确保每一个学生不因贫困而辍学，国家在中等以上学校设立助学金和贷学金制度。教育福利的经费主要来源于国家财政预算拨款、企业和社会捐赠，以及收取的较低费用等渠道，这是促使国民素质不断提高和促进社会文明不断进步的重要措施。

住房是人类生存和发展的必要条件，住房问题是现代城市社会问题之一。住房福利既是国家住宅政策的有机组成部分，又是社会福利的基本项目，主要面向城镇居民，包括建立住房公积金制度，由国家或企业实施公积金补贴或房租补贴，由政府建设公房为无住宅居民提供生存空间等内容。为了规范住房公积金的运作和管理，1999 年 4 月国务院发布了《住房公积金管理条例》，并于 2002 年 3 月和 2019 年 3 月进行了修订。

按照人的需求理论，人们在满足基本物质生活需求以后，就会追求较高层次的精神生活。《中华人民共和国宪法》明确规定，国家发展为人民服务、为社会主义服务的文学艺术事业、新闻广播电视事业、出版发行事业、图书馆博物馆文化馆和其他文化事业，开展群众性的文化活动。根据这一规定，我国各地均建立了一定数量的公园、图书馆、博物馆、文化馆、青少年宫、工人文化馆、体育馆等。一系列文体设施的建立和开放，为人们提供了健康向上的文体活动场所，不仅陶冶了人们的情操，满足了人们的精神生活需求，而且也使人们的综合素质得以提高。[①]

改革开放几十年来，我国的社会福利从传统的相互分割、封闭运行的民政福利和单位福利，发展到社会化的官民并立的社会福利事业格局，从局部的“三无”老人、残疾人和孤儿等对象向所有需要帮助的对象扩展，从单一经费来源到多渠道筹集经费，从主要关注基本的生活保障和照料问题发展到关注医疗、保健、康复护理、文体娱乐、教育培训、精神慰藉等多层次需要，从政府主导发展到个人、企业、社会和非营利组织多方共同参与等，均表明我国的社会福利制度正在由补缺型向适度普惠型转变，这无疑是一个巨大的进步。当然，我国社会福利制度发展过程中也存在诸如法治化进度缓慢、社会化程度不高、供需矛盾突出、总量供给不足、福利支出水平不高、区域发展不平衡、覆盖范围尤其是农村人口覆盖有限等问题，但这并不能阻止我国社会福利制度发展前进的步伐，全体民众将会不断地因社会福利制度而分享到的改革开放和经济社会发展成果。

（三）“三位一体”的社区服务体系基本建立

社区服务是在政府的倡导和组织下，主要依靠本社区居民的力量建立的、通过提供各种福利服务的形式来实施的自治性的和自我服务的社会福利和社会服务体系，具有群众性、便民性、互助性等优点，其服务内容包括对有困难的老年人、残疾人、优抚对象等特殊群体提供帮助，也包括为社区全体成员维持正常的生活和提高社区居民生活质量而提供的服务。我国的社区服务是伴随经济体制改革而逐步发展起来的，而且随着家庭规模的小型化和家庭照料功能的弱化越来越受到重视。我国在总结世界其他国家社区服务发展经验的基础上，结合本国城市社区建设与发展的特点，以社区建设长效管理为抓手，以“四进社区”为主要内容，充分发挥政府、社区居委会、民间组织、驻区单位及居民等在社区服务中的作用，已经基本建成了政府公共服务、社会中介服务和居民自助服务“三位一体”的社区服务体系。

三、中国社会福利制度的体制特征与未来

（一）中国社会福利制度的体制特征

全面考察中国的社会福利制度，我们不难发现它是一种典型的中国式福利制度，具

① 洪进，杨辉．社会保障导论［M］．合肥：中国科学技术大学出版社，2006：313-316.

有十分明显的体制特征。

1. 模式混合性

从内容构成上看，中国的社会福利被分割为财政补贴、民政福利和职工福利三大板块，三者彼此独立，既缺乏协调性，又缺乏稳定性，难以构成一个完整的体系。从责任主体上看，中国的职工福利甚至工会、妇联等机构的有关福利事务安排，缺乏自主性，真正能够独立运作的公共福利团体十分罕见，是一种单位职能与政府职能的混合物。从实践操作层面看，民政福利实际上是与救助混合在一起的，甚至可以说更像一种社会救助；职工福利中，福利和工资几乎不可分割，有些福利待遇是与工资报酬一起分配的，是劳动报酬与福利待遇的混合。由此可见，中国的社会福利模式既非世界流行的社会化福利，亦非西方国家理论界所讨论的福利多元主义模式，而是一种福利与救助，福利与工资，国家、单位和家庭主体相混合的模式。

2. 对象二元性

我国城乡之间存在明显的社会经济差异，其中包括社会福利的差异。有学者指出在中国福利政策中，优势群体和弱势群体之间差异显著程度莫过于城乡之间。① 二元分割的社会结构和户籍制度，使得本应全民享受的社会福利异化为典型的城镇福利制度。福利发展的非均衡性十分突出，福利过度与福利不足并存。一般来说，大部分城镇职工和居民可以参加社会保险和享受其他福利项目，但大部分农村人口则更多依靠自己、家人和社区。时至今日，这种双重制度分割仍然存在，只不过城市的内部分割转变为城市户籍人口和非户籍人口（如农民工）之间。从目前看，那些在城市地区长期工作生活且已经成为事实上城市人口的农民工参加社会保险和享受福利项目的情况仍然不够理想。除此之外，医疗、教育、就业、住房和社会福利服务等项目同样存在此种现象。②

3. 福利社会化

在改革开放以来中国社会福利事业改革与发展的进程中，民政部门作为社会福利事务的主管部门，由传统民政福利机构的管理者变成了全国福利事业的统一管理者，这种转变同时意味着政府办的福利机构在走向社会化，而本来就是社会化的民营福利机构也在成长。尤其是自 1994 年第十次全国民政会议提出要深化福利事业单位改革、加快社会福利社会化以来，全国很多城市和地区都进行了社会福利社会化的探索。社会化的福利

---

① SOLINGER J. Path dependency reexamined: Chinese welfare policy in the transition to unemployment [J]. Comparative Politics. 2005, 38 (1): 83-101.

② 黄晨熹. 我国福利制度的特点及未来走向 [J]. 人文杂志, 2010 (6): 174-181.

设施在持续增长，职工福利的地位在下降，并正在恢复其为企业发展战略服务的本来面目，社区服务则日益引起重视并获得了一定程度的发展，政府举办的福利事业得到了一定程度的改进，残疾人福利事业具有了一定的社会化景象。一个社会福利社会化的框架已经初步形成。例如，政府办的福利院开始向非传统对象开放，单位举办的职工福利亦在经承包后越来越多地走出原有的封闭状态，而在福利领域购买服务的现象也在不断增长，从而为社会福利社会化打下了初步基础。① 社会福利资源与设施、管理与经办的社会化，不仅代表着整个社会福利事业正走在正确的方向，而且已经取得了重要的进展。

4. 筹资渠道多元化

随着城乡集体福利制度的解体，政府开始强调家庭、社会以及市场在福利提供中的作用，以契合市场经济的发展。使用者付费、引入竞争机制、吸引民间资本、服务外包等的出现，充分表明市场在中国社会政策中的作用日益增强。从目前的情况来看，中国社会福利经费已经形成了多渠道化，政府财政拨款、发行福利彩票、社会捐献和服务收费等构成了多元经费来源格局，其中福利彩票已经成为重要而且稳定的社会福利事业资金来源，这不仅意味着社会福利事业的社会化程度在提高，更突出地显示了福利责任分担机制的形成，这正是福利事业可持续发展的重要且必备的条件。② 如果我们采用高夫的福利后果测量指标来评估我国的福利状况，可看出，1990 年以来，我国人类发展指数（HDI）及其排名都稳步上升。2016 年我国人类发展指数为 0.738，在 188 个国家中排名 90 位，指数值超过中等收入国家平均水平，而且我国的人均 GDP 排名比 HDI 排名落后 5 位。也就是说，相对来看，我国福利效果水平稍微超前于经济发展水平。由此可见，我国政府利用相对较少的社会支出获得了相对较高的福利效果。这种“两全其美”的结果得益于市场化改革后形成的福利多元化路线。社会福利的多元化提供有效减少了政府的福利责任，使其可以在社会投入不多的情况下获得良好的福利效果。③

（二）中国社会福利制度的未来

随着中国经济实力的增长，中国政府和人民对社会保障重要性的认识逐渐加深，共建共治共享的社会治理制度建设已经稳步推进，相信社会福利制度会得到快速发展。除了一些有共性的问题，如加强法律制度的建设等，在该领域还应特别注意以下三个方面。

---

① 郑功成．中国社会保障改革与发展战略（救助与福利卷）［M］．北京：人民出版社，2011：47.

② 郑功成．中国社会保障 30 年［M］．北京：人民出版社，2008：201-203.

③ 黄晨曦．社会福利［M］．上海：格致出版社，2009：417-419.

第一，清晰定位社会福利制度的目标与任务。对社会福利的理解在理论上、在实践上甚至在不同部门里都有不同。但是，要构建和完善中国的社会福利制度，对社会福利制度内涵的理解取得一致是很重要的，也是前提条件。正如前文所述，我们应当立足于中国国情、沿袭惯例，坚定不移地把不断提高生活质量以满足人民日益增长的美好生活需要作为社会福利的制度目标。将社会福利与社会救助、社会保险在制度目标上相区别，侧重于满足国民在服务和精神文化方面的需求。重组社会福利结构框架，使其从传统模式下的板块状、封闭式和混合的结构转变为融洽式、关系清晰、结构合理的完整体系。促进社会福利制度发挥维系家庭的功能，帮助家庭更好发挥功能而非取代或转移家庭的功能。正如我国“十四五”规划所提出的，要构建支持家庭发展的法律政策体系，促进家庭化服务多元化发展。

第二，拓宽资金筹集渠道，提高社会福利社会化水平。资金是发展社会福利事业的重要物质条件，国家财力不足，将严重制约社会福利事业的发展。要发展社会福利事业，必须通过多渠道筹措社会福利资金。在新形势下，国家应当制定各种优惠政策，通过财政拨款、税收优惠、兴办社会福利企业、发行福利彩票、组织社会募捐等多种手段拓宽社会福利资金筹集渠道，从而调动个人、单位、国家三方的积极性，以期形成社会福利社会办的新型社会福利格局。社会福利社会化的主要内容包括投资主体的多元化、服务对象的公众化、福利资源的社会化、社会福利事业管理的社会化、服务设施的社会化和服务队伍的社会化，其实质是逐渐减少政府直接提供的社会福利服务，鼓励更多的民间机构和个人兴办并提供福利服务，利用市场机制提高服务质量，以满足民众的不同需要。

第三，坚持政府主导与社会参与相结合，实现福利提供主体多元化。发展社会福利事业要坚持以政府为主导，但并不意味着政府要包办所有事情。在我国发展社会福利的一个重要策略就是要坚持走福利多元化的道路，积极培植和鼓励社会力量广泛参与，最大限度地发挥家庭、社区和社会组织的作用。首先，发展中的人口大国这个实际国情不允许我国走上福利国家之路。人口和社会未来发展趋势表明，我国社会福利需求将进一步提高，单靠国家福利可能独木难支。其次，缓解公共服务的供求矛盾需要民间组织的参与。从国际经验看，公民社会比较成熟的国家，其民间组织更多地在教育、公共医疗、慈善、扶贫和环保等领域发挥独特作用。在我国，民间组织同样大有潜力可挖。关键是要在制度和法律上明确民间组织在公共服务体系中的地位和作用，同时要把官民分开作为政府转型的一项重要任务，尽快把某些公益性、服务性、社会性的公共服务职能转给具备条件的民间组织。最后，作为中华民族的优良传统之一，家庭和邻里互助仍将为国民提供大部分福利，尽管可能越来越受人口和社会变迁因素的影响。从这个意义上说，我国更可能走上一种福利责任多元化分担的“福利社会”的道路。①

深度阅读

1. 尚晓援.“社会福利”与“社会保障”再认识［J］. 中国社会科学，2001（3）：113-121.

文章综述了国内外学者对社会福利和社会保障两个核心概念及其关系的观点，从社会福利理论、社会福利状态和社会福利制度三个方面对社会福利进行一般分析，并从广义和狭义层面上理解社会福利的概念和类型，得出社会福利涵盖社会保障的研究结论。

2. 周弘. 福利的解析——来自欧美的启示［M］. 上海：上海远东出版社，1998.

该书从理论上对福利进行了分解，重点分析了社会福利和职业福利各自的特点和作用，阐述了西方福利制度的起源和改革，最后简要阐明西方福利制度对我国的启示。

本章小结

在社会保障众多的概念中，社会福利的内涵和外延是最难确定的，人们从广义、中义和狭义上对社会福利有不同的理解。高收入国家社会福利制度的发展给我们留下了重要的启示：社会福利的发展有利于提高国民的生活品质，但过度发展的社会福利又会阻碍经济的增长。如果说高收入国家目前是受高福利所累的话，中国面临的则是福利非均衡性发展的问题，随着中国经济实力的增长，相信中国的社会福利制度会得到快速发展。

重要概念

社会福利　公共福利　职业福利　社会福祉　幸福指数　福利依赖

思考题

1. 社会福利的内涵与外延是什么？它有哪些特征？

2. 试述社会福利制度发展的理论依据及其双重后果。

---

① 黄晨熹. 我国福利制度的特点及未来走向［J］. 人文杂志，2010（6）：174-181.

3. 西方国家社会福利制度由哪些项目构成？
4. 举例说明西方国家社会福利支出的水平与结构。
5. 试述西方国家社会福利制度改革的背景和发展前景。
6. 简述中国社会福利制度的发展历史。
7. 中国社会福利制度的体系现状与体制特征是什么？

第十二章 住房保障理论与实践

衣食住行是人类生存的基本需求。住房作为人们基本的生活资料，是人们的立足之地、生存之所，是人类生存、发展和享受的基本前提。宅者，人之本。人因宅而立，宅也因人得存。住宅不仅是人们日常生活、工作和休息的场所，同时也是人们保持人格尊严、享受人生欢乐以及发展完善自我的载体。住房问题是伴随着城市化和工业化的加速发展而产生的，工业和人口在城市高度集中，产生了对城市土地和住房的巨大需求，推动土地价格和住房价格上涨，超越了中低收入居民家庭的住房支付能力。随着住房问题越来越得到重视，更多的国家将住房保障纳入社会保障制度中，进行合理的公共政策选择，对中低收入家庭的居住问题给予某种形式的援助，使他们的居住条件和居住环境得到改善。

第一节　住房保障基本理论

一、住房的属性及住房保障相关理论

（一）住房的属性

住房作为商品，具有价值和使用价值，可以通过交换来满足人们的居住需求。但是住房又是特殊的商品，其特殊性有三点。①具有必需品和投资品的双重属性。一方面，住房是供居民个人和家庭生活居住的建筑空间或场所，即使是最低收入家庭，也需要消费住房服务，它和食物、衣服、健康一样，是人类生存所不可缺少的要件；另一方面，住房具有较高的价值，本身可以通过出租、交易获得收益，常以投资品的形式存在，获得稳定的投资回报。当住房作为必需品存在的时候，其使用价值占主导地位；作为投资品时，又存在自我增值的属性，表现为住房价格的上涨。②具有耐久性。一般来讲，住

房的使用寿命至少有几十年甚至上百年。由于住房具有耐久性的特点，消费者更新住房的动机主要不是因为住房超过了使用寿命，而是基于收入、家庭结构、工作、环境、审美等需求因素的变化。③具有地理位置的固定性。从空间的角度看，住房最大的特点是不能移动（即使有些建筑物可以移动，但是土地却是完全不能移动的），因此，房地产通常被称作不动产。这一特性决定了房地产市场是空间市场（spatial market），且房地产市场是空间竞争或空间垄断的，拥有城市的住房不仅仅意味着拥有了住房服务，同时还决定了不同区域公共服务（如医疗、教育等）的可及性与便利性。

住房消费本质上是一种商品性消费，然而，住房市场自身调整过程十分缓慢，不能被看作一般的商品市场，必须同时考虑到住房市场存在的供给缺乏弹性（土地稀缺及房地产开发周期长等约束）、投机性需求与自住性需求并存等特征。由此产生的住房高价值性和私人财产性，使得如果按照市场价格购买或租赁，对于中低收入家庭来说，很难依靠自有收入实现住房服务的消费，也就是存在住房支付能力的问题。

（二）住房保障的概念

1. 住房保障的目标是居民“有房住”

1948 年联合国大会通过的《世界人权宣言》提出，人人有权享受为维持他本人和家属的健康和福利所需的生活水准，包括食物、衣着、住房、医疗和必要的社会服务。在中国，“居者有其屋”“有恒产者有恒心”的观念在很多人心中根深蒂固。如何理解“居者有其屋”的含义？住房制度到底是为了改善居住条件，还是为增加家庭财富让居者有其屋，这不仅是个目标也是个路径的问题。“有其屋”使得政府住房政策的关注点在于用购买的方式让家庭拥有住房私有财富，而“有所居”关注点在于实现居住权及居住条件的改善。政府住房保障政策不应当成为帮助所有人拥有住房财富，而是要帮助和保障无能力进入房地产市场的家庭和个人有居住的条件和做人的尊严。从国外住房政策实践中可以看出，各国并非在住房领域追求实现全民住房财富拥有的目标，而是通过政府自有、政府与私人部门合约共建及补贴有资格家庭等方式解决公民居住权问题。表 12-1 是部分欧洲国家和美国的住房自有化率，该表反映出即便是美国这个崇尚自由市场的国家，也有 30% 以上的居民通过租赁市场实现居住。表 12-2 是部分 OECD 国家政府用于住房的公共开支特定部分，也反映了各国政府对住房领域的干预。

表 12-1　　欧洲国家与美国住房自有化率　　（%）

统计年份	2020	2018	2020	2020	2020	2020	2020	2020	2020
国家或组织	欧盟 27 国	英国	法国	德国	丹麦	瑞士	奥地利	瑞典	美国
住房自有化率	69.7	65.2	64	50.4	59.3	42.3	55.3	64.5	65.8

资料来源：数据来自欧盟统计局。

注：英国最新数据更新至 2018 年，2019 年和 2020 年的数据未提供；欧盟 27 国数据为估计值。

表 12-2　　2009 年、2017 年部分 OECD 国家住房公共开支占 GDP 份额　　（%）

国家	占 GDP 份额（2009 年）	占 GDP 份额（2017 年）
澳大利亚	0.3	0.3
加拿大	0.4	0.3
智利	1.0	0.8
丹麦	0.7	0.7
法国	0.8	0.8
德国	0.6	0.6
匈牙利	0.6	0.4
墨西哥	1.3	0.7
英国	1.5	1.3
瑞典	0.5	0.4

资料来源：数据来源 OECD 数据库。

注：住房公共开支包括现金给付及实物利益；值得一提的是，2009 年之前智利的统计数据显示，国家对于住房补贴的公共开支均为 0，从 2009 年起，这一数值增长到 2010 年的 11 018.01 亿智利比索及 2011 年的 12 461.36 亿智利比索，绝对值在 OECD 国家处于领先地位；对比 2009 年与 2017 年部分 OECD 国家数据，受财政紧缩的影响，住房公共开支占 GDP 份额呈现下降趋势。

2. 住房保障制度的概念

明确了住房保障制度的政策目标在于“有所居”，那么，住房保障制度就是政府和社会为满足国民基本居住需要，以解决国民住房困难和改善住房条件为目的所实施的一系列特殊政策，是包括供应、分配、补贴、协调机制等要素的总称，是社会保障体系的重要组成部分。虽然存在国情差异，各国住房保障制度涵盖的内容并不完全相同，但基本涵盖以下内容：第一，住房保障的目标是保障公民居住权而非住房所有权；第二，住房保障重点在于满足中低收入家庭基本居住需求，尤其是低收入家庭的基本居住需求；第三，住房保障水平要适度，既要符合国家经济发展水平和财政承受能力，又要与国家整体住房条件相匹配，强调“保基本”和“可持续”；第四，住房保障的责任在政府，更多的是从政府的角度出发，强调政府在住房方面承担的职责。

二、政府与住房保障制度

在住房问题上，各国政府都承担了一定的职责，政府为什么要介入住房领域，应当在哪些方面进行干预都是各国住房保障实践致力回答的问题。实践证明，国家干预是住房市场的常态，住房保障正是政府责任在住房领域的集中体现。世界大多数国家的住房保障都已成为社会政策的重要内容，政府对国民的居住问题都实施了一系列的措施、制度和政策。

（一）政府介入住房领域的理由：住房产品特殊属性引致市场失灵

政府介入住房领域的主要原因在于住房及房地产市场的市场失灵（market failure）。在一般商品市场中，市场会有失灵，在住房和房地产这个特殊商品市场中，市场失灵更为严重。

住房在产品的分类上占有较为特殊的地位，它的地位在私人物品（市场机制可以完全发挥作用）与公共物品（市场无法有效率地提供该物品）之间。因此，住房市场具有很多可能造成市场失灵的特点，容易出现生产和分配的无效率。市场失灵使政府干预必不可少，不仅在于使市场运行更加有效，更能通过住房市场与社会经济发展的联动实现非经济目标，这也奠定了政府干预和公共供给的经济理论基础。

1. 住房的社会性

住房具有消费必需品和投资品的双重属性，消费的必需品属性体现了住房的社会性。但同时，住房的投资品（商品）属性必然产生个人无法依靠自有收入实现住房服务的消费。如果一个社会有大量的人居无定所，一旦情况激化产生社会问题，破坏了社会的稳定，住房问题就会转化成公共问题。住房必需品属性所形成的住房社会性，使得世界上没有一个国家实行住房的纯商品政策，而是将住房政策作为社会政策的重要组成部分，解决中低收入家庭的居住问题。

2. 住房的三大外部性

住房具有一定的外部性，主要包括三个方面：直接外部性、交互外部性、代际外部性。直接外部性主要与健康有关，因为老旧住房会导致疾病的蔓延。交互外部性存在于住房供给的所有层面，是指使用和维护某一物业会对其他物业的价值产生影响。交互外部性往往使个人没有任何动机对当地服务业和邻里管理进行投资，相反，更容易刺激住房使用者减少维护，甚至出现贫民窟。代际外部性产生的主要原因在于个人消费决策一般都会倾向于短期且具消费者导向，而社会则需要长期的解决办法。因此，代际外部性具体表现在开发和改造上私人投资的不足，公共住房也就成为促进投资和改造基础设施的直接手段。

3. 住房地理位置的固定性

物理特性上，传统意义上的房屋具有固定性。住房地理位置的固定性决定了其无法通过一定的成本实现运输和流动，住房商品不能像其他商品一样在住房市场上自由流动以平衡供求，房屋的流转只能是观念上的、权益上的，房子本身并没有动，只是权利主体的变更。房屋空间上的排他性和位置上的独占性产生了住房商品价格的级差，不同地理位置的住房也因为不同的公共投资状况而产生不同的土地增值状况，进而形成不同区域住房价格的巨大差异，从而产生局部供求非均衡和住房的不可及。

4. 住房市场的不完全竞争性

住房市场是典型的不完全竞争市场。第一，房地产产业的规模经济性决定了房地产商数量有限，可以影响和控制市场价格，购买者只是价格的接受者；第二，区位的差别和空间的固定使得住房产品存在异质性；第三，住房市场的信息不对称广泛存在于住房生产、交换和消费的环节。住房市场的不完全竞争性，使其无法自动达到帕累托最优，也就需要对政府干预这一领域进行研究。

（二）住房市场失灵的表现

1. 住房市场的短期无效

住房市场的短期无效是指由于交易成本、信息不对称及资产市场泡沫所产生的有效市场价格的偏离，即实际市场价格与预期均衡价格的偏离。

（1）交易成本。住房市场的交易成本远高于其他类型的交易，除了房屋自身的市场价格，还包括一些单向的成本，如佣金、银行费用、第三方支付（如估值费）等。这些都使住房市场的调整相对滞后，从而使住房市场不可能总是处于均衡路径上，即使达到短期动态均衡，也可能在一段时间内偏离均衡路径。

（2）信息不对称。信息不对称是指市场活动的参与人对市场特定信息的拥有不对称，有些参与人比另一些参与人拥有更多的信息。开发商相对一般消费者来说，对住房的质量、成本、区域住房市场状况、区域经济社会发展动态以及地方政府相关政策等信息更清晰，极易造成购房者与房地产开发商之间的信息不对称，从而偏离有效市场价格。

（3）资产市场的泡沫。一方面是需求引致泡沫所产生的背离。投资品的价格取决于未来的收益预期，预期价格上涨则需求增加，预期价格下跌则需求减少。房地产产品一旦出现供不应求，不会像其他商品一样能很快通过市场调节达到新的供求平衡，当供求缺口越来越大时，会形成泡沫。另一方面是在泡沫时期，不同的住房供给弹性也会产生不同的价格偏离。格莱泽（Glaeser）认为，当区域住房供给无弹性时，住房的价格将增长较快，泡沫也会更普遍与持续。

2. 住房供给悖论

住房的一般商品属性，使住房商品市场也根据边际收益大小来配置资源。边际收益决定了住房的供给倾向于集中在中高档住宅，追逐边际收益的结果是住房市场缺乏有效的动力向社会提供中低价位普通住房，通过市场的供给力量较难实现这部分住房的供求均衡。而住房保障政策主要针对中低收入家庭，能够解决由趋利性导致的投资结构失衡问题，提高中低收入家庭的住房可及性。

（三）政府对住房保障领域的干预及存在的干预失灵

政府一方面通过不同的保障方式选择直接介入住房保障制度设计，解决中低收入家庭支付能力不足而产生的住房不可及问题，另一方面在制度实施的过程中进行管理，以实现住房保障制度的规范和有序运行。然而，政府干预弥补市场失灵的同时，自身也可能存在一定的失灵，这就要求我们要进行良好的制度设计。

1. 住房保障的方式选择、政策效应及干预不当所产生的失灵

针对中低收入家庭住房保障问题，当今世界各国的做法主要包括住房供给政策和住房消费政策。住房供给政策又分为公共住房政策和住房供给者补贴政策，前者包括政府直接兴建公共住房，简称“建公房”政策；后者是政府通过补贴开发商建设低价住房，简称“补供方”政策。住房消费政策则着眼于直接提高居民的住房购买力以带动住房需求的增长，主要是向中低收入家庭提供直接补贴，简称“补需方”政策。三种方式反映出不同的政府干预程度。原则上讲，“建公房”“补供方”“补需方”，以及税收甚至价格管制都可能同等有效地解决市场失灵问题。现实中合理的干预手段取决于市场本身的性质和干预程序本身的属性。但是，不同干预手段会产生不同的政策效应和相对效率，政府住房保障方式选择不当是产生政府失灵的原因之一。

与“补供方”及“补需方”的补贴政策不同的是，“建公房”政策构成了政府对住房市场的直接干预，对住房市场的价格形成影响最大。兴建公共住房可以直接解决低收入群体住房短缺的问题，并使得市场住房价格出现普遍下降，短期内效果相对明显，但也存在政府财政负担较重、公共住房分配和管理成本较高等问题。

“补供方”政策要求政策补贴的开发商能够按照政府规定的标准建房，通过配建等

方式供给，政府的补贴成本相对直接兴建住房有所减少，中低收入家庭获得的福利公平性较好，也相对减少了政府管理方面的支出。但这种方式往往很难激发开发商的参与意愿，客观上可能诱导开发商的道德风险，如降低住房开发质量换取政府补贴，或向中高收入群体销售含补贴的住房等。

“补需方”政策通常采取政府向中低收入家庭提供住房补贴，由其自行到市场租房或买房的方式。经济学理论通常认为，在市场有足够住房供应的前提下，收入补贴相比供给补贴，丰富了个人选择；同时没有影响到住房供应的连续性和开发商的积极性，在不影响市场正常供给的前提下，可以充分运用价格机制实现灵活调节，从而有效避免政府直接干预住房市场造成的失灵。此外，政府租金补贴的成本更低，且可以通过停止发放补贴的方式实现对保障人群的动态管理，更容易保证有效的退出机制。

政府对住房领域干预的理由在于通过提供公共住房、直接的激励供给及租金控制等方式，可以实现对公平的关注。然而，长期来看，关注公平目标而忽视效率损失的干预方式将削减整个社会的财富。上述各种干预方式都存在政策的相对效率，没有哪一种是绝对完美的。当政府干预方式选择不当时将损失整个社会的效率。尽管如此，实践中，不同国家对不同政策的偏好很大程度取决于国家本身的意识形态。在美国，强调对个人选择的重视，公认需求补贴效率更高；而在整个欧洲和英国，虽然供方补贴范围在逐渐缩小、需方补贴重要性大增，但政策仍强调对供方的干预，如引入私人参与社会住房重建等。

2. 政府对住房保障制度的监管及产生的失灵

政府介入住房保障市场，除了以参与者的身份提供公共住房、补贴开发商以及为中低收入家庭提供住房补贴进而影响市场供求关系、供求价格和资金循环，还以管理监督者的身份代表全社会管理、规范和调控住房保障市场。

作为住房保障制度的管理监督者，政府的主要目标是保证住房保障制度的健康、稳定、持续发展，包括在管理过程中保障对象的选择、运用法律和经济手段对住房保障市场进行间接管理和分配。政府对住房保障市场的监管并不意味着政府要完全取代住房市场机制，更不是破坏市场机制，而是在维护市场机制的基础上对中低收入家庭保障性住房市场进行干预。在对住房保障制度监管的过程中，也要通过良好的制度设计来避免干预的失灵。

以住房保障对象的确定为例。住房保障制度是建立在不同收入家庭住房负担能力各不相同的基础上。在基于收入考察家庭负担能力以界定保障对象时，一方面政府可能存在主观上的干预过度，另一方面也存在保障人群的道德风险。托德·西奈（Todd Sinai）等人认为是否产生挤出效应是评价住房保障政策的主要标准。挤出效应是指如果公共住房分配给了那些没有政策的帮助也能够从私人市场购买住房的家庭，那么一单位的公共住房的供给会减少一单位的私人市场需求。导致挤出效应的住房保障政策就是失败的政策。干预的过度，使得保障对象的边界大大超出了理性范围；而分配中存在的道德风险，使政府面临着保障对象刻意隐瞒、信息不对称等问题，使住房保障福利很难给予那些真正需要帮助的人，形成既无公平又损害效率的状况。

第二节　住房保障的主要模式

从1919年英国出台了世界上第一项住房干预政策以来，政府进入住房领域的政策实践已经经历了100多年的发展。各国干预住房市场主要有以下几种方式：一是政府直接干预，即政府直接提供公共住房；二是间接干预，即政府通过税收、财政补贴和优惠贷款等方式，对居民购房或租房提供帮助；三是综合运用直接干预和间接干预两种方式。各国的住房保障制度都不是单一的，是在不同市场、不同时期、不同经济发展水平、不同执政理念下动态变化的干预方式组合。政府干预的深度与广度也随着经济发展程度、政府保障能力、住房发展阶段及中低收入家庭住房保障需求的不同而呈现不同的特点。但一般都会存在一个基本或主体的干预形式，形成各国独特的模式。例如，英国的住房保障制度以公共住房为主要特征，但仍然存在基于住房融资制度的住房私有化政策；美国是以抵押贷款为主要特征的住房保障制度，但也存在公共住房等其他的住房保障制度；新加坡以中央公积金支持组屋制度为主要特征，但是也是以政府提供公共住房（组屋）为依托。

一、以公共住房为主要特征的英国模式

（一）英国住房保障政策及演进

英国是资本主义国家中福利制度发展最早的一个国家，是住房问题最早产生的国家，也是兴建公共住房最早的国家。早在1919年英国就出台了《住宅法》，确立了以公营住宅为核心的住房政策，国家干预住房市场，即兴建公共住房，以低价出租给低收入者。同年颁布的《住房与城镇规划法》第一次将为“劳动阶层”提供住房作为地方政府的法定责任，允许地方政府建造社会租赁住房，并引入了住房财政补贴的做法。总的来

说，英国的住房政策明显受到两党政见不同的影响，但始终贯彻了市场政策和福利政策并举的住房政策模式。英国政府住房保障政策主要包括公共住房、住房补贴、租金管制与住房融资。当前，英国改革公共住房的要点是实现公共住房的私有化。

1. 英国的公共住房制度

第二次世界大战以后，由于战争破坏，英国住房严重短缺，公共住房成为应对这一状况的主要方式。政府采取了以集中建设出租公共住房为重点，大力促进住房建设、增加住房供应的政策。主要方式是，环境、交通和区域部根据中央财政每年的建房预算安排，综合各个地方政府的建房情况和低收入者住房需求情况，按年度向地方政府拨款，由地方政府负责进行公共住房建设。战后一段时间，新建住房基本上都是由公共部门供给的。1948 年，当选为执政党的工党，宣布英国建成福利国家。如表 12-3 所示，从 1945—1951 年，公共部门新建住房占所有住房产出的近 82%。直到 1959 年，私人部门的产出量才首次超过公共部门。战后政府建房极大地促进了英国的住房供应，对于解决当时的住房短缺和低收入者住房支付能力较低问题都起到了重要作用。

表 12-3　　　　1945—1989 年英国住房产出

时间（年）	公共部门产出（套）	公共部门占比（%）	私人部门产出（套）	私人部门占比（%）
1945—1951	806 857	81.7	180 727	18.3
1952—1958	1 262 009	65.0	680 098	35.0
1959—1967	706 547	39.9	1 067 608	60.0
1968—1970	984 398	45.2	1 193 609	54.8
1971—1976	689 065	40.4	1 018 495	59.6
1977—1980	438 863	47.9	476 478	52.1
1981—1983	156 371	32.6	323 011	67.4
1984—1986	124 900	21.0	468 600	79.0
1987—1989	92 000	14.4	546 300	85.6

注：因四舍五入，存在加总不绝对相等的情况。

政府直接投入大量资金兴建公共住房不仅使英国政府背上沉重的财政负担，也在一定程度上干扰了英国在住房问题上所秉持的自由主义价值内核。1979 年保守党重新执政后，撒切尔政府视公共住房为英国资本主义制度中被腐蚀的岛屿，要予以铲除。撒切尔政府以地方住房空置率高作为公共住房过度供给的证据，于 1980 年开始通过公共住房出售的方式改革原有的公共住房使用制度。

到 1988 年，英国 65%的家庭拥有自有住房，这一数值在 1971 年为 49%，在 1981 年为 57%。1980 年住房法案的“购买权”条款（right to buy clause）是 1981 年后英国居民住房自有率大幅提高的重要因素。此项“购买权”条款吸引了大量租户购买公共住房，目前英国有 65.2%的居民拥有自有住房，约 10%是通过购买现住公共住房的方式实现的。

1997 年以布莱尔为首的工党保持了与撒切尔时期一致的福利国家政策方向，重新划定国家、社会和个人之间的权利与义务。与公共医疗相比，福利住房依然处于紧缩状态。

英国通过公共住房私有化改革实现住房自有率从第二次世界大战后的 40%上升到 2018 年的 65.2%，但仍然采取零星建设的方式进行一些新的公共住房建设，并在 2000 年以后陆续发布一系列住房发展规划，对政府住房保障目标进行详细安排，旨在通过增加新建住房和改善既有住房解决居民的住房问题。公共住房私有化改革导致了一个直接的后果，即区位好、质量高的公共住房逐渐被中高收入者购买，大量低收入或无收入者聚居于位置偏远、质量差的公共住房社区，逐渐形成保障房的“贫民窟”效应。因此，英国政府在公共住房私有化过程中，除了着眼于解决日益增长的公共住房的需求，还致力于解决低收入者聚居导致的“社会排斥”问题，改革的重点是混合社区建设及提升公共住房居住服务质量等问题。

2012 年，英国在国家规划政策中将保障性住房（affordable housing）分为三类。第一类是社会租赁住房（social rented housing），由地方政府和私有注册供应者（private registered providers，PRP）持有、出租和管理；第二类是可支付租赁住房（affordable rented housing），由地方政府或具有社会租赁住房供应资格的私有注册供应者提供；第三类是介于社会租赁住房与商品住房之间的带有一定保障性质的中价住房（intermediate housing）。三类住房房租价格水平依次递增，而中价住房市场化程度最高，分为共有产权住房（shared ownership）、共享权益住房（shared equity）和用于低价出售（low cost housing for sale）或中价租赁的住房，其租金或价格介于政府持有住房与商品住房之间。从住房类型看，2020 年英国公共住房占全国住房总存量的 17.03%。其中，10.48%的居民租赁私有注册供应者提供的住房，6.42%的居民从当地政府租赁公有住房，0.13%的居民居住在其他公共住房中。

2010—2021 年英国保障性住房供应量数据显示（见表 12-4），近十年英国社会租赁住房的供给数量大致呈下降趋势，可支付租赁住房的数量大致呈上升趋势。2014—2015 年可支付租赁住房供给量达 40 860 套，占当年保障性住房供应总量的 62.0%。中价住房呈稳定供给态势，从 2014 年开始，英国保障性住房中增加了共有产权住房供给，并成为中价住房的主要供给形式，近三年规模稳定在 17 000 套左右。从保障性住房类型构成看，2020—2021 年英国社会租赁住房 5 955 套，占保障性住房的 11. 4%，可支付租赁住房（包含伦敦可支付租赁住房）25 817 套，占保障性住房的 49. 6%，中价住房 20 300 套，占保障性住房的 39. 0%。

表 12-4　　2010—2021 年英国保障性住房供应量　　（套）

保障房种类		2010—2011 年	2011—2012 年	2012—2013 年	2013—2014 年	2014—2015 年	2015—2016 年	2016—2017 年	2017—2018 年	2018—2019 年	2019—2020 年	2020—2021 年
社会租赁住房		39 562	37 677	17 580	10 924	9 331	6 798	5 814	6 742	6 337	6 735	5 955
伦敦可支付租赁住房		—	—	—	—	—	—	—	103	1 002	1 797	2 102
可支付租赁住房		—	1 146	7 181	19 966	40 860	16 549	24 454	26 922	28 938	28 239	23 715
中价住房		21 527	19 523	18 316	12 234	15 768	9 263	11 927	13 298	20 865	22 086	20 300
其中	中价租赁住房	4 523	2 055	1 340	1 294	1 105	1 697	938	791	1 383	1 762	2 062
	共享权益住房	17 004	17 468	16 976	10 940	3 535	3 486	1 968	1 459	2 460	2 108	1 141
	共有产权住房	—	—	—	—	11 128	4 080	9 021	11 048	17 022	18 216	17 097
其他不易归纳的保障性住房		—	—	—	—	—	—	—	4	33	43	28
保障性住房总计		61 089	58 346	43 077	43 124	65 959	32 614	42 195	47 069	57 175	58 900	52 100

资料来源：数据来自英国政府官网公布的统计数据集之保障性住房供应实时表。

注：因有缺失项，存在加总不绝对相等的情况。

2. 英国的住房补贴制度

英国现行住房补贴制度（housing benefit）由两部分组成：一是对需方的补贴，由地方政府向承租公共住房、私人租赁房的住户按其收入标准给予住房补贴；二是对供方的补贴，由地方政府、住房协会等提供。需方补贴的主要形式是租金折扣和租金补贴，其中，租金折扣的受惠对象主要是承租地方政府提供的公共住房的承租人，租金补贴的受惠对象则为住房协会、私人租赁房的承租人。供方补贴主要遵循 1990 年《城乡规划法案》第 106 条（简称 S106）来实现，地方政府通过规划政策要求私营开发商在开发建设时配建一定比例的公共住房，政府给予开发许可以及相应的补贴政策，如免费供给土地、土地成本补贴及住房开发补贴等。一般情况下，配建比例在建造总量的20%~50%。从具体建设来看，私营开发商可以有多种方式保证配建的落实：一是自己建造社会租赁住房，完工后交由住房协会管理；二是私营开发商自行开发并长期管理；三是由住房协会在建造地段进行社会租赁住房建设，开发商同时向地方政府支付一定的补偿金；四是开发商不便于在建造地段开展建设时，向地方政府缴纳社会租赁住房异地建设资金，由地方政府组织建造。2004—2005年，私营开发商配建了1.8万套可支付住房，占所有新建可支付住房数量的54%；2005—2006年、2009—2010年，这一比例分别为61%和60%。

从20世纪80年代开始，补贴方式由供方补贴为主向需方补贴为主转变，从1975—1976年到2000—2001年，对供方的住房补贴占全部补贴的比重由81.87%减少到20.3%，需方补贴则由18.13%增加到79.7%。进入21世纪以来，住房补贴规模持续、快速上升，2009—2010财政年，住房补贴规模达199.76亿英镑，是2000—2001财政年的1.79倍。截至2012年8月，已有505.11万人享受到住房补贴。

3. 租金管制政策

租金管制政策在英国住房政策变迁过程中也发挥过重要作用。1988年的《住房法案》提出“公平租金”的思路，即假设住房租赁市场供给与需求相平衡，即使是政府公共住房租金也应当按照“公平租金”水平确定，这样就形成了统一的租房市场。当“公平租金”高于以往公共住房的福利性房租水平时，政府通过房租折扣、标准化住房福利等提高低收入者的住房可及性。一旦“公平租金”确立，在租赁关系改变之前将一直生效，两年内不能变动。租金管制政策使租户的租金成本保持在一个较低水平上。

4. 住房融资制度

为解决社会租赁住房在开发、运营及管理过程中资金使用期限长、投资回报低的难题，英国政府对住房融资制度进行了合理设计。私人资本可通过发放贷款、购买抵押贷款证券等方式参与社会租赁住房开发。目前，英国形成了包括房屋互助协会、住房金融公司、住房协会等机构在内的健全的房地产金融机构体系。

房屋互助协会是英国规模最大也是最重要的房地产金融机构，同时还是世界上历史最悠久的房地产金融组织，有200多年的历史，主要业务是从事居民住房信贷服务，在住房抵押贷款市场居于垄断地位。住房金融公司作为一个行业性的服务机构，通过发行债权或贷款的方式从私人资本市场筹集资金，并以相同的利率和期限转贷给住房协会等这类注册社会租赁住房业主。住房协会作为非营利性机构，有一个重要功能是便于融资。中央政府的住房建设和维修拨款受政府保障能力限制，地方政府经批准筹措的建房资金也受政府财政规模赤字约束，而住房协会可以通过贷款解决这些问题，因而更有利于住房建设和筹措维修资金。

在住房短缺时期，政府几乎成为公共住房建设的唯一主体。私有化改革以后，地方政府不断减少财政投入，在住房保障方面的角色由房屋的“直接提供者”转变成房屋的“战略推动者”，大量的公共住房被转移给住房协会等非营利性住房组织运营和管理。当前公共住房建设资金来源既包括政府财政资金，也包括政府依托税收减免政策而鼓励私人组织和非营利性组织投入的资金，还包括资本市场和货币市场的借贷资金。

（二）英国住房保障政策评估

1. 政党政治具有较强的干预和影响

英国住房政策的演变是伴随着两个政党执政周期和干预理念的变化而变动的，工党强调政府通过住房供给履行社会责任，倡导居民普遍享受住房福利，国家担负保障居民住房福利的职责，而保守党将公共住房看作是一种政策工具。公共住房的减少及住房私有化政策也就是保守党政治理念在住房政策中的反映。保守党政府用市场之手，化解国家干预过度和种种公共住房问题，增加了居民自有财富，但也产生了市场化条件下的新问题。英国政府2017年发布的英国住房整体情况报告提出，英国住房市场近年来供应量不足、价格高企的问题越来越严重，英国政府的主要策略也集中在提高供应量和提高住房价格的可负担性上，政府同时也鼓励私有住房购买。公共住房私有化等政策使住房自有率增加，保障性住房从1981年的550万套减少到400万套。英国政府也认识到住房市场所面临的问题，于2017年发布住房白皮书《改进我们失效的住房市场》，提出一系列政策，以求重新引导市场，改善住房市场失灵的现状。

2. 政策调整受住房发展阶段和政府经济承担能力影响

住房发展阶段和政府经济承担能力是政策调整的重要影响因素。不同的住房发展阶段，住房的供求关系有很大的差别，因而不同的住房政策所产生的效果也不同。第二次世界大战以来，英国住房政策较好地迎合了当时的住房发展阶段。战后初期存在严重的住房短缺，英国住房保障政策中公共住房占据了绝对比重，这种政府直接建房的方式有利于直接刺激住房的供给，有效解决住房短缺问题。如果在住房短缺时期简单地实行房租补贴方式，则会由于房价较高、补贴数额较大，难以实现最小住房支出下的最大保障。20世纪70年代以后，住房供求关系逐渐缓和，然而，长期以来住房领域的各类拨款和补贴，使英国政府经济负担很重，政府的经济承担能力成为决定政策的主要因素之一，直接推进了1979年以后的住房制度改革及住房私有化进程。私有化虽然大幅减轻了政府的财政负担，但却将住房压力转移给了低收入阶层。进入21世纪以来，英国住房市场出现价格持续上涨、住房供给不足的状况，政府结合住房发展阶段及政府经济状况，开始转向实行以需方为主的住房补贴，同时实行改善存量住房和增加新建住房的政策。

3. 政府对住房市场干预程度较深

从政府投入大量资金建设公共住房、对承租人发放住房补贴，到住房私有化政策，英国经历了从直接干预向间接干预的方式转变。

与美国不同的是，在英国，地方政府在住房保障方面扮演着重要角色，是地方住房保障的战略决策者、实际推动者、规划者、土地拥有者和协调者。英国地方政府干预程度较深，具体职责主要包括六方面：一是制订本地区可支付租赁住房建设规划；二是制订可支付租赁住房设计和建设标准；三是协调开发过程中的各种利益，推动并促进各参与主体之间的合作；四是分配和管理当地的可支付租赁住房；五是评估和管理住房协会和合作社；六是帮助私有注册供应者向相关住房机构申请资助。公共住房的新建、翻建和维护支出仍是地方住房保障支出的主要部分，占比高于3/4。2009—2010年，英国中央政府补贴额度提高到90亿英镑，占当年预算支出的1.3%；地方政府住房保障支出总额达45.16亿英镑，占当年地方预算支出的比重约为17.33%。

从英国政府住房政策的有效性来看，存在很多争议，如住房补贴和租金管制政策不能解决住房条件恶劣的问题。住房补贴和租金管制政策会增加住房需求，产生住房短缺，一方面，可能引致租金提高；另一方面，房东为最大程度保证利润，可能缺乏足够的动力在既有补贴条件下改善住房状况。

二、以抵押贷款为主要特征的美国模式

（一）美国住房保障政策的主要内容

美国的住房保障制度以抵押贷款为主要特征，但也存在公共住房和其他的住房保障制度。美国作为世界上住房抵押贷款业务最发达的国家，拥有世界上最大的住房抵押贷款市场体系。

在美国建国后的150年中，住房问题主要被看作是个人的问题，政府在住房领域的影响极其微弱。20世纪20年代末30年代初，为应对美国经济的大萧条，政府在住房领

域实施了一系列政策和计划，但是从美国整个住房制度安排来看，抵押贷款模式最为典型。为帮助国民购买住房，美国逐步建立了以住房抵押贷款为主要内容的住房金融体系，该体系不仅包括发放住房抵押贷款的储贷机构和监管储贷机构，还包括为住房抵押贷款创造流动性二级市场的政府或准政府机构。为解决住房贷款由于时间周期长而产生的利率风险、流动性风险，以及违约风险、提前支付风险等，美国政府设立了一系列政府机构或准政府机构，创造了抵押贷款支持证券（MBS）。政府国民抵押协会（Ginnie Mae，也称“吉利美”）对抵押贷款的证券化提供保证，而准政府机构——联邦国民抵押协会（Fannie Mae，也称“房利美”）、联邦住宅抵押贷款公司（Freddie Mac，也称“房地美”），则将购买的抵押贷款集合、重组，然后以此为基础推出抵押证券，为住房抵押贷款市场创造流动性的二级市场发挥重要作用。

政府干预主要集中于解决中低收入家庭的住房问题，美国联邦层面的住房保障措施主要有三种：公共住房保障、住房补贴、补贴私营开发商建造保障性住房。

1. 公共住房保障

美国最早的住房保障模式始于公共住房项目。20 世纪 30 年代，美国经济大萧条，城市中房屋建筑的建设数量减少了约 90%，近 200 万户居民因无力偿还贷款而丧失住房产权，失业和破产产生了大量无家可归者，住房问题成为影响社会稳定的重要问题。因此，国会于 1937 年通过了《住房法案》，这是一项直接针对解决低收入家庭住房问题的法案，也是美国第一部关于公共住房的法案。法案的主要内容是由中央政府出资，由地方政府建造公共住房，为低收入家庭提供公共住房，联邦政府为地方政府提供贷款以发展、获得、管理、清拆低租金住房及贫民区。到 1982 年该法案终止时，已竣工公共住房 130 万套，有 400 多万户低收入家庭入住公共住房。20 世纪 90 年代后，随着公共住房的折旧、贬损以及低收入家庭聚居产生的问题显性化，美国政府进行了数百个公共住房改造项目，政府在公共住房方面的支出几乎全部用于维护和重建衰败的公共住房。其中，美国国会于 1993 年批准实施的希望六号（HOPE Ⅵ）计划最为著名。从 1993 年到 2004 年，希望六号计划拆除了超过 15 万个衰败的公共住房单元，同时投资超过 55 亿美元重新开发了 224 个公共住房项目。公共住房的数量在 1994 年达到顶峰，为 140 万个单元，之后逐年下降，2016 年整个美国住房与城市发展部（HUD）的住房项目共 501.6 万个单元，其中公共住房为 107.4 万个单元，占比约为 21.4%。目前大多数公共住房建于 30 多年前，近年来，由于政府提供新的低价公共住房成本太高，公众对开发高密度住宅又出现抵制情绪，政府增建新的公共住房非常困难，基本已停止对新的公共住房的投资。

2. 住房补贴

自20世纪70年代起，美国住房市场结构已经发生了重要变化，住房短缺已不再是主要矛盾，取而代之的是低收入家庭所付房租相对其收入过高的问题。住房补贴方案分为租房券、税收减免和财政贴息三种方式。第一种补贴方式是向低收入家庭发放租房券，用于弥补市场租金与低收入家庭收入30%之间的差额，是降低其住房负担的专用支付凭证。与公共住房项目所呈现的衰减趋势截然相反，拥有租房券的低收入家庭近年来逐年增长，极大提高了其在联邦预算中的份额。到2016年，拥有租房券的家庭达到247.4万户，约占整个美国住房与城市发展部住房项目的50%。第二种补贴方式是税收减免，通过购房减免税政策，鼓励中低收入家庭购买自用住房。第三种补贴方式是财政贴息，包括政府帮助低收入家庭购买住房的贷款贴息，以及针对第一次购房低收入家庭发行的免税债券的贴息等。

美国鼓励中低收入家庭购房的自有化政策，在次贷危机前产生了巨大的成效，全国平均住房自有率从1985年的63.9%上升到2005年的68.9%，西弗吉尼亚州由于大部分中低收入家庭得到了贷款担保，住房自有率达到81.3%。

3. 补贴私营开发商建造保障性住房

为减轻政府建造公共住房的负担，同时希望通过刺激总需求的政策振兴美国经济，政府为鼓励私营开发商和投资者建造保障性住房提供了相应的优惠政策。1961年《住房法案》第221条的“低于市场水平利率”贷款计划，鼓励私营金融机构按照比市场水平低的利率向租赁性住房项目提供贷款，差额由联邦政府补贴。1968年通过的《住房和城市发展法案》中，第236条取代了之前的第221条，政府鼓励私营开发商从私营金融机构获得贷款，为非营利及私营的廉租住房开发商提供利息补贴。从20世纪60年代早期到20世纪80年代早期的20年时间里，联邦政府资助开发了超过100万套由私营开发商建造的中低收入家庭廉租住房。截至2003年，接受联邦政府资助的私人所有住房的总量为160万套。

此外，1986年的低收入住房税收返还（LIHTC）计划作为税收支持的一种方式，支持私营开发商建造保障性住房。长达10年的联邦收入税收减免，要求私营开发商必须在住房开发的基础上为该地区低收入家庭配建保障性住房。

（二）美国住房保障政策评估

美国是一个市场经济高度发达的国家。国家对经济的干预较少，在住房领域也呈现出趋向以市场调节为主的保障模式。

1. 美国住房保障制度与住房市场发展阶段相适应

美国的住房保障最初是为了解决住房短缺的问题。第二次世界大战后，住房市场面临住房短缺和质量低下的问题，整个市场存在供给总量不足的状况，政府这一阶段住房政策的重点在直接兴建公共住房。自20世纪70年代起，美国住房市场结构发生了重要变化，住房短缺已不再是主要矛盾，取而代之的是低收入家庭住房负担过重的问题，政府逐步从住房领域中退出，政府的住房政策由供给保障向以市场选择为基础的房租补贴和鼓励自有住房的需求保障转变。鼓励住房私有化也是与美国自由市场理念相符合的。

2. 政府与市场在住房干预中的角色逐步演进

美国的住房保障以政府为主体，市场为主导。住房保障制度随着住房短缺情况的缓解，经历了由政府大规模干预、政府直接投资或补贴建设公共住房到鼓励运用市场机制解决大量住房供应的演进。对于住房建设与经营，政府更倾向于与私人部门的合作，通过税收、财政补贴和优惠贷款等间接方式参与增加住房的供给及租赁市场的扩展。

政府在住房干预中表现出联邦与州、下一级地方政府之间的明确分工。联邦政府主要负责法律法规制定与监管、住房信贷管理与财政拨款等，州和下一级地方政府主要负责辖区内住房政策执行及公共住房管理等。20世纪80年代以来，联邦住房保障职权逐步下放地方，住房预算大幅削减，在联邦政府预算授权总额中的占比已连续多年维持在1%~2%水平。作为承接联邦住房政策资源的州政府，1975年以来，扣除通货膨胀，各州在住房与社区建设方面从未超过其预算总支出的1%，2005—2006年，仅占州政府总支出的0.35%。下一级地方政府主要负责住房保障的具体事务，在住房领域的支出远高于州政府，虽然呈现逐年上升趋势，但从总支出占比看依旧不高，2005—2006年，仅占该级地方政府总支出的2.6%。从政府在住房领域的直接支出占公共支出的比例来看，1981年英国的这一数值已经达到6.1%，而美国不足1.3%，到1986年，这一数值在美国降到1.1%。1981年美国住房公共支出仅占国民生产总值的0.5%。由此可以看出，与英国相比，以抵押贷款为主要特征的美国模式，政府的干预程度明显较小。

3. 政府对住房补贴的方式利弊共存

补供方的方式对于增加出租住房的供给较为有效，而且可成为政府推动经济发展的反周期政策工具。但却存在一定的缺陷：一是补贴的整体效率较低，根据美国公共住房政策的评估，政府每花100美元用于补贴直接提供住房者，一个低收入家庭租户仅能获得37美元的福利；二是政府通过补贴住房建设贷款，可能会增加政府的长期债务负担及信用风险。

补需方也是一种利弊共存的方式。首先，对租户补贴的成本低于对开发商的补贴，同样水平的政府支出，租户补贴的做法可以让更多的低收入家庭受益；其次，租户补贴对租房市场价格上涨的影响效应要小于对开发商的补贴；最后，租户补贴可以让租户在更大程度上自由选择其居住地区和住房租金标准，在一定程度上降低了低收入家庭过分集中的弊端。但是多人口家庭、老人集中的家庭，以及残疾人家庭要比其他家庭更难找到适合自己的住房，对这些家庭来说，补供方的方式更加有利。

4. 存在的问题

美国在住房保障领域的问题主要体现在过分强调中低收入家庭的住房自有，一味追求住房高自有率。一系列住房自有化政策，虽然提高了美国整体的住房自有率，却产生金融市场的连锁反应。房地产经济的泡沫化掩盖了次级抵押贷款存在的风险，当大量中低收入家庭有能力购房时，市场住房的供求开始发生变化，从而刺激房价走高，造成房地产供需关系的虚假繁荣。由于许多贷款机构有房价继续走高的心理预期，调低了针对所有借款人的信用门槛，越来越多的投资者加入这种高风险的游戏中以实现贷款人和放贷机构的“双赢”。但是当房价持平或下跌时，贷款人就还不起贷款而形成坏账，这成为美国次贷危机的主要原因。

2008 年的次贷危机给严重依赖住房金融市场的美国住房保障制度带来打击，政府又开始加大对住房市场的干预力度。2009 年，奥巴马政府制定了经济刺激法案，采用积极措施支持低收入住房税收返还计划，填补项目融资缺口，以促进住房建设。2011 年，美国财政部、住房与城市发展部向国会提交的《美国住房金融市场改革报告》提出了建立可支付住房体系的改革设想。但目前来看，这些举措并没有使美国住房保障制度发生根本性转变。2017 年澳大利亚住房和城市发展研究所的横向研究数据认为，英国呈现私有自住和社会性保障性住房双高的情况，而美国则基本没有社会保障性住房，市场基本由私人租赁（private rental sector，PRS）和大型租赁企业（large corporate landlords，LCLs）两个部分组成。可以说，美国住房保障政策依旧内嵌在重视市场导向的住房制度中。

三、以中央公积金支持组屋制度为主要特征的新加坡模式

1993 年，新加坡政府向世界宣告：经过 30 多年的努力，新加坡政府已累计建设完成 69.9 万套政府组屋，基本实现“居者有其屋”（HOS）的宏伟计划。新加坡的这项成

就令世界瞩目。新加坡是一个市场经济国家，但是住房的建设和分配并不是完全通过市场来实现的，在住房保障制度上，政府有着较深的干预和介入。新加坡政府提供组屋与市场提供私宅相结合的制度运作成为世界各国借鉴的典范。

（一）新加坡住房保障体系的主要内容

1959 年新加坡自治之前处于被英国殖民时代，统治阶层很少关注到体面住房的短缺问题，而倾向于私人市场解决住房的需求。随着移民人数的不断增加，新加坡面临恶劣的卫生条件和住房环境的短缺恶化。为解决这些问题，改善城市居住状况，自治后的新加坡政府于 1960 年 2 月成立了建屋发展局（Housing and Development Board，HDB）。

1. 组屋供给体系

1961—1995 年，经过七个"五年建屋计划"（简称五年计划），新加坡累计建成了超过 80 万套的组屋。第一个五年建屋计划为 1961—1965 年，共建成住宅 54 430 套，多为一室（33 m^2）或两室一厅（41 m^2），主要用于出租。在第一个五年计划期间，新加坡于 1964 年引入了让"居者有其屋"的政府组屋计划，一方面，以低价向广大中低收入家庭出售公有住房；另一方面，鼓励私人建房，推行住房自有化政策。第二个五年计划为 1966—1970 年，政府投资 3.05 亿新元，共建成住宅 66 239 套，仍以小套型住宅为主，但面积稍有扩大。第三个五年计划为 1971—1975 年，政府投入 19 亿新元，共建成住宅 113 819 套，主要是改良型住宅（45 m^2）及四室住宅（75 m^2）。第四个五年计划为 1976—1980 年，共投资 5.64 亿新元，建成 137 670 套住宅。第五个五年计划为 1981—1985 年，共建成 18.9 万套住宅。公共住房占住房存量的比重一度超过 90%。

根据新加坡政府官方统计，截至 2021 年 3 月，新加坡公共住房总存量达 108.289 3 万套，包括建屋发展局组屋、执行跃层复式组屋、执行共管公寓、执行公寓、中等收入组屋、私营开发商带资承包建造的私人组屋及乐龄公寓等住房类型，年限 99 年。新加坡 2004—2021 财政年公共住房总存量如表 12-5 所示。建屋发展局组屋既包括出售的组屋，也包括租赁的组屋，从 2020—2021 财政年的数据可以看出，买售型组屋以四室组屋为主，占组屋总存量的 42%。租赁型组屋以一室和两室组屋为主，四室和五室租赁组屋数量极少。这反映出新加坡在公共租赁住房和自有住房方面的不同考量，形成兼顾居住适用性和经济性的特点。

表 12-5　　新加坡 2004—2021 财政年公共住房总存量　　（套）

财政年	建屋发展局组屋					执行类组屋（公寓）	中等收入组屋	乐龄公寓	总计
	一室	两室	三室	四室	五室				
2004	20 321	29 495	228 463	324 642	205 010	65 155	1 865	936	875 887
2005	20 141	29 351	227 113	327 701	207 299	65 160	1 865	936	879 566
2006	20 144	29 183	223 409	330 416	207 879	65 153	1 865	1 043	879 092
2007	20 145	28 712	222 098	331 787	207 975	65 150	1 865	1 081	878 813
2008	20 309	29 546	221 996	336 712	208 403	65 070	1 865	1 239	885 140
2009	19 652	29 431	220 545	337 020	209 069	65 075	1 865	1 239	883 896
2010	21 217	30 210	220 770	340 069	209 765	65 077	1 865	1 239	890 212
2011	22 087	31 077	222 095	346 938	211 034	65 075	1 865	1 800	901 971
2012	24 559	32 917	222 242	354 942	213 321	65 076	1 535	2 250	916 842
2013	25 384	34 716	222 704	357 940	214 798	65 078	1 177	2 932	924 729
2014	25 564	36 131	224 272	366 511	217 553	65 075	1 177	4 588	940 871
2015	25 798	37 900	228 646	379 953	224 402	65 079	0	7 078	968 856
2016	26 840	39 894	232 144	390 901	229 829	65 082	0	7 782	992 472
2020—2021	31 064	60 147	244 619	427 790	245 293	65 110	0	8 870	1 082 893

资料来源：数据来自新加坡建屋发展局年度报告。

“居者有其屋”计划使新加坡住房自有率长时间保持在 90%以上，2006 年住房自有率开始下降，特别是 2008 年金融危机后，自有率下降加剧，2010 年住房自有率和建屋发展局组屋在总住房存量占比达到最低，分别为 87.2%和 88.8%。此后，随着经济复苏，住房自有率开始上升，2021 年住房自有率达到 88.9%，建屋发展局组屋在总住房存量占比为 90.9%（见表 12-6）。截至 2021 年 3 月 31 日，共有 319.24 万常住人口居住在建屋发展局组屋中，约占总人口的 80%。1960—2021 年居住在建屋发展局住房的常住人口占比如图 12-1 所示。

表 12-6　　新加坡住房相关指数

年份	居民家庭（万户）	全部建屋发展局组屋（万套）	住房自有率（%）	建屋发展局组屋在总住房存量占比（%）
2010	114.59	94.37	87.2	88.8
2011	114.62	94.84	88.6	90.1
2012	115.20	93.95	90.1	91.7
2013	117.45	96.18	90.5	91.8

续表

年份	居民家庭（万户）	全部建屋发展局组屋（万套）	住房自有率（%）	建屋发展局组屋在总住房存量占比（%）
2014	120.00	96.52	90.3	91.6
2015	122.53	98.11	90.8	92.0
2016	126.36	101.15	90.9	92.2
2017	128.99	101.86	90.7	92.1
2018	132.53	104.33	91.0	92.2
2019	137.24	107.92	90.4	91.4
2020	137.26	108.01	87.9	89.2
2021	139.06	108.91	88.9	90.9

资料来源：数据来自新加坡统计局官网。

注：全部建屋发展局组屋包括非私有住房和中等收入组屋。

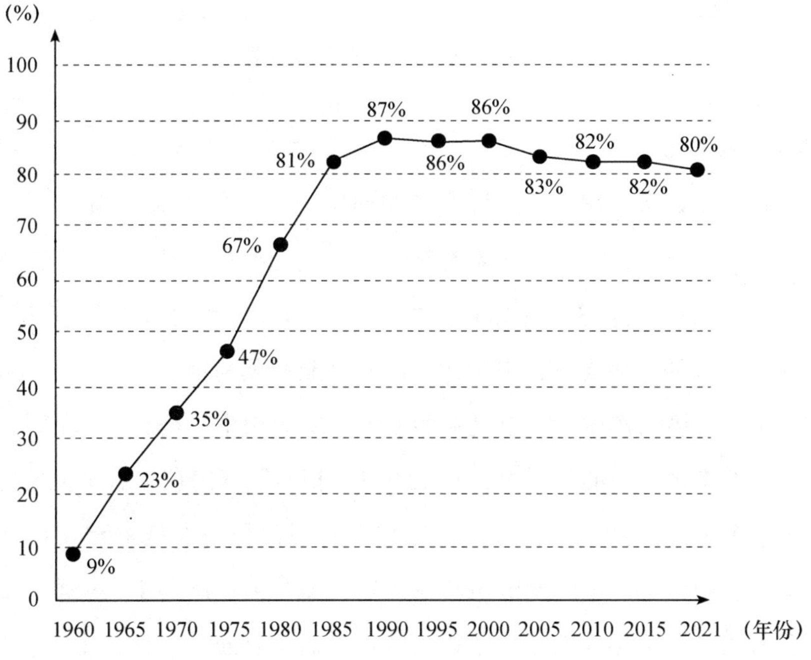

图 12-1　1960—2021 年居住在建屋发展局住房的常住人口占比变化趋势

建屋发展局作为一个独立的、非营利性政府机构，政府赋予了它在公共住房方面的广泛合法权力，它既代表政府行使权力，负责制定组屋发展规划及房屋管理，实现“居者有其屋”的住房保障目标，又作为最大的房地产经营管理者，负责组屋建设、组屋出售和出租。因此，建屋发展局是新加坡公共住房的组织者、建设者和管理者，在整个住房保障体系中起主导作用（见图 12-2）。

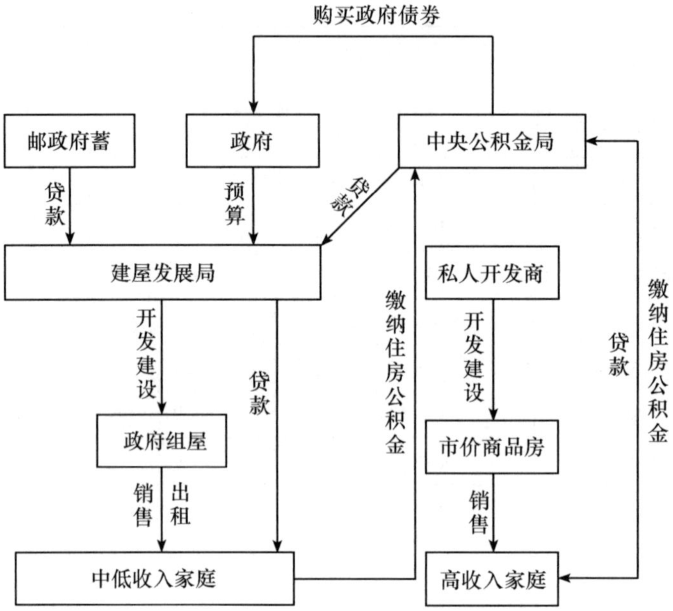

图 12-2　新加坡住房供给体系

2. 中央公积金制度

在住房紧缺时期，新加坡政府通过有组织地实施“五年建屋计划”，大量投资建房出租给广大中低收入家庭，随着“居者有其屋”计划的推进，政府允许工人使用中央公积金（CPF）积累购买由建屋发展局建造的公共住房。中央公积金制度为“居者有其屋”计划提供了强大的金融支持，组屋计划之所以能够顺利推行，良性循环的中央公积金制度起到了十分关键的作用。这也是新加坡第一次运用中央公积金储蓄来实现国家目标，通过住房自有实现国民的归属感，并将中央公积金制度定位为有价值的融资来源。

（1）中央公积金制度的基本特征。新加坡中央公积金制度是 1955 年 7 月在英国统治时期建立的，最初只是一个强制退休储蓄计划，实行会员制。中央公积金制度建立初期，覆盖除公共雇员及参与其他基金计划人员之外的所有雇员。任何个人，只要向中央公积金计划供款一次就成为中央公积金会员。随着制度的发展，覆盖范围扩及所有工薪收入者，无论是公务员还是职员，甚至包括个体商贩都要加入计划，按时足额缴纳公积金。根据中央公积金局 2021 年度报告，中央公积金会员总数达到 410 万人，其中 200 万人为活跃会员。

在制度引入初期的 1955 年，中央公积金的总缴费为工资的 10%，雇主缴纳 5%、雇员缴纳 5%，月缴费的上限为 50 新元，到 1968 年允许使用中央公积金储蓄购买公共住房时，总缴费率为13%。从2001年起，中央公积金缴费率保持36%（雇主缴纳16%、雇员缴纳20%），月缴费的上限为2 160新元。中央公积金会员在55岁之前拥有三个账户：医疗保健账户（medisave account）、普通账户（ordinary account）和特别账户（special account）。医疗保健账户用于支付医疗开支及灾难疾病保险；普通账户用于购买政府组屋、缴纳保险费、教育支出、政府批准的投资项目支出以及向父母的退休账户进行填补（top-up）性的转移支付等；特别账户用于维持退休后的养老支出。中央公积金的缴费被分配到三个不同的账户中，不同年龄段中央公积金会员的缴费率是不同的，分配到三个账户的比例也不同。

（2）中央公积金对组屋制度的融资支持。新加坡中央公积金既用于支持居民购房，也用于支持公共住房建设，并且使这两者之间形成有效的衔接。从中央公积金与组屋的融资来看（见图12-3），雇主和雇员按照一定比例向中央公积金局缴纳公积金，公积金用于购买政府债券，政府以贷款和补贴的形式注入建屋发展局的组屋建设。截至2020年，中央公积金余额为4 621亿新元，当年缴存额达409亿新元，为建屋发展局进行大规模的公共住房建设提供了主要资金。建屋发展局运用资金建设组屋并以抵押贷款的形式向个人出售，个人购房者可以从中央公积金局直接获得中央公积金贷款，也可以向建屋发展局进行按揭贷款，从建设和购买上保证了融资的顺利实现。2020年，中央公积金会员中有97.2万人次提取普通账户资金购房，金额达173亿新元，其中，74.1万人次共提取105亿新元购买建屋发展局的组屋。

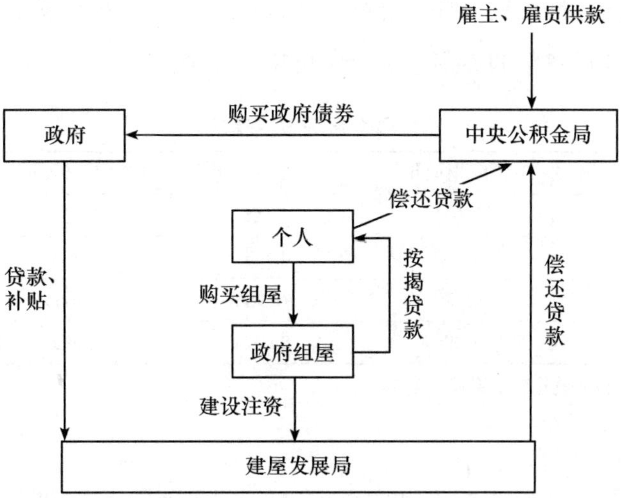

图12-3　中央公积金与组屋融资

在二十世纪八九十年代房地产市场繁荣时期，中央公积金会员将大量的储蓄用于购买住房。从 1955 年建立中央公积金到 1964 年推出“居者有其屋”计划，中央公积金基本处于积累阶段。在对组屋制度的支持中，政府一方面控制住房储蓄资金的积累，另一方面控制住房建设环节，从而很好地协调住房供求的平衡，使公积金的积累与使用相匹配。新加坡的中央公积金制度不仅解决了公共住房建设资金问题，而且解决了中低收入家庭购买力不足问题，有力支撑了组屋制度的发展和公共住房自有的实现。

（3）政府补贴。一是对组屋购买者的补贴。从 2006 年起，政府向首次购买组屋的中低收入家庭提供额外中央公积金房屋津贴（AHG），用于减轻购屋负担。目前，每月收入少于 5 000 新元的新购住房家庭，无论购买新房或二手房，都会得到 5 000 到 40 000 新元的额外中央公积金房屋津贴。从 2011 年 2 月起，政府为月收入低于 2 250 新元的家庭设立了特别中央公积金购屋津贴（SHG），以帮助其购买首套组屋，津贴用于从建屋发展局购买非成熟社区的标准两室或三室组屋。两类津贴都要求申请者满足在新加坡连续工作 12 个月，有工作且具备持续还贷能力。

二是对建屋发展局的赤字填补。建屋发展局的经费收入主要来自租售组屋所得、购房者贷款利息以及管理和服务费用等。然而，建屋发展局经济上却入不敷出，每年都有巨额的财政赤字（见表 12-7）。原因在于，一方面，直接通过建屋发展局出售的组屋价格由政府确定，远远低于住房的市场价格，甚至低于成本价，而且部分组屋只用于出租，资金难以快速收回；另一方面，建屋发展局承担了组屋翻新、改造等住房升级的大量资金，组屋的重建更是由该局按照市场价对住户给予全额补偿。因此，新加坡政府每年都从财政预算中给建屋发展局提供补贴，2017—2020 财政年数据显示，政府财政补贴完全弥补了建屋发展局各年的赤字，部分年份略有多余。

表 12-7　　建屋发展局收支情况　　（百万新元）

项目	2017 财政年	2018 财政年	2019 财政年	2020 财政年
总收入	2 625	2 125	1 431	1 619
净营运支出	4 342	4 111	4 096	3 965
赤字	−1 717	−1 986	−2 665	−2 346
政府补贴	2 006	2 032	2 692	2 346

资料来源：数据来自新加坡建屋发展局年度报告。

3. 组屋的分配

1968 年政府推行中央公积金购房政策后，许多中低收入家庭借助中央公积金买到了政府组屋。“居者有其屋”计划的成功推行，减少了政府租赁公共住房的热情，因此不断加大房改力度，放宽购买政府组屋的家庭平均月收入的界限。从 20 世纪 70 年代月收入 1 500 新元以下放宽到目前的 8 000 新元，保证了 80%以上中等收入家庭能购买到廉价的组屋。符合政府配房条件的家庭，一律排队等候政府分配住房。

对于小部分无法购买组屋的中低收入家庭，政府提供租赁组屋。收入极低的家庭只需支付津贴租金，其余部分由政府给予补贴，租期两年，会随家庭收入提高重新检查租房资格和租金水平。

新加坡组屋制度的宗旨是“住房自住”，解决中低收入家庭的住房问题。政府规定每户只能拥有一套组屋，但每户根据条件可享受两次购买组屋的权利，即随着家庭经济状况的改善，在组屋住满 5 年后，家庭可以再申请购买更好更大的组屋，但要求在 6 个月内出售现有组屋。组屋必须在居住满 5 年后才可转售，如果居住不满 5 年时卖掉组屋，只能回卖给政府，政府将其重新纳入组屋分配编制。转售市场也就形成了所谓的公开组屋市场，对于公开组屋市场的转售行为，政府进行了严格的规定，以此控制居民的炒房行为：对于出售组屋者，政府会抽取组屋转售税；在公开市场上购买的组屋，必须在居住满 30 个月后方可转售。

（二）新加坡住房保障制度评估

1. 政府对中低收入家庭的住房保障干预与介入程度较深

在通常的市场状态下，由于市场失灵及私营开发商的垄断供给，极易产生住房价格的上涨。然而，新加坡在政府维持稳定住房价格的政治目标作用下，有力解决了中低收入家庭的住房问题。建屋发展局是保证“居者有其屋”计划真正落实的主导者、组织者，承担了组屋的规划、建设、经营和管理等工作。《土地征用法》赋予建屋发展局强制征地的权力，确保了公共住房建设能以远低于私营开发商购地的价格获取土地，降低组屋的开发成本，也实现建屋发展局组屋 80%以上的市场存量。强力的政府干预使新加坡住房市场很难形成自然垄断的状态。

2. 政策的干预有效实现了社会的融合

新加坡政府在解决中低收入家庭住房问题中的干预方式与许多西方国家实施的“社会住房”不同。与“社会住房”相关的是租赁住房的提供，但是新加坡的公共住房却是作为一种市场商品的导向，公共住房自有政策使居民成为利益的相关者并成为一种身份的确认。

新加坡的住房政策使不同收入及民族的居民因住房居住得到互动和融合，与西方社会的公共住房不同的是，新加坡将防止民族贫民窟的产生作为重要的政策目标。这对于一个多民族的社会来说是极其重要的。新加坡的住房体系被认为是符合社会资源的配置的，它促进了社会的认可与包容，住房不仅是个人的资产，也是国家的资产。

3. 干预政策充分实现了与经济发展的整合

政府的干预有效利用了中央公积金这一住房金融的支持作用，中央公积金的运作不仅有效支持居民居住问题的解决，还有着覆盖面广、缴存率较高、对住房市场的金融支持效果明显等特点，因此调整其政策参量可以有效影响新加坡居民的私人消费和投资决策（包括住房消费和投资），从而使中央公积金可以有效发挥稳定经济运行的作用。

此外，早期提供的公共住房，强调住房标准的改进，之后的开发强调社区的同一性、融合性及资产的增值。灵活的住房政策是为适应变化的经济及社会环境而设计的。从20世纪90年代起，随着经济的快速发展，基本上五年后的建屋发展局组屋增值率都在300%左右；随着转售市场的成熟，政府也不断调整政策，给予居民第二次购买的机会来实现居民的住房升级，本质上都是政府干预在增进中低收入家庭福利中的体现。

第三节　中国住房保障制度

自1980年中国住房制度改革启动以来的40多年，中国由计划的公共住房体系转向了以市场为导向的住房供应体系。住房实物分配福利体制的终止、货币化住房分配、市场化和社会化供给体系的逐步建立，使城镇居民人均住房面积从改革前1978年的3.6平方米增加到2019年的39.8平方米。在取得成绩的同时，伴随着我国市场化改革和住房制度改革的不断深入，中低收入家庭的住房问题日益凸显。为了解决中低收入家庭的住房问题，从20世纪90年代起，我国城镇已初步形成针对最低收入家庭的廉租住房、针对中低收入家庭的经济适用住房和针对“夹心层”及外来务工人员的公共租赁住房为主体的住房保障体系。

面对不断上涨的商品住房价格，《中华人民共和国国民经济和社会发展第十四个五年规划和2035年远景目标纲要》提出要有效增加保障性住房供给，完善住房保障基础性制度和支持政策。以人口流入多、房价高的城市为重点，扩大保障性租赁住房供给，着力解决困难群体和新市民住房问题。2021年6月，国务院办公厅印发《关于加快发展保障性租赁住房的意见》，明确保障性租赁住房基础制度和支持政策，主要解决符合条件的新市民、青年人等群体住房困难问题。党的二十大报告提出要坚持房子是用来住的、不是用来炒的定位，加快建立多主体供给、多渠道保障、租购并举的住房制度。

当前，在“房住不炒”的定位下，我国加快保障性住房的供给，“十三五”时期，大规模棚户区改造圆满收官。住房城乡建设部数据显示，中国已建成世界上最大的住房保障体系，累计建设各类保障性住房和棚改安置住房 8 000 多万套，帮助 2 亿多困难群众改善住房条件，低保、低收入家庭基本实现应保尽保，中等偏下收入家庭住房条件有效改善。“十四五”时期，加快老旧小区改造、共有产权住房建设、发展公共租赁住房制度和集体土地建设租赁住房，扩大租赁性住房保障范围，成为住房保障的重要任务。

与二元经济结构相对应，中国传统计划体制下形成的住房制度也是二元结构，农村没有清晰的住房消费支持体系，城镇和农村的住房由不同体系所管辖，是互相分割的。在农村，住房建设是建立在“集体”所有、无偿获得的土地上，大部分农村家庭通过自建解决居住问题，住房不能作为商品自由转让，也不存在住房市场。总的来说，农村住房问题的紧迫性和政策关注度没有城市的高，农村的住房保障制度目前主要集中在贫困户危房改造和住房救助，政府的介入程度较低。因此，本节讨论的重点在城镇部分。

一、传统的住房福利体制与中国城镇住房制度改革

在城镇住房制度改革之前，我国城镇居民的住房几乎全部由政府提供，住房问题由职工所在工作单位解决，住房分配采用低租金实物分配的形式。这样的保障方式给国家和企事业单位造成了巨大的经济负担，1975 年居民住房消费支出占家庭总支出比重平均为 2.3%，到 1990 年下降到 0.74%，房租甚至可能无法完全弥补房屋维修和管理成本，投入产出无法实现良性循环。住房短缺、居住面积小、环境差成为普遍问题，到 1978 年，城镇人均居住面积只有 3.6 平方米。在这一背景下，为解决公共住房体系提供适足住房的失效问题，以及政府和单位管理大量公共住房的过重负担问题，20 世纪 70 年代末政府开始了城镇住房制度改革。

1998 年 7 月国务院颁发的《关于进一步深化城镇住房制度改革加快住房建设的通知》（国发〔1998〕23 号，以下简称 1998 年 23 号文）是我国住房制度改革的重要里程碑。通知宣布停止住房实物分配，逐步实行住房分配货币化，同时建立和完善以经济适用住房为主的多层次城镇住房供应体系，促进相关配套改革（发展住房金融、信贷，建立新的市场交易体系）。此后，我国房地产迅速发展，2000—2004 年，房地产年投资额平均为 7 460 亿元，占 GDP 的 7%，房地产成为新的经济增长引擎。2003 年 8 月，国务院颁发了《关于促进房地产市场持续健康发展的通知》，第一次提出房地产业是国民经济的支柱产业，提出坚持住房市场化的基本方向，使商品住房成为住房市场供应的主体。

1998年以后，我国的住房体制发生了根本性变化。住房商品化改革改善了居民的居住条件，居民住房水平显著提高。2005年年底，全国城镇房屋建筑面积164.51亿平方米，其中住宅建筑面积107.69亿平方米，占房屋建筑面积的比重为65.46%。全国城镇户均住宅建筑面积83.2平方米，户均成套住宅套数0.85套。国家统计局数据显示，2019年全国城镇人均住房建筑面积达到39.8平方米，比1978年高出36.2平方米。从改革的初始目标，即增加住房投资和生产、解决严重的住房短缺来看，成效是显著的。然而，住房商品化改革实现居民住房水平显著提高的同时，也直接造成了房价快速上升，职工住房消费能力与市场房价严重脱节，形成市场过度供给商品住房与低收入家庭住房严重不足并存的局面。

二、中国住房保障政策与实践

在住房制度改革过程中，我国政府主要发展了三种住房保障项目来增强城市居民住房的可及性：经济适用住房、廉租住房及公共租赁住房。此外，棚户区改造也成为近十几年住房保障的主要任务。有的学者认为住房公积金制度也包括在政府住房保障项目中，本书作者持有不同的观点，认为住房公积金制度实质上是按照权利义务对等原则运作的住房金融制度，是职工自我保障而非政府对低收入者提供的额外的住房保障。

（一）经济适用住房计划

1. 经济适用住房计划的由来及产生的原因

“经济适用住房”这一提法最早可追溯到1985年国家科学技术委员会蓝皮书《城乡住宅建设技术政策要点》，根据我国国情，到2000年争取基本上实现城镇居民每户有一套经济实惠的住宅。到1994年这一政策主张较为完整地提出，第一次明确将发展经济适用住房作为解决中低收入家庭住房问题的主要对策。

1998年23号文明确要建立经济适用住房为主导的住房供应体系。经济适用住房计划作为住房货币化改革的主要配套措施被提出，安居工程并入经济适用住房计划，至此，我国政府将经济适用住房定位为主导的住房供应方式之一。

根据2004年《经济适用住房管理办法》中的定义，经济适用住房是指，政府提供政策优惠，限定建设标准、供应对象和销售价格，具有保障性质的政策性商品住房。政府通过三项优惠政策补贴经济适用住房：一是采取行政划拨方式提供建设用地，免征土地出让金；二是减半征收行政事业性收费，降低开发成本；三是对经济适用住房价格进行管制，基准价格由开发成本、税金和利润三部分构成。其中，开发商的利润控制在

3%以下。

2007 年，经济适用住房计划经历了较大的调整，8 月国务院发布了《关于解决城市低收入家庭住房困难的若干意见》，将经济适用住房的目标群体从原来的中低收入家庭调整为低收入家庭；从原来的只售不租改为以出租为主，限制出售或者内部市场交易。同年 11 月，建设部等七部门出台了新的《经济适用住房管理办法》，该办法指出，经济适用住房制度是解决城市低收入家庭住房困难政策体系的组成部分。政策对经济适用住房供应对象的重新划定，原因在于避免较高收入家庭购买经济适用住房而谋利，从而产生“福利错配”的效应。

2. 经济适用住房计划发展现状及评价

目前，从经济适用住房建设比例来看，有相当一部分城市的经济适用住房建设已连续几年处于空白状态，从各年经济适用住房占住宅完成投资额数据来看，到 2004 年，建设比例从 1998 年的 13%急剧下降到 6.9%，2005 年以来一直徘徊在 4%～5%之间。2004 年的《经济适用住房管理办法》改变了 1998 年 23 号文的思路，不再提及经济适用住房在住房供应体系的主导地位，供给呈现不足的状态。

从经济适用住房的价格上看，2004 年房价快速上涨以后，经济适用住房与商品住房均价的差距增大。与 1998 年相比，2009 年全国每平方米经济适用住房与商品住房平均销售价格差价从 1 028 元增长到 2 547 元，许多高收入家庭也受经济适用住房较低的补贴价格吸引。为迎合这种需求，开发商则提高经济适用住房的建设标准，从而造成真正的中低收入者买不到经济适用住房。因此，政府在 2007 年规定设立经济适用住房的全国标准为单套的建筑面积在 60 平方米左右，进一步把适用对象缩小到低收入家庭。

从目前我国实施的情况看，经济适用住房具有一般商品住房的共性，也有其自身的特殊性，主要表现在购买时实行价格双轨制，一般是同地段相当规模商品住房价格的 50%～70%，而上市交易时又与普通商品住房并轨，这也为套利者提供了操作空间。中国房地产市场研究报告显示，经济适用住房主要满足了中等偏上收入家庭的需要，中等偏下和低收入家庭所占比例不高，部分经济适用住房是用于投资，自用率平均仅为 51.34%。此外，完善退出机制也是经济适用住房面临的重大挑战，制度运行以上市出售的方式退出，引发一系列有关公平问题的不满，而富裕起来的居民长期持有也会导致更大程度的不公。另外，经济适用住房一般多选择在城市边缘或近郊区的土地进行开发建设，综合区位条件不如一般的商品住房好，基础设施不完备、交通落后等也成为经济适用住房面临的重大挑战，地方政府和开发商不能得到有效激励，都弱化了经济适用住房的保障作用。

（二）廉租住房制度

1. 廉租住房制度的由来及产生的原因

廉租住房是针对既无力购买或租赁商品住房，又买不起经济适用住房（即没有能力在市场中实现住房需求）的城镇低收入家庭而设计的住房政策。1998 年 23 号文最早提出针对最低收入家庭的需求，由政府或单位提供廉租住房；1999 年，建设部在总结各地试点经验的基础上发布了《城镇廉租住房管理办法》，扩展了住房保障体系的覆盖人群，并对廉租住房性质、适用范围、建设方式、申请和退出机制做了系统的规定。2007 年财政部发布《廉租住房保障资金管理办法》，从政策上规定廉租住房保障资金的筹集、管理、分配，保证廉租住房资金的使用效益。

2. 廉租住房发展现状及评价

廉租住房是政府拥有房屋产权，出租给低收入家庭，免收租金或补贴租金的住房，在实物建设中，一般采取代建制，即政府委托建设单位建设，建成后，政府收回再出租给符合标准的家庭。因此，廉租住房主要是一种补需方的方式。廉租住房可以是政府直接提供的租金低廉的公共住房，也可以是在接受政府现金补贴后到市场上租赁的私人房屋。在实际过程中，主要采取以下三种方式：实物配租、货币配租和租金核减。表 12-8 统计了我国 2006—2009 年廉租住房三种配租情况。目前，廉租住房与公共租赁住房实现并轨运行，并轨后统称为公共租赁住房，以此解决两者作为租赁型保障住房平行运行产生的保障群体界定混淆、政策衔接困难等问题。

表 12-8　　2006—2009 年我国廉租住房配租情况　　（万户，%）

年份	实物配租	货币配租	租金核减	其他	合计
2006	7.7	16.7	27.9	2.4	54.7
2007	10.5	56.9	1.7	0.8	69.9
2008	63	249	0	0	312
2009	185	80	0	0	265
累计	266.2	402.6	29.6	3.2	701.6
占比	37.94	57.38	4.22	0.46	100

资料来源：依据住房城乡建设部相关数据整理。

廉租住房作为租赁型保障性住房，由于发展规模有限，且不涉及保障对象的住房产权获得等问题，因此在制度实践中并不像经济适用住房那样受到争议。但是从制度并轨后的长远发展来看，廉租住房制度或者说公共租赁住房制度面临的最大挑战仍然在于资金来源的不稳定及地方政府没有足够的热情去实施制度。为保证制度的有效运行，中央政府往往通过对各省设定供应量的目标，并从资金来源上增加对欠发达地区的投入，然而制度融资来源依然主要来自地方政府，除土地出让收益之外，中央和地方财政和公积金增值收益也是重要的资金来源，但是这两项来源存在不稳定性，且住房公积金增值收益用于廉租（公租）住房建设补偿资金的合理性尚存争议。因此，获得地方政府的支持可以说是制度可持续的关键因素。

（三）公共租赁住房政策

1. 公共租赁住房政策的由来及产生的原因

公共租赁住房（简称公租房）的概念首次出现于 2009 年 3 月 5 日温家宝总理所做的政府工作报告中提出要积极发展公共租赁住房。结合各方面的概念，公租房较准确的定义是，以政府为主导，由政府投资或提供政策支持建造的，以较低租金租赁的政策性公共住房，租住对象为达不到廉租住房申请要求，短期内又没有能力购买商品住房或经济适用住房的“夹心层”群体。“夹心层”群体主要指城镇中等偏下收入家庭、新就业无房职工和在城镇稳定就业的外来务工人员等群体。

2. 公租房政策发展现状及评价

目前，公租房政策已在我国大部分城市推行，2010 年 6 月，住房城乡建设部等七部门发布《关于加快发展公共租赁住房的指导意见》，全国各地开始了大规模的公租房规划建设。国家统计局数据显示，2008—2018 年全国累计开工建设公租房（含廉租住房）1 612 万套。截至 2019 年，全国已有 3 800 万困难群众住进了公租房，累计近 2 200 万困难群众领取了公租房租赁补贴。2021 年 6 月，国务院办公厅印发《关于加快发展保障性租赁住房的意见》，明确提出人口净流入的大城市，可探索利用集体经营性建设用地建设保障性租赁住房等支持政策。利用集体土地建设租赁住房并实现市场化运营管理，正在成为北京这样的超大城市进一步完善租购并举体系、缓解住房供需矛盾的新探索。

公租房政策与原有住房保障政策相比，扩大了保障性住房的受益面，并在一定程度上改善了原有住房保障政策的不足。我国住房保障体系中，只有廉租住房立足租赁方式解决低收入家庭居住困难，经济适用住房、限价商品住房则都强调产权拥有，而公租房政策有利于进一步培育我国住房租赁市场，克服传统私人租赁住房市场的不稳定性、随意性强等特点，纠偏“重买轻租”的住房制度设计漏洞，促进住房市场结构优化。通过政府支持的专业机构进行经营管理，提高租赁的专业化、规模化水平，一方面不易发生随意抬价、转租的短期市场行为，保障承租人获得稳定、安全、可靠的长期居住权；另一方面有效弥补廉租住房保障范围太小的缺陷，对满足“夹心层”的住房消费需求发挥重要作用。

（四）棚户区改造

城市棚户区是指城市规划区范围内，简易结构房屋较多、建筑密度较大、使用年限久、房屋质量差、建筑安全隐患多、使用功能不完善、配套设施不健全的区域。在经济适用住房、廉租住房、公租房三大住房保障项目之外，从2011年起，城市棚户区改造也成为政府住房保障政策的重点，是改善城镇住房困难群体居住条件的重要举措。

我国从2005年开始在全国范围内启动棚户区改造，近十几年全国各类棚改规模非常大。从“十二五”保障性住房实际完成情况看，开工3 948万套，超额9.7%完成，其中，棚户区改造占据主导，总量达2 191万套，占比55.5%。2015年6月，国务院印发的《关于进一步做好城镇棚户区和城乡危房改造及配套基础设施建设有关工作的意见》指出，要在2015—2017年改造包括城市危房、城中村在内的各类棚户区住房1 800万套。国务院常务会议提出的2018年到2020年3年棚改攻坚计划确定再改造各类棚户区1 500万套。住房城乡建设部公布的数据显示，“十三五”期间，全国棚改累计开工超过2 300万套，帮助5 000多万居民“出棚进楼”。2008—2020年我国共进行了4 992万套的棚户区改造。“十三五”以来我国城镇棚户区改造基本情况见表12-9。

表12-9　“十三五”以来城镇棚户区改造基本情况

年份	棚改开工（万套）	棚改建成（万套）
2016	606	658（含公租房）
2017	609	604
2018	626	511
2019	316	254
2020	209	203
2021	165	205
合计	2 531	2 435

资料来源：数据来自国家统计局发布的2016—2021年中华人民共和国国民经济和社会发展统计公报。

由于城镇住宅的老化和城市更新的需求，从2019年起，我国开始大规模实施的以老旧小区改造为重点的旧城改造、社区改造，是棚户区改造的延伸和升级。2020 年全国住房保障主要任务从棚户区改造转移到老旧小区改造。2019 年我国各地改造城镇老旧小区 1.9 万个，涉及居民 352 万户；2020 年新开工改造城镇老旧小区 3.9 万个，涉及居民近 700 万户；2021 年全国新开工改造城镇老旧小区 5.56 万个，涉及居民 965 万户。

（五）共有产权住房

共有产权住房作为产权式保障性住房实践，早在 2014 年 4 月就已经在北京、上海、深圳、成都、黄石、淮安 6 个城市开展试点工作。为解决超大城市住房价格过高问题和深化住房供给侧结构性改革、保障基本住房需求，2017 年 9 月，住房城乡建设部印发《关于支持北京市、上海市开展共有产权住房试点的意见》，支持北京市、上海市深化发展共有产权住房试点工作。同月，《北京市共有产权住房管理暂行办法》正式实施；2018 年 9 月，上海市出台《关于进一步完善本市共有产权保障住房工作的实施意见》，进一步规范共有产权住房的规划、建设、使用、交易、退出管理。经国务院批复同意，国家发展改革委等部门联合印发的《“十四五”公共服务规划》明确提出，人口净流入的大城市因地制宜发展共有产权住房，以中小户型为主，供应范围以户籍人口为主，逐步扩大到常住人口。

北京市 2017 年 7 月开始推广共有产权住房，计划在 2017—2021 年提供 25 万套共有产权住房。但截至 2022 年 3 月，北京市共有 81 个共有产权住房项目，总房源约 8.3 万套。

共有产权住房与以往的经济适用住房、限价房不同，是一种有限产权住房，政府和购买者共同分享土地和住房增值收益，同时也共同承担土地和住房贬值的风险，是政府住房公共政策在商品住房领域的体现。共有产权住房一方面为居民提供了相对较低价位的普通商品住房，只需支付一部分钱即可获得住房的部分产权，使其“买得起，住得上”；另一方面，改善和优化了热点城市商品住房供给结构，缓解了一线和热点二线城市房价上涨的压力。此外，共有产权住房上市交易、转让退出机制的相对受限，有利于打消住房投机行为，识别真正的刚需家庭，这也是保障性住房政策追求的重要目标。

当然，共有产权住房作为一种保障性住房形式，也存在地理位置偏远、配套设施不好、职住分离的问题。此外，有限产权和转让受限，也打消了部分刚需家庭的选择。共有产权住房作为一种较新的政策实践，还需要更长一段时间考察政策效果。

专栏 12-1　　住房公积金制度：去留之争下的改革方向

住房公积金制度不是社会保障制度的一部分，它应该是用人单位的福利制度。在中国的语境中，“五险一金”是相提并论的。所以人们很容易把“一金”理解为社会保障的一部分。中国的社会保障制度包括三个层次：社会救助、社会保险和社会福利。社会救助的目标是缓解贫困；社会保险制度是由用人单位和个人共同缴费形成基金以分散参保人相关风险；社会福利是政府提供的具有普惠性质的各类津贴或者服务项目。从筹资来源和目标看，住房公积金制度不是社会救助也不是社会福利，从运行机理看，它也不是社会保险。

从筹资来源看，住房公积金制度应该是用人单位的福利。住房公积金个人账户资金来源于职工即期工资和用人单位缴费，而用人单位的缴费也是职工人力成本的一部分。对于公务员和事业单位工作人员而言，单位缴费往往是以压低即期工资收入作为替代方案的；对于企业而言，当企业不能转嫁此部分成本给消费者又不能压低职工即期工资时，这部分缴费是会挤压企业利润的，这也就是民营企业对住房公积金缴费比较敏感的原因。

随着该制度积累的问题越来越多，住房公积金制度的改革引起关注。但是改革该制度，我们必须认识到该制度是一项用人单位福利，而且是一个让人“爱恨交加”的福利制度。数据显示，只有 30% 的参加者利用过公积金，70%的参加者没有利用过公积金，前者是受益者而后者是受损者，按说反对该制度的声音应该很大，但实际情况则不然。人们普遍存在矛盾的心理，看工资单时，因公积金减少了即期收入，同时又不能利用公积金的好处，从而会谴责该制度，但同时人们还是知道这是一项福利制度，“不敢”高声反对，怕这项福利被取消了。该制度的福利表现在有可能利用低息贷款；用人单位为职工缴费一半；税前扣除，可享受税惠，同时应税收入降低可进一步享受少缴个人所得税的好处。正因为上述错综复杂的利益格局，主张取消住房公积金制度的人不多。因此，基于上述背景来讨论我们的改革选项应更贴近可行性。

选项一：住房公积金制度与工资合并。中国收入分配研究院建议，逐步取消住房公积金制度，将用人单位和个人住房公积金缴费的资金直接发放在工资里。这项改革不仅可以消除住房公积金种种问题，还可以直接提高职工的即期收入，此为上策。但这一改革可能让部分账户持有人受损。机关事业单位、国有企业对人力成本不敏感，用人单位可能会认真执行改革政策，但民营企业可能不会认真执行改革，现行的缴费不用于工资发放而变成资本的利润，那么相关人员就会因改革而受损。

选项二：将住房公积金个人账户与基本养老保险中的个人账户、企业（职业）年金账户合并，做成一个大的个人账户并允许个人在年轻时用于偿付房贷，年老时用于养老金。基本养老保险由社会统筹和个人账户组成，如果基本养老保险社会统筹（基础养老保险）与个人账户分离，在保留基础养老保险的情况下，其个人账户、年金账户与住房公积金账户合并，按生命周期使用这一大的个人账户资金，资金的使用效率可能会更高。这一选择对1.2亿住房公积金账户持有人而言，福利制度还在，他们的反对声音会小，所以这种选择也不失为一策。但这一选项也存在问题：第一，它仍然不能回答政府为什么要强制干预私人产品领域、为什么不买房的人要补贴买房的人等基本问题。第二，既然是强制性制度，它也不能解决由覆盖率低引起的不公平问题。第三，综合考虑中国的养老金制度又会产生新问题，如基本养老保险个人账户缴费率比较高，不仅大幅减少即期收入，也会降低社会福利；同时，保值增值风险很大。基本养老保险个人账户规模是工资的8%（强制性）；企业年金属自愿性，企业缴费的政策上限为工资的8.3%，实际缴费一般为5%左右，职工缴费一般不超过企业缴费，机关事业单位职业年金为工资的12%（强制性）；住房公积金政策费率各地不一，为5%~12%（北京为24%，用人单位、个人各负担一半）。中国的住房自有率已经很高，合并后的个人账户用于买房者不会太多，这就意味着多数参与者从一开始就是为养老而强制储蓄的，合并后的储蓄率高且储蓄期限长，当期消费受挤压且保值增值充满变数。考虑到企业已为职工缴纳基本养老保险费，加上个人账户，则用于养老的总费率占工资的50%左右，费率畸高。这对中低收入者而言，效用的损失无穷大；职工的收入有许多事情需要安排，并非养老一件事。

选项三：改强制性制度为自愿性制度，管理权下放到用人单位，这一选择可能较为合理且相对易推行。正如上面分析的，目前的住房公积金制度不是社会保障制度的一部分，而是用人单位福利，那么交给用人单位也最为合理。自愿性就意味着提高了微观主体的自主性，政府可以规定由雇主雇员共同决定是否建立住房公积金以及专款专用的细则。这一选项并不能解决所有的问题，如参加者能享受税收优惠引致的不公平，但可部分解决现有的问题，且相对易行。第一，此种改革解决了制度内部和外部的不公平问题，这是最根本的问题；第二，回归用人单位福利的性质，由用人单位管理，既保留了福利制度，同时会因管理灵活而提高资金使用效率；第三，因为是自愿性质，会增加微观主体缴存和使用资金的弹性；第四，增加用人单位人力资源管理的能力，增加用人单位尤其是民营经济的凝聚力，减少劳动力无序流动。

资料来源：李珍．论政府责任边界视域下中国住房公积金制度的改革方向［J］．社会保障评论，2017，1（4）：106-115.

三、中国住房保障制度评估

第一，政府住房保障政策受到我国市场经济体制改革的影响。在对我国住房问题的背景与住房保障制度发展历程简要回顾的基础上，可以看出，我国住房问题是从国家提供全民（城镇）福利住房保障到市场经济下国家承担有限住房责任转变的产物。从早期的计划经济色彩到转型时期的市场经济福利体制，政府对住房的干预及保障的责任逐渐弱化，由改革前的政府承担全部责任转变到主要依靠个人通过市场实现住房的需求。经过40多年的住房制度变革，当前我国住房保障制度缺乏更明确、长远的目标，各种保障计划缺乏明确具体的、可操作的关于目标群体和绩效标准的陈述，其落实主要依赖于地方政府的重视。

第二，住房保障表现为房地产市场调控“相机抉择”的工具。近二十年来，我国保障性住房供给状况与房地产调控政策周期呈现出高度一致性。伴随着宏观住房政策在“市场”和“保障”之间的选择和波动，长期以来，政府一方面依赖房地产的“支柱产业”地位，另一方面又不得不纠正住房的过度市场化及由此带来的中低收入家庭的居住困难问题。因此，一定程度上可以说，住房保障政策更多表现为房地产市场调控的重要工具，是一种对住房市场状况的“政策相机抉择”。在住房市场过热时，政府期望通过加大保障性住房供给影响住房存量、调整住房结构，从而降低住房价格、提高居民的住房可及性。2017年以来，在“房住不炒”定位下，保障性住房稳定供给被纳入住房长效调控机制中，住房保障是满足国民基本居住需求的功能定位得到凸显。

第三，政府住房保障政策存在一定的不适当性。政府的住房政策主要是围绕住房自有开展的，从我国住房制度改革的历史可以看到，我国住房制度改革的焦点在于减轻政府的住房负担或促进住房自有，而住房保障的政策倾向也更多地考虑收入较高群体的住房问题，大量资金用于经济适用住房和限价商品住房方面的补贴，从而表现出产权式保障房比例过高、租赁型保障房比例偏低，一次性保障的房源多、长期多次保障的租赁型房源少等状况。2008—2018 年，全国城镇保障性安居工程合计开工约 7 000 万套，其中，棚改安置住房 4 522 万套，约占 64. 6%；经济适用住房和限价商品住房 855 万套；公租房（含廉租住房）1 612 万套，仅占 23%。如果加上大部分转化为普通商品住房的产权式保障房，保障性住房的存量数据会更低，这些都会增加长期住房保障的压力。

此外，大部分城市保障房主要面向户籍人口，只有公租房向非户籍人口开放，同时公租房存在租金高、轮候时间长等问题，在执行过程中倾向于"人才"，某种程度上也将低收入人群和流动人口排斥在外。

深度阅读

1. 托尼·奥沙利文，肯尼思·吉布. 住房经济学与公共政策［M］. 孟繁瑜，译. 北京：中国人民大学出版社，2015.

该书由全球住房经济学领域 16 位知名学者合著完成。完整涵盖了住房经济学和住房政策领域的重要问题，包括城市住房市场、细分市场模型、社会住房的经济性、住房规划、邻里的经济学分析等。全面述评了住房经济学的主要文献，阐明了经济、社会和空间对住房的影响，包括了对住房经济学研究前沿的讨论和研究趋势的认识，呈现了大西洋两岸住房经济学研究的综合成果，评估了住房理论对政策和实践的影响，是对住房经济学及其应用领域的政策和实践 20 多年发展的一个适时总结。

2. John D. Comparative housing policy: Government and housing in advanced industrialized countries［M］. New York: St. Martin's Press, 1997.

该书是一个关于住房政策的比较研究。不仅对不同国家住房政策的不同点和相似点给予了广泛论述，也指出了这些不同点及相似点产生的原因。该书尤其强调进行住房政策国际比较的方法，讨论了比较研究方法的优点、局限性和面临的难点，对政策可移植性进行了深入讨论，对政府干预住房体系及特定政策选择背后的原因进行了讨论和解释。从住房发展和建设、住房金融、住房自有及社会住房等维度，结合国际比较的背景描述政策现状及政策产出，分析政府干预的应然边界。该书搭建了一个连贯的概念框架，提供了了解国别之间差异及相似点的例子，集合了欧洲国家、北美地区国家、澳大利亚和日本住房体系的相关文献和数据。

本章小结

政府与市场的边界问题是社会保障领域永恒不变的话题。伴随着城市化和工业化的加速发展，越来越多的国家将住房保障纳入社会保障制度中。住房作为一种特殊的商品，住房市场存在着严重的市场失灵，这就成为各国政府介入住房领域的理由。政府通过“建公房”“补供方”“补需方”等适当的方式介入住房保障领域，解决中低收入者的住房可及性问题。但是政府在干预的过程中也存在一定的失灵，这就要求我们不能完全依靠政府去矫正所有的市场缺陷。

从世界各国经验来看，各国的住房保障制度都不是单一的，是在不同市场、不同时期、不同经济发展水平、不同执政理念下动态变化的干预方式组合。政府干预的深度与广度也随着经济发展程度、政府保障能力、住房发展阶段及低收入家庭住房保障需求的不同而呈现不同的特点。本章主要介绍了以公共住房为主要特征的英国模式、以抵押贷款为主要特征的美国模式以及以中央公积金支持组屋制度为主要特征的新加坡模式等。

中国住房制度经过40多年的改革，由计划的公共住房体系转向了以市场为导向的住房供应体系，房地产市场也出现了相应的问题。政府主要通过经济适用住房、廉租住房及公租房三种住房保障项目来增强城镇居民住房的可及性，各项制度也面临着各方面的挑战。

重要概念

住房保障　有效市场价格偏离　住房供给悖论　挤出效应　补供方　补需方　组屋　中央公积金　货币化住房分配　经济适用住房　廉租住房　公租房　住房公积金　棚户区改造

思考题

1. 政府干预住房保障市场的理由是什么？住房市场失灵的表现有哪些？

2. 政府干预住房保障市场存在哪些失灵？

3. 三种住房保障方式的政策效应分别是什么？

4. 试评估英国、美国的住房保障政策。

5. 新加坡中央公积金制度是如何支持组屋制度实现居民住房自有的？试对新加坡住房保障模式进行评估。

6. 中国的住房保障政策包括哪些？其各自的政策效果如何？

7. 住房公积金制度是否属于住房保障项目？为什么？它当前存在哪些问题？